思想的・睿智的・獨見的

經典名著文庫

學術評議

丘為君　吳惠林　宋鎮照　林玉体　邱燮友
洪漢鼎　孫效智　秦夢群　高明士　高宣揚
張光宇　張炳陽　陳秀蓉　陳思賢　陳清秀
陳鼓應　曾永義　黃光國　黃光雄　黃昆輝
黃政傑　楊維哲　葉海煙　葉國良　廖達琪
劉滄龍　黎建球　盧美貴　薛化元　謝宗林
簡成熙　顏厥安（以姓氏筆畫排序）

策劃　楊榮川

五南圖書出版公司 印行

經典名著文庫

學術評議者簡介（依姓氏筆畫排序）

- 丘為君　美國俄亥俄州立大學歷史研究所博士
- 吳惠林　美國芝加哥大學經濟系訪問研究、臺灣大學經濟系博士
- 宋鎮照　美國佛羅里達大學社會學博士
- 林玉体　美國愛荷華大學哲學博士
- 邱燮友　國立臺灣師範大學國文研究所文學碩士
- 洪漢鼎　德國杜塞爾多夫大學榮譽博士
- 孫效智　德國慕尼黑哲學院哲學博士
- 秦夢群　美國麥迪遜威斯康辛大學博士
- 高明士　日本東京大學歷史學博士
- 高宣揚　巴黎第一大學哲學系博士
- 張光宇　美國加州大學柏克萊校區語言學博士
- 張炳陽　國立臺灣大學哲學研究所博士
- 陳秀蓉　國立臺灣大學理學院心理學研究所臨床心理學組博士
- 陳思賢　美國約翰霍普金斯大學政治學博士
- 陳清秀　美國喬治城大學訪問研究、臺灣大學法學博士
- 陳鼓應　國立臺灣大學哲學研究所
- 曾永義　國家文學博士、中央研究院院士
- 黃光國　美國夏威夷大學社會心理學博士
- 黃光雄　國家教育學博士
- 黃昆輝　美國北科羅拉多州立大學博士
- 黃政傑　美國麥迪遜威斯康辛大學博士
- 楊維哲　美國普林斯頓大學數學博士
- 葉海煙　私立輔仁大學哲學研究所博士
- 葉國良　國立臺灣大學中文所博士
- 廖達琪　美國密西根大學政治學博士
- 劉滄龍　德國柏林洪堡大學哲學博士
- 黎建球　私立輔仁大學哲學研究所博士
- 盧美貴　國立臺灣師範大學教育學博士
- 薛化元　國立臺灣大學歷史學系博士
- 謝宗林　美國聖路易華盛頓大學經濟研究所博士候選人
- 簡成熙　國立高雄師範大學教育研究所博士
- 顏厥安　德國慕尼黑大學法學博士

經典名著文庫214

叔本華《附錄和補遺》第一卷
Parerga und Paralipomena I

[德]亞瑟・叔本華（Arthur Schopenhauer） 著

韋啓昌 譯

經典永恆・名著常在

五十週年的獻禮・「經典名著文庫」出版緣起

總策劃 楊榮川

閱讀好書就像與過去幾世紀的諸多傑出人物交談一樣

——笛卡兒

五南，五十年了。半個世紀，人生旅程的一大半，我們走過來了。不敢說有多大成就，至少沒有凋零。

五南忝為學術出版的一員，在大專教材、學術專著、知識讀本出版已逾壹萬參仟種之後，面對著當今圖書界媚俗的追逐、淺碟化的內容以及碎片化的資訊圖景當中，我們思索著：邁向百年的未來歷程裡，我們能為知識界、文化學術界做些什麼？在速食文化的生態下，有什麼值得讓人雋永品味的？

歷代經典・當今名著，經過時間的洗禮，千錘百鍊，流傳至今，光芒耀人；不僅使我們能領悟前人的智慧，同時也增深加廣我們思考的深度與視野。十九世紀唯意志論開創者叔本華，在其〈論閱讀和書籍〉文中指出：「對任何時代所謂的暢銷書要持謹慎的態度。」他覺得讀書應該精挑細選，把時間用來閱讀那些「古今中外的偉大人物的著作」，閱讀那些「站在人類之巔的著作及享受不朽聲譽的人們的作品」。閱讀就要

「讀原著」,是他的體悟。他甚至認為,閱讀經典原著,勝過於親炙教誨。他說:

> 「一個人的著作是這個人的思想菁華。所以,儘管一個人具有偉大的思想能力,但閱讀這個人的著作總會比與這個人的交往獲得更多的內容。就最重要的方面而言,閱讀這些著作的確可以取代,甚至遠遠超過與這個人的近身交往。」

為什麼?原因正在於這些著作正是他思想的完整呈現,是他所有的思考、研究和學習的結果;而與這個人的交往卻是片斷的、支離的、隨機的。何況,想與之交談,如今時空,只能徒呼負負,空留神往而已。

三十歲就當芝加哥大學校長、四十六歲榮任名譽校長的赫欽斯(Robert M. Hutchins, 1899-1977),是力倡人文教育的大師。「教育要教真理」,是其名言,強調「經典就是人文教育最佳的方式」。他認為:

> 「西方學術思想傳遞下來的永恆學識,即那些不因時代變遷而有所減損其價值的古代經典及現代名著,乃是真正的文化菁華所在。」

這些經典在一定程度上代表西方文明發展的軌跡,故而他為大學擬訂了從柏拉圖的《理想國》,以至愛因斯坦的《相對論》,構成著名的「大學百本經典名著課程」。成為大學通識

教育課程的典範。

　　歷代經典・當今名著，超越了時空，價值永恆。五南跟業界一樣，過去已偶有引進，但都未系統化的完整舖陳。我們決心投入巨資，有計劃的系統梳選，成立「經典名著文庫」，希望收入古今中外思想性的、充滿睿智與獨見的經典、名著，包括：

- 歷經千百年的時間洗禮，依然耀明的著作。遠溯二千三百年前，亞里斯多德的《尼各馬科倫理學》、柏拉圖的《理想國》，還有奧古斯丁的《懺悔錄》。
- 聲震寰宇、澤流遐裔的著作。西方哲學不用說，東方哲學中，我國的孔孟、老莊哲學，古印度毗耶娑（Vyāsa）的《薄伽梵歌》、日本鈴木大拙的《禪與心理分析》，都不缺漏。
- 成就一家之言，獨領風騷之名著。諸如伽森狄（Pierre Gassendi）與笛卡兒論戰的《對笛卡兒沉思錄的詰難》、達爾文（Darwin）的《物種起源》、米塞斯（Mises）的《人的行為》，以至當今印度獲得諾貝爾經濟學獎阿馬蒂亞・森（Amartya Sen）的《貧困與饑荒》，及法國當代的哲學家及漢學家朱利安（François Jullien）的《功效論》。

　　梳選的書目已超過七百種，初期計劃首為三百種。先從思想性的經典開始，漸次及於專業性的論著。「江山代有才人出，各領風騷數百年」，這是一項理想性的、永續

性的巨大出版工程。不在意讀者的眾寡，只考慮它的學術價值，力求完整展現先哲思想的軌跡。雖然不符合商業經營模式的考量，但只要能為知識界開啓一片智慧之窗，營造一座百花綻放的世界文明公園，任君遨遊、取菁吸蜜、嘉惠學子，於願足矣！

最後，要感謝學界的支持與熱心參與。擔任「學術評議」的專家，義務的提供建言；各書「導讀」的撰寫者，不計代價地導引讀者進入堂奧；而著譯者日以繼夜，伏案疾書，更是辛苦，感謝你們。也期待熱心文化傳承的智者參與耕耘，共同經營這座「世界文明公園」。如能得到廣大讀者的共鳴與滋潤，那麼經典永恆，名著常在。就不是夢想了！

二〇一七年八月一日　於
五南圖書出版公司

目　錄

關於《附錄和補遺》

中文版序言

譯者序

前言 ··· 1

觀念論和實在論簡史 ··· 3

哲學史散論 ·· 29

論大學的哲學 ··· 133

論命運 ··· 189

論見到鬼魂及與此相關的東西 ························· 213

人生的智慧 ·· 289

關於《附錄和補遺》

先生們，你們的表彰遲到了幾十年！叔本華70歲生日之際，當柏林普魯士皇家科學院有意接納他為會員時，這位法蘭克福公民卻構思了一封回信，信中委婉地表達了這個明確無誤的想法。他的回答再次反映出一個人的理智性格，這個人對自己的智力能力深信不疑，終其一生都不曾絲毫動搖。這一年是1858年，叔本華回顧著逝去的7年（自1851年《附錄和補遺》出版），這是滿載榮譽的7年。他覺得，這段光榮的歲月依舊短暫，因為它早在1819年就該到來了。那一年，他的著作《作為意志和表象的世界》在圖書市場上獲得了數週的登場時間，讀者可以發現一個全新的哲學體系。當然了，如果那時有人讀過的話。

出版商布洛克豪斯（Verleger Brockhaus）對叔本華說，倉庫裡壓了太多的庫存（指《作為意志和表象的世界》），銷路很差。叔本華以為全世界都會閱讀他的著作的想法（Vorstellung）[*]落空了，只剩下他自己的意志（Wille）仍然堅強。叔本華後來出版的書也絲毫不能改變這樣窘迫的情況。至於他嘗試在柏林的大學獲得教席，藉此至少讓年輕的學生能理解他的哲學的創新之處，這樣的努力也因為年輕人興趣缺缺，終以失敗收場。叔本華衝破世界的衝動，似乎全部鎩羽而歸。1850年他再次找到了出版商布洛克豪斯，商討出版一部新的著作，並且暗示這是他最後一次出書了，從此以後封筆。而且叔本華宣稱這本 *Parerga und Paralipomena*（《附錄和補遺》）比先前所有的書都寫得更通俗易懂，

---

[*] Vorstellung，指《作為意志與表象的世界》中的「表象」，在日常用語中也可以表示某種想法或者看法。呂佩先生用標題的概念來表達叔本華面對事實與願望相違背時的心境。——譯者注

也會比先前的書賣得更好。但是布洛克豪斯出版社的理性戰勝了一切。因為他們出版的《作為意志和表象的世界》，無論是第 1 版還是後來的第 2 版都銷路慘澹，所以，出版社已經沒有興趣繼續出版這位哲學家的任何作品了。於是，叔本華又詢問了多家出版商，都遭到了拒絕。

最後，柏林的一家小出版社對這部著作有興趣。1851 年該書在德國出版，終於實現了亞瑟·叔本華自青年時代起就深信會實現的事情：《附錄和補遺》幫助他在極短的時間內蜚聲國際，享譽海內外。此時，叔本華已是 63 歲高齡。這份叔本華經年不曾獲得的成果，還要歸功於英國人約翰·奧克森福德[**]，他在《威斯敏斯特與外國季刊》上撰寫了兩篇文章，介紹這位在德國幾乎默默無聞的學者。叔本華的好友弗勞恩施塔特（Frauenstädt）也在柏林孜孜不倦地推介他，而且不僅僅是以評論的方式為叔本華的著作辯護，更是替他找到了柏林當地的哈恩出版社出版這部封筆之作。事實上，《附錄和補遺》出版後便售罄。叔本華在給愛德華·布洛克豪斯的信中是這樣評判這個現象的：「是奇蹟，自然要發生的。」

這部叔本華的晚期著作，現在第一次以完整的中文譯本形式跟讀者見面了。哲學家叔本華其他著作的標題都不像《附錄和補遺》那樣，直接佐證叔本華擁有一種多方位的果敢才能，能用通透而邏輯自明的方式來述說，其表達的內容更不僅僅侷限於哲學現象。1853 年美因河畔的法蘭克福，這位已經享受盛譽的哲學家在筆記中寫道：「如果我被垂憐能看到自己所有著作的全集，那麼主標題的座右銘應該是樸實（non multa）。」與此同時，叔本華認為他的哲學影響必定與那個唯一而連續的理論的影響連繫在一起，那個理論的中心就是《作為意志和表象的世界》，所有在此之後出現的著作，要麼只是針對這本書的深刻補充，

[**] John Oxenford（1812-1877），英國劇作家、評論家與翻譯家。——譯者注

要麼只是對他的理論中某些觀點的進一步解釋而已。

那麼，在這樣的哲學體系中，《附錄和補遺》充其量就是些遲來補充的文章而已。這些文章並沒有在主題的討論中出現過，人們也就只能在事後，追認這些文章與他的嚴肅座右銘並未相去甚遠。在叔本華的實際主義—悲觀主義式的哲學著作之外，成書於其創作晚期的《附錄和補遺》卻向我們揭示了一個轉向，叔本華轉向了面對世界的實用主義觀點。與叔本華其他的哲學補充文章不同，《附錄和補遺》被特別地點了出來，該書第1卷構思了下分章節，並交代了如此構思的根源，是為了把人類的存在以更優雅的方式呈現出來。正如叔本華所說：「我的判斷不是建立在推理鍊條之上，而是直接根植於直觀世界。」讀者應當帶著這句話來閱讀第2卷中連綴起來的各篇文章，它們都是關於「蕪雜對象」的考察。

《附錄和補遺》與叔本華其他所有先行作品的不同之處，就在於它是由各色各樣的分析與評論文章構成的混合曲，這些文章的旨趣不僅僅侷限於哲學，更囊括了五花八門的人生問題。這些問題由那位興致勃勃且眼力十足的觀察者挑選出來，帶給讀者一份愉悅的享受。正如弗勞恩施塔特在叔本華全集（已收錄《附錄和補遺》）第2版前言中說到的那樣，我們的那位哲學家很喜歡一逮著機會就來觀照自己最直接的現實狀況，以古怪的方式，挖苦的譏諷來鞭笞生活的現實。

尊敬的讀者們，請來看看這本裝著一個清晰精神的《附錄和補遺》，享受一下叔本華寬廣的知識與卓越的洞察力吧。如果您還沒有感受過這樣的快樂，那麼，請再去讀一讀他的《作為意志和表象的世界》，了解一下他思想的整體結構。

最後作為結語，請允許我再次引用叔本華的一段話來向各位讀者致意：「無論如何我都要求讀者，為了明白我的哲學，請閱讀我的每一行字。」

衷心祝福各位讀者能達成心願並喜歡上這部書。

斯特凡・呂佩（Stephen Roeper）
法蘭克福歌德大學叔本華檔案館
（Schopenhauer-Archiv an der Goethe-Universität Frankfurt am Main）
2018 年 12 月 23 日
（齊格飛　譯）

中文版序言

　　亞瑟·叔本華晚期巨著《附錄和補遺》（*Die Parerga und Paralipomena*）在他去世前 9 年，即 1851 年出版。在他的主要著作《作為意志和表象的世界》（1819）歷經 30 年之久的沉寂後，哲學家叔本華終於憑藉這部著作，尤其是收錄其中的〈人生的智慧〉一篇，收穫了遲來的榮譽。在這漫長的歲月裡，叔本華反覆思索著他的哲學體系，不斷尋找著能證明其哲學的材料（主要在各種自然科學之中），不停地增添附注和釋文。這些無疑都擴充了他的思考，釐清了他的思路。1844 年叔本華出版了《作為意志和表象的世界》第 2 版，同年還出版了該書的第 2 卷，其中就包含為整部哲學體系闡述服務的附注和補充內容。叔本華後來在《作為意志和表象的世界》第 3 版序言裡寫道，那些沒有放入到第 2 卷的附加內容，都已經被收錄進《附錄和補遺》並構成了此書的第 2 卷。雖然 Paralipomena 在希臘語裡幾乎就是「補遺」的意思，但是 Parerga 卻必須被翻譯理解為「附錄」。而構成此書第 1 卷的附加內容，大概都是許多題材廣泛的研究文章，其中尤以「人生的智慧」最引人矚目。《人生的智慧》後來多次出版發行了單行本。但無論是在《附錄和補遺》第 1 卷還是第 2 卷中，還有其他一些文章亦是人們耳熟能詳的，比如，頗具爭議的小文〈論大學的哲學〉、〈論女人〉，或是對話集〈論宗教〉，抑或是影響深遠的文章〈論寫作和文體〉。

　　叔本華曾宣稱他沒有在自己的哲學體系上做過任何更改（如在《作為意志和表象的世界》第 1 版中所述），所有衍生的論述都只是附加和補充的內容而已。正因如此，叔本華才在《附錄和補遺》的序言中將整本書都放在了「更重要的、系統性的著作」後面。但是哲學家叔本華的這份自述，卻在最新的研究成果中遭到了質疑。人們發現，「人生的智

慧」與生命意志的否定學說之間極其不協調，而且即使在對待宗教時採取了更友好的態度，卻依然訴求什麼認識本質性的改變。從而《附錄和補遺》不僅僅因為它的題材範圍，更由於它的哲學論述結構，獲得了叔本華「第二大作」的稱號。即便有人覺得這樣的稱謂過於偏離事實，但是《附錄和補遺》所具有的文學價值以及飽滿思考的充分流露，都無可爭議地襯托出它的意義。雖然《人生的智慧》以及其他節選文集早已經被翻譯成了中文，但是中文讀者還是第一次在這裡讀到《附錄和補遺》的完整譯本。

德國叔本華協會會長　馬蒂亞斯・科斯勒（Matthias Koßler）
2018 年 12 月於美因河畔的法蘭克福
（齊格飛　譯）

譯者序

　　《附錄和補遺》（兩卷）是德國哲學家亞瑟・叔本華（1788-1860）的晚年之作，1851 年由柏林 A.W. 哈恩出版社（Verlag A. W. Hayn）出版。叔本華在 1845-1846 年間為此著作另寫過兩篇「前言」草稿，非常明白地介紹了這部著作的性質、內容，能幫助讀者更了解此書。其中一篇草稿（寫於 1845 年底，見 *Parerga und Paralipomena*, Samtliche Werke, Band 4, Suhrkamp Taschenbuch Wissenschaft，第 595 頁）這樣寫道：

　　不言自明，沒有人想要首先透過這些附帶的作品了解我，或者甚至據此而評價我。這些文章所面對的讀者，是已經賞識了我之前所寫的、更重要的、包含了我的哲學體系的著作；他們因此很歡迎這些對次要事情所作的專門解釋和對更重要問題的零散勾勒和介紹——只是因為這些就是我寫的。所以，每當有需要知道某些說法的背景和來龍去脈時，我假設讀者是熟悉我的哲學的，我也始終在向了解我的讀者說話。

　　總體上而言，我們可以說第 1 卷包含了「附錄」，第 2 卷則包含了「補遺」，而「補遺」裡面的大部分可被視為補足和充實了我的主要著作。第 1 章至第 14 章尤其如此。這些章節因此是假設讀者了解我的哲學。而第 2 卷的其餘部分，還有第 1 卷的全部，那就算不了解我的哲學的讀者也可以明白，雖然那些掌握了我的哲學的讀者在書中到處都可認出與我的哲學的諸多關聯，以及對這哲學的闡述說明。

　　另一篇草稿則寫於 1846 年初：

書的題目足以標示讀者在此書中會讀到的內容：這些是附帶的作品，是後來的歲月結出的果實，大部分並非根本上隸屬於表達我的哲學體系的那些更嚴肅的和更有分量的文字，但卻常常從某一側面闡釋了我的哲學，其他部分則明確地說明了我的哲學體系；在總體上，這些是本著我的哲學體系的精神所撰寫，並因此是面對了解我的哲學的讀者。在這一方面，在此著作中，「附錄」與「補遺」可以更仔細地區別開來，因為「附錄」的部分更多的是獨立的，並沒有像「補遺」的部分那樣需要先了解我的哲學；而「補遺」的部分則在某種程度上是對補足的補足。而誰想要首先透過我的繆斯女神的晚生子女認識我，那就只能不完美地達到目的。這是因為我在此是跟熟人，而不是陌生人說話。

　　但我不想再拖延出版這部分量稍遜的著作，因為依照大自然的步伐，我生命的終點，或更準確地說，我生命的開始不會很遠了。因為那些與我一起思考，亦即真正與我一起活著的人，走近和已經進入存在了：對這些人我給予歡迎，對那與我是陌生的同一代人則是再見了。

　　其中「我不想再拖延出版這部分量稍遜的著作，因為依照大自然的步伐，我生命的終點，或更準確地說，我生命的開始不會很遠了」，可謂一語成讖。原因是，第一，事後證明，這部著作的出版非常及時。它馬上吸引了《歌德談話錄》的英譯者約翰・奧克森福德的注意。奧克森福德隨後接連兩次為英國的《威斯敏斯特與外國季刊》寫了文章，介紹叔本華的這部著作和叔本華本人及其多年來的著述。這兩篇文章旋即被翻譯成德文，登在了德國柏林一家有名的知識分子的報紙（*Vossische Zeitung*）上。叔本華就此一飛沖天，聲名大噪，其勢頭之猛、之突然，與過去幾十年的寂寂無聞，完全是天壤之別，幾乎讓人難以理解。第二，叔本華對人類獨特和卓越的貢獻，亦即他的思想著作及其影響，確確實實的，「他的生命」如他所言「開始」了。

　　「叔本華全集」最初的權威版本是由叔本華的門徒弗勞恩斯塔德編

輯，弗勞恩斯塔德是叔本華指定為他的著作的編輯、出版執行人。在弗勞恩斯塔德逝世以後，叔本華的著作手稿到了柏林圖書館，在這期間，叔本華在書頁裡夾著的紙條和在書邊上寫著要補充的文字的著作不小心被賣掉了。後來幾經努力，學者們才陸陸續續地收集到除了叔本華當初的著作文稿以外，他後來寫在手稿上要補充的一些文字。這就促成了叔本華著作更新的版本，由格利斯巴赫（Eduard Grisebach）在1891年編輯出版。這個版本修改了一些當初的印刷錯誤，改正了一些錯誤的句子或段落順序，也增補了後來陸續發現的更多叔本華本來想要增補的內容，屬於叔本華著作的權威版本之一。

我翻譯的版本是德國萊比錫Insel出版社1920年出版的《叔本華全集》（*Sämmtliche Werke in fünf Bänden*）第4、5卷，即《附錄和補遺》第1、2卷，由Hans Henning編輯。叔本華在原著中（亦即在這一版本裡）的不少引文，如拉丁文、英文、希臘文、義大利文、西班牙文、法文等，都是直接引用原文的。在翻譯書中的拉丁文、希臘文、義大利文、西班牙文、法文時，我參考了德國Suhrkamp袖珍書出版社的《叔本華全集》（*Sämmtliche Werke in fünf Bänden*）第4、5卷對這些引文所附的德文譯文。

要說明的是，原著中有的文獻注釋比較簡單，沒有文獻的全稱，難以查閱到完整的文獻，翻譯中保留了原著的文獻形式。原著中有兩種注釋標注形式，翻譯中統一為一種注釋標注形式。譯者注釋補充了本版本中缺少的一些內容。

韋啟昌
2018年11月9日於澳洲雪梨

把他的一生獻給真理。

——尤維納利斯,《諷刺詩》,4,91

前言

　　這些後續補充的哲學短文是我更重要的、自成體系的著作以外的附帶作品，裡面既有一些探討相當特別的、各自不同論題的論文，也有對更加各式各樣題材的零散思考和想法。把所有這些文章結集在此，主要是因爲這些文章由於其題材的緣故而無法收進我自成體系的著作中，而少數文章則是因爲寫作得太遲了，以致不曾在那自成一體的著作中得到其應有的位置。

　　在此，雖然我首要著眼於對我連貫一體、內容更深奧的著作有所了解的讀者，他們或許會在這些文章裡面找到不少他們想要的解釋，但在總體上，那些並不了解我的著作的讀者，也能明白和欣賞這部書的內容——除了少數個別段落以外。那些熟悉我的哲學的讀者，卻始終有著某些優勢，因爲這些文章隨時都在反射光線到我的所思和所寫——哪怕只是從較遠的距離；另一方面，這哲學本身也透過一切出自我的頭腦的東西而得到了更多的闡明。

1850 年 12 月於美因河畔法蘭克福

Arthur Schopenhauer

觀念論和實在論簡史

必有多人切心研究，知識就必增長。

——《但以理書》，12：4

把笛卡兒視為現代哲學之父是合理的，首先是因為笛卡兒透過教育人們運用自己的頭腦讓理性獨立站起來，而在笛卡兒之前，代替理性行使功能的一直是《聖經》和亞里斯多德；但在特定和狹隘的意義上而言，則是因為笛卡兒首先讓人們意識到了這一個難題——自此以後，所有的哲學思考就都主要圍繞這個難題。這也就是觀念論和實在論的難題，亦即在我們的知識中，到底哪些成分是客觀的，哪些成分是主觀的？因此，有哪些東西是屬於與我們有別的事物，哪些東西又是屬於我們自己？也就是說，在我們的頭腦裡面，圖像的產生並不是基於內在的、隨意的或說是聯想的原因，而是基於外在的原因。這些圖像是唯一讓我們直接認知的東西，是給出之物。這些圖像與那些完全分開的、獨立於我們存在的，並且在某些方面是這些圖像的原因的事物，是什麼樣的關係呢？我們真的可以肯定這樣的事物是存在的嗎？在這種情形下，這些圖像給了我們有關這些事物本質的訊息和說明嗎？這就是上述的難題，因這難題的緣故，自兩百年來，哲學家的主要工作就是用一條正確畫出的切割線，純粹地分開觀念的東西，亦即只屬於我們認知的東西，與現實的，亦即獨立於觀念而存在的東西，並確定這兩者的關係。

的確，不管是古老的哲學家，還是士林哲學家，都似乎不曾清晰地意識到這個哲學的原始難題，雖然在普羅提諾的著作中，甚至在《九章集》（第3集，第7書，第10章）中可發現作為觀念論，甚至作為

[15]

[16] 時間的觀念性學說這一難題的某些痕跡。普羅提諾在那裡教導說，靈魂創造了世界，因為靈魂走出了永恆而在時間中出現了。例如：他說：「對這宇宙而言，除了靈魂以外，別無其他的地方。」還有，「但我們卻不要脫離了靈魂而假設時間，也不要脫離了存在而假設彼岸的永恆。」——這話其實也就已經說出了康德的時間觀念性學說。在接下來的章節中，「這生命衍生了時間，所以這也意味著時間是與這宇宙一起產生出來的，因為靈魂是與這宇宙一起衍生了這時間」。但當所需的深思明辨在笛卡兒那裡被喚醒了以後，那清晰認識到的和清晰說出來的難題就一直是現代哲學特有的主題。笛卡兒震撼於這樣的真理：首先，我們是囿於我們自己的意識之中，我們看到的世界只是**表象**。他透過他那著名的「我懷疑，亦即我思故我在」的觀點，想要強調主觀（主體）意識中唯一確切的東西（與此對照的是那大有疑問的所有其他一切），並表達了這一偉大的真理：唯一真正的和無條件**給出的**就是自我意識。仔細審視之下，笛卡兒的著名命題就等同於我所出發的這一命題：「世界是我的表象」。這兩者唯一的區別就是：笛卡兒的命題強調主體的直接性，而我的命題強調的則是客體的間接性。兩個命題從兩面表達了同樣的東西，是相互的另一面。兩者之間的關係，根據我在《倫理學的兩個基本問題》的序言所說的，也就是慣性法則與因果法則的關係（《倫理學的兩個基本問題》分為兩篇學院的有獎徵文，由叔本華博士撰寫。美因河畔法蘭克福，1841，第 24 頁；萊比錫，1860，第 2 版，第 24 頁）。自那以後，笛卡兒的命題當然就被人們無數次地重複，但人們只是感覺到了這命題的重要性，卻沒有清晰地明白這命題的意義和目的

[17] （見笛卡兒，《沉思錄》，第 2 部分，第 14 頁）。所以，笛卡兒發現了主體，或說觀念與客體，或說實物之間的鴻溝。他把這深刻的見解包裝成懷疑外在世界的存在，不過，他對這一問題沒有解決答案，亦即親愛的上帝肯定不會欺騙我們，以此讓我們看到這難題是多麼深奧和多麼難以解決。與此同時，這種懷疑透過他進入了哲學，並必然繼續發揮讓

人不安的作用，直到得到根本解決爲止。從那時起，人們就意識到對那所說的差別沒有透澈的認識和解釋的話，是不可能有確切和讓人滿足的體系的。他所提出的疑問也再不能被拒絕了。

爲解決這問題，馬勒伯朗士首先想出了偶然原因的體系。他比笛卡兒更加清晰、嚴肅和深刻地看到這問題的全部（《眞理的探求》，第3部，第2部分）。笛卡兒出於相信上帝而假定了這外在世界的現實性，所以，當其他一神論哲學家致力於透過這世界的存在以證明神的存在時，笛卡兒則是反過來首先透過神的存在和眞確性以證明這世界的存在，那看起來當然就是奇怪的，因爲這是把宇宙論證明倒了過來。在這一點上，馬勒伯朗士更進了一步，因爲他教導說，我們在上帝本身直接看到了所有的事物。這當然就是透過某一更加未知的東西以解釋某一未知的東西。此外，根據馬勒伯朗士的觀點，我們在神那裡不僅看到了所有事物，而且這上帝也是在所有事物中唯一發揮作用的，以致自然、物質的原因也只是看起來是這樣而已，只是偶然原因而已（《眞理的探求》，第6部，第2部分，第3章）。所以，在此我們基本上已經有了斯賓諾莎的泛神論，而斯賓諾莎似乎從馬勒伯朗士那裡學到的東西比從笛卡兒那裡更多。

總而言之，人們會覺得奇怪，爲何到了17世紀，泛神論還沒有完 [18]
全戰勝一神論，因爲歐洲關於泛神論最原創的、最美麗的和最透澈的闡述（因爲與《吠陀經》、《奧義書》相比，所有這些當然就微不足道了）在那時候已經都出來了，亦即透過布魯諾、馬勒伯朗士、斯賓諾莎和斯考特斯・愛留根納的著作，而斯考特斯・愛留根納的著作在被遺忘和遺失了幾個世紀以後，在牛津又再度被發現了，並在1681年，亦即在斯賓諾莎逝世4年以後，首次印刷問世。這似乎證明了零星個別的深刻見解是不會產生影響的——如果時代的思想還不夠成熟到接納這見解的話。相較之下，在我們這個年代，泛神論雖然只是得到了謝林那些零亂和支離破碎的重整、翻新闡述，但仍然成了學者，甚至受過教育者的主

流思維方式，因爲康德在這之前清除了一神論的教義，爲泛神論空出了地方。這樣，時代的思想就準備好了接受泛神論，正如犁好了的土地可以播種了。而在 17 世紀，哲學再度捨棄了那道路，因此一方面到達洛克那裡，因爲培根和霍布斯已爲其鋪好了道路；另一方面，則經由萊布尼茲而發展至克利斯蒂安‧沃爾夫：然後這兩人在 18 世紀就成了主流，尤其是在德國，雖然最終只是在這兩人的思想被宗教、哲學融合的折中主義吸收了以後。

馬勒伯朗士的深刻思想首先催生了萊布尼茲的「前定的和諧」體系，這「前定的和諧」體系在那時候聲名遠揚和享有崇高威望證明了這一點：在這世上，荒謬的東西最容易混得如魚得水。雖然我無法自詡清晰想像得出萊布尼茲的單子是些什麼東西，因爲這些單子同時既可以是數學上的點，也可以是物體的原子和靈魂，但在我看來這一點似乎是沒有疑問的：萊布尼茲的這一設想一旦得以確立，那就可以幫助我們免去爲解釋觀念論和實在論之間的關係而採用的種種微妙假設和猜想，那疑問也就此打發掉了，因爲觀念論和實在論這兩者在單子裡面已經完全是同一了（也因爲這緣故，在我們今天，謝林身爲同一性體系的作者，再度津津樂道於此）。但是，那知名的喜發哲學思辨的數學家、博學家和政治家並不喜歡爲此目的而應用這些，他是爲了那最終的目標而特意擬好了「前定的和諧」說。這說法提供給我們兩個完全不同的世界，每一個世界都無法以某一方式作用於另一個世界（《哲學原則》，第 84 節；《萊布尼茲作品集》中「對馬勒伯朗士的情感的考察」，拉斯佩出版，大約第 500 頁）；每一個世界都是另一個世界的完全多餘的複製品，而這兩者被設想爲就是這樣存在著，相互精確平行發展，保持著毫釐不差的拍子。因此，這兩者的創造者從一開始就在它們之間確立了最精妙的和諧。在這和諧之中，這兩個世界至爲美妙地並肩前進。附帶說一句，如果把這「前定的和諧」與戲劇的舞臺相比較，那或許就最容易讓人明白了，因爲在舞臺上，物質、自然的影響很多時候就只是表面上的

存在，因爲原因和效果僅純粹是由導演預先定下的和諧而連繫起來，例如：當某人射擊時，另一個人就會倒下。萊布尼茲在《神義論》第 62 和 63 節，以極其粗糙和簡略的方式表達了這離奇、荒謬的見解。並且對於這整個教條，萊布尼茲甚至還稱不上有原創的功勞，因爲斯賓諾莎在《倫理學》第 2 部分已經足以清楚地闡述了「前定的和諧」，亦即在第 6 和第 7 命題及其附帶推論中；在第 2 部分第 5 命題中以他的方式說出了馬勒伯朗士那相當類似的學說以後，即我們在上帝那裡看到所有的一切[1]，再度在第 5 部分（命題 1）裡面闡述。因此，馬勒伯朗士才是這 [20] 整個思路唯一的原創者，無論是斯賓諾莎還是萊布尼茲都以各自的方式利用和改進了這些思想。對萊布尼茲來說，就算是沒有了這問題也無所謂，因爲他已經拋棄了構成這一難題的純粹事實，亦即拋棄了這世界是直接向我們展現的，只是我們頭腦中的表象這事實，企圖以一個實體世界和一個精神世界的理論取而代之，而這兩個世界之間卻是不可能有任何橋梁的。這是因爲萊布尼茲把表象與自在之物的關係的問題與身體經由意志（或說意欲）而活動的可能性的問題拼湊在一起，那麼，現在就透過他的「前定的和諧」一併解決了這兩個問題（參見萊布尼茲，《大自然的新體系》，艾德曼編，第 125 頁；布魯克，《哲學史》，第 4 卷，第 2 部分，第 425 頁）。萊布尼茲的設想極其荒謬之處已經由他的幾個同時代人，尤其是貝爾透過展示從這假想引申出來的結論而暴露無遺（參見萊布尼茲的短篇文章，1740 年，胡特譯；第 79 頁注釋，萊布

---

[1] 《倫理學》，第 2 部分，命題 7：「觀念的次序和連繫與事物的次序和連繫是一樣的。」第 5 部分，命題 1：「正如思想和事物的觀念在心靈內是連接的，身體的各種感情或者事物的各個圖像也恰恰是同樣在身體內排列和連接。」第 2 部分，命題 5：「觀念的形式存在，其原因是神，只要這神被視為有思想的生靈，而不是經由某一別的特性而形成。也就是說：關於神的特性的觀念，一如關於個別事物的觀念，其原因並不是這些觀念的對象，亦即不是所察覺到的事物，而是神本身──只要這神是有思想的生靈。」

尼茲本人在那裡也不得不說他的宣稱引出了讓人匪夷所思的結果）。儘管如此，面對那一難題，一個有頭腦思想的人竟然不得已給出荒謬的設想，這恰恰證明了擺在面前的這一難題是多麼巨大、多麼困難和多麼迷惑人，而想要透過否認這難題就把其推到一邊去，然後就可以剪掉那些死結，就像我們今天有些人大膽所做的，又是多麼的難以成功。

斯賓諾莎再度直接從笛卡兒那裡出發，所以，在開始的時候，這位笛卡兒門徒甚至保留了他的老師的二元論，因此確定了某一「思維的物質」和某一「廣延的物質」，前者是認知的主體，後者是認知的客體。

[21] 但後來，斯賓諾莎站穩自己的腳跟，他就發現這兩者是同樣的東西，只是從不同的一面審視而已，因而一會兒把那理解為「思維的物質」，另一會兒又理解為「廣延的物質」。而其實就等於說把思維的東西和廣延的東西（或說精神和實體）區分開來是沒有根據的，因此是不可以的；所以，這區分不宜談論更多。不過，他還是在某種程度上保留了這種區分，因為他不厭其煩地重複那兩者就是同一物。與此相關，他還說了，「同樣」（sic etiam），「廣延的模式和關於這模式的觀念也是同樣的東西」（《倫理學》，第 2 部分，命題 7 附注）——意思就是我們頭腦中有關這實體的表象和這一實體本身是同樣的東西。但那「同樣」卻是不充分的過渡，因為儘管精神與實體（或者說產生頭腦表象者與廣延的東西）之間的差別是沒有根據的，但也完全無法得出結論說：我們頭腦中的表象與在我們頭腦之外存在的客體和真實事物之間的差別（這是笛卡兒提出的原初問題）也是沒有根據的。儘管產生表象者與表象的對象物可能是同樣的東西，但仍存在這一問題：是否可以根據我頭腦中的表象而確切推論出與我不一樣的、自在的，亦即獨立於那些表象而存在的本質和實質？這困難並不是萊布尼茲（例如：《神義論》，第 1 部分，第 59 節）想要曲解成的那種，亦即在那假設的靈魂與實體世界之間，在這兩個完全不同種類的物質之間，是無法發生任何影響和連繫的，所以，他否認自然、物質的影響。這是因為這一困難只是理性心理

學的一個結果，因此只需視其爲天方夜譚而攘到一邊去即可，正如斯賓諾莎所做的那樣；此外，反對這理性心理學主張的「對人而不是對事的辯論證據」，就是他們的教義，即上帝（也是一精神或精靈，Geist）創造了這實體世界，並持續地統治著這世界，亦即某一精神能夠直接地作用於實體。個中的困難毋寧說只是笛卡兒的，即這直接呈現給我們的世界，絕對只是觀念中的世界，亦即是由我們頭腦中的表象所組成的世界，而我們則要越過這些判斷這現實的，亦即獨立於我們的頭腦表象而存在的世界。所以，斯賓諾莎在取消了「思維的物質」和「廣延的物質」的區分以後，並沒有解決這一難題，頂多只是現在再一次准許了自然、物質的影響。但這並不足以解決這困難，因爲因果律已被證明有其主體的根源。但就算這因果律與此相反，是出自外在的經驗，那也恰恰是屬於處於疑問之中，純粹在我們觀念中呈現的世界，也就無論如何都無法在客體與主體之間架起一座橋梁；準確地說，那只是連接起各個現象的紐帶而已（見《作爲意志和表象的世界》，第 2 卷，第 12 頁）。

但爲了更詳細地解釋上述的廣延性與關於廣延性的表象所具有的同一性，斯賓諾莎提出了某些同時包含了馬勒伯朗士和萊布尼茲的觀點。所以，完全與馬勒伯朗士的觀點相符的，就是我們在上帝那裡看到了一切事物：「觀念的形式存在，其原因是神，只要這神被視爲有思想的生靈，而不是經由某一別的特性而形成。也就是說：關於神的特性的觀念，一如關於個別事物的觀念，其原因並不是這些觀念的對象，亦即不是所察覺到的事物，而是神本身——只要這神是有思想的生靈。」（《倫理學》，第 2 部分，命題 5）並且，這一神在同一時間也是一切事物裡面的現實之物和發揮作用者，就正如馬勒伯朗士在其著作中所寫的那樣。因爲斯賓諾莎以「神」形容這世界，所以，這最終也什麼都不曾解釋。但與此同時，在斯賓諾莎那裡，就像萊布尼茲的著作所說的，在廣延的世界和表象所見的世界之間，有著某一精確的平行：「觀念的次序和連繫與事物的次序和連繫是一樣的」（《倫理學》，第 2 部分，

命題7），以及許多相似的段落。這就是萊布尼茲的「前定的和諧」，只不過在此並不像萊布尼茲所說的那樣，表象所見的世界與客體存在的世界是全然分開的，只是由於某一預先的和從外而來的調節好的「和[23] 諧」而相互對應和吻合，而是兩者的確就是同樣的東西。所以，我們在此首先就有了某一完全的**實在論**（Realismus），因為事物的存在是與我們頭腦中的表象所見精確地對應，兩者的確就是一樣的東西。[2]據此，我們是認識自在之物的，就其自身而言是「廣延的」，也表現為「廣延的」——只要其作為「思維的」東西出現，亦即在我們的頭腦表象中出現的話（順便一提，這就是謝林所說的現實和觀念的同一性的源頭）。所有這些基礎其實也只是些宣稱而已。斯賓諾莎因為使用「神」及其他一些詞並非原本的含義而帶來了歧義，並使其闡述變得不清楚，所以，他的闡述失之於含混。到最後，那就是：「目前，我無法把這解釋得更加清楚。」（《倫理學》，第2部分，命題7附注）闡述之所以不清晰，總是因為闡述者自己的頭腦和對那哲學論題的思考不清晰所致。沃夫納格說得很中肯，「清晰是哲學家的信用保證」（見《兩個世界雜誌》，1853年8月15日，第635頁）。音樂中的「純淨樂章」也就相當於哲學中的完美清晰，因為這是哲學不可或缺的條件，而達不到這一條件，一切就都失去價值，我們也就必須說：「你向我展示的一切是不可信的，我也憎恨這些。」如果甚至在一般的實際生活事務中，人們都要小心地清晰表達以避免誤會，那我們怎麼可以在處理最困難的、最深奧的，幾乎是無法解答的思想問題和在完成哲學家的任務時，表達得如此閃爍其詞，甚至神祕兮兮？我批評的斯賓諾莎學說中模糊不清的地方，源自他並不是拋開定見從眼前所見的事物的本質出發，而是從笛卡

---

[2] 斯賓諾莎：《知性改進論》，第414-415頁。斯賓諾莎把其明確的現實主義公之於眾，甚至是這樣的意思，「一個真正的觀念是與這觀念的對象物有著某些不同的」等等，毫無疑問，這部著作是先於他的《倫理學》的。

兒的理論出發,並因此從所有傳承下來的概念出發,諸如「神」、「物質」、「完美」等等。他就試圖左兜右轉地把這些概念與他所見的眞理協調起來。他經常只是以間接的方式表達出他最好的思想,尤其是在《倫理學》第 2 部分,因爲他總是轉彎抹角,幾乎就是寓言式地說話。 [24]
在另一方面,斯賓諾莎再度明白無誤地展示了**先驗觀念論**,亦即認識到了(雖然那只是泛泛地)由洛克尤其是康德清楚地闡述了的眞理,那也就是對現象與自在之物所做出的重要區分,並且承認了我們接觸到的只是現象。我們看看《倫理學》第 2 部分命題 16 及其第 2 條推論;命題 17 附注;命題 18 附注;命題 19;命題 23,延伸到自我認識;命題 25,清楚地表達了先驗觀念論;最後作爲摘要的命題 29 的推論,這推論清楚地表明:我們既不認識我們自己,也不認識那自在之物,而只是認識其表面顯示的樣子。對第 3 部分命題 27 的說明,則從一開始就至爲清楚地表達了這情形。在斯賓諾莎學說與笛卡兒學說的關係方面,我在此提醒大家,在《作爲意志和表象的世界》第 2 卷第 639 頁我對此所說的話。但因爲是從笛卡兒哲學的概念出發,所以,斯賓諾莎的闡述不僅有了許多晦暗不清和讓人誤解之處,而且還陷入許多刺眼的似是而非的說法、明顯的錯誤,甚至荒謬和自相矛盾之中。這樣,斯賓諾莎學說中的許多眞實和優秀的東西,就與絕對是難以消化的東西摻和在一起,讓人極爲討厭,而讀者則在讚嘆與厭煩之間搖擺。但在這所要考察的方面,斯賓諾莎的根本錯誤則是他所畫出的觀念與現實的分界線,或說主觀世界與客觀世界的分界線,是從不正確的點上開始的。也就是說,**廣延性**絕不是與**表象**相對立,而是完全就在表象的範圍之內。事物在我們的表象中就是廣延的東西,而只要這事物是廣延的,那它們就是我們的表象。但在獨立於我們的表象的情況下,是否有東西是廣延的,甚至在總體上是存在的——這卻是個疑問和原初的難題。稍後這一難題由康德解決了,並且這解決至今爲止無可否認是正確的,即廣延性或者空間性 [25]
唯一只是在頭腦表象之中,亦即是與這表象相連的,因爲整個空間不過

就是表象的形式。所以，獨立於我們的頭腦表象的話，就不會還存在廣延的東西，而且的確是什麼東西都不存在了。據此，斯賓諾莎畫的分界線完全落在了觀念的一邊，他還停留在**表象**中的世界；斯賓諾莎就把透過廣延形式標示出來的表象中的世界，視為現實的東西，因此就是獨立於我們的頭腦表象的，亦即自在的存在。他說廣延的東西與成為表象的東西是同樣的，亦即我們頭腦中關於實體的表象與這實體本身是同樣的（《倫理學》，第 2 部分，命題 7 附注），這當然是對的。這是因為事物也只有是表象的時候才是廣延的，也只有是廣延的時候才可以成為表象：作為表象的世界和在空間中的世界是同樣的東西──這我們完全可以承認。那麼，如果廣延性是自在之物的一種特性，那我們的直觀就是對自在之物的一種認識。斯賓諾莎就是這樣的設想，他的實在論（或說唯實論）就由此而成。但因為斯賓諾莎並沒有創立這實在論，不曾證明我們直觀所見的空間世界是對應著一個獨立於這直觀所見的空間世界，所以，這根本的難題仍然沒有得到解決。但這恰恰就是因為那區分現實的與觀念的、區分客觀的與主觀的、區分自在之物與現象的分界線並沒有正確地畫好。正如我所說的，斯賓諾莎毋寧說是在觀念的、主觀的和這世界的現象一邊分界，亦即在作為表象的世界當中分界，把這表象的世界分為廣延的或說空間的世界與我們對這些的表象，然後就相當賣力地去展示這兩者只是同一物，而這兩者事實上也是同一物。正因為斯賓諾莎完全停留在觀念世界一邊，因為他誤以為在屬於觀念的廣延之物那裡已經找到了現實的東西，並且正如對他來說，直觀所見的世界因此就

[26] 是我們自身之外的唯一現實的東西，認知（思維）的東西就是**在**我們自身之內唯一現實的東西，所以，斯賓諾莎也在另一方面把唯一真正的現實之物，意志錯置到了觀念的一邊，因為他認為這只是「思維的樣式」，甚至視意志與判斷為同一物。讀者可看看《倫理學》第 2 部分對命題 48 和 49 的證明。在那裡，斯賓諾莎是這樣說的，「所謂**意願**（或意志，或意欲），我理解為肯定和否定的能力」，再就是，「我們採取

一個確定的意志行為,亦即採取了思維的樣式,透過這思維樣式,精神思想可以肯定三角形的 3 個內角等於兩個直角」。在這之後就是推論,「意願和智力是同樣的東西」。總體上,斯賓諾莎所犯的巨大錯誤,就是他故意誤用詞語,以標示一些在全世界都已有別的含義的名稱概念,而在另一方面,則剝奪了一些詞語無論在哪裡都會有的含義。所以,斯賓諾莎把無論在哪裡都稱為「世界」的名為「神」,把無論在哪裡都稱為「武力」的名為「正義」,把無論在哪裡都稱為「判斷」的名為「意願」。我們也就完全有理由想起科茨布的《本佐夫斯基伯爵》中的科薩克統帥。

　　柏克萊雖然是在這之後出現的,且已經有了洛克的知識,但仍然在笛卡兒的這條路上連貫地走得更遠;他也因此成了**觀念論**的真正始創者。這名副其實的觀念論也就是認識到:在空間中廣延的、充填著空間的東西,亦即直觀、生動的總體世界,絕對只在我們頭腦**表象**中才有其如此這般的存在;認為在一切表象之外和在獨立於認知主體的情況下,還另有某一存在,因此就是設想另有某一自在的物質,這就是荒謬的,甚至自相矛盾的。[3] 這是一個相當準確和深刻的觀點,柏克萊的整個哲學 [27]就由此觀點所組成。他找到和揀選出純粹觀念性的東西,但現實性的東西卻不知如何尋找,也不曾為此操心和努力,而只是偶爾地、零碎地、不完整地對此做出解釋。上帝的意志和全能就是這直觀世界所有現象

---

[3] 那些哲學門外漢(許多哲學博士也屬於此類)應該完全禁止使用**觀念論**(Idealismus)一詞,因為他們不知道這詞到底是什麼意思而瞎鬧一翻。他們以為「觀念論」一會兒是唯靈論的意思,一會兒又大概是「庸俗」的反義詞。因為一些平庸文人的緣故,他們更堅定了自己的看法。**觀念論**和**實在論**並不是**無主之詞**,而是有其固定的哲學含義的。想要表達其他意思的話,就用其他字詞好了。**觀念論**與**實在論**的對照,兩者涉及**被認識者**,涉及客體;**唯靈論**與**唯物論**的對照,兩者則涉及**認識者**,涉及主體。(今天的無知寫作者混淆了觀念論與唯靈論。)

（亦即我們所有的大腦表象）的直接原因。真正的存在只屬於認知著和意志著的生物，類似我們自己——這些生物就與上帝一起構成了現實之物。他們是精靈，亦即恰恰就是認知著和意志著的生物，因為在柏克萊看來意志和認知是絕對不可分的。柏克萊在這方面也與其前輩一樣：以為對上帝的了解比對我們眼前世界的了解還要多，因此，歸根溯源於上帝就算是給出了解釋。總體上，柏克萊的神職，甚至主教的職位為他套上了太過沉重的鐐銬，把他限制在一個狹隘的，永遠不可以衝撞的思想圈子裡面。所以，他無法走得更遠。在其頭腦中，真的和假的必須學會盡量相互容忍。所有這些哲學家的著作都是這種情形（斯賓諾莎的著作除外），因為那些著作被猶太一神論敗壞了。這一神論拒絕一切檢查，不接受任何探究，因此的確就成了一個固定不變的觀念。這一神論阻擋了通往真理路上的每一步，以致在此理論方面所造成的禍害，與其千年來在實際方面的禍害是一樣的——我指的是在宗教戰爭、信仰裁判庭和強迫民族皈依中透過刀劍所造成的禍害。

馬勒伯朗士、斯賓諾莎和柏克萊之間有著至為精確密切和相似的關係，這是不難一眼看出的。我們也看出他們都是從笛卡兒的觀點出發，

[28] 起碼保留並試圖解決由笛卡兒以懷疑外在世界存在的形式所闡述的根本問題：他們盡力去探究觀念的、主體的，亦即只在我們的思想觀念中給出的東西與現實的、客體的、獨立於我們的思想觀念的，因而是自在的世界的區分和關係。所以，正如所說的，這一難題就是整個現代哲學所圍繞著的中樞。

洛克與這些哲學家的區別就在於：大概是因為受到霍布斯和培根的影響，所以，洛克盡可能地緊貼經驗和常識，盡量避免超自然的假設。對洛克來說，**實在之物**就是**物質**（Materie）。他並不在意萊布尼茲對非物質的、思維的東西與物質的、廣延的實體物質之間不可能有因果關聯的顧慮，明白無誤地設想在物質與有認識力的主體之間有著自然的、物質的影響。但在此，洛克以罕見的慎思和誠實竟然承認那有認識力的

和能思維的東西本身也有可能是物質（《人類理解論》，第 4 部，第 3 章，第 6 節）。而這在以後爲他帶來了偉大的伏爾泰連番的讚譽，但在洛克的時代，這卻爲他招來了一個狡猾的英國聖公會教士沃塞斯特主教的惡毒攻擊。[4] 那麼，在洛克看來，**實在**的東西，亦即物質，在認識者那裡經由衝力（impulse）而產生出頭腦的表象或**觀念**（同上書，第 1 部，第 8 章，第 11 節）。所以，我們在此有一相當巨無霸的實在論，而正是其過分引起了異議，促成了柏克萊的觀念論。那特別的起源點或許就是洛克在其第 2 部第 21 章第 2 段結尾處所說的那些明顯欠缺慎思的話，其中是這樣說的：「不可穿透性、延伸性、形狀、運動和靜止，確實是在這世界上存在的，不管是否會具有感覺的生物發覺它們。」我們只要細想一下這一說法，那就必然認清這說法是錯的，但柏克萊的觀念論明擺在那裡，是不可否認的。與此同時，就算是洛克也沒有忽略那一根本

[29]

---

[4] 沒有比英國教會更加懼怕光明的了，這恰恰是因為沒有其他教會像英國教會那樣有著如此之大的金錢利益，其收入總計達 500 萬英鎊，比兩個半球的所有教會的收入還要多出 4 萬英鎊。在另一方面，沒有任何國家會像智力超群的英國那樣，讓人痛苦地看到受著最低級的盲目信仰有計畫地愚弄。這一不幸的根源就是在英國並沒有公共教育部門，因此，公共教育一直是完全掌握在教士的手裡。而教士則確保國家中 2/3 的人不會讀和寫。他們甚至不時膽大氣粗地狂吠自然科學，情形至為滑稽。所以，把光明、啓蒙和科學透過一切想得出來的管道走私進入英國，以此終結那些被餵得腦滿腸肥的教士的勾當，是人類的責任。一旦受過教育的英國人在歐洲大陸表露其猶太守安息日的迷信和其他的愚蠢偏執，那人們就要毫不掩飾地嘲笑他們，直到他們感到羞恥而回到常識中來。這是因為諸如此類的迷信對於歐洲是一種恥辱，不應對其繼續容忍。所以，就算是在日常生活當中，人們也永遠不要對英國的教會迷信做出一丁點的讓步，而是一旦在其想要喧嘩，就應該馬上銳利地迎上去；因為沒有任何傲慢能和英國教士的傲慢匹敵，所以，必須在歐洲大陸給他們足夠多的羞辱，這樣他們就可以帶一部分回家，因為在家是缺少羞辱的。英國聖公會教士和教士僕人的大膽放肆，直至今日都是讓人難以置信的，所以，應該讓其侷限在他們的島上。而一旦他們膽敢讓人們在歐洲大陸上看到這些東西，那就必須馬上讓其扮演貓頭鷹在白天的角色。

問題，即沒有忽略我們頭腦中的表象與獨立於我們而存在的事物之間的鴻溝，亦即觀念與現實的差別。大體上，洛克是打發掉了這一問題，但依靠的卻是雖然健康但卻粗糙的智力所得出的辯論，以及訴諸於在應付實際目的方面還算勝任的知識（同上書，第 4 部，第 4、9 章）——但這些方面的知識很明顯與所討論的難題無關，也僅顯示了在這方面，經驗主義遠遠不足以解決這一難題。但現在，正是他的實在主義引導他，[30] 甚至把我們所認知的與**實在之物**相對應的東西限定為**自在**之物所固有的特質，並且把這些特質與我們只是對這些特質的**認識**，亦即與只是屬於**觀念**的東西區分開來。據此，洛克現在就把屬於觀念的東西名為**第二性質**，而自在之物固有的特質則是**第一性質**。這就是稍後在康德哲學中變得至為重要的自在之物與現象的差別的源頭。這裡就是康德學說與康德之前的哲學，亦即與洛克哲學真正的起源連接處。康德的哲學由休謨對洛克哲學的懷疑和質疑所激發和促成，但康德哲學與萊布尼茲和沃爾夫哲學則只是論戰的關係。

那些**第一性質**，亦即據說是對自在之物本身的特別限定，因此只屬於自在之物，甚至是在我們對其觀念之外的、獨立於我們的觀念的東西，其實就是人們**不可以以思維去掉**的特質，這些特質也就是延伸性、不可穿透性、形狀、運動或者靜止和數目。其餘的所有一切都被視為**第二性質**，也就是第一性質作用於我們的感官以後的結果，因此就只是我們感官的感覺而已，就是顏色、聲音、味覺、氣味、堅硬、柔軟、光滑、粗糙等等。據此，這些第二性質與刺激起它們的屬於**自在之物**的特質並沒有一丁點的相似，而是可以還原為作為原因的第一性質。只有第一性質才是唯一純粹客觀（客體）的和的確在事物中存在的（同上書，第 1 部，第 8 章，第 7 節）。因此，這些在我們頭腦的表象就的確是忠實的副本，精確再現在自在之物那裡存在的特質（同上書，第 15 節。我祝那些在此真正感覺到現實主義已變得多麼滑稽的讀者好運）。具體地說，我們看到洛克把屬於**感官**的神經活動的東西排除在自在之物的特 [31]

質之外，而我們從外在接收的是關於自在之物的表象。洛克的這一觀察是容易的、可以明白的和無可爭論的。但沿著這條路線，後來康德就邁出了無比巨大的一步，也把我們的腦髓（即大得多的神經群）活動的東西排除了。這樣，所有的那些據說是第一性質的就降格爲第二性質，那誤當作是自在之物的就淪爲現象；但那真正的自在之物，現在排除掉了那些所說的第一性質以後，剩下的就是某一完全不認識的量，只是一個 X。這剩下的東西當然就需要某一艱難的、深入的，能長期抵禦誤解者和無知者攻擊的分析。

洛克並非追本溯源得出事物的第一性質，也不曾給出更深入的根據來說明爲何恰恰是這些而不是其他就是純粹客觀的東西——除了只是說這些特質是無法消滅的。那麼，如果我們自己去探究一下爲何洛克把那些完全直接作用於感覺，亦即完全是從外在而至的事物特質，稱爲**並非客觀**（客體）的存在，而把那些出自我們智力自身特有功能的特質（自康德以後，人們認識到了這一點）則說成是客觀（客體）存在的，那原因就是這個：客觀（客體）的直觀意識（對其他事物的意識）必然需要一個複雜的裝置，而客觀的直觀意識則是這一裝置的功能；所以，這客觀的直觀意識，其最關鍵的根本限定已經是從內在確定下來了。這就是爲何那直觀的普遍形式，亦即直觀的方式方法（那先驗可認識的也只能由此產生），就表現爲這直觀所見世界的基本組織和網絡，並因此成了無一例外絕對不可缺少的，無論如何都不可以去掉的東西；所以，這是預先就已經確定下來的，能讓所有其他事物及其各式各樣的差別得以出現的條件。大家都知道這首先就是時間和空間，以及從這些而來，並且只有透過這些才有了可能的東西。就其本身而言，時間和空間是空的，某些東西要進入時間、空間的話，就必須作爲**物質**而出現，亦即作爲某種**發揮出作用**的東西，因此就是作爲因果而出現，因爲物質徹頭徹尾就是因果，其存在就在於其作用，反之亦然。物質就只是智力對因果本身的客觀把握方式（《論充足理由律的四重根》，第 2 版，第 77 頁；《作 [32]

爲意志和表象的世界》，第 1 卷，第 9 頁，第 2 卷，第 48、49 頁）。所以，接下來的推論就是：洛克的第一性質完全就是那些無法思維掉的東西，而這恰好足夠清楚地顯示了它們的主觀源頭，因爲這些東西是直接從那直觀裝置本身的性質和構成而來的；所以，洛克就把作爲腦髓功能的東西，把比感官感覺（這是直接由外在引起，或說起碼由外在更仔細規定了）更屬於主體的東西，視爲絕對的客觀。

與此同時，我們可看到：經過所有這些不同的理解和解釋，笛卡兒所提出的有關觀念與實在關係的難題不斷獲得進展和闡明，這也就促進了真理。這是多麼美好的事情。當然，這是在有了時代之利，或更準確地說有了大自然之利以後才發生的事情，因爲在那短短的兩個世紀的時間裡，在歐洲誕生和成熟了好幾個非常有思想頭腦的人。此外，拜命運所賜，這些人雖然身處一個低級感官的世界，周圍盡是些只沉迷於用處和享樂的人群，但卻得以追隨他們的高貴使命，不曾理會教士們的狂吠，不受當時哲學教授的胡說八道和帶目的的活動影響。

那麼，當洛克根據其嚴格的經驗主義，甚至也只是透過檢驗讓我們了解因果關係的時候，休謨卻沒有據理力爭做出正確的事情，而是馬上打偏了目標，因果關係的現實性本身，並且是透過這本身是正確的簡短意見：經驗在感官上直接給予我們的永遠不過就是一連串的事物（或事[33] 情），而不是某一真正的作用與結果、某一必然的連繫。眾所周知，休謨的這一懷疑論的反對意見就促成康德對事情進行了更深刻的探究，而這探究所帶來的結果就是：因果，此外還有空間和時間，是爲我們所先驗認識的，亦即在經驗之前就在我們自身，因此屬於認識的**主體**部分。然後，由此接著推論：所有那些由洛克確定下來的第一性質，亦即絕對性質，由於都是由時間、空間和因果的純粹限定而成，所以，不會是自在之物本身固有的，而是屬於對這些自在之物的認識方式；因此，不可以算進實在一邊，而要歸入觀念裡面。最終就得出這樣的結果：我們所認識的事物，無論在哪一方面都不是其**自在**的樣子，而僅僅是自在之物

的**現象**而已。據此,現實的、自在之物本身就是我們全然不知的,在我們面前就只是個 X,整個直觀世界只是作為表象和現象隸屬於觀念,也恰恰是作為表象和現象必然在某些方面與自在之物相吻合。

從這一點出發,我最終又邁出了一步,我相信這將是最後一步,因為我把自笛卡兒以來所有哲學議論都圍繞著的難題以這樣的方式解決了:我把所有的存在和認知還原為我們的自我意識的兩個要素,在這兩要素之外就無法再給出任何解釋準則了,因為這兩個要素的解釋是最直接的,並因此是最終的了。也就是說,我重溫了這一點:正如在我之前的所有先行者所作的探究(我在此已討論)所表明的,雖然絕對實在的或說自在之物本身是永遠不會直接從外在,透過只是頭腦**表象**的路徑呈現給我們,因為這不可避免地就存在於這些表象的本質,所給出的也永遠只是觀念性的東西;而在另一方面,正因為我們本身毫無爭議是實在的,所以,對實在之物的認識就必然以某種方式從我們自身的內在本質汲取。事實上,現在這實在之物就以一種直接的方式進入我們的意識,也就是作為**意志**。這樣,對我來說,實在的與觀念的之間的分界線就取消了,以致整個生動和客觀展現出來的世界,包括一個人自己的身體,連同空間、時間和因果,因此也就是連同斯賓諾莎的廣延的東西和洛克的物質,就作為**表象**屬於**觀念**之物;但唯獨**意志**是**實在**之物,而我之前的所有先行者卻不加思考、未加查驗,就把意志視為只是表象和思維的結果而扔進了觀念之物裡面。笛卡兒和斯賓諾莎甚至把意志與判斷視為同樣的東西。[5]這樣,現在在我這裡,**倫理學**是完全直接地和史無前例地與形上學連繫在一起了,連繫的緊密程度甚於在任何其他的體系中。這樣,這世界與這存在的道德含義也就比以往都要更加扎實地提了出來。唯獨**意志**和**表象**才是從根本上不一樣的,因為它們構成了這世界所有事物中終極和根本的對應,除此之外,別無其他。那在頭腦中留下了表象

[34]

---

[5]   斯賓諾莎的上述引文,見笛卡兒在《沉思錄》中第四個沉思,第 28 頁。

的事物和有關事物的表象認識是同樣的東西,但那也只是留下了**表象**的事物,而不是自在之物本身。這自在之物永遠是**意志**,不管意志在表象中呈現出何種形態。

附錄

讀者如果了解在這個世紀裡,在德國什麼東西會被認爲是哲學,就或許感到奇怪爲何在康德和我之間的這段時間裡,我既沒有提到費希特的觀念論,也沒有提及有關實在與觀念的絕對同一性的體系,因爲這些似乎本該屬於我們談論的課題。我之所以無法一併列舉它們,是因爲在我看來,費希特、謝林和黑格爾並不是哲學家,因爲他們達不到成爲哲學家的第一個要求:誠實和認眞地進行探究。他們只是詭辯者,只是想要做出樣子而不是眞要名副其實;他們並不是要尋找眞理,他們追求的是他們在這世上的安樂和成功。政府的任命、學生和書商的酬勞,還有就是爲達到此目標,盡其所能地讓他們那些假冒哲學引起轟動,引人注目。這些才是眞理的這些門徒的指路明星和守護神。所以,他們還沒有通過入門考試,不能讓其進入由服務人類的思想家組成的尊貴團體。

但他們卻有異常出色的一面,亦即有著出色的技巧迷惑公衆,自己明明不是哲學家,但卻可以讓人們認爲就是哲學家。這毫無疑問是很需要功夫和才能的,但這種才能可不是哲學上的才能。而他們無法在哲學領域有眞正的成就,歸根結柢就在於**他們的智力並不是自由的**,而只是爲**意志**服務,因爲雖然他們的智力可以爲意志及其目標做出眾多的成就,但爲哲學卻是一如爲藝術那樣一無所成。這是因爲哲學和藝術的首要條件就是:智力可以純粹出於自身的動力而活動起來,並能在這活動的時間裡停止爲意志服務,亦即停止只盯著自身的目的。但一旦這智力完全自發地活動起來,那這智力根據其本質就只認得眞理,而不會還有其他目的。所以,要成爲一個哲學家,亦即成爲一個熱愛智慧

（智慧不是別的，正是真理）的人，只是熱愛真理是不夠的——如果這真理是與這個人的自身利益，上頭的意志，教會的教義，同時代人的偏見、定見或趣味連繫在一起的話。如果只是這樣，那這個人就只是「自我之友」，而不是「智慧之友」。「智慧之友」這一榮譽稱號之所以是美麗和巧妙的，就是因為這稱號表明了這個人對真理的愛是真誠的、全心全意的，因此是無條件的、無保留的，甚於一切的，在需要的時候是不顧一切的。個中的原因就是上面所說的智力獲得了**自由**：在此種狀態中，這智力除了真理以外，甚至不知道和不明白還會有其他別的興趣。但這樣的結果就是我們會對一切謊言和欺騙，無論其披著怎樣的外衣，都懷有無法消除的憎恨。當然，這樣的話，我們是不會在這世上走得很遠的，但在哲學上卻完全可以。而如果有人自稱是以探索真理為目的，但從一開始就跟真誠、正直、純粹說再見，一心只想著冒充自己其實不是的身分，那對哲學而言可是個不好的兆頭。然後，人們就會像那3個詭辯者一樣，時而裝出充滿激情，時而顯得那樣高貴的認真，時而又擺出高不可攀的樣子，目的就是在實在無法讓人信服的時候好欺騙他人。他們不曾深思就動筆寫作，因為既然只是為了寫作才去思考，那就省著點，到要寫作了才去思考吧。他們現在會試圖走私一些一眼就可看穿的鬼話當作證明，寫出浮誇和沒有意義的廢話當作高深的思想，援引「智力直觀」或者「絕對思維」和「概念的自我活動」，反對和拒絕「思考」的立場和角度，即反對和拒絕理性的反省，不帶偏見的推敲和誠實的表達，因此也就是真正和正常地運用理智。據此，他們公開對「思考的哲學」表示出極度的鄙視，而「思考的哲學」所標示的就是環環相扣，從根據引出結論的思路，這種思路也就是構成了在他們之前的所有哲學論辯。所以，如果人們足夠放肆，又再受到可憐時代的鼓動，那人們大概就會闡發這樣的議論，「不難看出：提出一個命題，並為此命題列舉根據；同樣，列舉相反的根據，並以此反駁這一命題——這樣的方法，並不是讓真理出現的方式。真理是其在自身的運動」等等（黑格爾，《精

[36]

[37] 神現象學》序言，第 57 頁；總集的第 36 頁）。我想，不難看出：推出諸如這樣的文字的人就是個無恥的騙子，想要迷惑頭腦簡單的人，並意識到在 19 世紀的德國人當中找到了他要迷惑的對象。

因此，如果聲稱在向眞理的殿堂匆匆前進，但卻放任個人利益指揮我們，而個人利益盯著的卻是完全不一樣的指路星辰，例如：盯著同時代人的趣味、怪癖和弱點，按照國家宗教尤其是按照執政者的目的和暗示而行事——那麼，人們又如何抵達聳立在高峻、陡峭、光禿的岩石之上的眞理殿堂？人們或許可以透過共同利益這一更加保險的紐帶，把一群確實是滿懷希望，亦即期待獲得照顧和職位的門生拉到自己的身邊，組成了表面上看是一個派別，但事實上只是湊成了一個小集團。這些人齊聲高喊，就可以聲嘶力竭地向各方宣布某某人就是前無古人的智者。個人的利益是滿足了，眞理的利益則被出賣了。

由此可以解釋為何我們在認眞讀過上面考察過的眞正思想家的著作以後，回過頭看看費希特、謝林的貨色，還有黑格爾那些放肆地信手胡寫、不知所云的文字（黑格爾對德國人的愚蠢有著無限的，但卻是推 [38] 測正確的信心），我們就會有種難受的感覺。[6]在那些眞正思想家的著作裡，人們隨處可發現對眞理的**誠實**探索，和同樣**誠實**地努力把他們自己的思想傳達給他人。所以，閱讀康德、洛克、休謨、馬勒伯朗士、斯賓諾莎、笛卡兒的著作，會感覺到提升，會沉浸在快樂之中。這是與

---

[6] 黑格爾的僞智慧完全就是《浮士德》第 1 部，第 1947 行的學生頭上的里程碑。如果我們想要故意弄蠢一個年輕人的頭腦，讓其完全無法勝任思維，那沒有比勤勉研讀黑格爾原作更加可靠、有效，因為這些怪誕地組合在一起的字詞，相互取消、自相矛盾，讀者絞盡腦汁地琢磨，想讀出些思想，直至筋疲力盡，垂頭喪氣。這些東西就會逐漸完全毀滅掉讀者的思維能力，以致從此以後，對這些讀者來說空洞、乏味的空話就成了思想。除此之外，再加上這經所有德高望重者的言行例子證明了的狂妄看法：黑格爾的那些空殼辭藻就是真正高深的智慧！假如某一監護人害怕他的被監護人太過聰明了，不會聽從其規劃，那讓其努力研讀黑格爾的哲學就可以避免這一不幸了。

高貴的精神思想相交融所產生的作用。這些高貴的思想者，有其想法也激發起別人的想法，思考著也讓別人思考。但在閱讀上述 3 個德國詭辯者的作品時，卻是恰恰相反的情形。不懷任何偏見的讀者翻開他們的書以後，可以問一下自己：這種語調是一個想要教誨別人的思想家的呢，抑或屬於一個想要騙人的江湖騙子呢？——那不用 5 分鐘，就不會對此還有任何疑問，因為這裡面到處都散發著不誠實的味道。在他們之前的所有哲學著作中特有的靜靜探索的語氣，一換而成了一口咬定的確鑿無疑，正如任何時候、任何樣式的江湖騙術都固有的那種語氣。但在這裡，這種確鑿無疑的語調據說是基於主體所謂直接的、智力的直觀，或者基於絕對的思維，亦即基於獨立於主體及其易犯錯特性的思維。每一行、每一頁都說出了那要迷惑、欺騙讀者的企圖：時而擺出派頭以震懾，時而以完全不知所云的文字來矇騙，時而又藉大膽的宣稱令人目瞪口呆，一句話，就是向讀者出虛招、花招，盡可能地讓讀者不知所以。因此，放下真正思想家的著作而轉讀這些人的文字時，在理論方面所感受到的就猶如在實際方面，從一群正人君子那裡出來而一頭掉進了騙子、流氓的巢穴。克利斯蒂安·沃爾夫與他們相比是個多麼值得敬重的人！但沃爾夫卻遭受上述那 3 個詭辯者的輕視和嘲笑。沃爾夫具有和給出了真正的思想，但他們卻只有詞、句的框框，其目的就是欺騙。因此，這整個所謂的後康德學派哲學真正的獨有特性就是**不誠實**，其成分 [39] 就是煙霧，其目標就是個人的打算。這學派的權威人物所要全力爭取的就是**顯得**是，而不是真的**是**。所以，他們是詭辯者，而不是哲學家。後世對他們的嘲笑也及於崇拜他們的人，然後，等待著他們的就是遺忘。順便說一下，與這些人的上述傾向相連的是那種爭吵和責罵的語氣——這語氣就像必要的伴奏一樣貫穿於謝林的作品。假如情況不是這樣，假如謝林不是那樣裝腔作勢和誇誇其談，而是老老實實地去寫作，那謝林作為這 3 人當中最具能力者，或許可以在哲學中占得一個折中派（這折中派暫時是有其用處的）的次要地位，因為他從普羅提諾、斯賓諾莎、

雅各·伯麥、康德的著作中，從現代自然科學中整理出一部大雜燴，以暫時填補康德哲學的消極結果所帶來的巨大空白，直到總有一天某一真正新的哲學的到來，真正提供那消極結果所要求得到的滿足。謝林尤其利用了我們這世紀的自然科學，以復活斯賓諾莎的抽象泛神論。也就是說，斯賓諾莎沒有任何有關自然的知識，只是從抽象概念出發，然後就海闊天空地哲學論辯，並在不曾真正了解事物的情況下，從抽象概念引出他的學術大樓。為這乾巴巴的骨架覆蓋上肌肉和色彩，透過運用在此期間成熟了的自然科學於斯賓諾莎的泛神論（雖然在運用時經常出差錯），盡其所能地賦予這泛神論生命和運動——無可否認這些是謝林在其自然哲學中做出的成績，而謝林的自然哲學恰恰是他的各種各樣嘗試和新的衝擊當中最好的作品。

[40] 　　就像小孩把玩成年人那些有嚴肅用途的武器或者其他工具，同樣，現正說到的 3 個詭辯者也不知所云地玩弄這樣的論題，我在此就介紹了前人對這些論題的論述，因為相對哲學家們這兩百年來殫精竭慮的探究而言，這 3 個傢伙提供了可笑的反例。也就是說，康德把自在之物與我們的表象的關係這一巨大難題釐清到了極致，甚於以往的任何人，並因此把對這難題的解決又拉近了許多。在這之後，費希特出現了，聲稱在表象的後面再沒有其他東西了，表象只是有認識力的主體、「我」的產物。在費希特試圖以此方式超越康德的同時，他只是把康德的哲學弄成了某一滑稽的東西，因為在經常運用那 3 個假冒哲學家已經在大吹特吹的方法時，費希特完全取消了實在的東西，而剩下來的只是觀念之物。然後就是謝林了。謝林在其有關實在之物與觀念之物的絕對同一性的體系中，宣稱兩者的差別是無關重要的，聲稱觀念之物也就是實在之物，兩者為一體。謝林就是這樣賣力地去混淆人們好不容易藉助一小步一小步逐漸演進的思考才分開來的東西，把一切都掺和在一起（謝林，《論自然哲學與費希特哲學的關係》，第 14-21 頁）。在模仿斯賓諾莎受到我上述批評的錯誤時，謝林放肆大膽地否認了觀念之物與現實之物

的區別。與此同時,萊布尼茲的單子又被搬了出來,受到頂禮膜拜,以作救命之用。但這單子卻是萊布尼茲把兩樣離奇之物,即原子和不可分的、原初的和本質上有認識力的,名為「靈魂」的個體荒謬地統一起來(謝林,《自然哲學的觀念》,第 2 版,第 38 節,第 82 頁)。謝林的自然哲學帶著同一性哲學的名稱,是因為謝林的哲學步上斯賓諾莎的後塵,也同樣取消了斯賓諾莎所取消了的 3 個差別,亦即上帝與世界的差別、肉體與靈魂的差別和最後在直觀世界中觀念與實在的差別。但這最後的差別卻一點都不是取決於其他兩種差別,正如上面在考察斯賓諾莎的時候已經表明的。並且這一差別越是表現得明顯,那前兩種差別就越是成疑,因為前兩種差別是基於教條式的證明(這些證明也被康德推翻了),而觀念與實在的差別卻是基於簡單的反省思考。與所有這些相應,謝林也把形上學與物理學統一,並因此把只是有關物理和化學的批評文字冠以「關於世界靈魂」的高貴名稱。對那些無休止地強行進入人的意識的所有真正的形上學難題,謝林一概透過強硬的話語大膽予以否認和平息。大自然是這樣,恰恰因為大自然就是這樣,出自其自身、經由其自身就是這樣;我們賦予其上帝的稱謂,那這事情也就打發掉了,誰要是還要求更多,那就是個傻子,因為主體與客體的差別僅僅是學校中的惡作劇,整個康德哲學也是如此,裡面的先驗與後驗的差別是無意義的,我們的經驗直觀確實為我們提供了自在之物等等。讀者可看看《論自然哲學與費希特哲學的關係》,第 51 和 67 頁,還有第 61 頁,謝林在那些地方意思清楚地嘲笑了「對為何在此是空洞無意義感到奇怪,對為何在此真存在什麼東西而詫異不已」的人。所以,在謝林先生看來,所有的一切都是那樣的不言自明。但從根本上,類似這樣的說話就是在典雅、講究的語詞包裝下,訴諸所謂健康的,亦即粗糙的理解力。另外,我想起了在我的主要著作第 2 卷第 17 章開頭所說過的話。就我們的論題而言,在上述謝林的書第 69 頁的這樣一段話,是很有典型意義的,也是相當幼稚的:「如果由經驗得來的知識完美地達到了目

[41]

的，那經驗知識與哲學的對照，以及哲學作爲科學特有的範疇和類別，就會一起消失。所有的抽象都會化爲直接的、『友好的』直觀；至高的

[42] 直觀就會是某種賞心、**單純**的遊戲，而最難的成了容易的，最不感官的成了感官的，人們也就慣性地、自由地閱讀那自然之書。」——那當然是最可愛不過了！但是，我們的情形可不是這樣。思維並不是這樣就可以打發走的。那嚴肅、古老的斯芬克斯及其神祕之謎就動也不動地躺在那裡，並不因爲你們宣稱思維只是鬼魂而已就會從石頭上掉下來。正因爲這樣，在謝林後來說形上學的難題是不可以用強硬的話語拒絕和否決掉的時候，他就爲我們寫出了一篇眞正形而上的文章〈論自由〉。但這卻只是一篇幻想的作品，一篇童話故事。所以，這就是爲何每當謝林一旦用論證的口吻（例如：第 453 頁注釋），其表達就有了明顯滑稽的效果。

　　透過他那實在與觀念的同一性學說，謝林試圖解決自笛卡兒正式整理出來以後，所有偉大的思想家都已經處理過的那一難題。這一難題最後被康德推到了極致。謝林解決此難題的方式就是乾脆剪掉那難題的結，因爲他否認觀念與現實兩者是對立的。這樣，謝林就與康德直接互相矛盾了，而謝林卻聲稱是從康德的理論出發的。但謝林卻至少牢牢把握了此難題的原初和本來的含義，那就是我們的直觀、思想與呈現在我們的直觀、思想中的事物的自在存在和本質的關係。但因爲謝林主要是從斯賓諾莎那裡汲取了自己的學說，所以，謝林很快就從斯賓諾莎那裡拿來了「思維」和「存在」的用語，但如把這些用語用以描述我們談論中的難題，卻是相當的糟糕。這在之後也成了引發荒誕離奇念頭的原因。斯賓諾莎以其學說，「思維的物質和廣延的實體是同樣的實體，這些時而透過這一屬性，時而又透過那一屬性去理解」（《倫理學》，第 2 部分，命題 7 附注）；或者，「精神和肉體是一樣的東西，有時藉思維的屬性，有時藉廣延的屬性去理解」（《倫理學》，第 3 部分，命題 2 附注），首先是要取消笛卡兒的肉體與靈魂的對立說。斯賓諾莎或許 [43]

也承認經驗之物並沒有有別於我們對其表象的認識。那謝林現在是從他那裡拿來了**思維**和**存在**的用語，然後就逐漸以這些代替了表示**直觀**，或者更準確地說被直觀之物和自在之物的詞語（《思辨物理雜誌》，第1冊，第1篇文章）。這是因為是我們所**直觀**的事物，而不是我們的**思想**（亦即**概念**），與這些事物的**存在**和**自在本質**的關係，構成了那巨大的難題（我在此勾勒的就是關於這一難題的簡史），因為我們的這些思想很明顯的和不可否認的只是從直觀知識中抽象出來的，是在思維過程中隨意去掉了某些特質和保留了另外某些特質。對此，有理性的人都不會懷疑。[7] 所以，這些**概念**和**思想**（這些構成了**非直觀**表象的類別）與事物的**自在本質**和**存在**永遠不會有一種**直接**的關係，而始終只是**間接的**，亦即透過**直觀**的中介關係。而正是直觀，一方面為概念和思想提供素材，另一方面則與自在之物，亦即與事物未知的，在直觀中客體化的自身本質構成了關係。

謝林從斯賓諾莎那裡取得的並不精確的用語，後來被黑格爾採用了。這個沒有思想、沒有趣味的江湖騙子在這方面就儼然是謝林般的小丑。黑格爾把這事情扭曲到這樣的地步，以致**思維**本身和本義，亦即**概念**與事物的自在本質就被假定為同一的；因此，諸如此類在抽象中思維的和間接的東西，與自在的客觀存在的東西就被假定為一體，而據此，邏輯同時也就是真正的形上學了。我們也就只需思維，或者只需讓概念做主，就可以知道那外面的世界是如何絕對地構成的。據此，在腦殼裡遊蕩的一切東西，馬上都是真實的了。再者，因為「越荒唐就越好」是這一時期的假冒哲學家的格言，所以，這一荒誕看法就由這第二個荒誕的看法所支撐：並不是我們在思維，而只是概念在沒有我們參與的情況下獨自完成其思考程序的。所以，這也就被稱為概念的論辯自我運動，並且現在就被假定為關於這大自然內內外外一切事物的一種啟示。但這

[44]

7　參見《論充足理由律的四重根》，第2版，第26節。

滑稽的意思卻是基於因同樣是誤用詞語而起的另一個滑稽錯誤，這意思甚至從來不曾清晰地表達出來，雖然毫無疑問隱藏在這些詞語的後面。謝林照著斯賓諾莎的樣子把世界冠以**上帝**的頭銜。黑格爾就照這詞的含義拿了過去。因為這詞意指一個人格化的神靈，這神靈除了具有其他的與世界完全不相協調的特質以外，還是**無所不知**的，所以，現在無所不知**這特質**也被黑格爾轉移給了這**世界**。當然了，在這世界是沒有地方可以保存這無所不知的特質的——除了在人那傻乎乎的腦袋裡。這樣，人也就只需放飛其思想（辯證的自我運動），亦即用黑格爾雄辯術的絕對的胡言亂語，就可以獲得啓示，知道天與地的神祕之謎。黑格爾是眞正明白**一種**藝術的，亦即如何牽著德國人的鼻子走的藝術，但那可不是偉大的藝術。我們可以看到他是如何玩弄把戲，可以在 30 多年裡讓德國學術界對其畢恭畢敬。哲學教授之所以還把這 3 個詭辯者當一回事，認爲在哲學史上給予他們一個地位是重要的，只是因爲這關乎這些教授的生計，因爲他們就有了素材，就這所謂的後康德哲學的歷史做出詳盡的口頭和文字報告。在這些報告中，教授們就詳盡闡述和認眞討論那些詭辯者的學術觀點。其實，有理智的話，人們本就不應關注那些人爲了要

[45] 冒充和做樣子而給市場帶來了什麼貨色，除非我們是要把黑格爾的文字宣布爲藥用的，作爲心理上有催吐作用之物需貯備在藥房裡，因爲這些所引起的噁心的確是很獨特的。但關於這些及其始作俑者已經說得夠多了，對他們的敬意我們就留給丹麥科學院好了，因爲丹麥科學院在黑格爾身上看到了眞實意義上的「哲學的頂峰」，並因此在其對我的《論道德的基礎》的評語中要求我尊重他，而這評語就附在這論文的後面，成了永恆的紀念物。這評語值得保護以免失之遺忘，既是由於其洞察力，也由於其值得紀念的誠實，同時還因爲這評語給出了證明，證實了拉布呂耶的這句妙語：「源於同樣的理由，一個人既可以漠視一個出色的人，也可以崇拜一個傻瓜。」

哲學史散論

1. 關於哲學史 [49]

　　不是閱讀哲學家的原創著作，而只是閱讀各式各樣介紹和描述這些哲學家學說的東西，或者只是閱讀泛泛的哲學史，那就好比想要別人代勞為我們咀嚼食物。假如人們可以隨心所欲親眼目睹遠古時代有趣的事，那人們還會閱讀世界歷史嗎？至於哲學的歷史，就哲學史的題材而言，我們還是可以真正接觸其標本的。也就是說，人們可以閱讀哲學家的原著，或者至少可以為精簡，故而集中精力閱讀從這些著作中精心挑選出來的主要章節，尤其是這些著作裡面有很多重複的、可以略過的內容。以這樣的方式，人們就可以真切和不受歪曲地了解到那些學說的核心內容。但如果閱讀現在每年都會出版的十來種哲學史的話，那讀者獲得的就只是進入到哲學教授頭腦中的東西，而且是以其頭腦所理解的樣子，因為不言自明，當一個偉大思想家的思想，要在那些哲學寄生蟲3磅重的頭腦中找到空間安置下來的話，這些思想就必然明顯地委曲求全；而要從這些頭腦中出來時，又得裹著時髦的術語，伴隨著他們本人老於世故的評語。除此之外，也可以預計到這樣一個以賺錢為目的而編寫哲學史的人，對他要編寫介紹、報告的原著，讀了不會超過1/10，因為要真正學習那些哲學著作，需要整個漫長和勤勉的一生，正如在以前勤奮、苦幹的時候，正派、能幹的布魯克為此所付出的。相較之下，這些小人物耽於沒完沒了的講座、公務、假期旅行和消遣娛樂，但卻常常在其早年就已經拿出了哲學史。這樣的人又能深究出些什麼呢？此外， [50] 他們還想要講求實用和實效，聲稱已經探究了思想體系的產生和結果的必然性，現在甚至還要評判古老的嚴肅和真正的哲學家，要指出和改正

他們的錯誤。他們除了一字不漏抄出（並且是一個抄一個）古老哲學家的著作以外，還能做出些其他什麼嗎？爲了掩飾這一點，他們把事情弄得更糟，因爲他們會拚命加進一些當代的時髦成分，例如：遵循他們時下的風氣和精神而妄斷古老的著作。如果情況不是這樣，而是由誠實和有見解的學者共同認眞地、負責地把主要哲學家的關鍵章節和重要段落，按時間年分的順序組成實用的合集，那將是很適宜的事情，就像一開始的格迪克，後來的利特和普列勒對古老哲學所做的編撰工作。但我們可以做得更細緻一些，以縝密的功夫和眞知灼見完成一部偉大的、普遍適用的大師選集。

我在此給出的散論，起碼不是傳統樣式的，亦即不是抄抄寫寫的那種，而是在親自研究原文的過程中所產生的思想。

2. 前蘇格拉底哲學

埃利亞學派的哲學家肯定是首先意識到「所見」與「所想」是截然不同的兩回事的人。對他們而言，「所想」才是唯一眞實存在的。他們聲稱，「所想」是唯一的、不變的、不動的；「所見」，亦即顯現的，在經驗上可及的卻不是這樣，把後面這些也稱爲唯一的、不變的和不動的，則完全是可笑的。因此，被誤解的命題就曾遭到第歐根尼以那著名的方式的反駁。所以，埃利亞學派的哲學家確實已經分清了現象與自

[51] 在之物的差別。自在之物無法以感官查看和觀察，而只能用思維把握，據此，自在之物就是「所想」的東西（亞里斯多德，《形上學》，第 1 卷，第 5 部分，第 986 頁和注釋；還有第 429、430 和 509 頁）。在亞里斯多德著作的注釋中，提到了巴門尼德的作品《關於看法的學說》。那是關於現象，關於物理學的理論。與此相應，毫無疑問，必定還有另一部著作《關於眞理的學說》，關於自在之物的學說，亦即還有一套形上學。菲洛波努斯著作的一條注釋直截了當地評論麥里梭：「在宣講關

於真理的學說時,他(麥里梭)說存在的只是一樣東西,而在宣講關於看法的學說時,他則宣稱存在的有兩個(眾多)東西。」與埃利亞學派哲學家截然不同,也很有可能是由埃利亞學派呼喚出來的,是赫拉克利特,因為他教導人們所有事物都在不停地運動,而埃利亞學派呢,則告訴人們事物是絕對靜止的。據此,赫拉克利特就只停留在「所見」(亞里斯多德,《論天》,貝洛爾主編,第 3 卷,第 1 部分,第 298 頁)。這樣,他就再呼喚出與其截然不同的柏拉圖的理型學說,正如亞里斯多德的表述(《形上學》,第 1078 頁)說明了這一點。

值得注意的是,前蘇格拉底時期哲學家屈指可數的幾個主要學說命題,在古老的著作中無數次地重複,但在這些著作以外,則極少提及,例如:阿那克薩哥拉關於「精神」和「同類基本素材」的學說;恩培多克勒的「愛與爭鬥」和 4 種元素的學說;德謨克利特和留基伯關於原子和複製的學說;赫拉克利特關於事物永恆流動的理論;之前已經分析的埃利亞學派關於事物絕對靜止的學說;畢達哥拉斯學派關於數學、靈魂轉生等學說。這些可能就是他們全部的哲學論題了,因為我們發現在近代人的作品裡,例如:在笛卡兒、斯賓諾莎、萊布尼茲,甚至康德的著作裡,他們的哲學中幾個不多的根本原理也是無數次重複,以至於所有這些哲學家似乎都採用了恩培多克勒(他本身就是個重複符號的愛好者)的古老慣用語「好的東西可以重複、重複、再重複」(見斯托爾茨,《阿格里琴托的恩培多克勒》,第 504 頁)。 [52]

此外,阿那克薩哥拉的上述兩個教義是彼此密切相關的。也就是說,「某些東西是所有東西都共有的」就是對他的要素粒子學說的象徵性描述。據此,在混亂的原初總體中,已經完備存在所有事物中的那些相同部分(在生理學的意義上)。要把這些相同部分分開,要組合、整理和形成特定不同的事物(不同的部分),就需要某一「精神」:由這一「精神」挑出那其中的組成部分讓混亂變得有序,因為這種混亂裡面的確包含了完全混合在一起的所有物質(亞里斯多德著作的注釋,第

337頁）。但這「精神」並不曾完美完成這首次分開的工作，因此，在每一物裡，仍然有組成了所有其他物的成分，雖然分量少了很多。「每一物都的確是混合了所有的每一物」。

相較之下，恩培多克勒沒有提出無數的要素粒子，只是說有4種元素，由這4種元素組合產生的結果就是物，而不是像阿那克薩哥拉說的那樣是離析物。但「精神」所扮演的聯合和分離的角色，亦即調節、整理的角色，在恩培多克勒這裡，就由「愛與爭鬥」扮演。這「愛」與「爭鬥」的說法要明智得多。也就是說，恩培多克勒並不是把安排事物的工作委派給智力（「精神」），而是委派給意志（「愛與爭鬥」），各種不同的物質並不是像阿那克薩哥拉所認為的只是離析物，而是真正的成果。阿那克薩哥拉認為這些離析物是經由智力而分開的，恩培多克勒則認為這些是經由盲目的本能，亦即經由沒有認識力的意志造成的。

總而言之，恩培多克勒是個貫徹始終的人，他的「愛與爭鬥」以真知灼見為基礎。在無機的大自然，我們已經看到各種成分，根據親和法則而互相吸引或者互相排斥，互相聯合或者互相分離。但在化學上顯[53]示出最強烈的結合傾向的（這只能在液體的狀態下才能滿足），一旦在固體狀態下彼此接觸，卻變成了最明確的電的相反兩極：現在就互相排斥，奔向彼此相反的兩極，目的就是此後再度互相吸引和擁抱。在整個大自然中，這種兩極對立是以各種很不相同的形式出現，這難道不就是那不斷更新的紛爭與不和，隨後就是熾熱渴求和解嗎？因此，確實到處都存在著「愛與爭鬥」，只是根據每次的情勢，要麼出現「愛」，要麼出現「爭鬥」。據此，甚至我們自己也會對每一個接近我們的人，馬上變得友好或馬上就有了敵意，要變成這兩者的因素就在那裡，視當時的情形而定。純粹是我們的精明，讓我們保持在冷漠、無所謂的點上，雖然這同時也是冰點。同樣，我們在靠近某一條陌生的狗時，這條狗就馬上採取友好或敵對的姿勢，很容易就從狂吠、發出低吼的威脅聲轉為搖頭擺尾，或者相反。這「愛與爭鬥」的普遍現象的基礎，當然就是由這

兩者所形成的巨大的原初對立：所有存在物根據其自在本質而有的一體性與其在現象方面的多樣性（因為千差萬別的現象是以個體化原理為其形式）。同樣，恩培多克勒認為他所知道的原子理論是錯的，指出物體可以無窮盡細分下去，就像盧克萊修的《物性論》（第1卷，第5節，第747頁注釋）所告訴我們的那樣。

但恩培多克勒學說中明確的悲觀主義是首要值得注意的。他完全認清了我們的苦難，這世界對他來說，就如同對真正的基督徒那樣，就是苦海（「災禍連連的大地」）。正如後來的柏拉圖，早就把這世界比作一處黑暗的洞穴，我們就被囚禁其中。在恩培多克勒眼中，我們的塵世存在就是流放和受苦的狀態，而身體則是因禁靈魂的監獄。這些靈魂曾經處於極樂狀態，他們因自己的過錯和罪孽墮落到現在的境地而無法自拔，在靈魂輪迴轉生中沉淪。透過純正的道德和行為，包括不吃動物，透過摒棄塵世的樂趣和願望就能夠重回以前的狀態。所以，這同樣的原初智慧，這構成了婆羅門教和佛教，甚至真正的基督教（這可不是那樂觀的猶太和新教理性主義）的基本思想，這位古老的希臘人也意識到了。這樣，在這一問題上就實現了「各民族所見略同」。被古人普遍描述為畢達哥拉斯門徒的恩培多克勒，從畢達哥拉斯那裡繼承了這一觀點是有可能的，尤其是同樣受畢達哥拉斯影響的柏拉圖，也從根本上堅持這一觀點。至於與這一世界觀密切相連的靈魂轉生學說，恩培多克勒是極其明確贊同的。在斯托爾茨花費巨大努力編寫的《阿格里琴托的恩培多克勒》（第448-458節）一書中，我們可以發現古老的著作段落，以及恩培多克勒所寫的詩句——這些都證明恩培多克勒有這樣的世界觀。視身體為監獄，生命則是受苦和淨化的狀態，死亡則是從這獲得解救，如果我們擺脫了靈魂轉生的話——這樣的觀點是埃及人、畢達哥拉斯門徒、恩培多克勒與印度教和佛教共有的。除了靈魂轉生以外，這些內容也包含在基督教裡面。西西里的狄奧多羅斯、西塞羅和其他人（見溫斯多爾夫，《論古人的靈魂轉生說》，第31頁；西塞羅，《哲學片斷》，

[54]

比普主編，第 299、316、319 頁）都證明了古人持上述觀點。西塞羅在這些段落並沒有說明這些人屬於哪一個哲學學派，但看起來似乎是畢達哥拉斯智慧的餘緒。

[55]　　這些前蘇格拉底哲學家的其他學說，還有許多被證實就是真理。我想舉出其中幾例。

　　康德和拉普拉斯的天體演化論，已經透過赫舍爾爵士的觀察，在事實上得到了後驗的證明，但現在羅斯勛爵為了安慰英國的天主教教士，以其超大反射望遠鏡，盡力讓康德和拉普拉斯的天體演化論再度搖擺成疑。根據康德和拉普拉斯的理論，形成行星體系的是透過冷凝以後那些緩慢凝固下來，然後旋轉起來的發光星雲。這樣，經過數千年以後，阿那克西美尼就被證實是對的，因為他宣稱空氣和雲霧就是一切事物的基本本質（亞里斯多德著作的注釋，第 514 頁）。與此同時，恩培多克勒和德謨克利特所說的也得到了證實，因為他們就像拉普拉斯那樣，宣稱世界的本源和構成是出自某種旋轉（亞里斯多德著作，貝洛爾主編，第 295 頁；注釋第 351 頁）。甚至阿里斯托芬（《喜劇》，第 5 幕，第 820 行）也嘲笑恩培多克勒這一說法是目無神靈，正如當今的英國教士嘲笑拉普拉斯的理論一樣，因為這些教士面對出現的每一個真理都不會感覺好受，亦即會擔心失去他們的受俸神職。的確，甚至我們的化學計量學也在某種程度上回溯到畢達哥拉斯的數字哲學，「因為數字的性質和比例是事物的性質和比例的基礎，例如：2 倍、$1\frac{1}{3}$ 倍、$1\frac{1}{2}$ 倍」（亞里斯多德著作的注釋，第 543、829 頁）。哥白尼的體系早就在畢達哥拉斯的預料之中，人們都知道這一點。確實，哥白尼本人就知道這一點，因為哥白尼是直接從西塞羅著《學術問題》中關於希塞塔斯的著名段落（第 2 卷，第 39 頁）和從普盧塔克的《關於哲學家的見解》（第 3 卷，第 13 章）汲取其根本思想的（根據麥克羅林著《論牛頓》，第 45 頁）。這一古老和重要的認識隨後被亞里斯多德摒棄了，目的就是

換上亞里斯多德自己的那些胡扯——關於這一點，我在第 5 章（參見《作為意志和表象的世界》，第 2 版，第 342 頁；第 3 版，第 390 頁）會再說一下。甚至傅立葉和科爾迪埃關於地心之熱的發現，也只是證實了古人的學說而已，「畢達哥拉斯門徒說，在地心和地中央燃著火，使大地溫暖和有生氣」（亞里斯多德著作的注釋，第 504 頁）。如果由於這些發現，今天地球的表層就被視為在兩個媒介（大氣層與滾熱、熔化的金屬和類金屬）之間薄薄的地層，而這兩個媒介的接觸必然產生大火並毀滅地表，那就證實了這一世界最終會被大火毀滅這一看法——對此，所有古老的哲學家的意見是一致的，印度教徒也是一樣的看法（《耶穌會士書信集》，1819 年，第 7 卷，第 114 頁）。同樣值得注意的是，從亞里斯多德的《形上學》（第 1 部分，第 5 章，第 986 頁）可以看出，畢達哥拉斯門徒在「十原則」的名下理解中國人的「陰」、「陽」概念。

[56]

我曾在《作為意志和表象的世界》第 1 卷第 52 節和第 2 卷第 39 篇詳細說明了音樂的形上學。音樂的形上學可以視為對畢達哥拉斯數字哲學的解釋，這我已經簡略提過了。在此我願意更詳細地解釋一下。假設讀者記得我提到的那些相關段落。根據我的那些論述，**旋律**（Melodie）表達了人所意識到的所有的意志活動，亦即表達了所有的感觸、情緒、情感等等；而**和聲**（Harmonie）則描述了意志在大自然的客體化等級。音樂在這一意義上是某種第二現實，與第一現實是完全平衡的，但卻是完全不一樣的性質和構成；第二現實（音樂）完全類似於第一現實，卻並不相像。音樂作為**第二現實**只是存在於我們的聽覺神經和大腦中，除此之外，或者就其**自身**（就洛克所理解的意義）而言，音樂是由全然的數字關係而組成，也就是說，首先，在節拍方面根據其數量；其次，在音階方面根據其質量，而這取決於顫動的算術關係。或者用別的說法，音樂的數字關係既在其節奏要素，也在其和聲要素。因此，世界的全部本質，不管是微觀世界還是宏觀世界，當然可以透過僅僅是數字的關係

[57]

而表達出來，所以，在某種程度上可以還原為數字的關係。在這個意義上而言，畢達哥拉斯把事物的真正本質定為數字是對的。但數字又是什麼呢？是依次連續的關係，其可能性取決於**時間**。

當我們在亞里斯多德著作的批注（貝洛爾主編，第 829 頁）中，讀到對畢達哥拉斯門徒的數字哲學的評論時，會忍不住猜測：在據說出自約翰之手的福音的開頭，λογος 一詞如此古怪和神祕，幾近荒謬的用法，還有在菲洛著作的類似用法，都是出自畢達哥拉斯的數字哲學，亦即出自這詞在算術上作為數字比例的含義，因為根據畢達哥拉斯學派，這樣一種數字比例或關係構成了每一存在物最內在的和不可毀滅的本質，因此是其首要的和原初的原則「αρχη」。這樣，「太初有字」（《約翰福音》，1：1）就適用於一切事物了。與此同時，人們也注意到亞里斯多德說過「情感就是物質的數字比例」，之後又說「因為數字的比例就是事物的形式」（《論靈魂》，第 1 篇，1），人們由此想起斯多噶學派所說的「生殖力」（包含所有事物的種子）詞語。我稍後將再談論這一點。

根據揚布利科斯所寫的畢達哥拉斯的傳記，畢達哥拉斯主要是在埃及（畢達哥拉斯從 22 歲到 56 歲在埃及生活）受教育，確切地說是接受了那裡的教士教育。在 56 歲回國的時候，畢達哥拉斯大概是真的想要建立一個僧侶國家，類似於埃及的僧侶等級制度的國家，雖然這對希臘人的國家會作一些必要的微調。他在家鄉薩摩斯島並沒有成功達到目的，但在某種程度上卻在克洛吞成功了。那麼，既然埃及的文化和宗教毫無疑問源自印度，而這可以從母牛具有神性（希羅多德，《歷史》，第 2 卷，第 41 頁）及很多其他的事情得到證明，那就解釋了畢達哥拉斯為何規定不吃動物，尤其禁止宰牛（揚布利科斯，《畢達哥拉斯的一生》，第 28 章，第 150 節），以及叮囑人們愛惜和善待所有動物；還有畢達哥拉斯所教導的靈魂轉生，他穿的白長袍，他那些永遠神祕和遮遮掩掩的舉動（這些給出了象徵性的預言，甚至涉及數學的定理）。他

還成立某種僧侶階層，有嚴格的紀律和許多儀式，崇拜太陽（同上書，第35章，第256節）及諸多其他。甚至畢達哥拉斯更重要的天文學的根本概念，也是他從埃及人那裡獲得的。因此，歐諾皮德斯就畢達哥拉斯關於黃道斜度的學說是否為最先提出還有過爭辯，因為歐諾皮德斯曾與畢達哥拉斯一起在埃及（關於這一問題，人們可以看看斯托拜阿斯的《牧歌集》第1部第24章的結尾，連帶從狄奧多羅斯那裡來的赫仁的筆記）。但總而言之，如果我們詳細檢查斯托拜阿斯（特別是第1卷，第25章及注釋）收集的所有希臘哲學家關於天文學的初級概念，就會發現這些通常都引出了很多荒謬的東西，也只有畢達哥拉斯學派的東西是唯一的例外，因為一般來說他們都是完全正確的。他們的這些概念並不是他們獨創的，而是來自埃及。這一點是沒有疑問的。畢達哥拉斯著名的禁吃豆類純粹源自埃及，只是從那裡照搬過來的迷信，因為希羅多德（第2卷，37）記載，在埃及豆類被視為不純正的、受人厭惡的東西，所以，僧侶們甚至不想看到它們。

此外，畢達哥拉斯的學說是肯定的泛神論，這從畢達哥拉斯門徒的一句話得到證明。這句話既簡明又扼要，是由亞歷山大的克雷芒為我們保存下來的，其多里斯方言顯示了這句話的真實性。這句話是這樣的：但如果聽到畢達哥拉斯的門徒說出這樣的話，那我們是不可以沉默置之不理的，亦即神只有一個，但這神卻不像一些人所以為的在這世界之外，而是就在這個世界，在那整個的周圍，是所有生成事物的看管人，是滲透一切的，是永遠存在的，是自己力量和作品的主宰，是天上的光明，是宇宙、精神的父親，賦予寰宇靈魂和生命，是宇宙的運動（參見 [59] 亞歷山大的克雷芒，《著作》，第1卷，第118頁）。透過每一個機會讓我們確信：真正的一神教與猶太教是可以互換的概念，那是好事。

根據阿普列烏斯（《佛羅里達》，比蓬蒂尼版，第130頁）的記載，畢達哥拉斯有可能到達了印度，甚至在婆羅門那裡學習。因此，畢達哥拉斯的智慧和見識當然應該得到高的評價，但我相信那與其說是畢達哥

拉斯想出來的，還不如說是他學來的，因此，屬於別人更甚於屬於他自己的。赫拉克利特評論畢達哥拉斯的一句話證實了這一點（《第歐根尼·拉爾修》，第8卷，第1、5章），否則，畢達哥拉斯就會寫下自己的東西，以防這些思想被湮沒了，但學來的東西卻在其源頭得到了安全的保存。

3. 蘇格拉底

蘇格拉底的智慧已成了某一哲學的信條。柏拉圖筆下的蘇格拉底是一個理想中的，因此是一個文學的、詩意的人物，其表達的是柏拉圖的思想，這是非常清楚的。但色諾芬所描述的蘇格拉底，我們卻發現並不是那麼充滿智慧。根據盧奇安（《愛說謊的人》，24）的記載，蘇格拉底挺著一個大大的肚子。這可不是一個天才應有的特徵。所有那些不曾寫下東西的人，其高級的思想能力都是大有疑問的，畢達哥拉斯也是一樣。一個偉大的思想家必然是逐漸認識到了自己為人類負有的使命和占據的位置。因此，他會意識到他並不屬於羊群，而是屬於牧者，我的意思是屬於人類的教育者。由此他就會清楚自己的責任並不只是直接和確切地影響偶然出現在他周圍的少數人，而是要把這種影響擴展至[60] 全人類。這樣，他就能把自己的影響傳至人類中的出類拔萃者，亦即少數人。但要對人類說話的唯一手段就是文字。用嘴巴說話，只能對著一些人，因此，對人類而言，說過的話只是私下流傳的東西。這是因為聽到那些話的一些人，相對那些高貴的種子而言，通常都是貧瘠的土壤。在這樣的土壤裡，這些種子要麼不會發芽，要麼在其傳播中快速衰敗。所以，必須把這些種子本身保存下來。但要保存這些種子，透過世代傳承是不可以的，因為在傳承中的每一步都會受到歪曲，只有透過文字這種唯一能夠忠實保存思想的手段，才可以做到。此外，每一個有深度的思想家都必然有衝動和欲望要記錄下自己的思想，要盡可能清晰和確切

地把這些思想表達出來，以求得到滿足，因此也就是把這些思想訴諸字詞。這項工作只有透過文字寫作才能完美實施，因為文字表述從根本上有別於口頭表達：只有文字表述才是至為精確和言簡意賅，並因此是思想的純粹複製品。據此，如果一個思想家寧願放著人類最重要的發明不用，那就是相當奇怪的自負和傲慢。因此，那些並不曾寫下任何東西的人，我很難相信他們是真正偉大的思想家。我更寧願視這樣的人主要是實際生活的英雄，這些人更多的是透過他們的性格而不是他們的頭腦影響別人。《吠陀經》、《奧義書》的高貴作者寫下了文字，雖然《吠陀經》的本集（純粹由祈禱組成）在開始時只是口耳相傳。

在蘇格拉底與康德之間，可指出不少的相同之處。兩人都摒棄教條主義，兩人在形上的事情上都承認一無所知，並且其特別之處在於都清楚地意識到這種無知。兩人都宣稱，相較之下，在實際的方面，在人們必須做的和必須承受的方面都是完全確切的東西，其本身就可以證明這一點，並不需要更多的理論依據。兩人都有這樣的命運：緊隨他們的後繼者和自稱為他們的門徒的人，都在基礎方面偏離了他們，在整理了一番形上學以後，創立了完全是教條式的體系；並且到最後這些體系儘管有了很大的改變，但所有人都一致宣稱是從蘇格拉底和康德的學說出發的。既然我本身是信奉康德學說的人，我就在此用一兩句話說說我與康德的關係。康德教導說，我們不可能知道在經驗及其可能性以外的東西。我承認這一點，但我也得說，經驗的總體本身是可以解釋的，我也試圖給出了我的解釋，就好像破解一篇文章的意思一樣試圖破解其意思，而不是像以前的哲學家那樣，只是試圖應用這個世界的形式而超越這個世界之外──而這，康德已經證明是不可以的。

蘇格拉底方法的優點，正如我們透過柏拉圖的著作所了解到的，就是在表明某一主張或命題的時候，讓對手和對話者逐一承認構成其中的根據、理由──但這必須是在對手看出這些根據所會導致的結論之前；因為如果給出教科書一樣的環環相扣的表達，那談話對手馬上就有機

[61]

會看出這根據及其結論,因此就會反駁這些根據——如果其結論不合他們的意思。但柏拉圖硬要我們接受的一樣東西就是,在蘇格拉底應用這一方法的時候,那些詭辯者和其他的蠢人卻坦然聽任蘇格拉底向他們表明,他們就是詭辯者和蠢人。這是無法設想的。事實是,在快要得出結論的最後 1/4 過程,或者一旦他們注意到這些鋪墊要引往何方,就會開始離題或者開始否認之前所說,或者故意誤解對方的意思,或者運用自以爲是的不誠實者出於本能採用的那些詭計和刁難,以攪亂蘇格拉底的精心布局,撕破他的羅網。或者他們會變得非常粗野,出口傷人,以至於蘇格拉底會覺得及時抽身更爲安全,更爲合算。這是因爲那些詭辯者又怎麼會不知道運用這一手段,就可以讓自己與對方平起平坐,就可以瞬間抵消對方哪怕是巨大的智力優勢?這一手段就是人身攻擊,侮辱對方。因此,一個本性低下的人,甚至一旦開始感覺到對方的精神思想的優勢,就有了要侮辱對方的本能衝動。

4. 柏拉圖

在柏拉圖的著作裡,我們已經發現某種錯誤的思維和理解方面學說(Dianoiologie)的源頭;這一學說的提出有其祕密的形上的打算,目的也就是推出一種理性心理學及與此相關的宣傳不朽的學說。這一思維和理解學說後來被證實爲極具堅韌生命力的僞學說,因爲歷經各個時期的哲學,包括整個古代時期、中世紀和近代哲學,這個僞學說仍在苟延殘喘,直至康德這臺碾壓一切的粉碎機最終把它碾碎。我這裡指的學說就是認識理論的理性主義及其形上的最終目的。這可以簡略概括如下:我們身上的認知部分是某種非物質的東西,從根本上與身體是不一樣的,名稱就是「靈魂」;身體則是妨礙認知的東西。因此,所有透過感官媒介而獲得的知識都是帶欺騙性的;唯一眞實、正確和確切的知識則是擺脫和遠離了所有感官感覺(因此就是擺脫了所有直觀),因此

也就是純粹的思維,亦即唯一在抽象概念中的運作。因為這項工作是靈魂完全以一己之力完成的,所以,在靈魂與身體分離以後,亦即在我們死亡以後,靈魂就最能做這項工作了。這樣,思維和理解學說正好為理性心理學所用,目的就是關於不朽的學說。在此我所總結的這個關於不朽的學說,在《斐多篇》第 10 章詳細和清晰地表達出來,在《蒂邁歐篇》中對此的理解稍有不同。塞克斯都・恩披里柯從中做出了下面相當簡潔、清楚的概括:自然哲學家那裡流行著一個古老的看法,那就是同類會認得同類——但柏拉圖在《蒂邁歐篇》運用這種證明方法,闡述靈魂是不具肉身的,「因為」,他說,那臉部易於接受光線,所以與光線是相通、相同的;因為聽力能夠聽到空氣的顫動,亦即聲音,所以與聲音是相通、相同的;因為嗅覺能夠聞到氣味,所以與氣味是相通、相同的;因為味覺能夠品嘗到味道,所以與味道是相通、相同的——既然如此,那靈魂也必然是不具肉身之物,因為靈魂能夠認識不具肉身的思想,例如:認識數字和身體的形式方面的東西(《意志》,第 7 卷,116 和 119)。 [63]

甚至亞里斯多德也承認,這個議論起碼作為一種假說是站得住腳的,因為亞里斯多德在《論靈魂》的第一部書裡(第 1 章)說,可以據此斷定靈魂是某一分開的存在:即是否有某些屬於靈魂的現象,身體是不曾參與其中的。這樣的現象首先就是思維。但如果這思維脫離了直觀和想像是不可能的,那脫離了肉體,這種思維也同樣是不可能的(但如果思想是一種想像,或者無法脫離想像而進行,這種活動在沒有身體的情況下是無法進行的)。但亞里斯多德並不承認上面自己所提出的條件,亦即論證的前提,因為亞里斯多德教導說(這後來整理成了一個命題,參見《論靈魂》,第 3 部分,8),「對理解力而言,並沒有什麼是之前不曾經過感官的」(湯瑪斯・阿奎那,《論天主教信仰之真理》)。所以,亞里斯多德已經認識到所有純粹和抽象的東西,其全部內容和素材都是首先從直觀所見那裡借來的。這一點也讓士林哲學學者 [64]

不安。所以，人們在中世紀就已經盡力要證明有那麼一種純粹的理性知識，亦即有一種並不涉及任何圖像的思想，有一種從自身取材的思維。所有這方面的努力與爭議，蓬波納齊都收進了他的《論靈魂的不朽》，因爲蓬波納齊就是從中取得他的主要論點。那麼，要滿足上述要求，就要用上被理解爲「永恆真理」的「普遍概念」和先驗的知識。這事情隨後經笛卡兒及其學派得到了怎樣的處理，我在我的獲獎論文《論道德的基礎》（第6節）的詳細補充註釋中已經討論過了。在註釋裡，我提供了笛卡兒門徒德・拉・福爾吉的原話，那是值得一讀的。這是因爲一般來說，人們發現，每一個哲學家的那些錯誤學說，正好是由其學生最清楚地表達了出來，原因在於這些學生並不像他們的老師那樣，會盡力和盡可能地隱藏起自己的體系中會暴露出體系脆弱之處的一面，因爲這些學生並沒有存壞心眼要這樣做。針對整個笛卡兒所說的二元論，斯賓諾莎已經提出了他的學說，「思維的東西和廣延的東西是同樣的東西，有時候理解爲這一屬性，有時候則理解爲另一屬性」，並以此顯示了斯賓諾莎的見解更勝一籌。相較之下，萊布尼茲則在笛卡兒和正統的路上保持著機智和彬彬有禮。但這隨後恰恰召喚出傑出的洛克爲哲學做出了極爲有益的工作，因爲洛克最終堅決要求檢驗**概念的起源**，在把這一句話澈底闡明和證明以後，就成了他的哲學的基礎，**並沒有與生俱來的概念**。孔狄亞克爲法國人整理了一下洛克的哲學，但法國人在這一問題上卻一下子走得太遠了，雖然他們也是出於同樣的理由，因爲他們提出並極力主張「思維就是感覺」（penser est sentir）。絕對地看，這個命題是錯的，但裡面卻有真實的東西：每一思維活動都部分地以感覺爲前提，因爲感覺是直觀的成分，爲直觀提供素材；部分地則跟感覺一樣是以身體器官爲條件，也就是說，正如感覺是以感官神經爲條件，思維則是以腦髓爲條件，而感覺和思維都是神經活動。但是，法國學派緊抓其命題不放，並不是因爲這一命題本身，而是有其形上的，甚至唯物主義方面的目的，恰恰就像那些柏拉圖、笛卡兒、萊布尼茲的對手那

樣,始終堅持這一錯誤的說法,即對事物唯一正確的認識在於純粹的思維,其目的就只是在形上學方面,以便就此證明靈魂是不具有物質內容的。唯有康德引導人們走出這兩條錯誤的路,從對立雙方並非誠實的爭辯中走向真理,因為爭辯的雙方聲稱爭辯是關於思想法則學說(Dianoiologie),但都是以形上學為目的和方向,並因此歪曲了思想法則學說。所以,康德說,我們當然有純粹的理性知識,亦即有先於所有經驗的先驗知識,因此,我們有某種思維,其素材並非歸功於以感覺器官所獲得的知識。雖然這一先驗的知識並非從經驗而來,但這一先驗知識卻只是對經驗有價值和有效力,因為這一先驗知識不是別的,而是認識到我們自身的認知配置及其設備(大腦功能),或者就像康德所說的,是認識到認知意識的形式本身。這一認知意識的形式,首要是透過藉助感官感覺所添加的經驗知識而獲得其素材;如果沒有了這些素材,那先驗的知識就是空洞的、沒有用處的。正因為這樣,康德的哲學就名為《純粹理性批判》。這樣,所有的那些形上的心理學就倒塌了,連帶一起倒塌的是柏拉圖所說的那些純粹的靈魂活動。這是因為我們看到:認知如果缺少了由身體幫助獲得的直觀,也就沒有了素材;因此,這樣 [66]
的認知者如果缺少了身體的前提條件,除了空洞的形式以外就什麼都不是了;更不用說思維活動就是腦髓的生理功能,正如消化是胃部的生理功能一樣。

因此,如果柏拉圖的教導,即要把認知從一切與身體、感官和直觀相關中分離出來,被證明是不適當的、顛倒的,並且是不可能的,那我們就可以把我的這一學說視為類似於柏拉圖的教導,但卻是修改正確的教導:只有當直觀認知從所有與**意志**相關中分離出來,才能達到最高的客觀,並因此達到完美。關於我的這一學說,大家可以閱讀我的《作為意志和表象的世界》第 3 部分。

5. 亞里斯多德

亞里斯多德的根本特點可以說是思想敏銳，連帶考慮周詳、洞察力強、博學多才，但思考欠深刻。亞里斯多德的世界觀是膚淺的，雖然經過了一番細心的琢磨和整理。深刻的思考是從我們自身取材，思想敏銳則必須從外在世界獲得素材，以掌握資料。但在亞里斯多德的時代，經驗方面的資料，部分甚至還是錯的。因此，時至今日，研究亞里斯多德並不是大有收穫的事情，而研究柏拉圖則仍然讓人受益匪淺。亞里斯多德欠缺深思的特性，在形上學方面當然表現得至為明顯，因為在形上學方面，純粹只是思維敏銳是不夠的，這與其他方面的學問不一樣。因此，亞里斯多德在形上學方面是最無法讓人滿意的。他的形上學的絕大部分，講來講去都是古老先行者所提出的哲學命題；對那些先行者，亞里斯多德通常都是從他自己的角度出發，對他們的一些個別、零星的言論提出批判或反駁，但亞里斯多德並不曾真正領會那些言論的含義。亞里斯多德更像是從外面破窗而入的人。他很少或者沒有提出過自己的學說，至少不曾提出過連貫的學說。但我們對古老哲學命題的了解，大部分是得益於亞里斯多德的批判和辯論——這是亞里斯多德無心插柳而做出的貢獻。他最敵視柏拉圖的地方，恰恰就是柏拉圖完全正確之處。柏拉圖的「理型」對於亞里斯多德就像是某件他無法消化的東西，永遠只停留在他的嘴裡；他是一心一意不承認「理型」的。思維敏銳對於經驗科學而言是足夠的，因此，亞里斯多德有某種朝著經驗的主導方向。但既然自亞里斯多德的時代以來，經驗科學取得了如此的進步，現在的經驗科學與那時候相比，就像成年期與兒童期之比。所以，學習亞里斯多德的著作並不會促進今天的經驗科學，但卻會間接透過其方法和真正科學的氣質而得益，因為這些是亞里斯多德的特長，也是經由他帶到這個世界上的。在動物學方面，時至今日，亞里斯多德的著作至少在某些方

面仍有直接的用處。但大體而言，亞里斯多德的經驗傾向驅使他總是向廣度發展。因為這樣，亞里斯多德很容易，也很常就偏離了他所選定的思路，以至於他幾乎沒有能力進行有一定長度或有始有終的思考，但有深度的思考卻正在於此。與此相反，亞里斯多德到處都在追逐問題，但卻只是淺嘗輒止，並不曾解決所提出的問題，或者並不曾只是透澈地討論一下這些問題，他又馬上轉到了其他別的問題上去。因此，他的讀者經常在想，「現在終於要有些說法了吧？」——但最終卻什麼也沒有。所以，當亞里斯多德發起某一問題，並討論了好一陣子以後，有好幾次真相已經呼之欲出了，他卻突然轉到了其他別的話題，讓我們的讀者仍然處於困惑之中。這是因為亞里斯多德無法持續地談論某件事情，而是在開了頭以後，又跳到了他剛剛想到的東西，就像小孩一樣丟掉手中的玩具，因為他剛剛又看到了另一樣玩具。這是亞里斯多德心靈的弱點，這種活躍是膚淺所致。這解釋了為何儘管亞里斯多德有極具系統性的頭腦，因為從他那裡我們開始了學科的分門別類，但他的闡述卻總是欠缺 [68] 組織和系統性，我們也感覺不到方法的進步，甚至沒看到他把不同類互相分開，把同類集合起來。他所討論的是他隨時想起來的東西，並不曾在這之前詳細思考過這些東西，也不曾定過清晰的規劃。他是手拿著筆在思考。這對於作者固然是很輕鬆自在的，但對於讀者來說卻是巨大的負擔。因此，就有了他那毫無規劃、隔靴搔癢般的表述；所以，他就上百次地討論同樣問題，因為每次在中途又有了其他別的話題；所以，亞里斯多德無法持續地談論某件事情，而是從第一百次談到第一千次；所以，正如我上面所說的，他就牽著讀者的鼻子走，而那些讀者就眼巴巴地等著他對所提出的問題給出答案；所以，在他對某一問題寫下了好幾頁紙以後，就突然以這樣的話重新開始這個問題的討論，「這樣，就讓我們採取另一角度探討我們的這一問題吧」，而在這篇文章裡他已經第六次這樣做了；所以，這樣的嘴巴張開了，但又能說出些什麼重要的事情呢？這適用於亞里斯多德在書和章節裡面的眾多開場白；所以，一句

話，他就是這樣經常的混亂和力所不逮。在某些例外情形裡，亞里斯多德當然做得有所不同，例如：他的3卷本《修辭學》完全是科學方法的楷模，並的確表現了一種結構嚴謹的對稱，而這或許就是康德那種嚴謹對稱的範本。

亞里斯多德的完全對立面就是柏拉圖，無論在思維方式還是在表述方面。柏拉圖鐵腕一般地牢牢抓住主要的思想，循著這主要思路前行——儘管這一思路很纖細，在至長和錯綜複雜的對話中，其分支縱橫交錯，但在所有的插曲之後，柏拉圖都能重新找回這一思路。我們可以看出，在柏拉圖動筆之前，對所要談論的事情他已深思熟慮，並已巧妙安排如何表達。因此，柏拉圖的每一篇對話都是很有計畫的藝術作品，

[69] 其中所有部分都已想好如何銜接起來；某些銜接經常是故意暫時隱而不現，對話中常有的插曲會自動地，並且常常是出其不意地回到了主要思想，而這個主要思想因此插曲而變得更加清晰了。柏拉圖始終知道（就這詞的全部意義而言）自己想要的是什麼和準備怎麼做，雖然在大多數情況下，他所討論的問題最終並沒有得到明確的解決。對問題有一個透澈的討論，他就已經滿意了。所以，如果就像一些報導所說的，尤其在埃里亞努斯的《雜聞軼事》（第3卷，19；第4卷，9）中，柏拉圖與亞里斯多德在個人之間顯出明顯的不和諧，那我們並不覺得很奇怪。柏拉圖也可能不時輕蔑地說起亞里斯多德，因為亞里斯多德那些漫無目的的東拉西扯、鬼火般的閃爍其詞和與他的博學相關的跳躍和離題，是柏拉圖很反感的特性。

席勒的一首詩〈寬度和深度〉也可以套用在亞里斯多德和柏拉圖這種互相對照上面。儘管亞里斯多德有經驗方面的思想傾向，但他卻不是一個連貫的、講究方法的經驗主義者，所以，他就必然被經驗主義的真正祖師爺培根撐到了一邊去。誰要想真正明白在何種意義上，並且為何培根是亞里斯多德及其方法的對手和征服者，那就要讀一下亞里斯多德的《論生和滅》。在這部著作裡，讀者會發現亞里斯多德先驗地就大

自然發了一番議論，他就想從純粹的概念出發去理解和解釋大自然的過程。一個特別明顯的例子就在第 2 卷第 4 章，亞里斯多德想先驗地建構起化學物質。相較之下，培根卻給了我們這樣的建議：不要把抽象的經驗，而是要把直觀的經驗作為大自然知識的源泉。由此得到的輝煌成果，就是目前自然科學的發達狀態。從這一角度俯視亞里斯多德的痛苦探索，我們不禁給予同情的一笑。在這方面值得注意的是，在亞里斯多德上述著作裡，已經可以讓我們完全清晰地看出學院派的源頭；那種鑽牛角尖、在字詞裡面尋尋覓覓的方法已見端倪。在這方面亞里斯多德的 [70]《論天》也很有用處，值得一讀。開始的那幾章就已是他那種方法的代表性樣品，亦即想從純粹的概念出發認識和定義大自然的本質，而他的失敗在這裡是明白無誤的。在第 8 章，亞里斯多德從純粹的概念和「平常的位置」出發，證明不會再有其他的世界；在第 12 章，他以同樣的方式臆斷天體的運行。這是從錯誤的概念出發，進行連貫的貌似理智的論述。這是一種特有的自然辯證法：這一自然辯證法就要從某些普遍的基本原則（這些原則據說表達了理智和適宜的道理）出發，先驗地判定大自然必須是何種樣子，大自然又必須如何作為。那麼，像亞里斯多德這樣偉大、這樣驚人的頭腦仍然深陷在這一類的謬誤當中，而這些謬誤直至數百年前仍然是宣稱有效和無誤的，這首先就讓我們清楚明白：人類應該多麼感激哥白尼、克卜勒、伽利略、培根、羅伯特‧胡克和牛頓！在第 2 卷第 7 和第 8 章，亞里斯多德為我們闡述了他那整個對天體的荒謬安排：星星牢牢地別在旋轉的空球體，太陽和行星也別在了類似的附近空球體；旋轉時的摩擦就產生了光和熱；地球則肯定是靜止不動的。如果在這之前並沒有更好的理論的話，那亞里斯多德的這些說辭還是勉強可以的。但亞里斯多德自己卻在第 13 章向我們展示了畢達哥拉斯門徒關於地球的形態、位置和運動的完全正確的觀點，目的卻是要摒棄這些觀點。這就必然激起我們的反感和氣憤。我們可以從亞里斯多德對恩培多克勒、赫拉克利特和德謨克利特的許多批評文章中看到，與我

們面前這位浮誇的饒舌者亞里斯多德相比,這些人對大自然有正確得多的洞察,也更懂得觀察實際經驗。這更增加了我們對亞里斯多德的反感。恩培多克勒甚至已經說出了某種正切的力是經由360度迴旋而形成,與重力相抗衡(第2卷,第1、13章及注釋,第491頁)。亞[71]里斯多德遠遠無法評估這些見解的真正價值,所以,他甚至一次都不曾承認那些古人的正確觀點,而是贊同大眾那些追隨表面現象的意見(同上書,第5卷,第2章)。但我們要注意,亞里斯多德的這些觀點得到了承認和推廣,也排擠掉了在他之前所有更好的觀點,並在後來成了希帕科斯和之後托勒密宇宙體系的基礎。人類直到16世紀開始為止,還得面對這個系統而苦思冥想,而這當然對猶太基督教的宗教學說是相當有利的,因為這些宗教學說從根本上是與哥白尼的宇宙體系難以相容的,因為既然沒有了天(Himmel),那上帝又如何在天上存在?嚴肅的一神論必然地預設了這樣一個前提:這世界是分為天和地的;人們在這地上活動,上帝則安居天上,統治著人們。那麼,如果天文學把天拿走了,那也就一併把上帝也拿走了;也就是說,這世界擴大了,以致沒有為上帝留下空間。但一個人格化的存在(每一個神祇必然都是如此)卻沒有安居之處,而是到處都是和到處都不是——這樣的說法在嘴上說說還可以,但卻是無法想像的,也因此是難以相信的。因此,只要物理的天文學廣為流行,那一神論就會消失,儘管這種一神論可能已經透過無休止的至為隆重的宣講和背誦,留給人們堅實的印記。天主教會馬上就準確看出了這一點,並因此密切留意和剿滅哥白尼的體系。所以,涉及這樣的事情,如果人們仍對逼迫伽利略一事而大呼小叫和感到不解,那就是頭腦簡單和幼稚了,因為「每一自然生物都會全力保存和維護自己」。誰知道呢,或者就是因為祕密了解到,或者起碼隱約感覺到亞里斯多德的學說與教會的學說是暗合的,藉助亞里斯多德就可以掃除

某些危險，所以，亞里斯多德才在中世紀得到了超乎尋常的尊崇？*誰又知道是否有不少人從亞里斯多德對古老天文學的介紹中受到啓發，早在哥白尼之前就已經祕密查看那些古老的眞理？而哥白尼則經過多年的猶豫以後，就在要離開這個世界之際，終於壯起膽子說出了這些[72]眞理。

6. 斯多噶學派

斯多噶學派一個美妙和極具深意的概念，就是關於「生殖力」的概念；如果我們能獲得比現有的關於這個概念更多的詳細論述就好了（第歐根尼‧拉爾修，第7卷，136；普盧塔克，《關於哲學家的見解》，第1卷，7；斯托拜阿斯，《牧歌集》，第1卷，第372頁）。但起碼這一點是清楚的：「生殖力」讓我們想到了在某一物種的接連不絕的個體當中，維護和保存了物種的同一形式的東西，這種同一形式從一個個體傳到另一個個體；因此，「生殖力」就好比是物種的概念化身爲種子。據此，「生殖力」就是個體之中不滅的東西，是個體賴以與其物種成爲一體、代表和維持物種的東西。這是保護物種免受死亡攻擊的東西，雖然死亡會消滅了個體。多虧了物種，個體永遠是一再存在，對抗死亡。因此，我們可以把「生殖力」翻譯成魔法公式：在任何時候都可以把物種的形態召到現象當中。與此很近似的概念，就是士林哲學派的「實體形式」（forma substantialis），意思就是在每一個自然存在物的總體素質裡面的內在原則；與這個概念對應的就是「原始質料」（materis prima），即沒有任何形式和特性的純粹物質。人的靈魂就是

---

* 在後來的版本中加了注釋。注釋的內容是：那些古老的作者把真正的一神論歸於亞里斯多德，證據就出自《論宇宙》，但這本書肯定不是亞里斯多德所寫。現在，人們當然是普遍接受了這一觀點。——譯者注

人的「實體形式」。與這兩個概念的不同之處，就是「生殖力」只適用於有生命的和繁殖的東西，但「實體形式」也適用於無機的東西。同樣，「實體形式」首要著眼於個體，而「生殖力」則完全著眼於物種，但這兩個概念都明顯與柏拉圖的「理型」相關。對「實體形式」的解釋，見之於斯考特斯·愛留根納的《自然的區分》（牛津版，第3卷，第139頁），喬爾達諾·布魯諾（《論原因》）；詳細的解釋則在蘇阿雷斯（《形上學的辯論》，第15卷，第1部分）——一部集士林哲學智慧之大成的真正綱要性作品，人們必須在這些作品裡認識上述概念，而不是靠聽那些沒有思想的德國哲學教授雜七雜八的閒聊，因為那些閒聊是膚淺和無聊的極品。

[73]

我們認識斯多噶學派倫理學的主要來源，是斯托拜阿斯（第2卷，第7章）為我們保存下來的這方面相當詳細的描述。我們感到得意的是，我們所擁有的大部分是出自芝諾和克律西波斯的逐字摘要。如果這是屬實的，那這些摘要並不會讓我們高度評價這些哲學家的思想，這些摘要不過就是對斯多噶學派道德學、倫理學所作的學究式、學校老師般的解釋，這些解釋太過冗長和空泛，極度乏味、表面和無聊，既缺乏力度和生命力，也缺乏有價值的、細膩的和一語中的思想。這裡面的所有東西都是來自概念，而不是得之於現實和經驗。根據這些東西，人就是分為「好人」和「壞人」，所有好的東西都歸於「好人」，所有壞的東西都歸於「壞人」。這樣，一切就都是黑白分明，就像那些普魯士崗亭一樣。因此，這些平庸的學校作業，與塞內卡那些有力的、充滿思想的和思考透澈的作品是無法相比的。

在斯多噶學派誕生大約400年以後寫成的關於《愛比克泰德哲學》（亞里安）的論述，也沒有就斯多噶學派倫理學的真正精神和原則透澈地予以說明。確切地說，這本書無論形式還是內容都難以讓人滿意。第一，就著述的形式而言，它完全沒有任何方法可言，沒有系統性的討論，甚至沒有有次序的層層推進。那些排列欠缺次序和有機連繫的章

節，只是無休止地反覆說，不是我們的意志（意願）的表現，我們就必須一概漠然視之為無物；因此，所有那些一向都能夠感動常人的東西，我們則應該無動於衷地冷眼旁觀。這就是斯多噶學派的「從容不迫」。也就是說，那些不是「發自我們」的東西，也「與我們無關」。這種明顯的似是而非的怪論，並不是根據某一根本原理引申出來，而是在沒有 [74] 給出這樣做的根據和理由的情況下，苛求我們對這個世界所要採取的至為奇怪的思想態度。我們看到的不是根據和理由，而是沒完沒了的高談闊論和不斷重複的說法與表達。這是因為從那些奇怪的格言出發，就可以極詳盡、極其生動地引出；因此，關於斯多噶學派如何從無中製造出一些東西，有多種多樣的描述。而任何持別樣看法的人，都被斥為奴才和傻瓜。如果我們想要看看採取如此古怪的思維方式背後是些什麼清晰和有力的理由的話，那可是徒勞無果，因為這樣的理由比那厚書裡面的所有那些高談闊論和侮辱詞語都有效得多。雖然這本書言辭誇張地描寫斯多噶學派如何沉著鎮定，對神聖的守護神克雷安泰、克律西波斯、芝諾、克拉特斯、第歐根尼、蘇格拉底不厭其煩地反覆讚美，對所有不同看法的人則惡語侮辱，但這仍是一部真正的告誡和訓示性的說教書。雜亂無章的闡述與這樣的書也就當然是絕配了。每一章的標題也只是這一章開頭時所談論的話題，但一有機會話題就會改變；如果以「意思環環相扣」衡量，其中的跳躍就是從第一百一下子跳到了第一千。著述的形式方面也就這些。

至於內容方面也是一樣的情形，這已經是撇開不談其完全缺乏基礎，一點都不是純粹和真正的斯多噶學派思想，而是混雜了某種強烈的散發出基督─猶太教味道的外來成分。這裡面最無法否認的證據就是在每一頁都可發現一神教，這個一神教也是其倫理學的支柱：在此，犬儒學派和斯多噶學派都代表上帝而行事，上帝的意志就是他們的準則，他們聽從於上帝，寄望於上帝等等，等等。這樣的東西對於真正原初的斯多噶學派是完全陌生的，因為上帝與世界是一體的，人們根本不知道上

[75] 帝還是一個有思維、有意願、會發出指令和預先操持的人。不只是亞里安的著作，其實在首個基督教世紀，在大部分的非基督教哲學作者那裡，我們已經看到猶太一神教隱約閃現；這在隨後就作為基督教成了大眾的信仰，正如今天在那些學者的文章裡，隱約閃現著印度本土的泛神論，而在以後這也註定將變成大眾的信仰。「光亮來自東方。」

根據所給出的理由，《愛比克泰德哲學》裡陳述的倫理學本身並不是純粹斯多噶學派的倫理學，裡面的許多規定並不是協調一致的；因此，當然無法為這些規定定下共同的根本原則。同樣，犬儒主義也因為這樣的教義而遭到完全的歪曲：犬儒主義者之所以要做犬儒主義者，主要就是為了他人的緣故，也就是說，透過自己做出榜樣，以便作為神的信使對他人發揮影響；透過干預他人的事務，以指引他人。所以，就有這樣的說法，「在全是智者的城市，就不再需要犬儒主義者了」；同樣，我們要保持健康、強壯和乾淨，目的就是不要讓人反感。這與古時候真正的、自足的斯多噶學派何止差之千里！第歐根尼和克拉特斯當然是很多家庭的朋友和顧問，但這只是次要的和偶然的，一點都不是犬儒主義者的目的。

所以，亞里安完全丟失了犬儒主義以及斯多噶學派真正的根本思想，甚至好像完全不曾覺得需要這些思想。亞里安宣揚自我否定（Selbstverleunung），因為他喜歡自我否定，而他喜歡自我否定或許只是因為自我否定是難以做到的，並且是違反人性的，而宣揚自我否定卻是很容易的。亞里安並沒有探究要自我否定的理由，因此，人們一會兒以為聽到的是基督教的禁慾，一會兒又再次以為那是斯多噶主義的看法。這是因為上述兩者的看法當然是經常不謀而合，但上述兩者所基於[76] 的根本原理卻是完全不同的。這方面我建議讀者閱讀《作為意志和表象的世界》第 1 卷第 16 章和第 2 卷第 16 章——在那裡，我的確首次從根本上闡述了犬儒主義和斯多噶學派的真正精神。

亞里安的前後不一，甚至以一種可笑的方式顯現出來。他在無數次

反覆描述一個完美的斯多噶主義者的時候,總是說「他不會批評和指責任何人,不會怨天尤人」。但是,他的整本書大部分都是以責備的口吻寫成,並且很多時候還演變成謾罵呢。

儘管如此,在這本書裡不時還能找到亞里安(或者埃皮克提圖)從古老的斯多噶學派那裡吸取和獲得的一些真正的斯多噶學派的思想;同樣,在某些描述中,犬儒主義得到了生動、傳神的刻畫。也有不少段落顯現出健康德多的理解力,還有那些對人和事的源自生活的準確描述。風格則是輕鬆和流暢的,但卻相當廣闊。

至於埃皮克提圖的《綱要》是亞里安所寫,正如弗里德里希·沃爾夫的講座向我們所保證的,我是不相信的。這本《綱要》比起《愛比克泰德哲學》用更少的詞語表達了更多的思想,自始至終都有健康的意識,而沒有空泛炫耀的言談;簡明扼要的寫作語氣就像是一個善意提點的朋友。相較之下,《愛比克泰德哲學》卻是以責備和批評的口吻說話。總而言之,這兩本書的內容是一樣的,只不過《綱要》很少提到《愛比克泰德哲學》中的一神論。或許《綱要》是愛比克泰德向其聽者口授的綱要,而《愛比克泰德哲學》則是亞里安留下對那些自由陳述和報告所作評論的筆記。

7. 新柏拉圖主義者

閱讀新柏拉圖主義的作品需要很大的耐性,因為它們都缺乏形式和表達。在這方面,波斐利在這些人當中鶴立雞群,他的作品是唯一一個寫得清晰和連貫,讓我們讀了不至反感的。 [77]

相較而言,寫作《論埃及的神祕》的揚布利科斯卻是最糟糕的。他滿腦子都是極端的迷信東西和傻乎乎的魔鬼學,並且頑固、執拗。雖然他對魔法和法術有與眾不同好像很玄奧的看法,但他對這些所給出的解釋卻是膚淺的,沒有多少價值。總而言之,揚布利科斯是個糟糕和讓人

不快的寫作者，狹隘、乖僻、迷信和混亂不清。我們可以清楚地看到，他所教導的東西完全不是出自他自己的所思，而只是別人的想法，很多時候還只是一知半解，但卻是更加頑固堅持的教條。所以，他的東西充滿了自相矛盾。不過，現在有意見認爲這裡所說的這本書並不是出自揚布利科斯之手。我是願意贊同這一意見的，因爲從他那些由斯托拜阿斯爲我們保存下來的散佚的著作中，我讀到了一些長篇的節選，而這些節選比他這本《論埃及的神祕》好很多，也包含了新柏拉圖主義學派很多優秀的思想。

普羅克魯斯也同樣是一個膚淺、東拉西扯、言之無物的人。他對柏拉圖的《阿爾喀比亞德篇》的評論注釋，是世界上最廣闊、最囉嗦的廢話，而《阿爾喀比亞德篇》則是柏拉圖最差的一篇對話錄，並且也可能不是柏拉圖寫的。這是因爲普羅克魯斯對柏拉圖的每一個字詞，甚至最不重要的字詞都無盡的議論，並從那些字詞裡面發掘微言大義。對柏拉圖藉助神話和比喻所說的一些話，普羅克魯斯卻以其字面意思嚴格地、教條式地照單全收，所有的意思都曲解成迷信的和通神學的東西。但是，不可否認，從他的評論注釋的前半部分可以發現某些很好的思想，這些可能是屬於其學派，而不屬於普羅克魯斯本人。結尾的一句話可是一個極其重要的定理：「靈魂的渴望（在出生前）最有助於塑造生活方式，看上去，我們也並不是由外在塑造而成的；我們是發自內在與選擇相遇，做出決定，並據此而生活。」這句話當然是源自柏拉圖，但也接近了康德關於「驗知性格」（intellibibeln Character）的學說，並且確實高於那些宣揚個人的意志是自由的膚淺、狹隘的理論，即認爲人每一次都既可以做出這樣的行爲，也可以做出別樣的行爲。時至今日，我們那些眼中始終只盯著基督教教義問答手冊的哲學教授，還受著這一理論之苦。他們也就以奧古斯丁和路德的神恩選擇說法自圓其說。在那順從和忠誠於上帝的時期，這種神恩選擇的說法已經足夠了，因爲那時候，只要上帝喜歡，人們仍然是隨時以上帝的名義去見魔鬼。但在我們的時

代，也只有用上意志的自因，或說自我存在，才能勉強自圓其說，並且必須承認，正如普羅克魯斯所說的：「看上去，我們也並不是由外在塑造成的。」

最後就是普羅提諾——新柏拉圖主義者中最重要的一個。普羅提諾自己就是多變、不一的，他的《九章集》各部各具彼此差別極大的價值和內容，例如：第4部《九章集》就是很出色的。但普羅提諾的表述和風格卻大都是拙劣的，他的想法並不曾經過整理，在下筆前並不曾經過一番思考，而是信馬由韁地寫下隨時產生的想法。普羅提諾在寫作時的馬虎、不認真，在波菲里奧的普羅提諾傳記中已有記述。因此，普羅提諾的空泛、冗長的東拉西扯和混亂經常讓我們失去耐性，甚至會覺得奇怪，這樣亂七八糟的東西怎麼會傳到後世。普羅提諾的風格大部分時候就是布道壇演講家的那種，他就像宣講福音的布道演說家那樣推出柏拉圖的學說。在這樣做的同時，他也把柏拉圖藉助神話，半比喻性所說的話，嚴肅、死板地降格為直白、乏味、乾巴的文字。他長時間在那反芻同一個想法，而無法僅靠自己之力補充點點的東西。與此同時，普羅提諾只做揭示但不做說明和論證的功夫，所以就是自始至終坐在（女祭司皮提亞的）「三腳架」上說話，想到什麼就說什麼，從不嘗試一下給出這樣說的理由。儘管如此，在他的著作裡，可以看到偉大、重要和深刻的真理——這些他本人當然是明白的，因為普羅提諾可絕對不是沒有見解的人。因此，普羅提諾絕對是值得一讀的，讀者會為所花費的耐心得到豐厚的回報。[79]

對普羅提諾的矛盾特性，我的解釋就是他以及總體上的新柏拉圖主義者，並不是真正的哲學家，不是有原創性的思想者；他們所表達的是別人的，是承傳過來但卻大多已被他們吸收了的學說。也就是說，他們想把印度和埃及的智慧合併到希臘哲學中去，所以，就用上了柏拉圖的哲學，特別是那些流於神祕的部分，作為連接起印度和埃及智慧的合適一環，或者轉換手段，或者作為某種（化學中的）溶劑。普羅提諾的

整個萬物一體的學說，首要和無可否認地證明了新柏拉圖主義教義的源頭就是印度的智慧，是經埃及傳來的。這在第 4 部《九章集》中絕妙地表現了出來。就在第 1 部第 1 章〈論靈魂的本質〉中，很簡明扼要地給出了普羅提諾關於「靈魂」整個哲學的根本理論：這「靈魂」在原初是完整單一的，只是經由實體世界而分散為許多部分。尤其有趣的是《九章集》第 8 部，它展示了「靈魂」如何透過有罪的爭取和追求而淪落成這樣的繁雜狀態；因此，它背負著雙重的罪責：第一就是淪落到這個世界，第二就是在這個世界所做的罪惡事情。因為第一宗罪，「靈魂」透過那短暫的存在而受苦；較為輕微的第二宗罪，所付出的代價就是轉生、輪迴。這與基督教的原罪和特定的罪明顯是同一個思想。但最值得一讀的是普羅提諾《九章集》第 9 部。在這本書的第 3 章〈是否所有的靈魂皆為同一〉中，單是透過那成一體的世界靈魂，就可以解釋動物磁性這一奇妙現象，尤其可以解釋當今仍然可遇到的這一類現象，諸如處於夢遊狀態的人可以聽到很遙遠的地方輕聲說出的某一字詞——當然，

[80] 這必須透過由與這夢遊者有感應的人組成的鏈條才可以。在普羅提諾的著作裡，甚至出現了「唯心主義」或說「觀念主義」，這在西方哲學很可能是首次，而「唯心主義」在當時的東方已經流行了很久。這是因為書中（《九章集》，第 3 部，第 7 卷，第 10 章）教導說，靈魂創造了這個世界，因為其從永恆進入時間之中。附帶對此的解釋就是「因為這一宇宙，除了靈魂以外再沒有別的地方」；確實，時間的觀念性在這些字裡行間已經表達出來了：「我們不可以在靈魂之外認定和接受時間，一如我們不可以在此生之外認定來生的永恆一樣。」「來生」與「此生」是對立的，是普羅提諾相當熟悉的概念。後來他透過「觀念的世界」和「感覺的世界」以及「那上邊和這塵世間」，作了更加仔細的解釋。時間的觀念性也在第 11 章和第 12 章得到了很好的說明。與此相關的是這一美妙的解釋：在我們的暫時狀態中，並不是我們應該和願意成為的樣子，因此我們總是期待在將來更好，盼望著我們所缺乏的能夠得到滿

足。由此產生了將來及其條件——時間（第 2 和第 3 章）。證實印度源頭的又一個證明，就是揚布利科斯（《論神祕的埃及》，第 4 部分，第 4-5 章）所說的輪迴學說，還有在同一本書（第 5 部分，第 6 章）裡關於從出生和死亡的桎梏中獲得最終的解放和解脫的學說，「靈魂的純淨和完善，從不斷的進化中獲得解脫」，以及「在奉獻中，火焰把我們從『進化』的鎖鏈中解救出來」（第 12 章）；因此亦即在所有的印度宗教書籍裡所允諾的解救，用英語表達，就是「final emancipation」（最終的解放）。最後，書中（第 7 部分，第 2 章）還有一個對埃及象徵形象的介紹，這個象徵形象表現了創世的神明端坐在蓮花之上。這來源分明就是創世的梵天坐在從毗濕奴的肚臍所長出的蓮花之上，就像梵天經常被描繪成的樣子（例如：朗里，《印度斯坦的不朽功業》，第 1 卷，第 175 頁；科爾曼，《印度教的神話》，插圖 5 等等）。這一象徵形象 [81] 作爲埃及宗教源自印度的確切證明，是極其重要的，正如在這一方面，波爾菲利在《論禁吃肉食》中所給出的報告，即在埃及母牛是神聖的，並不可以被宰殺。波爾菲利在所寫的普羅提諾的傳記中敘述了這樣的事情：普羅提諾在做了薩卡斯的學生幾年以後，想跟隨戈爾迪安的軍隊去波斯和印度，但由於戈爾迪安的戰敗和死亡而不果。甚至這件事情也顯示薩卡斯的學說有其印度的源頭，而普羅提諾現在就打算到其源頭汲取更加純正的東西。這同一個波爾菲利給出了詳盡的完全是印度教意旨的轉生輪迴的理論，雖然帶著柏拉圖心理學的裝飾。這見於斯托拜阿斯的《牧歌集》（第 1 卷，第 52 章，第 54 節）。

8. 諾斯替教派信徒

猶太教神祕教義和諾斯替教派的哲學，與其發起者（作爲猶太人和基督徒）的一神論堅定地站在前列，其企圖努力做的事情就是消除這兩種說法之間尖銳的自相矛盾：世界是由全能、至善和全知的人格神所創

造,這個世界本質上卻是可悲和充滿匱乏的。因此,猶太教神祕教義和諾斯替教派的哲學就在這一世界和這一世界的原因之間,引入一系列的中間人物,而由於這些中間人物所犯的罪而導致了墮落,也由於墮落才形成了這樣一個世界。他們就好比是把罪責從擁有無上權力的君王轉移到了他的大臣。當然,這種做法在因犯下原罪而被逐出天堂的神話中已經有所顯示,總而言之,這原罪神話就是猶太教的登峰造極之作;對諾斯替教派來說,這些中間人物就是次於最高神的造物者。這一人物系列可由諾斯替教派隨意增補。

這整個手法和行事,就類似於生理哲學家在假設了人裡面有物質性的東西和非物質性的東西互相聯合、互相影響以後,為了緩和這假設所帶來的矛盾,就試圖加進一些兩者之間的東西,諸如神經液、神經醚、動物精神等等,等等。以上兩者都是要掩蓋其無法去掉的東西。

[82]

9. 斯考特斯・愛留根納

這個值得敬佩的人讓我們看到了,一個人自己所看到的、所了解到的真理,是如何與早年因受灌輸而固定下來的,不會再受到懷疑的,起碼不會再受到直接攻擊的本地觀念展開爭鬥的;還有具有高貴本質的人是如何力求把由此產生的矛盾轉化為某種和諧與一致。要做到這一點,當然只能把那些固有觀念翻來覆去、左撐右扭,並在需要的時候歪曲其原意,直至那些觀念順應他自己所了解到的真理為止 ——「不管其願意還是不願意」。那些真理在愛留根納思想中始終占據主導,但在出場時卻不得不套上某種古怪的、勉為其難的外衣。在愛留根納的偉大著作《大自然的分類》中,他很懂得成功使用這一手法,直到他也想運用此手法處理罪孽和災禍的起源以及所面臨的地獄折磨。在此,這一手法失敗了,更確切地說,失敗的是作為猶太一神教結果的樂觀主義。在該著作的第 5 部,愛留根納論述了所有一切都歸根於、溯源於上帝,整個

人類乃至整個大自然在形上的層面都是一體的、不可分的。現在的問題是：罪孽到底在哪裡？它不可能在上帝那裡。那預言了的地獄及其無窮盡的痛苦折磨在哪裡？誰要到地獄裡去？人獲得解救了，甚至整個人類都獲得解救了。在此，那些教義始終是一道無法跨過去的鴻溝。愛留根納只能可憐地東拉西扯，結果只是流於字詞的詭辯而已。到最後，他不得不陷入自相矛盾和荒謬之處，尤其是關於罪的起源問題不可避免地出現，但這罪的起源卻既不會在上帝那裡，也不會在由上帝所創造的意志（意欲）那裡，否則的話，上帝就成了這罪的創始者——這最後一點，[83] 愛留根納是完全明白的（見《原則》，牛津版，1681，第 287 頁）。愛留根納現在就只能被迫提出荒謬的說法了：罪是既沒有原因也沒有某一主體的，「罪是沒有原因的——完全就是沒有原因和非實質性的」（同上引）。造成這一困境的深層原因就是人類和這世界的解救學說明顯來自印度，因此是有其印度學說的前提。根據那前提，這世界起源本身（佛教中的輪迴）就是罪惡，亦即出自大梵天的某一罪業，而我們自己現在又再度是那大梵天，因為印度神話到處都是透明的。而在基督教，解救這世界的印度學說卻必須移植到猶太一神教那裡：在這一神教裡，上帝不僅創造了這一世界，而且還在造出來以後發現這世界甚好，「一切所造的都甚好」、「因此流下了眼淚」（《安德里亞》，泰倫斯）。由此產生的上述難處，愛留根納是充分認識到的，雖然在他那個時期，他並不敢拿這問題的癥結開刀。同時，愛留根納有印度式的溫和，他摒棄基督教所定下的永恆詛咒和懲罰：所有的創造物，理性的、動物的、植物的、沒有生命的都必須根據自身的本質，透過大自然的必要進程而達致永恆的極樂，因為這極樂是出自永恆的至善。但只有聖人和正義者才能與上帝完全合為一體。至於其他的，愛留根納出於誠實，並不掩蓋罪的根源一說帶給他的窘境。他在第 5 部上述段落裡清楚地表達了這一點。事實上，無論是泛神論還是一神論，罪的根源都是其觸礁的巨石，因為這兩者都包含了樂觀主義。但惡和罪及其可怕的程度卻不是矢口否

認就可以打發掉的,並且預言要對罪(Sünde)實施懲罰就只會增加惡
[84] (Übel)。那麼,那些罪和惡在這樣一個世界,在這本身就是上帝或者上帝出於好意創造出來的世界,又是從何而來呢?如反對過泛神論的一神論者咆哮著說:「什麼!難道所有那些可怕的、可惡的壞人,就是上帝?」對此,泛神論者可以這樣回應:「怎麼?難道所有那些可怕的、可惡的壞人,就是上帝『故意』、『即興』(de gaieté de cœur)創造出來的嗎?」在愛留根納傳下來的另一部著作《宿命論》裡,我們發現愛留根納處於與此同樣的困境。但《宿命論》卻遠遠遜色於《大自然的分類》,在《宿命論》裡,愛留根納並不是哲學家,而成了神學家。所以,他在書裡可憐兮兮地費盡心機解決那些矛盾之處,但這些矛盾的最終根源卻是把基督教嫁接到了猶太教那裡。愛留根納所做的努力,就只是讓人們看得更加清楚這些矛盾之處而已。上帝據說做出了一切,一切的一切。這一點是肯定的,「所以,也有了卑鄙和邪惡」。必須把這一無法避免的後果消除掉。這樣,愛留根納就不得不使出可憐的挑剔手段。既然邪惡和卑鄙據說根本就不應存在(Sein),那這些就應該什麼都不是(Nichts)了。甚至魔鬼,也是這樣!或者那就是自由意志要為此負上罪責。也就是說,雖然上帝創造了這一意志,但這意志卻是自由的;因此,這意志在以後決定要做的事情與上帝是無關的,因為這一意志是自由的,亦即既可以做出這也可以做出那,既可以做一個好人也可以做一個壞人。太妙了!但真相卻是:「自由的」與「被創造出來的」這兩個特性是無法並存的,因此也是相互矛盾的;所以,宣稱上帝創造了人的同時也給予了他們自由的意志,那其實就是在說:上帝既創造了人也沒有創造人。這是因為「先有本質,才有行為和發揮」,也就是說,無論任何一樣事物所發揮的作用或者所做出的行動,都不外是這事物的本質引出的結果,也只有從這些結果才能看出這事物的本質。因此,要達到在此所需要的自由的話,一個人就必須不具有任何本質,亦即必須什麼都不是,亦即必須同時是某樣東西和不是

任何一樣東西。這是因為既然**是**，那就必然是**某樣東西**。不具有本質（Essenz）的某一存在（Existenz）是根本無法想像的。如果某一個人被**創造出來**（geschaffen），那這種創造也就造成了他那樣的性質和**狀態**（beschaffen）；所以，如果其性質很糟糕，那就是**創造**得很糟糕；而如果其行事，亦即其發揮是很糟糕的話，那**性質**就是很糟糕的。據此，這一世界的罪責，還有那邪惡——這兩樣同樣無法否認的東西——就永遠回到造物主那裡。而斯考特斯·愛留根納在此殫精竭慮，就像之前奧古斯丁那樣，都是想把這罪責從造物主那裡挪走。 [85]

如果一個人真的是自由的，他就不會是被創造的，必然是憑自身而存在（Aseität）的，亦即是透過自己的原初之力而產生的，具有絕對力量的存在，並不會追本溯源到了某一別樣的東西。其次，他的存在就是他自己的創造，這一創造在時間上鋪展和擴散開來；雖然這一創造一勞永逸地顯現了這一存在物的明確本質，但這一本質卻是他自己做成的，所以，對他的本質的所有表達，其責任由他自己承擔。更進一步而言，如果某一個人要對他所做的事情負責，亦即要把這些帳算到他的頭上的話，那他就必須是自由的。所以，如果我們的良心也供認要對所做的事情擔當罪責的話，那就可以相當確切地推論：我們的意志（意欲）是自由的。但由此又可再度推論出：這意志（意欲）本身就是原初的，因此，不僅僅人的行為，而且人的存在和本質就已經必須是人自己的作品。對於這一切，我建議讀者閱讀我的〈論意欲（意志）的自由〉一文。在那篇論文裡，大家可以讀到有關這些話題詳盡的和無法辯駁的分析。正因如此，哲學教授面對我這篇獲獎論文都嚴密閉口、隻字不提試圖封殺。這罪和惡，其責任永遠會從大自然那裡返回到這些罪和惡的創造者。如果這創造者就是意志，就是顯現在其所有現象的意志本身，這罪責就算是找對了對象，但如果創造者是上帝，那這被創造出的罪和惡就與上帝的神聖性有所牴觸。

在閱讀愛留根納經常推薦的《亞略巴古的戴奧尼索斯》的時候，我 [86]

發現亞略巴古的戴奧尼索斯完完全全就是愛留根納的範本。愛留根納那些不管是泛神論還是關於邪惡的理論，就其根本特徵而言，都可以在亞略巴古的戴奧尼索斯的著作裡看到，但那當然只是大概說了一下。愛留根納把粗略的東西進一步發揮，大膽地以火一樣的筆觸展現了出來。愛留根納的才氣遠勝亞略巴古的戴奧尼索斯，但愛留根納思考的素材和方向卻是戴奧尼索斯給他的。所以，亞略巴古的戴奧尼索斯為愛留根納做了很有力的準備功夫。至於那是否真的是戴奧尼索斯，對這事情是沒有任何影響的，那《神聖的名字》的作者名字是什麼是無所謂的事情。但亞略巴古的戴奧尼索斯可能在亞歷山大港生活過，所以我相信他可能以我們不了解的某一方式把一些印度智慧傳開來，為愛留根納所知曉，因為正如柯爾布魯克在《論印度的哲學》中（柯爾布魯克，《雜文集》，第1卷，第244頁）所指出的，在愛留根納的著作裡，人們也可發現《數論頌》的定理3。

10. 士林哲學

我認為士林哲學（Scholastik）的真正典型特徵，即他們評判真理的最高標準就是《聖經》的經文，因此，人們可以永遠就每一個理性的結論而求助於《聖經》的經文。士林哲學的一個獨特之處，就是他們的言辭和表達從頭到尾都有一種論戰的特性：每一次的探討很快都會演變成爭論，其中的「贊成與反對」產生出新的「贊成與反對」，並以此為這種爭論添加素材，否則，這種爭論很快就會了結。但這一特性隱藏著的最終根源，就是理性與宗教啟示之間的對立和衝突。

唯實論（Realismus）和**唯名論**（Nominalismus）各自宣稱自己是合理的，並因此引起如此漫長和頑固的論戰——要理解這樣的事情何以成[87]　為可能，可看看下面兩段話。差別極大的事物，只要這些事物具有**紅**的顏色，那我就稱它們為**紅色**。很明顯，**紅色**只是我用以描述這一現象的

「名稱」，無論這現象在哪裡出現。同樣，所有的普通概念也只是描述在不同事物當中出現的同一特性的名稱而已；但這些事物卻是真實的東西。所以，**唯名論**是對的。

但另一方面，如果我們注意到上述的真實之物，那些獨得現實和真實之名的東西卻是暫時的，亦即很快就會煙消雲散，而諸如以紅色、堅硬、柔軟、有活力、植物、動物、人等名稱描述的特性，則不受這些名稱的限制和妨礙而繼續存在，並因此在任何時候都存在。這樣我們發現，這些特性和特質，亦即藉助普通概念（上述名稱就是用以標示這些普通的概念）進行思維的特性，由於其存在不可消除而有了更多的真實性；所以，真實性更多地屬於概念，而不是個體的存在物。因此，**唯實論**是對的。

唯名論其實是導向了唯物質論（Materialismus），因為在取消了所有的特性和特質以後，最終剩下的只是物質。那麼，如果概念只是名稱而已，單個事物才是真正的和現實的，其存在於個體的特性和特質是倏忽、短暫的，那麼，就只有物質才是持久存在的，亦即才是真實的。

但嚴格說來，唯實論在上面所宣稱的合理性，並不真正屬於唯實論，而是屬於柏拉圖的理型學說；而唯實論不過是進一步發揮柏拉圖的理型學說而已。自然事物的永恆形式和特性，是不管經歷了多少變化而仍然繼續存在的東西。因此，這些形式和特性相較其賴以顯現出來的個體，應該是具有更高級別的某一現實性。相較之下，那些沒有直觀證明的只是抽象的玩意，卻不能說就有這種現實性，例如：這樣一些概念，「關係」、「差別」、「分離」、「劣勢」、「不確定」等等，又有什麼現實性可言呢？

把柏拉圖與亞里斯多德、奧古斯丁與伯拉糾、唯實論者與唯名論者 [88] 兩相對照，某些相似性或某種平行和一致是明顯可見的。人們可以說，在此顯示了人類思維方式在某種程度上正反相對的分岔。這在兩個活在同一時間，也彼此相距很近的偉大的人物那裡，以一種很奇特的方式首

次和明確地表達了出來。

11. 弗蘭西斯・培根

與亞里斯多德截然有意對立的（在另一種和比上面更加特別和明確的意義上）是弗蘭西斯・培根。也就是說，亞里斯多德是首先透澈闡述了從普遍眞理得出特殊眞理的正確方法，亦即從上往下。這是演繹推理，是亞里斯多德的《工具論》。與此相對的，培根所展示的是從下往上的道路，因爲他闡釋的是從特殊眞理推斷出普遍眞理的方法，這是歸納法（Induktion），與演繹法（Deduktion）相對應。有關歸納法的論述就是《新工具》，選擇這一書名以示對立，說明這是「完全不同的一種抨擊方式」。亞里斯多德的錯誤，或更應該說是亞里斯多德學派的錯誤，就在於他們認爲已經眞正掌握了所有的眞理，也就是說，這些眞理就包含在他們的公理裡面，亦即包含在某些先驗定理或者被認爲是先驗定理那裡；要獲得特殊眞理的話，就只需要從那些公理引出即可。亞里斯多德的《論天》就提供了這方面的例子。比較之下，培根卻正確地指出，亞里斯多德的公理卻一點都沒有這些內容；眞理並不就在當時的人類知識體系之中，而更應該在這個體系之外，所以，眞理並不是從這個知識體系中發展出來的，而應該先把眞理引進這個知識體系中；因此，也只有透過**歸納法**，才可以獲得內涵和分量重大的眞理。

[89]　　在亞里斯多德的引導下，學院派哲學家是這樣想的：我們要首先奠定一些普遍的眞理，然後從這些普遍的眞理就可以引出特殊的眞理，或者特殊的眞理或許在以後就可以在那些普遍眞理的條目下找到其位置。據此，我們要首先解決什麼可以歸於總體事物，而個別事物所特有的東西，我們在以後逐漸地，或許隨著經驗就可了解，但這永遠改變不了事物的普遍性。但培根卻說，我們寧願首先盡可能完整地、澈底地了解個體事物，這樣我們最終就會知道事物的完整面目。

但是，培根遜色於亞里斯多德的地方，在於培根那由下往上的方法卻不如亞里斯多德那由上往下的方法那麼正經實在、四平八穩和缺少錯誤。事實上，培根本人在自己所做的物理探究中，也把他在《新工具》中所給出的方法和規則撇到了一邊去。

培根主要是探究物理學。他為物理學所做的也就是他從頭開始所做的，就是隨後笛卡兒為形上學所做的。

12. 當代哲學

在算術書裡，要驗證一道等式的答案是否正確，往往看答案是否除盡這等式而沒有留下餘數。要驗證對世界之謎的解答，情形也與此相似。所有的體系都是些無法除盡而留下餘數的運算，或者如果人們喜歡用一個化學比喻的話，那就是都留下了無法分解的沉澱物。這都是因為人們從那些體系的命題，根據邏輯引出結論的話，所得出的結果與眼前的這一現實世界並不相符，並不協調，這世界的多個方面還完全無法得到解釋。例如：唯物主義（或說物質主義）體系認為，這世界是由帶有機械特性和特質的物質所組成，而這些物質自有其所遵循的規律。但無論是大自然那普遍的、讓人驚奇的合目的性，還是認知的存在（所說的物質也首先是在認知中顯現），都與這樣的唯物主義體系不符。因此， [90] 這就是這些體系無法除盡的餘數。再有就是一神論的體系，或者泛神論的體系，都難與這世界上壓倒性的天災人禍和道德淪喪協調起來。這些也就是餘數，或說無法分解的沉澱物。雖然在這種情況下，人們不乏詭辯的手段，在需要的時候甚至不惜用字詞來掩蓋這些「餘數」，但這些是經不起長時間考驗的。因為那等式還剩餘數，所以，人們就去查找哪裡計算錯誤，直到人們最終不得不承認那等式本身就是錯的。相較之下，如果一個體系裡面的所有命題或定理都能前後一致和互相協調，與經驗世界也時時處處同樣是互相一致和協調的，而不是兩者間發出不和

諧音，那這判斷此體系是否就是眞理的標準，就是所要求的除盡而沒有餘數。同樣，如果所列出的等式已經是錯的，那就等於說，人們從一開始就沒有從正確的一端著手處理這事情，這樣的話，在這之後就會錯上加錯。這是因爲哲學如同許多事物一樣，一切都取決於人們是否從正確的一端入手。我們需要解釋的世界現象，展現出來的是千頭萬緒，其中只有一頭是正確的，就好比一團糾纏的線團有許許多多的線頭，也只有找對了線頭才可以理順這團線。找對了以後，從一很容易就能引出二，由此就能看出這才是正確的一端。這也可以與一個迷宮相比：這迷宮有一百多個走廊入口，經過這些走廊曲折轉彎以後，最終又走了出來；也只有一個入口是例外，其曲折的路徑的確通往迷宮的中心。如果走進了[91] 這個入口，那就不會迷失路徑了，但其他的入口都不會讓我們到達中心目標的。我不想隱瞞我的這一看法：只有我們的意志才是那團線團的正確一端，是迷宮的眞正入口。

笛卡兒仿效亞里斯多德的形上學，從實體物質（Substanz）的概念出發，而我們也看出笛卡兒的所有後繼者都深受這一概念之苦。但笛卡兒假設了兩種物質：思維的物質和延伸的物質。那麼，這兩者據說是透過「肉體影響」（或說「自然影響」）而相互發揮作用，但這很快就被證明爲笛卡兒無法除盡的餘數。也就是說，這種相互作用不僅僅是從外向內，透過物體世界在頭腦裡面留下的表象而作用，而且也從內向外發揮作用，就在意志（意志被不假思考地歸爲思維部分）與身體活動之間進行。這兩種物質之間更緊密的關係現在就成了首要的問題，也造成了很大的困難。由於這原因，在那幫助笛卡兒解決了問題的「動物精氣」不再有用以後，人們就被迫採用「偶然原因」體系和「前定和諧說」。[1]

---

[1] 順便一提，「動物精氣」在瓦尼尼的著作中已經出現，是人們都知道的東西。其原創者或許是威利斯，即《大腦解剖》一書；弗洛倫斯的《論生命和智力》把這些歸於蓋倫。甚至揚布利科斯（在斯托拜阿斯的著作中）也已經相當清晰地提及是斯多噶派的學說。

也就是說，馬勒伯朗士認為「肉體影響」是難以設想的，但他卻沒有考慮到在上帝（是某一精靈）創造和指導這一物體世界的說法中，人們就毫不猶豫地設想了「肉體影響」。因此，他以「偶然原因」和「我們在上帝那看到了一切」取代了「肉體影響」。這就是他的餘數。斯賓諾莎踩著他的老師的足跡，也仍然從「物質」的概念出發，就好像這一概念是確定和既定之物似的。但他宣稱那兩種物質，思維的物質和延伸性的物質是同一種東西。這樣，上面所說的困難就得以避免了。但這樣一來，他的哲學就在主要方面變得否定了，其結果也就否認了兩個偉大的笛卡兒式對立，因為他把這兩者為一體的看法也擴展至笛卡兒提出的其他對立：上帝與世界。但「上帝與世界」的對立，其實只是一種講授方法或說表述形式。也就是說，如果直截了當這樣說「上帝創造這一世界的說法並不是真的，這世界其實是由於自身絕對的力量而存在」，那就太過冒犯了。所以，他選擇了間接的表達措辭，說「這世界本身就是上帝」。如果他不是從猶太教出發，而是能夠不帶偏見地從大自然本身出發的話，他是怎麼都不會想到要說這樣的話。與此同時，這樣的措辭給了他的學說表面上的某種肯定意味，但從根本上這學說是否定性質的。所以，他其實並沒有解釋這一世界，因為他的學說流於這樣的結論：「這世界存在，是因為它存在；是這個樣子，因為它就是這個樣子。」（費希特就是以這樣的話迷惑他的學生）以上述方式神化這一世界，不會容許真正的倫理學，除此之外，還與這世界當中物理上的天災和道德上的禍害嚴重牴觸。所以，這也是他無法去掉的餘數。

[92]

　　正如我已說過的，斯賓諾莎把他的出發點，把**物質**的概念當作既定的東西。雖然斯賓諾莎根據自己的目的而定義了「物質」，但他對這個概念的來源並不關心。這是因為只有在他稍後的洛克，才提出了這一偉大指南：一個哲學家想要從概念中推論出或者證明任何東西的話，那他就必須首先探究這些概念的起源，因為這些概念的內涵和由此引出的結論，是完全由這些概念的起源所決定的；這些概念起源就是藉助這些

概念所能獲得的一切知識的源頭。假如斯賓諾莎調查、探究了關於物質的每一個概念的**起源**，最終他就必然會發現實體物質完全就是**原始物質**（Materie），因此，實體物質概念的真正內涵不是別的，正是這些原始物質的本質和先驗可說明的特性。確實，所有斯賓諾莎稱為物質的，都在原始物質中得到證明，也只有在那裡得到證明。斯賓諾莎的物質是沒有出處的，亦即沒有原因的、永恆的、絕無僅有的，其變體就是延伸和認識，而認識也就是作為物質的腦髓的唯一特性。因此，斯賓諾莎是一個無意識的唯物主義者（或說「物質主義者」），但是，如果我們要現實化其物質的概念，在經驗上予以證明，那斯賓諾莎的物質並不是德謨克利特和後來的法國唯物主義者的錯誤構想的原子論的物質，因為這些後者除了具有機械的特性以外，再沒有其他特性了。斯賓諾莎的物質是正確理解了的，連帶其所有無法解釋的特性的東西。關於以上兩者的差別，我建議大家閱讀我的《作為意志和表象的世界》第2卷第24章。這種把未經查驗的實體物質的概念當做出發點的方法，我們在埃利亞學派就已經看到了，尤其是亞里斯多德學派的著作《色諾芬》等等。也就是說，色諾芬也是從「物質」出發，也展示了物質的特性和特質，但卻不曾先問一下或者先說明一下，他對這種東西的知識從何而來。如果他這樣做了的話，那就會很清楚他到底在說些什麼，亦即他的那些概念的基礎，賦予他的概念現實，歸根結柢是什麼直觀所見。到最後，結果表明那就是原始物質而已。而他就所謂「物質」所說的一切，也就適用於這個原始物質。在接下來關於芝諾的章節，與斯賓諾莎一致的地方，甚至也包括了表述和用語。因此，我們幾乎忍不住假設斯賓諾莎知道並且採用了這一著作，因為雖然培根對亞里斯多德有不少攻擊，但亞里斯多德在他那時候卻有很高的聲望，其拉丁語版本的著作也是存在的。據此，斯賓諾莎不過就是埃利亞學派的復興者，正如加森狄是伊比鳩魯的復興者一樣。我們也再一次看到，在所有思想和知識學科中，真正新穎和完全原創的東西是多麼的稀有。

[93]

此外，尤其在形式方面，斯賓諾莎之所以從實體物質的概念出 [94]
發，是因為他從其老師笛卡兒那裡接受過來的一個基本思想，而這一基
本思想又是笛卡兒從坎特伯里的安瑟倫那裡因襲過來的，亦即認為任
何時候從本質（essentia）都可以產生出存在（existentia），亦即僅僅
從某一個概念就可引出和推斷出某一個存在，而這一存在據此就是必
然的；或者用其他的話說，我們只是在頭腦中思維的東西，由於有某
些性質或者定義，那就必然不再只是在頭腦中思維的東西，而成了真
實存在之物。笛卡兒把這個錯誤的基本思想應用到「最完美者」（ens
perfectissimum）的概念；但斯賓諾莎則選取了「實體物質」或者「自因」
（causa sui，後者表達的是自相矛盾），我們可參見他在《倫理學》開
頭，然後在第 1 部命題 7 中的首次定義，這就是斯賓諾莎「走出的第一
步錯誤」。這兩個哲學家的基本概念的差別，幾乎就只在其用詞表達。
但他們都把這些概念作為出發點，亦即把它當作既定之物，其根源都在
於他們錯誤地從某一抽象的表象和概念引出直觀可見的東西，而事實
上，所有抽象的表象和概念都是從直觀所見而來，並因此經由直觀所見
奠定基礎。因此，我們在這裡看到了從根本上的「本末倒置」。

斯賓諾莎把他那唯一的實體物質稱為「Deus」（拉丁語，「神」
或「上帝」的意思），並因此平添了一個特別的困難，因為「Deus」
這個字已被用於標示一個完全不同的概念。這樣，斯賓諾莎就不得不持
續面對誤解，而產生這一誤解就是因為讀者並沒有想到斯賓諾莎對這個
字的第一個解釋，而只是始終想到這個字慣常表示的意思。如果斯賓諾
莎不曾運用這個字，他就用不著在第 1 部書裡作冗長和累人的研討。但
斯賓諾莎用這個字的目的，就是讓他的學說少遭遇一些反對。但他的這
一目的落空了。斯賓諾莎的整個論述有著某種程度的模稜兩可，因此人 [95]
們稱其論述在某種程度上是比喻性的，尤其是他在對待幾個其他概念
（「思維的物質」和「延伸的物質」）時也是含糊處理，正如我之前說
過的。如果他直截了當地表達其意思，直呼事物其名；如果他總體來說

能夠坦率、自然地描述自己的想法及其理由，而不是把自己的想法塞進命題、演示、例證和推論的西班牙長筒靴子，穿上從幾何學那兒借來的外衣，然後才讓其出場，那他的所謂倫理學就會清晰得多，好讀得多。這是因為那件幾何外衣並不會為哲學帶來幾何學的確定性，而是會失去一切意義——一旦幾何及其概念的建構不再藏身其中的話。因此，這一俗語也適用於這裡：「戴著兜帽並不能成為修道士。」

在第 2 部書裡，斯賓諾莎把他那唯一的實體物質的兩種模式闡述為延伸和表象；這種劃分明顯是錯誤的，因為所謂延伸，完全只是為表象而存在，也只存在於表象，因此，延伸並非與表象對立，而是隸屬於表象。

至於斯賓諾莎總是明確和有力地讚頌「喜悅」（laetitia），並提出這是每一值得讚揚的行為的條件和特徵，而所有的「悲哀」（tristitia）都遭到斯賓諾莎無條件的摒棄，雖然《舊約》對他說：「哀傷勝過歡笑，因為透過哀傷，心變得更好了。」（《傳道書》，7：4）所有這些都只是因為他喜愛連貫、統一所致，因為既然這一世界就是上帝的話，那這世界就是目的本身，就必須為這世界的存在而高興和自豪，亦即「跳躍吧，侯爵！永遠快樂，從不悲哀！」泛神論從本質上就必然是樂觀主義。這必須的樂觀主義迫使斯賓諾莎得出了許多其他的錯誤結論，其中最搶眼的是他的道德哲學中很多讓人感到噁心、荒謬的命題。他的《神學政治論》第 16 章則到了聲名狼藉的地步。另一方面，斯賓諾莎[96]有時候卻忽略了那些本來會引向正確觀點的結論，例如：那些關於動物的、不值一提的，同時也是錯誤的命題（《倫理學》，第 4 部分，第 26 章附錄）。在此，斯賓諾莎與《創世記》第 1 章和第 9 章保持一致地言說，正如猶太人都會的那種，以至於我們這些其他人，因為習慣了比這些更加純淨、更有價值的學說，所以就感到被大蒜氣味熏倒了一樣。斯賓諾莎好像完全不了解狗這種動物。在上述著作第 26 章開頭，就是讓人噁心的一個命題：「據我們所知，在這大自然，除了人以外，還沒

有任何個體存在物能讓我們對其精神思想感到愉快,我們能與之透過友誼或透過其他種類的交往而連結。」對此,一個西班牙文人(拉萊,化名費加羅,第 33 章)給予了最好的回答:「誰要是從來不曾養過狗,那他就不知道什麼是愛和被愛。」據科勒魯斯所述,斯賓諾莎一向以折磨動物,如蜘蛛、蒼蠅爲樂,並伴以哈哈大笑——這與他那些受到我批評的命題是一脈相承的,與《創世記》的上述章節也是如此。由於所有這些,斯賓諾莎的《倫理學》從頭到尾就是對錯混雜、好壞參半的混合物。在這部著作的結尾處,在最後一部的後半部分,我們可以看到斯賓諾莎在徒勞地試圖讓自己理清思路。他無法做到這一點,就這樣,他除了轉向神祕以外,別無其他選擇了,而這就是在此所看到的情形。爲了不至於對這個具有偉大頭腦的人有失公正,我們要記住:斯賓諾莎並沒有得到多少前人的幫助,也只有笛卡兒、馬勒伯朗士、霍布斯、布魯諾那麼幾個而已。哲學的基本概念還沒有得到足夠細緻的推敲,問題也沒有過應有的自由討論。

萊布尼茲也同樣視「物質」爲既定的東西,並從這個「物質」概念出發,但他首要認定這樣的物質必然是不可毀滅的。這樣,這一物質就必然是簡單的;也因爲所有可延伸和膨脹的東西都是可分的,因此是可被毀滅的,所以,這一物質是沒有延伸的,因此就是無形的。這樣,對於他的這一物質,除了精神的屬性以外,亦即除了知覺、思維和願望的屬性以外,再沒有其他的屬性。這樣簡單的精神物質,萊布尼茲一下子就假設了無數之多。雖然這些物質本身是不可延伸的,但卻是延伸現象的基礎。因此,萊布尼茲把這些物質定義爲「形式的原子」和「簡單物質」(埃德曼編,《萊布尼茲全集》,第 124、676 頁),並給予它們「單子」的名稱。這些單子據說就是物體世界現象的構成基礎,因此,物體世界的現象就只是現象,並不具有眞正的和直接的現實性,因爲眞正的和直接的現實性只屬於隱藏在這些現象裡面和背後的「單子」。另一方面,物體世界的這些現像是依照中央的單子完全依靠自身產生的預

[97]

先設立的和諧，而進入單子的知覺（這些是真正能夠知覺的單子，其他大多數的知覺單子永遠是在睡眠中）。在此我們就陷入晦暗之中了，但不管怎樣，這些物質的思想與那些真正的和就自身而言可以延伸的物質，其中介和相通是由中央單子預先達成的某種和諧所致。在此，人們可能會說，所有這些都是無法除盡的餘數。但要公平對待萊布尼茲的話，我們就必須回想一下那時候對原始物質的考察方式。那是由洛克和牛頓提出並實施的，物質是被視為死的、純粹被動的和沒有意志的，只是具備了機械性的力，並只受制於數學法則。相較之下，萊布尼茲摒棄了原子和純粹機械性的物理學，目的就是讓動力學的物理學取而代之，所有這些都在為康德做了準備功夫（埃德曼編，《萊布尼茲全集》，第694頁）。萊布尼茲首先讓我們想起學院派的「物質形式」，並因此得出這一觀點：甚至物質那只是機械性的力，也必然有著某種精神性的東西作為其基礎，而在當時，除了物質機械性的力之外，人們不認識或者不承認還另有其他東西。但萊布尼茲卻不知道如何清楚地表達自己的意[98] 思——除了笨拙地假定組成物質的是一些小小的靈魂，與此同時，這些也是形式的原子，在大多數情況下處於麻木、昏沉的狀態，類似於知覺和願望。在這個問題上，萊布尼茲被這些引入歧途，因為他就像所有其他人一樣無一例外地視認知而不是意志為所有精神的基礎和不可缺少的條件。而我則是第一個提出證明，把屬於意志的至高無上的第一位歸還給意志。這樣一來，哲學裡的所有一切都改變了。但是，萊布尼茲盡力把精神和物質奠基於同樣一條原則，這是必須承認的。我們甚至發現，萊布尼茲不僅對康德學說，甚至對我的學說也已有預感，但情形「就好像是在霧裡看花」。這是因為他那些單子論的基礎就是這樣的思想：物質並不是自在之物，只是現象而已，因此，就算是機械性的作用，其最終根源也並不在純粹的幾何方面，亦即不在只是屬於現象的方面，諸如延伸、運動、形態；所以，那無法穿透性就已經不是一種**否定性**的特性，而是某一**肯定性**的力的展現。

我們所欣賞的萊布尼茲的根本觀點，在一些輕薄短小的法文著作中清晰地表達了出來，例如：《大自然的新體系》與從《學者雜誌》和納入埃德曼所編全集中的迪唐版本（第681-695頁）中抽取的其他文章，還有書信等等。另外，《萊布尼茲短篇哲學文集》（科勒譯，耶拿，1740，第335-340頁）還精心彙編了與此話題相關的不少段落。

總體來說，在那整個連在一起的奇怪的教條主義學說當中，我們始終可以看出一個虛構的說法為圓場而帶出又一個虛構的說法，正如在現實生活中**一個**謊言需要許多其他謊言支撐一樣。這根源就在於笛卡兒把所有存在的東西都分為上帝和世界，把人分為精神和物質，而剩下的其他都歸於後者。此外，這些及所有的哲學家都犯了一個共同的錯誤，即把認知而不是意志當作我們的根本本質，所以把意志認定為第二性，而認知則是第一性。對於這些根本性的錯誤，大自然和現實時時刻刻都提出了抗議。人們為了勉強自圓其說，就必然挖空心思想出「動物本能」、動物的物質性、偶爾的原因、一切都在上帝身上看到、預先設定的和諧、初始原子、樂觀主義等等。而我呢，由於從正確的一端入手，所有的一切都自動吻合，每樣事情都得到應有的揭示和解釋，而不需要虛構說法。「簡單就是真理的印記。」

[99]

康德並沒有直接提及物質的問題，他所關注的超出了這一問題。對康德來說，物質的概念屬於先驗的範疇，因此屬於先驗的思維形式。在必然應用這一思維形式於感官直觀時，在經過這一思維形式以後，我們所認識的東西都不是其自身的樣子；因此，那些構成了無論是物體還是靈魂的基礎的東西，就可能是同一種東西。這是康德的學說。對我來說，康德的學說為我鋪平了道路，讓我得到了這樣的認識：每一個人的身體都只是在這個人的腦髓中產生的對自身意志的直觀；這種關係隨後就擴展至所有的物體，結果就是這世界可分為意志和表象。

但**實體物質**的概念是由笛卡兒在忠實於亞里斯多德的基礎上變成了哲學的主要概念，而斯賓諾莎則首先沿用這個**概念**的定義，雖然是仿效

埃利亞學派的方式。如果仔細和誠實地審視一番，物質的概念不過就是在沒有正當理由之下對原始物質概念的更高抽象。也就是說，這樣的抽象名詞，與**原始物質**一起，據稱也包括了這樣的假冒子女，「非原始物質而成的實體物質」（immaterial Substanz），正如我在《作為意志和表象的世界》第 1 卷末尾（第 550 頁以下）「康德哲學批判」所詳細闡述的。除此之外，物質的概念並不適合作哲學考察的出發點之用，因為物質不管怎樣都是**客體的**。也就是說，所有客體的東西對於我們永遠只是**間接的**，也只有主體的才是直接的。所以，主體是不可忽略的，一切都必須絕對從主體出發。那麼，雖然笛卡兒也是這樣做的——事實上，笛卡兒是首位認識和做到這一點，也正因為這樣，與笛卡兒一起，哲學開始了一個新的和主要的紀元——但是，笛卡兒只是在開始，在做準備運動的時候這樣做。在這之後，他就馬上假設這世界具有客體的和絕對的現實性，因為他信任上帝是誠實的，並且從此以後，笛卡兒就完全循著客體進行更進一步的哲學探討。除此以外，在這方面笛卡兒還應對一個重大的循環論證錯誤負責。也就是說，他要證明我們所有直觀表象的東西具有客觀現實性，所用的證明方式就是上帝作為這些東西的創造者是存在的，上帝是真理的化身，是不可能欺騙我們的。但這個上帝是否是存在本身，其證明則是我們與生俱來的，對盡善盡美的上帝據說會有的設想和看法。「他以懷疑一切開始，以相信一切告終」，笛卡兒的一個同胞這樣說他。

　　所以，柏克萊是第一個真正認真對待從主體出發的角度，並且是無可辯駁地闡述了採用這一角度的必要性。柏克萊是觀念論（Idealismus，或說唯心主義）之父，而觀念論卻是所有真正哲學的基礎，也是自柏克萊以後起碼是人們普遍堅持的出發點，雖然隨後的哲學家試圖對觀念主義做出修正。所以，甚至洛克也已經從主觀的一面出發，因為他把物質大部分的特質歸因於我們的感官。但需要指出的是，洛克的做法，即把所有**質量的**差別（作為次要特性）歸因為**數量的**差

別，亦即歸因於大小、形狀、位置等等（作爲唯一首要，亦即客體的特性），從根本上仍然屬於德謨克利特的學說，因爲德謨克利特同樣把所有質量歸因於原子的形狀、構成和位置。這從亞里斯多德的《形上學》（第 1 部第 4 章）和泰奧弗拉斯托斯的《論感官》（第 61-65 章）可以清楚地看出來。就這方面而言，洛克更新了德謨克利特的哲學，一如斯賓諾莎更新了埃利亞學派的哲學。洛克也的確爲後來出現的法國唯物主義鋪平了道路。但洛克透過對直觀中的主體與客體的初步劃分，直接爲康德的出現做了準備。而康德在更高的意義上跟隨著洛克的方向和足跡，成功地把主體與客體清楚地區別開來。在這一過程中，當然是把太多的東西歸於主體，以至於客體的東西也就成了只是完全模糊的，無法更加深入認識的某一東西，是自在之物。而我把自在之物再一次還原其本質，那就是我們在我們對自身的意識中所發現的稱爲意志的東西，在此我們又再一次地回到主體認知的源頭。但不可能還有另外別的結果，因爲正如我說過的，所有客體的東西永遠只是次級的，亦即只是表象。因此，我們絕對不應在自身之外尋找本質的最內在的核心、自在之物，而應該在我們，亦即在主體那裡尋找，因爲那裡才是唯一直接的。再者，對於客體，我們永遠無法達到某一靜止點，某一最終的和原初的點，因爲在客體，也就是在**表象**的領域，但所有的表象本質上是以**理由律**及其 4 種形態作爲形式。因此，每一客體之物都馬上落入和受制於理由律的要求，例如：某一假設爲客體的絕對東西，馬上就會受諸多問題的致命質詢，例如：「從哪裡來？」「爲什麼？」面對這些問題，肯定只能敗下陣來，無法成立。如果我們深入主體那寧靜的，雖然是黑暗的深處，情況則不一樣。在此，我們當然會有陷入神祕主義的危險。所以，從這一源頭我們能夠汲取事實上爲眞的東西，每個人都可體驗到的東西，因此是絕對不可否認的東西。

[101]

思維學（Dianoiologie）作爲自笛卡兒以來一直到康德時期探索的成果，在穆拉托里的《論幻想》（第 1-4 章和第 13 章）裡有簡略、天

[102]

真和清晰的表達。在書裡洛克是以一個異端出現的,整本書錯誤百出。從這裡可以看出,在有了康德和卡巴尼這些先行者之後,我對此的理解和表達是多麼的不一樣。整個思維學和心理學都建立於錯誤的笛卡兒式的二元論。在整本書裡,所有的一切就不管三七二十一,都必須歸結到這二元論,包括二元論帶來的許多正確的和有趣的事實。這種事情作為某一類型是饒有趣味的。

13. 對康德哲學更多的一些解釋

波普在《純粹理性批判》出版前大概 80 年寫的一段話(《波普著作》,巴士拉版,第 6 卷,第 374 頁),非常適合做《純粹理性批判》的題詞:「既然對大多數事情存疑是理性的,那對**論證**所有事情的**我們的理性**,我們就**最應該存疑**。」

康德哲學的真正精神、根本思想和真實意義,可以多種方式領會和表達;康德哲學所採用的不同表述和用語,會根據不同人的頭腦,因人而異地向他們展示康德那非常高深並因此是困難的學說。下面我再次嘗試清晰地闡述一下康德的高深思想。[2]

數學以**直觀**為基礎,數學的論據有賴直觀的支持,但因為這些直觀並不是經驗的,而是先驗的,所以,數學的理論是無可置疑的。相較之下,哲學所有的只是**概念**:這些就是既定之物,哲學也就由此出發;這些概念據說賦予了哲學論據絕對肯定性。這是因為哲學不能直接以**經驗**直觀為基礎,因為哲學要解釋的是事物的普遍性,而不是單個事物,其目的就是要超越這些經驗給出的東西。那麼,現在留給哲學的除了普遍的概念以外,別無其他,因為這些普遍概念並不是直觀的東西和純粹的

---

[2] 我在此一次說明,我所引用的《純粹理性批判》第 1 版的頁數,也附在羅森克蘭茲版本中。

經驗之物。所以，這樣的概念必須給出其學說和證明的基礎，哲學就從這些概念（作為存在的、既定的東西）出發。據此，哲學現在就是由單純的**概念**組成的科學，而數學則是由**直觀描述**的概念組成的科學。更精確地說，只有哲學的論證和推論才是從**概念**出發的。也就是說，這些哲學論證和推論不可以像數學那樣從某一直觀出發，因為這種直觀必然要麼是純粹先驗的，要麼是經驗的，而經驗的直觀卻不是無可辯駁的，純粹先驗的直觀只有數學才能提供。因此，如果哲學想要透過論證和推論獲得支撐，這些論證和推論就必須從已被奠定為基礎的那些概念出發，然後進行正確的邏輯推論。哲學就是這樣進展良好，度過了整個漫長的士林哲學時期，甚至在笛卡兒奠定其基礎的新時代也一直相安無事，以至於我們看到斯賓諾莎和萊布尼茲也因循這樣的方法。但最後，是洛克想到了要檢查概念的**起源**，結果就是所有普遍的概念，不管其內涵有多廣闊，都是出自經驗，亦即出自我們眼前感官可直觀的、經驗的現實世界；或者是出自每個人透過經驗的自我觀察而獲得的內在體驗。因此，概念的全部內容都是從這兩者而來。所以，概念能夠給予我們的，永遠不會多於外在和內在經驗已經注入其中的內容。嚴格來說，由此就可推論：概念永遠不會超越經驗之外，亦即永遠不會引往某一終點，也只有洛克以其從經驗中取得的根本原則超越了經驗。

　　康德與先行者形成的更進一步的對立，同時也是對洛克理論的矯 [104]
正，就是康德向我們展示了：雖然某些概念是上述原則的某些例外，亦即**並不是**源自經驗，但康德同時也告訴我們，這樣一些概念部分是出於純粹的，亦即先驗就有的對空間和時間的直觀，部分則是我們智力本身的特有功能，目的是幫助運用這些概念以指導經驗；所以，這樣一些概念的有效性只涉及經由感官而獲得的經驗，因為這些概念本身只有在感官感覺的刺激下，才能產生出經驗及其有規律可循的過程；所以，這些概念就其自身而言是沒有內容的，唯一只能從感官那裡獲得所有的素材和內容，然後與此一起產生出經驗。除此以外，那些概念就既沒有內容

也沒有含義了，因為這些概念能夠有效的前提條件是奠基於**感官感覺**的直觀；根本上這些概念與這些直觀是密切相關的。由此得出結論：這些概念無法指引我們走出所有可能的經驗之外。由此也可推論：形上學作為探討大自然另一面的科學，亦即探討在可能的經驗之外的事情的科學是**不可能**的。

那麼，因為經驗的一個組成部分，亦即那普遍的、形式的和遵循規律的部分是先驗可知的，但也正因此是以我們自身智力那本質的和遵循規律的功能為基礎；而經驗的另一組成部分，亦即特別的、物質性的和偶然的東西則是出自感官感覺，所以，這兩個組成部分都有其**主體**（主觀）的根源。由此可得出這樣的結論：所有的經驗以及經驗中的世界就只是**現象**，亦即對認識這世界的主體而言只是首要和直接存在的東西；但這種現象顯示了隱藏在其根源的某種**自在之物**，但自在之物既然是自在之物，就是絕對無法認識的。這些就是康德哲學得出的消極結果。

[105] 在此我不得不提醒大家，康德說得就好像我們只是有認識力的生物而已，因此除了**表象**以外就完全沒有其他的資料、材料了。其實，我們身上當然還有意志——這是與表象大不一樣的。雖然康德也考察了意志，但並不是在其理論哲學中，而只是在與其理論哲學截然分開的實踐哲學那裡；也就是說，康德考察意志的唯一目的，就是把我們行為中具有純粹道德含義的事實確定下來，並以此為基礎奠定一套道德的信仰學說，以平衡康德在這方面理論上的無知，以彌補其完全無法奠定的任何神學。

我們可以把康德的哲學標識為「先驗的哲學」（Transzendentalphilosophie），或者更準確的「先驗的唯心主義」（或「先驗的觀念主義」，transzendentaler Idealismus），以區別甚至對立於所有其他哲學。「超驗」（transzendent）一詞，並非來自數學，而是起源於哲學，因為這個詞早就為士林哲學派所熟悉。這個詞最初是由萊布尼茲引入數學中，以標示「超出了幾何的可能性」的東西，亦即標示普通算數和幾

何不足以進行的所有運算，例如：找出一個數的對數或者反過來，或者以純粹數學的方式找出一條弧線的三角函數或反過來，以及總體只能透過無窮盡的計算法才能解決的所有問題。但士林哲學家把所有至高的概念，亦即比亞里斯多德的10個範疇都要普遍的概念都以「超驗」一詞表示。甚至斯賓諾莎也在這個意義上運用「超驗」一詞。布魯諾把比實體物質與非實體物質的差別還要普遍的術語，亦即屬於總體物質的術語稱為「超驗」。根據布魯諾（《論原因等》，對話4）的用法，這些包括了實體的與非實體的是為一體的共同根源，而這就是真正的原初物質。布魯諾甚至認為，這證明了肯定會有這樣一種原初物質。最後到了 [106] 康德，其理解的「超驗」，首先就是承認了先驗性和我們的認知因此帶有的純粹形式特性，亦即洞察到這樣的認知是獨立於經驗的，這樣的認知甚至為經驗制定了不變的規則：經驗必然按照這些既定規則而顯示出結果；同時也明白了這樣的認知為何是這樣和能做到這樣，亦即因為這構成了我們智力的**形式**，也就是因為認知具有主體（主觀）的源頭。據此，真正說來，也只有《純粹理性批判》才是「先驗」的。與此相反，康德把應用或更準確地說濫用我們認知的純粹形式部分在可能的經驗以外的地方，名為「超驗」；這樣的經驗之外的事情，康德也稱為「超物理」（hyperphysisch）。因此，一句話，「先驗」一詞的意思就是「先於所有經驗的」，而「超驗」則是「超越一切經驗以外的」。據此，康德同意形上學只是先驗哲學，亦即關於我們認知意識所包含的形式部分的學說，是關於由此帶來的侷限性的學說。由於這些侷限性的緣故，要認識自在之物是不可能的，因為經驗提供給我們的就只是現象而已。但「形上」（metaphysisch）一詞，對康德來說卻不完全是「先驗」的同義詞，也就是說，所有先驗確切但涉及經驗的就稱為「形上」；相較之下，只有提出這樣的理論的學說，即只是因為自己的主體源頭和只是因為作為純粹形式的緣故，所以才是先驗確實的，才可唯一稱為「先驗」的。先驗的哲學就是讓我們意識到：我們所見的這世界，其第一條和最

關鍵的法則就是這世界根植於我們的大腦，並因此爲我們先驗地認識。這種哲學稱爲「先驗」的，就是因爲這種哲學**走出了**整個既有的幻影之外，而到達這幻影的源頭（見我的《論充足理由律的四重根》和以「形上」取代「先驗」，例如：第 32 章）。這也是爲什麼，正如已經說過的，只有《純粹理性批判》和總體而言康德的批判哲學才是「先驗」的

[107]（《純粹理性批判》把本體論變換成了思想法則論），而《自然科學的形上學基礎》則是**形上**的，《美德學說》等也是如此。

　　但是，一個先驗哲學的概念還有更深的意義，如果我們把康德哲學最內在的精神濃縮在其中的話。現大概陳述如下。整個世界對於我們只是經**二手**方式而來的表象，是在頭腦中的圖像，是腦髓的現象，相較之下，我們的意志卻是在自我意識中直接給出的。因此，我們自身的存在與世界的存在，兩者之間是有區別的，甚至某種對立。這是我們的個體、動物性存在所使然，隨著個體存在的終止，這世界也就煙消雲散了。在這發生之前，我們不可能在思想上取消我們那種根本的和原初的意識形式，這也是人們所形容的主體與客體之分。因爲所有的思維和表象都是以這種根本的意識形式爲前提條件，所以，我們永遠承認這種意識形式就是世界最原初和最本質的構成，這在事實上就是我們動物性的意識形式及以此帶來的現象形式而已。但現在由此產生了所有那些關於世界的開始、結束、界線、起源，關於我們自身在死後是否還在延續等問題。因此，這些問題都是基於這樣的錯誤假設，即把只是現象的形式，亦即把透過動物頭腦意識而獲得的**表象**當作自在之物本身，聲稱這就是世界的最原初本質。這就是康德這句話的意思：「所有的這些問題都是**超驗**的。」所以，對這些問題根本不會有任何答案，無論是從主體上，還是就這些問題本身，亦即從客體（客觀）上而言。這是因爲，這些問題隨著我們頭腦意識的消除，亦即隨著建立在頭腦意識基礎上的對立之分的消除而全部消失，但人們提出這些問題的時候，卻好像它們是獨立於上述的頭腦意識似的，例如：誰要是詢問死亡以後他是否還繼續

存在，那他就是假定消除了他那動物性頭腦意識，然後他所詢問的卻是只有在假設了動物性頭腦意識存在的前提下才會存在的東西，因爲那東西是依賴於那動物意識的形式，亦即依賴於主體、客體、空間和時間而存在，也就是他的個體的存在。那麼，一套讓人清晰意識到諸如此類所有條件和侷限的哲學就是先驗的，並且只要這種哲學**要求把客體世界的普遍的根本限定歸還給主體**，那就是「先驗的觀念主義」。人們逐漸就會認清，形上學的難題只有在其提出的問題本身就已經包含了自相矛盾的時候，才是無法解決的。[108]

但是，先驗唯心主義卻一點都不質疑眼前存在的世界的經驗現實性，只是表明這個經驗現實性可不是無條件的，因爲這個**經驗現實性**的條件就是我們的腦髓功能，從腦髓功能產生出直觀的形式，亦即時間、空間和因果律；所以，這個經驗現實性本身只是現象的現實性而已。現在，這現象中向我們顯現的眾多的存在物，其中永遠是有死有生，但我們知道只是經由空間這一直觀形式，那眾多的存在物才成爲可能，只是經由時間，那死亡和誕生也才成爲可能。我們也就認識到，這樣的生生滅滅是不會有絕對現實性的，亦即這樣的事情和過程並不屬於表現在現象中的自在本質。更準確地說，要是我們眞能拿掉那些認知形式，就像拿掉了萬花筒裡的玻璃片，我們就會很驚奇地看到，眼前就是唯一一樣東西，長駐、不變，在所有變化的表面下卻是始終如一，包括一些很個別的特性。根據這一觀點，我們可以提出下面這 3 個命題：

(1) 現實的唯一形式就是現在，也唯一在現在，才可以直接遭遇現實的東西，現實也永遠是完備地包含在現在之中。

(2) 眞正現實的東西是獨立於時間的，因此，在每一個時間點都是同樣的東西。

(3) 時間是我們智力的直觀形式，因此與自在之物無關。[109]

這 3 個命題從根本上是同一的。誰要是認清了這裡面的同一性和眞理，那就在哲學中取得了偉大的進步，因爲他領會了先驗唯心主義的

精神。

總體來說，康德關於空間和時間觀念的學說，難道不是碩果纍纍嗎？但康德表達這些理論的語言卻是乾巴巴的，樸素無華。相較之下，閱讀那3個知名的詭辯者的浮誇、狂妄和故意寫得晦暗不明的廢話，卻讓人一無所獲。這些詭辯者吸引了那些配不上康德的公眾的注意力。在康德之前，可以說人們就存在於時間之中，而現在，時間則在我們自身。在康德之前，時間是**現實**的，我們就如同所有在時間裡面的東西一樣，被時間所消耗和侵蝕。在康德之後，時間是**觀念**，就在我們的自身裡面。這樣，關於我們死了以後的情形的問題就首先消失了。**因為我不在了，時間也就沒有了**。以為在我死後，時間在沒有我的情況下繼續延續——那只是受表面現象欺騙所致，因為時間的3部分，過去、現在和未來都同樣是我的產物，是屬於我的；我並不更屬於時間中某一特別的部分。再者，從時間並不屬於自在之物的命題可以引出另一個推論，即在某一意義上，過去並不就是過去了，所有曾經眞實存在過的東西從根本上必然還是存在的，因為時間的確只是類似於舞臺上的瀑布，似乎是在湧流下來，其實那只是一個輪子，並沒有從其位置移開。與此相類似，很久以前，我在《作爲意志和表象的世界》中，就已經把空間比作有多個打磨精美平面的玻璃——它讓本來是單一存在的東西，在我們看[110]來複製成了無數個。的確，如果我們冒著沉迷於幻想的危險，更深地思考這件事情，相當逼眞地在想像中重現我們自己那些逝去很久的往事，那麼我們就會直接確信：時間並沒有觸碰到事物的眞正本質，時間只是作為認知的媒介插入這種本質與我們之間；在拿走這個認知媒介以後，一切就都重新在那裡了。正如在另一方面，我們那忠實的、生動的記憶功能本身（在記憶裡，逝去很久的往事仍保留其不朽的存在）也給出了證詞：在我們的身上同樣有某樣不會變老的，因此不在時間領域裡的東西。

康德哲學主要就是闡明現實的和觀念的全部差異性，在此之前，洛

克往此方向已經起步了。人們可以粗略地說:所謂觀念的東西,就是在空間上顯現出來的直觀形態,連帶所有在這種形態中可見的特質;而現實的東西則是事物本身,並不依賴他人或不依賴自己的頭腦表象。在兩者之間畫一條界線卻是困難的,而這正是至關重要之處。洛克向我們展示了所有在直觀形態中,諸如色彩、聲音、平滑、粗糙、堅硬、柔軟、冷、熱等特性(次要特性)都只是觀念的,亦即並不屬於自在之物本身,因為這些屬性並不是存在和本質,而只是事物對我們的**作用效果**,甚至是很片面的某一特定效果,亦即完全是專門特定作用於我們的 5 個感覺器官的效果,例如:聲音就無法作用於眼睛,光亮就無法作用於耳朵。事實上,實體對我們感覺器官的作用,只在於讓這些感覺器官處於其特有的活動之中,就好比我拉線讓音樂鐘響起來一樣。而屬於自在之物本身的現實東西,例如:膨脹、形狀、不可穿透性、運動、靜止和數目等,洛克則不作處理。因為這樣,洛克就把這些現實的東西名為首要特性;在洛克之後,心思縝密得多的康德告訴我們,甚至這些特性也不屬於事物的純粹客觀本質,或者不屬於自在之物本身,因此不可能是絕對**現實**的。因為這些特性是以空間、時間和因果律為條件的,但空間、時間和因果律,甚至就其整體和有規律性而言,是我們**先於**所有經驗之前就已經獲得並精確為我們所知,所以,這些必然是預先成形於我們的頭腦,正如我們每一感官的敏感性和活動一樣。據此,我很直接地說過,那些形式就是**腦髓**參與直觀的部分,正如那種特別的敏感性就是相應的**感覺器官**的參與部分一樣。[3]因此,根據康德哲學,事物的純粹客觀本質獨立於我們的表象及其表象功能,這客觀本質被康德稱為自在之物,亦即與我們觀念的東西相對立的真正現實的東西,已經完全有別於

[111]

---

[3] 正如我們的眼睛形成了綠色、紅色和藍色,同樣,我們的腦髓形成了時間、空間和因果律(其客體化的抽象概念就是物質)。我對空間中某一實體的直觀,就是我的感官、腦髓功能加上 X 的產物。

我們直觀所見的形態。此外，因爲自在之物據稱是獨立於空間和時間，所以，無論是膨脹還是持續性，其實都不可以賦予自在之物，雖然自在之物把力給了所有那些具有膨脹和持續性之物。甚至斯賓諾莎也在總體上明白了這道理，我們可以從《倫理學》第 2 部分命題 16 及第 2 推論和命題 18 的注釋看出來。

[112] 　　洛克眼中的現實之物，與觀念之物相對立，從根本上就是**原始物質**，雖然這物質撤除了所有洛克視爲次要的，亦即以我們的感覺器官爲條件的特性，但自身卻仍作爲某種外延、膨脹等而存在，其反射和圖像就是我們頭腦中的表象。在此，讓大家重溫我在《論充足理由律的四重根》第 2 版第 77 頁，以及在《作爲意志和表象的世界》第 1 卷第 9 頁和第 2 卷第 48 頁，第 3 版第 1 卷第 10 頁和第 2 卷第 52 頁，約略說過的：物質的本質完全在於物質的作用或效果，所以，物質徹頭徹尾就是因果性，並且既然要這樣認定物質，要撤除每一特性，因此也就是撤除所有特有的作用方式，那物質就是作用或效果，或者就是撤除了所有更詳細限定以後的純粹因果，是抽象之中的因果性。要更澈底明白這裡所說的，我請大家查看我上述著作的有關文字。但現在，康德已經教導說一切因果性都只是我們的理解力的一種形式，因此也只是爲理解力而存在和只存在於理解力之中——雖然我是第一個對康德所說的給出了證明。據此，我們現在看到洛克所誤以爲的現實之物、物質，以此方式一步步還原到觀念，還原到主體了；這現實之物也就唯獨存在於表象並爲表象而存在。確實，康德透過其表述已經去掉了現實之物或自在之物的物質性，只不過對康德來說，自在之物仍然是個完全未知的 X。但我最終表明：**真正的現實之物**或自在之物，具有唯一真實存在的、獨立於表象功能及其形式的就是我們身上的**意志**。而在此之前，人們都不假思考地把這個意志歸屬於**觀念**。據此，人們可看出，洛克、康德和我是緊密相連的，因爲在幾乎兩百年的時間裡，我們展現了逐漸發展的、一脈相承的思路。大衛·休謨也可被視爲這一鏈條中的一環——雖然真正說來，那

只是在涉及**因果律**方面而言。至於休謨及其影響,我補充論述如下。

洛克與跟隨他足跡的孔狄亞克及其門徒都指出和解釋了:進入某一感覺器官的感覺必然對應著引起這一感覺的在我們身體之外的原因;然後,這些作用或效果(感官的感覺)的差別也必然對應著原因的差別,無論這些原因最終可能是什麼。由此就產生了上面所說的首要特性與次要特性之分。這樣,他們就結束了,到此為止了。現在,在他們面前的就是空間中的客觀世界,純粹是由自在之物而成,雖然是無色、無味,既不熱也不冷,但卻是延伸的、成形的、不可穿透的、運動的和可數的。只不過關於那公理本身,亦即**因果法則**——依據此法則,就發生了那種從內在到外在的過渡和轉換,自在之物的整個衍生和安置——他們認定就是不言自明的,並不曾檢驗其成立與否,一如以前的哲學家那樣。對此法則,現在休謨產生了懷疑,他要拷問這一法則的有效性,因為根據上述哲學,我們所有的知識據說都是出自經驗,但經驗卻從來不曾提供給我們因果連繫本身,而只是永遠提供事情在時間上的接連狀態,亦即經驗從來不會給出某一結果(Erfolg),而只是給出連串的次序(Folge)。也正因為這樣,經驗給出的永遠就只是某一偶然的東西,而永遠不是經證明為必然的結果。這樣的議論已經與正常、健康的常識相牴觸,但卻並不容易駁倒。這促使康德探究因果性這一概念的真正源頭。康德發現這一概念就在我們最本質的和與生俱來的理解力形式本身,亦即就在我們的主體,而不在客體,因為這個概念並不是首先從外在得到的。這樣一來,洛克和孔狄亞克的整個客體世界就再度與主體牽涉在一起,因為康德證明了主導這客體世界的源自主體。這是因為感官的感覺是主觀(主體)的,規則現在也是主觀(主體)的;根據這一規則,感官的感覺被理解為某一原因作用的結果,但只有這某一原因才被直觀為客體的世界,因為主體根據自己的智力特性,在看外在的客體時,會預先假設每一個變化都有其原因。也就是說,其實主體把這一客體投射到為此目的而準備好的空間裡,而空間本身也同樣是主體自身和

[113]

[114]

原初本質的產物，一如感官的特有感覺。有了這些條件和發端，事情的整個過程就出現了。據此，洛克那個自在之物的客體世界經康德轉爲只是在我們的認知裝置中的現象世界。這樣的轉變更加澈底和完備，因爲現象顯現的空間以及現象經過的時間，康德都無可辯駁地證明了有其主體（主觀）的源頭。

儘管如此，康德幾乎和洛克一樣聽任自在之物繼續延續，這自在之物也就是某樣獨立於我們的表象功能（這個表象功能提供給我們的只是現象）而存在，構成了這現象的基礎的東西。儘管康德在這方面的觀點是很正確的，但他這個觀點的合理根據並不是出自他所提出的原則。因此，這裡就是康德哲學的致命弱點，透過表明他的哲學前後不一，他的哲學就必然再度失去已經得到的承認，即他的哲學具有無條件有效性和眞理性。但對自在之物的處理終究是不合理的。這是因爲完全確切的是，假設在現象的背後是自在之物，在許多外殼下面是某一眞正的核心，這個假設一點都不是不眞實的，要否認這一假設才是荒謬呢。只是康德引入自在之物的方式以及試圖把自在之物與他的原則合爲一體時，才是有瑕疵的。因此，從根本上只是康德對事情的表述（要在最廣泛的意義上理解這個詞），而不是這事情本身，被其對手所利用。在這個意義上，我們可以說，反對康德的議論其實只是「對人」而非「對事」。

[115] 但不管怎麼樣，印度諺語在這裡再度適用：「世上並沒有不帶莖柄的蓮花。」指引康德的是他確切感受到的這一眞理：在每一現象的背後，都有某一自在存在的東西，現象就從自在之物那裡獲得其存在。但康德就要從現成的表象本身，藉助於我們先驗意識到的法則，推論出那個自在之物。正因爲這個法則是先驗的，所以就不會引向某一獨立於或有別於現象或表象的東西；所以，我們要選擇走一條完全不一樣的路。由於康德在這方面的路有誤而陷入矛盾，由戈特洛布‧恩斯特‧舒爾策提出了笨拙、拖拉、囉嗦的詳細分析和說明。舒爾策最先是匿名在《埃奈西德穆斯》（尤其在第 374-381 頁）中這樣做，稍後是在他的《對理論哲

的批判》（第 2 卷，第 205 頁及以下）中這樣做。對此，雷因霍爾德為康德作了辯護，但沒有什麼特別的成功，事情也就只能做到「只有聲稱，沒有反駁」。

在此，我想以我的方式，撇開舒爾策的理解，把整個爭議的根本之處和真正關鍵之處清晰地凸顯出來。康德從來沒有提出關於自在之物的嚴格推論，毋寧說他是從其前輩，尤其是洛克那裡接過這些推論，並且是作為某種不可懷疑其存在的東西而保留了下來，因為這些東西是真正不言自明、顯而易見的。康德在某種程度上有理由這樣做。也就是說，根據康德的發現，我們的經驗知識裡面的一個成分，可被證實有其主體（主觀）的源頭；另一成分卻不是這樣，而是屬於客體，因為並沒有根據的理由也把這個另一成分視為主體。[4]據此，康德的先驗唯心主義或先驗觀念主義，雖然是在我們認知的先驗範圍否認事物具有客體本質，或者否認事物具有獨立於我們的理解的現實性，但卻不會超出這一範圍，[116]原因正在於那否認的根據並不會超出這一範圍。因此，在這一範圍之外的，亦即所有無法先驗建構起來的事物的特性，就都置之不論。這是因為那所見的現象，亦即那實體世界的整個本質一點都不是由我們先驗就可確定的，只有這個現象的普遍形式才是可以先驗確定的，而這個普遍形式可以還原為空間、時間和因果性，以及這 3 種形式的總體規律性。相較之下，經過所有這些先驗存在的形式以後仍無法確定的東西，亦即在這些形式方面是偶然的東西，則正是自在之物本身的展示。現在，現象中的**經驗**內容，亦即對這些內容的每一更細緻的鑑定和測定，在現象中出現的每一物理特性，就正是可以後驗認識的：這些經驗的特質、特性（或更準確地說，這些特質、特性的共同根源）因此就經過所有那些

---

[4] 每一種東西都有兩種特性：一種可認為是先驗的，另一種則只能認為是後驗的。第一種出自那理解它們的智力，第二種則是源自自在之物的本質——那也是我們在自身所發現的意志。

先驗的形式篩選以後留了下來，就是自在之物自身本質的外現。這些在現象中出現的後驗東西，就好像是被先驗的東西裹著似的，但卻把自己專門和個別的特性賦予了每一存在物，因此是現象世界中的物質材料——這與現象世界的**形式**（Form）相對立。那麼，現在既然這種物質材料完全不是來自現象的形式——這些形式與主體黏在一起，康德細心地探索並確切地證明了這些形式就是先驗的——更準確地說，既然這物質材料是在去掉所有來自這些形式的東西以後所剩下的東西，因此就是經驗現象中另一個很鮮明的成分，是與形式無關的另外的東西；與此同時，在另一方面，這種物質材料又完全不是出自有認識力的主體的主觀隨意，更多的是有違這種主觀隨意的——既然是這樣，康德就毫不猶豫地把這種現象的物質（**材料**）歸到自在之物一邊，並因此把這視為完全是從外而至的，因為這必然是來自某處，或者就像康德所表達的，必然有其某一原因。但既然我們不能把只能後驗才認識到的這些特性與先驗就可認識的完全分隔和分離開來，以便純淨地把握它們，既然這些後驗特性始終與先驗的東西裹在一起出現，康德就教導說：我們雖然知道自在之物的**存在**，但除此之外就一無所知了；因此，我們只知道這些就是了，但到底是什麼呢，卻不知道了；因此，對康德來說，自在之物的**本質**是某一未知數，是一個 X。這是因為現象的**形式**到處都覆蓋著和遮蔽著自在之物的本質。我們頂多只能這樣說，既然那先驗的形式沒有差別地屬於作為現象的所有事物，因為這些事物都是出自我們的智力，但事物在這期間卻顯示出很明顯的差別，那麼，造成這些差別的，亦即決定了事物的具體不同的就是自在之物。

[117]

如果這樣看的話，康德關於自在之物的假設，似乎有著充足理由——儘管我們所有的認知形式都有其主觀性。但如果仔細檢驗這種假設的唯一論據，亦即檢驗所有現象之中的經驗內容，並且追究其根源，這種假設就被證明是站不住腳的。也就是說，在經驗知識及其源頭，即直觀表象當中，當然有獨立於我們先驗意識形式的某一**物質**。接下來的

問題就是這些物質，其源頭到底是客觀的還是主觀的，因為只有在客觀源頭的情況下，才可以保證那就是自在之物。因此，如果我們一直窮追其根源，就會發現它不在別處，而正是在我們的**感官感覺**裡，因為那是在眼睛的視網膜或在聽覺神經，或者在手指尖所發生的變化引出了直觀表象，亦即首先把我們先驗就準備好的整個認知形式裝置啓動起來，結果就是察覺到外在的物體。也就是說，感官器官所接收到的變化，首先 [118] 就透過智力的一個必然的和無法避免的先驗功能而運用上**因果律**：因果律以其先驗的確切性、確實性找到了造成這一變化的**原因**；由於這一原因並不是主體（主觀）隨意的，所以現在就顯現爲**外在**之物（對主體而言），某種只有透過**空間**形式才獲得意義的特性，這種空間形式正是我們的智力爲此目的而馬上補充的。這樣，必然要預設的原因就馬上直觀顯現爲空間中的某一**物體**，這一原因在我們的感官感覺那裡所造成的變化，就成了這一物體自身所帶有的特性。關於這個過程，人們在我的《論充足理由律的四重根》第 2 版中可找到詳細的論述。這種感官感覺爲整個過程提供了起點，爲經驗直觀毫無爭議地提供了全部**素材**——但這樣的感官感覺卻是某樣完全主體（主觀）的東西。並且既然所有認知**形式**（以此我們從那些素材中形成客觀直觀表象及向外在投射），根據康德完全正確的證明，其根源也同樣是主體（主觀）的，那就很清楚：無論是直觀表象的素材還是形式，都是源自主體。據此，我們的整個經驗認知分解爲兩個組成部分，這兩個組成部分的根源都在我們自身，亦即在感官感覺和在我們先驗就有的，因此也就在我們的智力或腦髓功能的形式、時間、空間和因果關係。除此之外，康德還補充了理解力的 11 種類別，而這些我證明了就是多餘的和不允許的。所以，直觀表象和我們依賴直觀表象的經驗知識，事實上並沒有提供資料可以讓我們推論自在之物。康德如果是依照自己的原則的話，那他沒有權利做出這樣的假定。就像他之前的所有哲學那樣，洛克的哲學也把因果律視爲絕對 [119] 的，因此就有理由從感官感覺出發而推論外在的、獨立於我們而眞正存

在的事物。這種從效果到原因，卻是直接從內在和主體既有的東西達到外在和客觀存在的東西的唯一途徑。但康德把因果律歸還給主體的認知形式以後，這一途徑就不再是敞開的了；康德自己也常警告我們，不要把屬於因果性範疇的東西應用在超出經驗及其可能性的範圍。

事實上，沿著這一途徑是永遠不會抵達自在之物的，那純粹**客觀**知識的途徑是根本行不通的，因為客觀知識始終只是表象，而表象則是根源於主體，是永遠不會提供真正有別於表象的某樣東西的。我們要達到自在之物的話就只能**改換觀測點**，也就是說，不再像之前那樣總是從產生出的**表象**出發，而是從那**被表象**的出發。但要這樣做的話，也只能依靠一樣東西，因為這種東西是每一個人都可以從內在接觸到的。這種東西就以雙重方式傳達給他：這種東西就是他自己的身體，在客觀世界中顯現為空間中的表象，同時卻又向**自我意識**表明這就是**意志**。這樣一來，意志就給出了線索，首先，幫助我們明白所有透過外在原因（在此就是動因）而引起的意志行為和活動，因為如果沒有了對意志本質這一內在和直接的洞察，那意志的行為和活動就是我們同樣無法理解和無法解釋的，情形一如在我們的客觀直觀中，其他物體根據大自然的法則和作為自然力外現而出現的變化。其次，意志幫助我們理解所有這些意志行為的永恆**根基**——那些意志行為的力都扎根於此——因此也就是幫助理解身體本身。對自身現象本質的這種直接認識，是每一個人都會有的。撤除了這種直接認識的話，那自身現象也就像所有其他既有的現象一樣，只顯現在客觀直觀中。在這之後，這種直接認識就必然以類推的方式套用到其他的，唯獨只能客觀直觀的現象，然後就成為理解事物內在本質的線索，亦即理解自在之物的線索。要獲得這一理解，我們只能透過一條與純粹**客觀**認識完全不同的途徑，因為純粹客觀認識的途徑始終只停留在表象。也就是說，我們要利用認知主體（永遠只是作為動物性個人而出現）**對自身的意識**，以此闡釋**對其他事物的意識**，亦即闡釋那直觀智力。這就是我採用的途徑，也是唯一正確的途徑，是通往真理

[120]

的窄門。

現在，人們並不是採用這一途徑。人們把康德的表述與問題的本質混爲一談，以爲駁倒了康德的表述也就駁倒了後者，把從根本上只是針對人的議論視爲針對事的和中肯的。因此，由於舒爾策攻擊的緣故，人們宣告康德哲學是站不住腳的。這樣，詭辯者和誇誇其談者現在就可以大展身手了。這類人當中的第一個，費希特就適時出現了：既然自在之物恰好受到懷疑，他就立刻準備好一套沒有自在之物的體系。所以，費希特拋棄了這樣的假設：這裡面還有某種東西，某種並不完全只是我們的表象的東西。這樣，費希特就讓認識的主體成了一切中的一切，或者就以認識的主體全憑一己之力產生出所有的一切。爲了這一目的，費希特馬上取消了康德學說中本質的和最值得讚嘆的部分，亦即把先驗的與後驗的分開的部分，並以此取消了現象與自在之物的差別，因爲費希特宣稱一切都是先驗的。但對這樣怪異的說法，他自然沒有提供證明。費希特一方面搬出詭辯，甚至瘋狂的虛假演示，然後以貌似思想很深刻、難以理解來遮掩其荒謬。另一方面，費希特直言不諱地扯上智力的直觀，也就在事實上求助於靈感。對於所有那些缺乏判斷力、配不上康德 [121]
的公眾來說，這當然是足夠了，他們把有恃無恐的瞎說當作高深莫測，因此宣稱費希特就是一個比康德還要偉大得多的哲學家。確實，時至今日，仍然不乏哲學寫作者在不遺餘力地矇騙新一代的人，要人們接受費希特那已成了傳統的虛假名聲；並且還信誓旦旦地保證：康德只是嘗試著去做的事情，費希特終於完成了，他才是真正做出了貢獻的人。這些先生們在二審中透過其米達斯式的判斷，充分暴露了他們完全沒有能力理解康德的任何東西。他們如此清楚地暴露出欠缺理解力到了何種可憐的程度，我們唯有希望成長中的、最終免不了幻滅的一代人會小心警覺，以防浪費時間和腦筋研讀這些人寫的數不勝數的哲學史和其他又長又臭的東西。藉此機會，我想提一下記憶中的一本小書，人們從中可以看出費希特的個人形象和行爲留給不帶偏見的同時代人什麼樣的印象！

這本小書的書名是《柏林人物集》，1808年出版，並且沒有註明印刷地，據說是在布赫霍爾茨，但對此我不確定。我們可以把這與法學家安塞姆・馮・費爾巴哈在書信中對費希特的議論（這封書信由他的兒子在1847年編撰出版）對照一下；還有類似的《席勒與費希特通信集》（1847）。人們就會對這個假冒哲學家有一個更加準確的看法。

很快，無愧於其先行者的謝林，就踏著費希特的足跡走了出來。但他拋棄了費希特，目的是要宣布自己的發明，即主體與客體的絕對同一性，或者說唯心與唯物的絕對同一性，而結果就是：由絕無僅有的思想家，如洛克和康德經過深思和殫精竭慮分開了的東西，又再度被合在一起，成了一團泥漿，即所謂絕對同一性。這是因為兩個偉大的思想家的學說，可以恰如其分地描述為關於**觀念**（或唯心）和**現實**（或唯物）**或關於主體和客體的絕對差異**的學說。但現在這個學說已從混亂走向更混亂。一旦無人能懂的語言經費希特引入以後，並且一旦那貌似很有深意取代了思想的位置以後，就種下了敗壞的種子，以全盤敗壞哲學並以此敗壞整個文字寫作而告終，而哲學敗壞在我們今天已經有苗頭了。[5]

在謝林之後，就是哲學的代理人怪物黑格爾。當局出於政治目的，認為黑格爾就是偉大的哲學家。他根本就是個平庸、沒有思想、讓人噁心、無知無識的江湖騙子，他放肆大膽地亂寫一氣，把狂言和荒唐的想法拼湊在一起，真可謂史無前例。他那些可以被收買的追隨者則到處傳播這些，捧之為不朽的智慧。那些愚蠢之人也確實視這些東西為不朽的智慧。這樣，完整的讚頌大合唱就起來了。這是人們之前從沒見到過的。[6] 幫助這樣一個人強行發揮和散播其精神思想方面的影響力，所帶

---

[5] 今天，學習康德哲學一個特別的好處，就是告訴我們自從《純粹理性批判》以後，德國的哲學寫作已經下降至多麼低下的水準，康德深刻的探討與今天那些粗糙的空話形成了多麼鮮明的對照。在後者，我們似乎聽出一邊是懷著希望參加畢業考試的大學生，另一邊則不過是理髮匠的學徒。

[6] 參見我的《倫理學的兩個基本問題》中的「前言」。

來的後果就是破壞了整整一代知識分子的頭腦智力。崇拜這個假冒哲學家的人就等著承受後世者的嘲笑吧。令人高興的是，來自鄰國的譏諷現已開始了嘲笑的序曲。還有這個國家的學者階層，在過去的 30 年間，對我的成就簡直不屑一顧，與此同時，這個國家現在在鄰國當中卻名聲遠播了，因為在這裡，拙劣、荒謬、不知所云的，並且為了物質利益的目的的東西被尊為，甚至神化為最高的和聞所未聞的智慧。這樣的消息，我難道不是很受用嗎？身為一個優秀的愛國者，我難道不是應該囉 [123]
囉嗦嗦讚揚德國人和德意志民族的東西，並為自己屬於這一民族而不是屬於其他民族而高興嗎？只不過這就像句西班牙諺語所說的：「每個人說起遊樂場，都是根據自己在那兒玩樂的體驗。」去大眾諂媚者那裡收穫讚揚吧。能幹的、粗笨臃腫、趾高氣揚、一味亂寫些不知所云的東西的江湖騙子，沒有思想，沒有任何貢獻，這些就是屬於德國人的東西，而不屬於像我這樣的人。這是我給他們的告別證詞。維蘭德（《致梅克的信》，第 239 頁）把出生在德國稱為不幸，比爾格、莫札特、貝多芬等其他人都會贊同維蘭德的話。我也一樣。這都是因為「人必須本身有智慧，才會認出其他有智慧的人」，或者「有思想的人，才會發現有思想的人」。

康德哲學最讓人欽佩和稱道的一面，毫無爭議就是「先驗辯證法」。康德就是以這個辯證法極大地動搖了思辨神學和心理學的基礎，自此以後，哪怕人們很想再度豎起這個思辨神學和心理學也無能為力了。人們的頭腦思想承蒙了多大的福澤！或者難道我們沒有看到，自科學重現生機一直到康德的整個時期，由於那兩個前提假設絕對不可觸碰，由於那兩個前提假設癱瘓了人們的整個頭腦思維，也不允許不接受任何探究，所以，就算是最偉大的頭腦也走偏了方向，甚至經常扭曲了自己？如果我們從一開始就已經假設：所有的東西都是經由某一人格化的、單個的神，從外在入手安排，依照概念和根據想清楚了的目的而創造出來；同樣，假設人的根本本質就是某一能思維的東西，人就是由兩

[124] 個完全不一樣的部分所組成,這兩個部分集合和焊接在一起(這具體是如何做到的,卻又一無所知);現在,這兩部分就得盡其所能地湊合著在一起,目的就是很快又再度分開,不管是願意還是不願意——那麼,在先入為主假設和認定了如此這般以後,我們關於自身和所有事物的最首要、根本的觀點,不都受到歪曲和變得怪誕了嗎?康德對這些看法及其基礎的批判,在各個學科造成了多大的影響,可以從這一點看得出來:自從有了這些批判以來,起碼在德國比較高級的文字寫作領域,上述那些假設就頂多只是以比喻的方式出現,而不再被人嚴肅看待了。人們把那些先入為主的假設和認定留給了大眾讀物和哲學教授,因為哲學教授要以此賺取麵包呢。我們的那些**自然科學**著作尤其沒有這些東西,而那些英國作品卻因其這方面的慣用語和評論或辯護文章,而在我們的眼裡降格了。[7]在康德之前,這方面的情形當然是完全不同的,比如,我們看到甚至優秀的利希滕貝格,因為年輕時所受的教育屬於前康德時期,所以在〈論面相〉一文中,仍然認真和充滿確信地堅持靈魂與肉體的對立,並以此有損其論述。

誰要是考慮到康德的先驗辯證法的極高價值,那對我在此深入探討一下這一話題,是不會覺得多餘的。首先,我向《純粹理性批判》的識者和愛好者,對在《理性心理學批判》中的一個論點(只在第1版中完整出現,在隨後的版本中被刪去了),嘗試提出我完全不同的看法和因

[125] 此對其批評。這一論點在第361頁及以下〈人格性、個體性謬論〉一章

---

[7] 自從我寫出了上述內容以後,我們的情形有所改變。由於古老和具有10倍爆炸性的唯物主義的復活,哲學家從藥店和診所走了出來,這些除了屬於自己謀生職業分內的事以外,並沒有學到任何其他東西的人,現在就很坦然、很老實地發表他們的那些老婦人式的思辨,就肉體和靈魂以及兩者之間的關係進行辯論,甚至證明所說的靈魂就在腦髓中,好像康德才剛剛出生一樣。對如此的狂妄放肆,我們應該批評說,必須學過和了解點東西才可以參與討論;應該放聰明一些,不要給別人機會委婉批評自己亂調膏藥和基督教指南。

遭到批判。這是因為康德對此的深刻表述不僅異常細膩和難以把握，而且也會招人指責，說是把自我意識的對象，或者用康德的話說把內在感官的對象，在沒有給出更進一步理由的情況下，突然當作另一陌生意識的對象，甚至某一外在直觀的對象，目的就是要根據實體世界的規則和類推對其作評判；人們甚至會指責說（第363頁）竟然假設兩個不同的時間，一個在被評判者的意識之中，另一個在判斷主體的意識之中，而這兩者並不是調和一致的。所以，我想就上述關於人的個體性存在的論點改用很不一樣的措辭表達，並因此表述為下列兩個命題：

(1) 在所有運動方面，不管運動的性質為何，我們都可以先驗地確定：只有首先透過與任何某一靜止物的比較，才可以察覺到這一運動；由此可以推論：甚至時間及時間裡面所有東西的流逝過程，也是無法被察覺的——除非這裡有某樣東西並沒有參與到時間當中，並以其靜止讓我們可以把時間過程的運動與之作一比較。在此，我們當然是根據在空間中的運動來類推和判斷的，但空間和時間始終必然是互為說明，因此，我們要獲得關於時間的表象的話，就必須以一個直線的圖形，以便在直觀上把握它，先驗地構建起時間。所以，當我們意識中的所有一切，在同一時間和一起在時間的洪流中運動的時候，我們無法想像這種運動是可以被察覺的。要察覺這種運動，我們必須預設某一固定不動的東西，而時間及其所包括的東西則流動而過。對外在感官的直觀來說，這是由物質完成的：在各種變故之下，物質就作為永恆的東西而存在，正如康德在論證《經驗的第一類推》（第1版，第183頁）中所表述的。正是在這一段落裡，康德卻出了讓人無法容忍的差錯，這差錯我在另外 [126]
的地方已經給予批評，也與康德本人的學說相矛盾。康德說，並不是時間本身在流逝，流逝的只是在時間當中的現象。這個說法從根本上是錯的，對此的證明就是我們那與生俱來的確信，就算是天上地上所有的東西突然都靜止不動了，但時間也不為所動而繼續其運行，以至於在稍後大自然重新運動的時候，對之前到底停頓了多長時間這一問題本身，也

將有一個精確的答案。假如情況是另外一種樣子，時間也將與鐘錶一起靜止，或者當鐘錶運動的時候也一起運動。但正是這些事實以及我們對此的先驗確信，無可爭辯地證明了時間在我們的頭腦之中（而不是在頭腦之外）有其進程和因此有其本質。在外在直觀的範圍，我已經說了，那持久永恆的是物質，但在我們辯論人的個體性時，所說的卻只是**內在**感官的感知和察覺，而外在感官的感知也收進其中。因此，我也說了，當我們的意識及其所有內容在時間的洪流中同步運動的時候，我們是不會意識到這種運動的。所以，要意識到這種運動的話，那意識本身就必須有某樣不動的東西。但這不動的東西不可能是別的，而只能是帶認識力的主體本身：面對時間的運行，面對時間所包括的內容及所出現的變化，這個主體不為所動，不為所變。在認識主體的注視之下，生命（生活）運行到終點為止，就像一齣戲劇一樣。認識的主體很少參與到這生命的運行中，這是我們在年老生動回憶起青年和童年期的場景時所感覺到的。

(2) 在內在自我意識中，或者用康德的話說，透過內在的感官，我唯獨只在**時間**上認識到自己。但從**客觀**上看，純粹只在時間中的話，卻沒有任何東西可以持久存在，因為一種東西要持久存在，前提條件就是延續一段時間，而延續一段時間的前提條件就是某種同時存在，而某種同時存在的前提條件又是**空間**（關於這一命題，大家可以參見我的《論充足理由律的四重根》第 2 版第 18 節；《作為意志和表象的世界》第 2 版第 1 卷第 10、11 和 531 頁，第 3 版第 12、560 頁）。儘管如此，我現在就發現不管我頭腦的那些表象是如何變換的，事實上自己就是那些表象持久存在的基礎。這基礎與我的那些表象的關係，就跟原始物質與其偶然變換的關係是一樣的，所以，我這基礎就與原始物質一樣理應得到**實體物質**之名；並且因為我這基質並不是空間的，因此並不是廣延的，所以理應有「簡單實體物質」之名。那麼現在，正如我說的，如果純粹只是在時間中的話，那就沒有任何東西是持久存在的；但在另一方

面，正在談論的實體物質，卻不是經由外在感官，因此不是在**空間**中被察覺到的，所以，要把這想像為在時間的流動中某一持久存在的東西的話，那我們就必須把這設想為時間之外的東西，並據此這樣說：所有的東西都存在於時間，但真正的認識主體卻不是。既然在時間之外就沒有停止或者終結，在認識的主體那裡，我們也就有了某一持久的、既不在空間也不在時間中的，因此是不朽的實體物質。

為了說明這個關於人格性、個體性存在的論點其實是錯誤的推論，我們就得說上面第 (2) 個命題藉助了一個經驗事實，而這個事實是與另一個經驗事實相對立的：認識的主體是與生命，甚至與醒著的狀態緊密相連的，所以，認識的主體在兩種情況下的持久存在，一點都不曾證明除此情況以外也能存在。這是因為主體在有意識的狀態下事實上的持續存在，與原始物質（這是**實體物質**概念的根源和唯一具體化）的持久存在相差甚遠，的確大有不同。物質是我們在直觀中了解到的，我們先驗看清的不只是物質實際上的持續，而且還有物質那必然的不可消滅。只是根據真正不滅的實體物質而類推，我們才假設在我們的身上有某一可以思維的實體物質，並且肯定是無限延續的。那麼現在，除了可以思維的實體物質只是純粹根據一種現象（物質）而類推以外，辯證法理性在上述證明中所出的差錯，就在於主體的所有表象都在時間中變化著的情況下，理性對待持久存在的主體，與其對待我們直觀所見的持久存在的物質，用的是同一種方式；因此，理性把這兩者都置於實體物質的概念之下，目的就是把所有能夠先驗說出就是物質的東西──雖然是在直觀的條件下──尤其是在所有時間中都恆久延續的東西，現在都歸於那所謂的無形的物質（immateriellen Substanz），儘管這個無形的物質的恆久性更多的只是因為這物質本身就不是被設想為存在於任何時間，也更加不會存在於所有時間中。這樣的話，直觀的條件，尤其是**空間性**，在此直接被取消了，而正是由於直觀的條件，我們才可以先驗地說出物質是不滅的。但物質的持久存在正是基於物質的不滅（根據我在

[128]

上面所引述的段落）。

至於人們首先假設靈魂是簡單的，然後由此推論靈魂是不可分解的；透過這一推論，唯一可能的毀滅，即各部分的分解就被排除了——對此，我可以總體上這樣說：所有關於形成、消逝、變化、永恆等法則，不管是我們先驗還是後驗了解到的，完完全全只適用於客觀顯現給我們，並且以我們的智力為條件的實體世界。因此，一旦我們脫離了這個**實體世界**，一旦談論起非物質的**存在物或本質**，我們就再沒有理由應用上述的法則和規律，以聲稱這個存在物的形成和消逝是可能抑或不可能。我們並沒有任何的準則，因此，所有類似的思維實體物質是很簡單的，所以是不朽的證明，就都可以排除了。這些含混不清之處，就在於我們談論無形物質的時候，卻搬用了有形物質的規則。

[129]

關於人格性、個體性的錯誤推論，正如我所理解和表達的，在第(1)個論據裡給出了先驗的證明，即在我們的意識中，必然有某樣持久存在的東西；在第(2)個論據裡，給出了後驗的同樣的證明。就整體看來，在此，每一個錯誤（包括理性心理學的錯誤）的背後一般都會有真的成分，其根源似乎就在這裡。這真的成分就是：甚至在我們的經驗意識中，也的確可以指出某一永遠的點，但那只是一個點而已，並且只是指出來，但卻無法由此獲得材料以作更進一步的證明。在此，我推薦大家讀一下我的理論。根據我的理論，認識的主體就是認識一切卻又不被認識的東西。儘管如此，我們仍把這當作固定的一點，時間及所有的表象都掠過這一點，因為時間的流動本身確實只有在一個固定不動之物的對照下，才可以認識到。我把這一點稱為客體與主體的接觸點。對我而言，智識的主體就和身體一樣，都是意志的現象，其客觀上表現出來的是身體的腦髓功能；而意志作為唯一的自在之物，在此就是所有相關現象的根基，亦即認識的主體的根基。[8]

---

[8] 補上萊茵霍德的第 10 封信和休謨的《論自殺和不朽的文集》第 76 頁。

那麼，現在我們看看**理性宇宙論**，就會發現其二律背反是強烈的用 [130]
語，表達了發自充足根據原理的疑惑，而這種疑惑自古以來就驅使人們
進行哲學思考和論辯。現在，接下來的表述就是從另一條不太一樣的途
徑，把這種疑惑更加清晰和更加直截了當地凸顯出來，並不像康德那樣
只是以抽象字詞辯證，而是直接應用直觀的意識。

時間不會有某一開始，也沒有任何某一**原因**就是第一原因。這兩
點都是先驗確定的，因此是無可辯駁的，因為所有的開始都是在時間方
面，因此以時間為前提條件；每一個原因的背後必然有一個更早的原
因，更早的原因造成的結果就是現在的這一原因。所以，怎麼可能會有
這一世界和事物的最初開始（據此，摩西五經的第一首詩當然顯得是
「以還有待解決的問題當成了依據」，的確是這個意思）？另一方面，
如果並不曾有過最初的開始，那真實的此時此刻就不會**現在**才出現，
而是很久**很久以前**就已經出現了，因為在真實的此時此刻與最初的開始
之間，我們必然假設存在某一段確實的、有限的時間。但現在如果我們
否認那一個開始，亦即把那一個開始無限往前推，那段中間的時間也就
一併往前推了。就算我們設定了一個最初的開始，這從根本上也不會幫
我們什麼忙，因為我們若因此隨意剪去了因果鏈條的話，那純粹的時間
就馬上變得很困難了。也就是說，那個永遠被重複提出的問題──「為 [131]

萊茵霍德關於康德哲學的信件，第 364 頁：「某一特定東西的存在，只有透
過這東西的特性和特質而宣示，我們關於這東西的概念只能是由我們對這東
西的特性和特質的表象認識而構成。」更準確地說，有著外在感官的屬性的
主體（因為那是無法直觀的），必須透過內在感官的屬性而設想出來──意
志。與其屬性分離的主體──顯示外在感官是外延的，顯示給內在感官則是
意志著的──相當肯定就是同樣的東西。

已故大衛・休謨的《論自殺和不朽的文集》第 76 頁：「我考慮了從靈魂的本
質首先提取出來的那幾個證據和尤其是非物質性；那非物質性雖然對靈魂永
遠存在並非絕對的必要，但我認為幾乎已經就是論證了。」但這卻是恰恰相
反：我們知道物質是不滅的，至於非物質的東西是否也是如此，則不得而知。

什麼那最先的開始不是在更早的時候開始？」——就會在沒有起點的時間上永遠一步步地往前推。這樣的話，在最先開始時的原因與現在的原因之間的鏈條，就會被拉得如此之長，以至於永遠不會到達此時此刻。據此，我們的此時此刻就永遠仍然沒有到來了。但對此的反駁是，我們此時此刻的確是**存在**了，甚至構成了我們進行估算的唯一材料。提出上述讓人難堪的疑問的合理性，就在於那最初的開始也恰恰是作為最初的開始，並沒有預設在這之前的原因；正因此，這最初的開始也可以是提早好幾百萬兆年。因此，如果最初的開始並不需要任何原因就可以開始，那這就不需等待原因了；這樣的話，最初的開始在很早很早以前就已經開始了，因為沒有什麼阻止其開始。這是因為正如最初的開始並不需要之前的什麼作為其開始的原因，那這個開始也一樣不需要之前的什麼作為其開始的障礙。因此，最初的開始絕對不需要等待任何原因，也永遠不會是開始得太早。所以，無論我們把最初的開始放在哪一個時間點上，也永遠不會明白為何這個開始不曾在更早的時候就已經發生。因此，這就把最初的開始永遠往前推，因為時間本身是根本不會有開始的，所以，到現在此一刻為止，必定走過了一段無限永恆的時間。因此，把世界的開始往前推，也是永無盡頭的，以至於從當初的開始到現在，每一條因果鏈都太短。結果就是從這樣的開始，我們永遠不會到達現在。這是因為我們缺少了某一既定的、固定的連接點，因此我們就隨意在時間的某處假定了這一點，但這一點卻始終從我們的手中退後，直到無窮無盡。這樣的結果就是，如果我們設定一個**最初的開始**並由此出發，那我們永遠不會從這一開始**抵達現在**的。

[132] 　　反過來，如果我們從真實既定的**此時此刻**出發，我們永遠不會抵達**當初的開始**，正如我已經說過的；因為我們往前追溯的每一個原因，都必然只是更早之前的某一原因的結果，而之前的原因也是同樣的情形——這樣下去完全是沒完沒了。所以，現在這世界對於我們就是沒有開始的，一如沒有盡頭的時間本身。在此，我們的想像力變乏力了，我

們的理解力也得不到滿足。

這兩個彼此相反的視角因此可以比作一根棍子，我們可以抓住棍子的隨便**一頭**，與此同時，棍子的另一頭則延伸至無盡頭。這件事情的實質可以用一句話概括：時間是絕對的無窮無盡，對於一個在時間上假設為**有限**的世界來說，時間實在是太過長遠了。但從根本上，康德的二律背反中對照命題的真理性在此又再度得到了證實，因為當我們從那唯一確切和真實既有的現實此刻出發，得出的結果就是時間是沒有開始的；而最初的開始就只是隨意的設想而已，這樣的設想無法與上述唯一確切和真實的現時此刻相協調。此外，我們需要看到，這些思考揭示了把時間認定為絕對的現實是多麼的荒謬，所以也證實了康德的基本學說。

就空間而言，世界到底是有限的還是無限的，並不是絕對超驗的問題，這個問題本身更應該是經驗的問題，因為它始終還是在可能的經驗範圍之內，只是我們自身天生的狀態妨礙其成為實際的問題。在此，並沒有先驗的、確實可論證的論據是支持這一種可能或是支持另一種可能。這樣，看起來就與二律背反很相似——兩個假設都有其困境。也就是說，在無限的空間裡一個有限的世界，不管其有多大，也會縮小為無限小的東西。人們就會問了，那剩下的空間是何目的呢？另一方面，人們也同樣不會明白，在最遙遠的空間為何不會有恆星？順便一說，這個恆星的行星只是在半年間的晚上有個繁星滿布的天空，但在另外半年裡，天空卻是沒有星星的。這必然給居民留下令人發毛和恐懼的印象。因此，上面的問題也可以這樣表述：「是否有這樣的恆星，其行星並沒有這樣的困境？」在此，這個問題明顯是經驗的。

[133]

我在康德哲學批判中證明了二律背反的整個假設是錯的和虛幻的。經過相當長時間的一番思考，每一個人都會預先看出：從現象及其先驗確切的法則那裡準確總結出概念，然後符合邏輯地連繫起來形成判斷和結論，是不可能導致自相矛盾的。這是因為假設真有矛盾的話，那這些矛盾必然是在直觀所見的現象本身，或者是出自這些現象之間合乎

規律的連繫——但這個假設是不可能的。因為這樣一類直觀所見是不會有任何自相矛盾（Widerspruche）的，自相矛盾一詞在涉及直觀現象方面沒有意義。這是因為自相矛盾只存在於思想的抽象認識中，即人們會公開或私下在同一時間假設這樣那樣，或者不假設這樣那樣，亦即會自相矛盾。但真實、實在的東西是不可能同一時間既存在又不存在的。埃利亞的芝諾以其著名的詭辯，還有康德以其二律背反想證明的，當然與我的上述論述恰恰相反。因此，我建議大家閱讀我對康德哲學的批判。

康德對**思辨神學**的貢獻在上文已經稍微說了一下。為了更加突出和強調他的貢獻，現在我就試著把這個問題的關鍵，盡量簡潔地以我的方式說明白。

[134]　在基督教那裡，上帝的存在是一個既定的事情，是不容任何探究的。這是對的，因為上帝就是透過啟示而奠定起來的。所以，我認為理性主義者試圖在教義中，用《聖經》內容之外的方式去證明上帝存在的做法是失策的。這些理性主義者天真幼稚，並不知道這種玩意兒是多麼的危險。相較之下，哲學則是一門科學，並且是一門沒有種種信條的科學。據此，在哲學裡任何東西都不可以假定就是確實存在的——除非是從經驗實踐中直接得到的東西，或者透過證明已是無可置疑的結論。這些東西，人們當然以為擁有很久了，而康德就在這一問題上讓世人幻滅了。康德確切地闡明了這一類證據是不可能的，以至於在康德以後的德國，沒有哪一位哲學家會再度嘗試提出類似的證據。但康德這樣做是完全合理的，他的確做出了一大貢獻，因為某一理論性的教義，竟敢不時地把不接受這一教義的人擅自貼標籤為惡棍，那對這教義作一番認真的檢驗總是值得的。

至於那些所謂的證據，情況是這樣的。既然上帝存在的**真確性**並不能透過經驗的證明而展示，那接下來的一步就應該把上帝存在的**可能性**確定下來——在這個過程中，我們已經遇到了足夠多的困難。但人們

不去這樣做，而是試圖去證明上帝存在的**必然性**，亦即表明上帝就是某一**必然會有的存在物**。那麼，正如我已經證明得足夠多了：**必然性**不外乎就是結果依賴和從屬其原因，亦即一旦出現了原因，結果就會出現。因此，爲此目的，有4種我已闡明的根據原則的形式可供選擇，但人們發現只有前兩種可以適用。所以，就有了兩種神學證據，宇宙論的和本體論的，一種是形成（原因）的根據原則，另一種是認知的根據原則。第一種證明是想依據**因果律**表明，上帝存在的**必然性**就是某種**物理學**的必然性，因爲這把世界理解爲某種**結果**，而這個結果必有某一個**原因**。這個宇宙論的證明也得到了物理－神學方面的助力和支援。宇宙論的論據在沃爾夫的文本中得到了最有力的表述：「如果存在某樣東西，那也就絕對存在某一必然的生靈（Wesen）。」後者指的是已經存在的某個生靈本身，或者某一原初的原因——正是透過這些，某樣東西才得以存在。宇宙論的論據就是這樣假設了存在某一最初的原因。但這種證明的首要缺點是，這是從結果到原因的推論；以這種方式獲得結論，邏輯已經不會承認其聲稱的眞確性。其次，這種證明無視了我們只能在某種東西是某一其他東西的結果而不是原因的情況下，才能把這某種東西理解爲**必然**的，正如我已經反覆表明了的。進一步而言，以此方式應用因果律的話，那就證明得太多了，因爲當因果律需要引導我們追溯世界的原因，就不會讓我們停留在某一個原因，而會一直引導我們從原因到原因，毫無憐憫之心地窮追不捨，永無盡頭。這是事情的本質使然。這種情形猶如歌德作品中的魔術學徒：雖然一聲令下，其造物就開始了，卻再也停不下來了。再者，因果律的效力和適用範圍唯獨只在事物的形式，而不會擴展至其物質。因果律是牽引形式變換的線繩，除此以外，就什麼都不是了。物質並不受形式的那些所有生成和毀滅的影響——這是我們先於一切經驗就可認識到並因此是確切知道的。最後，這樣的先驗論據也推翻了宇宙論的證明，這個論據就是因果律可以被證實具有主體（主觀）的根源，因此只能適用於我們智力所及的**現象**，而不能適用

[135]

[136] 於**自在之物本身**的本質。[9]**物理神學**的證據對於宇宙論是輔助性的支持，正如我已經說了的。同時，這些證據也想為從宇宙論證據引來的假設提供證明、證實、可能性、顏色和形態。但要這樣做的話，只能是在第一個證明的前提條件下，而物理神學證據只是對第一個證明的詳述和解釋。這個方法就是把假設中產生出這世界的第一個原因增強為某一有認知、有意志的生靈，因為試圖透過歸納法，從這個原因就可以解釋的眾多結果歸納出這一原因。但歸納法至多只能說明很有可能，卻從來不會是確切無誤的，並且正如我說過的，整個證明是以第一個證明為前提條件。如果我們更加仔細、認真地審視受人喜愛的物理神學，並在我的哲學幫助下予以檢驗，就會看出這不過是關於大自然一個錯誤的基本觀點所得出的結果。這個基本觀點把意志的**直接**現象或說直接客體化貶低為只是**間接**的現象，因而並沒有在自然生物中認出意志那原初的、原動力

[137] 的、不具認知的，也正因此不會出錯的確切作用，而是把自然生物解釋為只是次級的，只有在認知的照明和在動機的指引下才會發生的現象。因此，把發自內在的驅動理解為從外在剪裁、定型和塑造以後的結果。這是因為如果意志作為自在之物（而這完全**不是**表象），在受其自身原

---

[9] 如果完全現實和客觀地審視事物，那就非常清楚，這世界是自己維持自己，有機生物的存在和繁殖依靠的是自己內在的、發自自身的生命力；至於無機物體所承載的力，物理學和化學只是對這些力的描述，行星的運行則是發自自己的內力和藉助慣性與引力。所以，要維持其存在，這世界並不需要自身之外的任何人。因為這就是維護之神毗濕奴。如果說在某一時間裡，這一世界及其承載的力都不曾存在，而是由某一陌生的、世界之外的力從無中生成——這是完全多餘、無用、沒有任何證明的念頭；尤其是當所有的力與物質連繫在了一起，其形成和消滅甚至是我們無法想像的。如此理解世界，對於斯賓諾莎主義是足夠有餘了。人們在揪心的困苦當中，就會想像出自然力及其走向的主宰，以便向他們求助——這是很自然的事情。但希臘人和羅馬人滿足於每一個主宰只掌管自己的範圍，他們從來沒有想到過要說出其中的一個主宰創造了世界和自然力。

初性的驅動而客體化,而進入頭腦表象時,我們就假設頭腦中顯現出來的東西也就是在表象世界中的東西,因此也就是因**認知**而帶來的東西。這樣的話,世界當然就會表現為只有透過極其圓滿的認知,透過能對所有的東西及其連繫一覽無餘的認知才有可能的東西,亦即表現為最高級智慧的作品。這方面我建議大家閱讀我的《論大自然的意志》,尤其是第 43-62 頁的「比較解剖」,以及《作為意志和表象的世界》第 2 卷第 26 章的開頭。

第二個神學證明,即**本體論**證明,正如我說的,並沒有把因果律作為引線,而是以認知的根據原則作引領——這樣,上帝存在的必然性就成了邏輯的必然性。也就是說,只是透過分析判斷,從有關**上帝**的概念,據說就可以表明上帝的存在,以至於人們不可以把上帝這個概念作為某一命題的主體——假如在這一命題裡,上帝的存在遭否認——因為這會與命題的主體相矛盾。這在邏輯上是正確的,但也是很自然的,一眼就能輕易看穿的把戲。也就是說,運用「完美」或「現實性」這些人們作中性之用的概念,把存在的述詞加進主語裡面——在這之後,人們在重新遭遇這些概念時,透過分析判斷就不難把那些加進去的東西展現出來。但把整個概念列出來的合理性,卻從來不曾得到證明。這個概念要麼是完全隨意虛構的,要麼是由宇宙論的證明帶來的——這樣,一切 [138] 就都歸為物理上的必然性。克利斯蒂安·沃爾夫似乎明白了這些,因為在他的形上學裡面,他唯獨用了宇宙論的論據並直接說了出來。至於本體論的證明,人們可以在我的《論充足理由律的四重根》第 2 版第 7 節找到我對此的仔細探究和評估。我推薦讀者閱讀。

這兩個神學證明當然是相互支撐的,但並不因此就成立了。宇宙論證明的優點是解釋了上帝的概念是如何形成的,現在則透過其副手,透過物理神學的證明使其成為一個可信的概念。相較之下,本體論的證明卻完全沒有證明那最最真實的生靈的概念是如何得來的。所以,本體論的證明要麼聲稱這一概念是與生俱來的,要麼是從宇宙論的證明那裡借

來的，然後，為了支援這一概念就用上聽起來崇高、莊嚴的句子以形容這一生靈，並且這一生靈除了被想像為存在以外，不可能還會是別的，其存在已經包含在這一概念裡等等。對發明這本體論證明，我們不得不承認其獨到的眼光和細膩的心思，如果我們細想一下這下面所說的。要解釋某一既定的存在的話，那我們就要指出這一存在的原因：由於這一原因，這個存在就必然出現了。這可視為一種解釋。正如我指出得夠多的，這條途徑會一直追溯，以至無窮無盡，因此，這是永遠不會達到某一最終的、澈底的解釋根據。但如果某一生靈或存在物的**存在**的確是從這個存在物的**本質**，也就是從這個存在物的概念或定義推斷出來，那情況就不一樣了。也就是說，這個存在物的存在就會被認定為**必然的**（「必然」在此，一如在任何別處，都只是表示「隨其原因而出現」），而用不著與其自身概念以外的某樣東西連繫在一起。所以，這個必然性

[139] 就不是一種匆匆而過的、暫時的必然性，亦即不是那種本身設有條件的，因此一直是環環相連直至無窮的必然性，正如**因果**的必然性永遠都是這樣的情形。確切地說，這時候只是認知根據就可以一變而為真實的根據，亦即變為原因，從此以後，就能非常適合為所有的因果序列給出一個最終的，並因此是扎實的切入點，然後就有了我們想要找到的東西。但我們在上面已經看到，所有這些都是虛幻的，甚至亞里斯多德也的確想避免這樣一些詭辯論調，因為他說「存在並不屬於一樣事物的本質」（《後分析篇》，第 2 部分，7）。笛卡兒不為所動，在坎特伯里大主教安瑟倫為同樣的思路開闢了道路以後，就提出了上帝的概念：上帝做成了一切需要做成的事情。但斯賓諾莎提出了關於世界的概念：那是單獨存在的物質，因此「自身就是原因，亦即經由自身而存在，經由自身而設想，因此，它不需要任何其他東西而存在」（《倫理學》，第 1 部，97）。然後，為表示尊重，斯賓諾莎給這樣定義的世界「神」的名稱——以便讓所有人都能滿意。但這仍然始終是變戲法者的故技，想把邏輯上的必然性變換成真實的必然性。連同其他相似的欺騙手法，

終於給了洛克機會，對概念的**根源**進行偉大的探究。批判哲學的基礎就此奠定了。對上面兩個教條主義者的方法的專門闡述，大家可參見我的《論充足理由律的四重根》第 2 版第 7-8 節。

那麼，在康德透過其對思辨神學的批判而給了思辨神學致命一擊以後，他必須爭取緩和由此造成的印象，亦即用上一些就像止痛藥一樣的鎮靜劑，類似於休謨所用的方法。休謨在很不錯也很無情的《關於自然宗教的對話》的最後向我們透露，所有這些都不過是玩笑話而已，都只是「邏輯的練習」。與此相應，為代替上帝存在的證明，康德提出了 [140] 實踐理性假設及由此產生的道德神學。康德的這些假設並沒有聲稱具有對認知或理論理性的客觀有效性，但在涉及行為或實踐理性方面卻有完全的約束力；這樣，沒有知的信仰就奠定起來了——人們手上至少還有某種東西。充分理解的話，康德所闡述的不過就是死後會得到一個公正上帝所給予的獎賞或懲罰的假想，是一個有用的和足夠的**掌控模式**，其目的就是解釋對我們的行為所感受到的嚴肅的倫理上的含義，以及指導這些行為本身；所以，在某種程度上，這樣的假想就是給出了一套表達真理的寓言，以便在這方面（唯獨這方面才是最終重要的）讓那套假想取代真理的位置——雖然在理論上或客觀上都沒有正當的理由這樣做。一個有著同樣方向的類似模式，卻有著多得多的真理內涵、更大的可能性，並因此有著更直接的價值，那就是婆羅門教獎懲性的靈魂轉生教義。據此教義，我們在將來的某一天，都要重生為我們曾經傷害的每一個生物以承受同樣的傷害。因此，我們必須在這裡所指出的意義上理解康德的道德神學，因為我們要記住：康德自己也沒有像我在這裡那樣，毫無保留地表達對那真實情形的看法。相反，在提出只具有**實際**效力的**理論**學說怪物的時候，康德期待聰明者對此會有所保留。最近時期人們對康德哲學已經不了解了，這一時期所產生的神學和哲學著作通常都試圖給人這樣的印象：康德的道德神學就是真正教義性的一神論，是上帝存在的一個新的證明。但康德的道德神學卻一點都不是這樣的東西，完

全是在道德學、倫理學範圍內才有效的，只是服務於倫理學的目的的東西，並不曾有一絲一毫超越這個範圍以外。

[141]　　甚至哲學教授也無法長久對此保持滿意，雖然康德對思辨神學的批判讓他們明顯感到難堪。這是因為他們很早就看出，他們的專門職業就在於闡明上帝的存在和上帝的特質，上帝就是他們哲學論辯裡的主要對象。因此，當《聖經》教導說，神養活田野上的烏鴉，那我就必須補充：神也養活了講壇上的哲學教授。甚至時至今日，這些哲學教授還在斗膽宣稱：絕對（人們都知道，「絕對」就是那親愛的上帝的新款頭銜）及其與這世界的關係就是哲學的真正課題，要更仔細地對它定義、描述和幻想，就是他們一如既往的工作。這是因為要為這種哲學付錢的政府，當然願意看見從哲學課堂裡走出來的是良好的基督徒和勤上教堂的人。所以，當康德打亂他們的計畫，證明了思辨神學的所有證明都是不可靠的，與他們所選課題相關的所有知識是我們的智力絕對無法插足的——操弄這些有利可圖的哲學的先生們，將是怎樣的心情呢？開始的時候，他們曾試圖運用其人所共知的看家本領以應對，即試圖無視，然後反駁和否認。當這些手段支撐不了很長時間時，他們就死死堅持這樣的說法：上帝的存在雖然沒有什麼證據，但也不需要證據，因為這是不言自明的事情，是這世界上已經解決得至為澈底的問題，我們對此根本不需存疑，我們有某種「對上帝的意識」。[10] 我們的理性就是讓我們直

---

[10]〔另一版本〕「對上帝的意識」也表明，我們直接先驗地意識到，某一人格化的神靈創造了世界。這樣的意識或許是存在的，但不是先驗的。我們最近甚至有了上帝意識起源的直接說明，這甚至有助於極有偏見的人明白上帝的意識是什麼。也就是說，有一幅流傳很廣的銅版畫，展示了一個3歲的孩子，跪在床上，雙手合十，頭朝著天上，母親在孩子的旁邊訓練和念字詞給孩子。誰要是3歲的年紀，頭腦柔弱，正在發育，經過這種方式的準備以後，在其以後的一生中，當然就會獲得難以根除的對上帝的意識，他把這意識視為與生俱來，就不奇怪了。但總而言之，這樣的做法不管運用在任何方面，都可視為接種上了某一固定的想法——不管這想法是什麼，哪怕這想法多麼的瘋

接認識世界以外事物的器官，關於這些事物的知識是由這個器官直接獲悉（Vernommen）的，正因為這樣，這個器官就被稱為**理性**（Vernunft）（在此，我友善的請求讀者參見我的《論充足理由律的四重根》第 2 版第 34 節，《倫理學的兩個基本問題》第 148-154 頁，《對康德哲學的批判》第 584-585、617-618 頁）。至於上帝意識的起源，最近在這方面有一個值得注意的圖像說明，有一幅銅版畫展示了一個母親在訓練她 3 歲的孩子跪在床上，合掌祈禱。這種習以為常的行為肯定構成了上帝的意識，因為毫無疑問的是，在最柔弱的年紀，剛發育的大腦經過這番準備以後，上帝的意識就牢牢地植入大腦裡，就好像這真的是與生俱來的一樣。但根據另一些人，這個理性的器官只是提供了預感、猜測；又有其他一些人甚至**想出**智力的直觀！再有一些人發明了絕對思維，亦即人們不需要環顧周圍的事物，而是在上帝的全知中就可一次確定事物應該是什麼樣子。這在所有的那些發明中無可爭議是最方便好用的。這些人全都抓住「絕對」一詞，只用這個詞就概括了宇宙論的證明，或者更準確地說，宇宙論的證明是那樣的濃縮，那樣的微觀，以致眼睛無法得見，不為人識地溜走不見了。但現在，人們聲稱這裡面的內涵就是不言自明的。這是因為自從康德對其「嚴格檢驗」以後，「絕對」一詞已經不敢讓我們見到其真身了，我在《論充足理由律的四重根》第 2 版以及《對康德哲學的批判》第 2 版第 544 頁已經詳細闡明。至於誰是第一個在大約 50 年前運用這一手法，神不知鬼不覺地把已被戳穿和驅逐了的所謂宇宙論證據，夾帶進了「絕對」一詞裡面——這我是說不出來了。但這種手法卻與大眾的能力精確吻合，因為時至今日，「絕對」一詞仍然被當成真幣而流通。簡言之，儘管有了《純粹理性批判》及其證明，哲學教授們仍然永遠不會缺少關於上帝的存在及上帝與這世界的關

[142]

[143]

狂，這想法直至人的生命終結，也會伴隨著他，對於他就視為與生俱來的、直接的領悟。

係的眞實訊息。對於這些哲學教授來說，哲學論辯應該完全就是詳細地傳播這些訊息。正如人們說的，「一分錢，一分貨」，他們所認為的不言自明的上帝也是如此：既缺手也缺腳。正因為這樣，他們把上帝藏在山的後面，或者隱藏在嘩啦啦的詞語大樓後面，以致人們無法窺見其真容。如果人們可以強迫他們清楚解釋一下其所用的「上帝」一詞，到底是要人們想到些什麼，那我們就會看到上帝是否就是不言自明的。甚至那「創造一切的自然」（他們的上帝經常都面臨著等同這意思的危險）也不是不言自明的，因為我們看到留基伯、德謨克利特、伊比鳩魯、盧克萊修就不曾以這「創造一切的自然」建構起這個世界。這些人物雖然有其錯誤的地方，但卻比一大群的風向標人物更有價值，因為後者的謀生工具哲學是隨風而轉的。但「創造一切的自然」卻絕對不是上帝。

[144]「創造一切的自然」的概念，只是包含了這樣的見解：在那不斷變化、異常短暫的「被創造出來的自然」現象後面，必然隱藏著某種不會消逝的、不知疲倦的力，因為這種力的緣故，那現象永遠在自我更新，因為這力本身不會受到那些現象消亡的影響。正如「被創造出來的自然」是物理學的研究對象，同樣，「創造一切的自然」就是形上學的探究對象。這最終引導我們看到：甚至我們自己也是屬於自然的，因此在我們自身，我們不僅擁有既屬於「被創造出來的自然」也屬於「創造一切的自然」最接近和最清晰的樣品，而且這個樣品甚至是唯一可以從**內在**接觸到的。那麼，既然認眞和仔細地回想與反省我們自身，會讓我們看出**意志**就是我們的本質核心，在此，就「創造一切的自然」，我們得到了直接啓示，因此也就有了合理理由把這個直接啓示推及其他我們只是單方面認識的存在物。這樣，我們終於認識到這個偉大的眞理：「創造一切的自然」或者說自在之物，就是我們心裡的意志，但「被創造出來的自然」，或說現象則是我們頭腦的表象。就算撇開這一結果不論，這一點也是很清楚的：只是把某一「創造一切的自然」與「被創造出來的自然」區別開來，也絕不是一神論，甚至也不是泛神論，因為要成為泛神

論（如果這不只是空話的話）還需要補充某些道德素質，某些明顯並不屬於這個世界的道德素質，諸如善良智慧、內心喜悅等等。除此以外，泛神論是一個自我取消的概念，因為上帝的概念預設了還有一個與上帝不同的世界作為其根本的補充。假如世界本身把上帝的角色接了過來，因此就成了一個絕對的、沒有上帝的世界；所以，泛神論只是無神論（Atheismus）的委婉語。但無神論的說法卻包含了陷阱，因為這個說法預先就設定有神論（Theismus）是不言自明的，這樣它就狡猾地避開了「誰主張誰舉證」，而所謂的無神論就有了「先占領者的權利」，有神論首先就要把其推倒才行。為此，我要允許自己指出，人們並不是受 [145]
割禮以後，因此不是成了猶太人以後才來到這個世界的。就算假設某一有別於這個世界的原因就是這個世界的成因，那也並不就是有神論。有神論所要求的不僅是某一個與這個世界有別的世界成因，而且這個世界的成因還必須是有智力的，亦即有認識力、有意志的，因而是人格化、個體化的世界成因；而「上帝」或「神」所標示的正是這樣一個世界的成因。一個不具人格化、個體化的「上帝」或「神」，根本就不是「上帝」或「神」，而只是這個詞的誤用，是一個錯誤的概念，一個自相矛盾的形容詞，是哲學教授的標記口號。他們在不得不放棄這個事情以後，就總想著以這個詞蒙混過關。另一方面，人格化、個體化，亦即自我意識到的個性，就是一個現象而已，他**先是認識**，然後根據所認識到的而**意志**；要知曉這一現象，那完全只能透過我們這個細小行星裡面的動物本性。這個現象與動物本性是如此緊密地連接在一起，以至於我們沒有合理的理由，甚至沒有能力把這個現象與動物本性想像為彼此分開的和獨立的。那麼，把某一這樣的存在物設想為大自然本身的本源，甚至所有存在的本源，就是很大膽的異想天開。第一次聽到這一想法的時候，我們會大為驚訝——假如這一想法不曾透過早年的灌輸和不斷的重複已經為我們所熟悉，並成了我們的第二天性和幾乎成了定見。因此，順便在

此一說，最能讓我相信卡斯帕爾・豪澤[11]的真實性的，莫過於這樣的陳述報告：向他講述所謂的自然神學，並沒有像人們所以爲的那樣明白易懂。除此之外，卡斯帕爾（根據斯丹侯普伯爵致教師梅耶爾的信）還表示出對太陽某種異常的敬畏。那麼，在哲學裡教導說，神學的根本思想是不言自明的，理性不過就是直接把握那些根本思想，認清其爲眞理的能力——這樣的教導就是不知羞恥的自以爲是。我們不僅不可以在沒有完全有效的證明的情況下，在哲學裡設定這樣的思想，這樣的思想對於宗教也完全不是至爲重要的——佛教就證明了這一點，因爲佛教完全不允許這樣的思想，可以說斷然拒絕，並坦白承認是反一神論的——用我們的表達。而佛教是這地球上最有代表性的、古老的、現有 3.7 億信眾，極其講究道德，甚至禁慾苦行、供養無數僧侶的宗教。[12]

[146]

---

[11] 卡斯帕爾・豪澤（Caspar Hauser，約 1812-1833）是個德國青年，聲稱自己在一個黑暗洞穴中長大。豪澤的聲稱及他後來被人所殺都引起了關注和爭論。

[12] 阿瓦的佛教高僧扎拉多布拉，在寫給一個天主教主教一篇關於其宗教的文章中，把這樣的說法，即某一神靈創造了世界和所有萬物，這一神靈也是唯一值得崇拜的，列為 6 個值得譴責的異端邪說之一（法蘭西斯・布坎南，《論緬甸的宗教》，《亞洲研究》第 6 卷，第 268 頁）。在此值得一提的是，在同一系列中（第 15 卷，第 148 頁）所說的話，即佛教徒不會在那些神像前鞠躬，理由就是始祖就在整個大自然之中，因此也就在他們的頭腦之中。同樣，淵博的東方研究者聖彼德堡院士以撒・施密特在《中亞細亞的古老文化歷史領域的探究》（聖彼德堡，1824）第 184 頁是這樣寫的：「佛教的體系裡面並沒有什麼永恆的，並非創造出來的、單獨的神靈一樣的生物——他先於所有時間之前就已存在，並創造了所有看得見的和看不見的萬物。這樣的想法對於佛教徒是完全陌生的，在佛教書籍裡，人們也找不到點點滴滴這樣的思想。也同樣沒有《創世記》這樣的東西。」

飽受康德和真理壓迫的哲學教授們，他們「對上帝的意識」又在哪裡呢？又是如何與這樣的事實相協調，即大概占了全人類的 2/5 的中國人，他們的語言裡面並沒有「上帝」和「創世」的詞語？因此，摩西五書的開頭詩篇已經無法翻譯成中文，這對那些傳教士是很困惑的事情。喬治・斯丹唐爵士就想透過他的這本書幫助他們，書名是《在聖經的中文翻譯中如何恰當處理「上帝」一詞》（倫敦，1848）。

根據以上所述，擬人化、人格化是一神論一個極為關鍵的特徵。擬人化不僅只表現在人形，甚至不僅只體現在人的感情和激情，而是表現在根本現象本身，也就是說，表現在某一裝備了智力指引的意志現象。我們了解這一現象，正如已經說過的，純粹是出於動物的本性；如果是出於人的本性的話，那這個了解就是最完美了。意志現象也唯獨作為個體才得以讓我們想像，如果個體具備了理性，那就稱其為人格化。這也得到了這一表述的證明，「真實就得像上帝活著一樣」；他就是一個活著的，亦即具有認知、意志的生靈。正因為這樣，天空屬於上帝，好讓他在那裡莊嚴就座和統治。主要就是因為這個理由，而不是《約書亞書》（10：12-14）裡面所說，哥白尼的宇宙體系馬上就激起教會的怨恨；與此相應，這百年以後，我們發現喬爾丹諾・布魯諾也在同時捍衛哥白尼的體系和泛神論。那些試圖把一神論與人格化分開的人，誤以為只是觸碰到事情的外殼，其實卻恰恰觸及了其最內在的本質，因為盡力在抽象中把握其對象物的過程中，人們也就把這個對象物昇華至模糊不清，如在霧中的人物了；在人們盡力讓其避免成為人形的情況下，其輪廓逐漸消失。這樣，那個小孩子的基本想法最終化為烏有。但除此之外，人們可以指責專門試圖做出這類事情的理性神學家，恰恰是與《聖經》原文相牴觸，因為《聖經》說：「神就照著自己的形象造人，乃是照著他的形象，造男造女。」（《創世記》，1：27）所以，哲學教授的那些行話滾開吧！除了上帝以外，並沒有其他的神，《舊約》就是神的啓示，特別是《約書亞書》。[13]

　　在某種意義上，我們的確可以與康德一起把一神論稱為實際的律令，但其意思與康德的原意完全不一樣。也就是說，一神論事實上並不是**認知**的結果，而是**意志**的產物。如果一神論在原初真的是**理論性**的，

[147]

[148]

---

[13] 上帝原本就是耶和華，但哲學家和神學家把外衣一件件地脫掉，到最後除了字詞以外，就什麼都沒有留下。

那怎麼可能其所有的證明都站不住腳呢？這根本就是出自意志，其方式如下。那永遠的需求和困境，時而讓人們的心（意志）充滿焦慮，時而又激烈動盪，持續處於恐懼和希冀之中，而人們所希冀和恐懼的卻又不是在人的控制之下；事實上，對帶來這一切的因果鏈條，人們也只能認識其中很短的一段。這樣的困境，這些永遠的恐懼和希冀，最終促使人們創造出能夠決定一切的人格化的個體神靈。我們可以假設，這樣的人格化神就像其他人一樣，會接受人們的請求、奉承、效力和禮物，因此會比硬邦邦的必然性，比頑固、無情的自然力和推動世界進程的隱晦力量更易對付。那麼，一開始根據不同的情形有多個不同的神祇——這是很自然的，也是古人出於實用的目的行事。在這之後，由於認知需要前後一致、條理性和統一性，所以就安排這些神祇受命於一個神，或者把眾多的神祇縮減為只有一個。正如歌德有一次對我說過的，這唯一的神當然是沒有什麼戲劇性的，因為只有一個神，那就沒有什麼可展開的了。但最核心的原因卻是那憂慮不安的人，在他常常處於悲慘和巨大困境之時，在關乎其永恆極樂方面，他們那種要撲倒在地上，要乞求幫助的迫切衝動。人們更願意依賴別人的恩寵，而不是依靠自己——這是有神論的一個主要支柱。所以，為了讓心能獲得祈禱所帶來的輕鬆和希望給予的安慰，人們就必須運用智力創造出一個神，而不是反過來：是因為他們的智力以正確的邏輯推斷出神，所以他們就向其祈禱。假設人們

[149] 沒有匱乏，沒有願望和需求，大概也就是只有智力、沒意志的生物，那他們是不需要神的，也不會造出任何神。心，亦即意志，在處於艱難困厄之時，會呼喚全能的，亦即超自然的救助，因此，因為需要祈禱，所以就要人格化一個神出來，而不是反過來。所以，在各個民族的神學裡面，神祇的數目和性質都有很大的差別，但在這一點上，各民族卻是相同的：神祇們都有能力幫助人們，也會幫助人們——只要人們侍奉這些神，朝拜這些神的話。這才是關鍵所在。但這同時卻是一塊胎記——以此我們可以認出所有神學的出身，亦即都是出自**意志**，出自心，而不是

頭腦或認識力的產物，就像所聲稱的那樣。與此相吻合的是，康斯坦丁大帝和法蘭克國王克洛維改變其宗教的真正原因，就是他們希望在戰爭中能夠得到新神更好的幫助。也有一些民族，就好比更喜歡小調而不是大調，他們崇拜的不是神祇，而是惡靈。獻祭和崇拜的目的就是讓惡靈不做出傷害人的事情。在結果方面，大體而言，並沒有什麼差別。類似這樣的民族似乎就是在傳入婆羅門教和佛教之前，居住在印度半島和錫蘭的原住民。他們的後裔據說在某種程度上還有敬奉惡靈的宗教，如同許多原始民族那樣。那混雜了僧伽羅佛教的卡普巫術也由此而來。同樣，拉亞德所探訪過的美索不達米亞魔鬼崇拜者，也屬於這一類。

　　與這裡闡述的所有有神論的真正根源密切相關的，也同樣是源自人的本性的，就是人們犧牲其神靈以向神靈購買恩惠的欲望，或者如果那些神靈已經顯示了恩惠，那就確保這些恩惠能夠源源不絕，或者能夠花錢去掉那些災禍（參見桑楚尼亞松，《斷片》，1826，第 24 頁）。這就是獻祭的含義，因此也是一切神祇存在的起源和支撐。我們也就可以真切地說：神祇就是以獻祭為生。正因為人雖然是匱乏困苦和智力有限的孩子，但那呼喚和收買超自然幫助的迫切欲望，對於人來說卻是自然的，滿足這種欲望是一大需要，所以，人就自己創造出神。因此，不管是哪個時期，也不管各個民族是多麼的不同，給神獻祭都是普遍的事情；儘管各種情形和各種文明差異極大，但這件事情的性質是一樣的。所以，例如：根據希羅多德（《歷史》，第 4 卷，152）的敘述，來自薩摩斯島的一艘貨船，在塔特索斯以超好的價格出售了船上的貨物並賺到了不曾有過的一筆巨款。隨後，這些薩摩斯人就花了這些錢的 1/10，即 7 個塔蘭特的錢買了個巨大的、鐵鑄的、做工精美的花瓶，並送到赫拉的神廟。與這些希臘人相應，我們可以看見，今天那些可憐的、身材矮小的侏儒一樣的遊牧和養鹿的拉普蘭人，把省下來的錢藏在山崖、裂隙中各個不同的祕密之處，也只有到了死亡之際，他們才會把這些藏錢地點告知其唯一的繼承人，但還有一處地點除外，因為在那個地點所藏的錢是他們獻

[150]

祭給獵區的保護神的（見阿爾布萊希特・潘克里提烏斯著《1850年在瑞典、拉普蘭、挪威和丹麥的遊歷》，柯尼斯堡，1852，第162頁）。所以，對神的信仰根植於自我主義。也只有在基督教中真正的獻祭被剔除了，雖然其化身的安魂彌撒、修道院、教堂仍然存在。除此之外，尤其在新教徒，讚頌、感恩必須作為獻祭的代替品而出現。因此，這些讚頌和感恩就被推至極致，甚至在一些對一個不懷偏見的人來說並不相配的場合。這就類似於國家並不總是以禮物獎勵做出功勛的人，而只是以榮譽的證明予以表彰，並以此讓這方面的做法延續下去。這方面值得我

[151] 們回想起偉大的大衛・休謨對此話題所說過的話。所以，不管這神是被視為他們自己的守護神，抑或是普天之下的統治者，他的信徒都會用盡方法爭取得到他的青睞；人們設想他和信徒一樣喜歡得到讚美和奉承，所以，信徒一點都不會吝嗇對其讚頌和誇張。隨著人們的恐懼和痛苦變得更加迫切，他們就會發明出諂媚的新調子，就算有人在誇大歌頌神祇方面超過了前人，也肯定會被後來者超越，因為後來者會帶來更新的和更豪華、更壯麗的形容詞與稱號。他們就是這樣的比拼，直到達到無限——在這之後，就再沒有更進一步的可能了（《雜文》，倫敦，1777，第2卷，第429頁）。再有一點似乎是確切的，雖然庸眾當初認為神祇是一個有侷限性的神靈，只是健康或者疾病、充足或者匱乏、富貴或者厄苦的一個特定原因，但當有人要他們接受更加宏偉壯麗的想法時，他們會認為**拒絕同意將是危險的**。你會說你的神是一個有侷限性的、有欠完美的、會被更巨大的力量所克制，是受制於人的激情、痛苦和弱點嗎？你會說你的神有其開始，也可能有其結束嗎？對此，他們是不敢斷言的，他們會想到**最安全的做法就是唱和那更高的頌詞時，試圖裝出一副陶醉和虔誠的樣子以討好**神靈。要對此印證的話，我們可以觀察到，在這種情形裡，庸眾的贊同只是口頭上的跟風，他們並沒有能力想像出那些他們似乎歸之於神的崇高素質。儘管用上了浮誇的言辭，但大眾對神的真正看法，仍然是可憐和瑣細的（同上書，第432頁）。

康德為了減輕其批評所有思辨神學給人的冒犯，就另外不僅補充了道德神學，而且還加上了這樣的保證：雖然上帝的存在仍然是未經證明的，但要證明上帝不存在也是同樣不可能的。這樣，許多人的心就平靜了，因為他們並沒有留意到，康德裝出一副頭腦簡單的樣子，忽視了 [152]「誰主張誰舉證」；他們也不曾留意到無法證明其存在的事物可是數不勝數的。康德也很自然地、更加小心地不去證實一些論據，以免人們以這些論據作間接的相反證明——如果人們不再只是採取守勢，而是主動出擊的話。這個具體方式如下。

(1) 首先是這個世界的悲慘本質。世上的生物是互吃以維生，結果就是所有活著的生命都會感受困苦和恐懼；災禍眾多和巨大；種種苦痛花樣繁多，無可避免，很多時候到了可怕的地步；生命的重負本身及其匆匆走向慘痛的死亡——這都無法與這樣的說法誠實地連繫起來：這個世界據稱就是那集至善、至智和至能於一體的神靈所創造出的作品。對此論據，大喊大叫不予正視是容易的，正如要擺出充分、有力的理由和根據以解釋這個事情是相當困難的。

(2) 有兩點不僅是每一個思想者都會關注，而且每個宗教的追隨者也是最關心的，因此，宗教的力量和持久存在就取決於這兩點：第一點是我們行為的超驗道德意義，第二點是死後我們是否繼續存在。如果一門宗教很好地照顧到這兩點，那其餘的一切都是次要的。因此，我將在這裡就第一點檢驗一下一神論，在下面第 (3) 則檢驗第二點。

也就是說，一神論與我們行為的道德性有雙重關係，亦即「無盡的過去」和「無盡的將來」，亦即涉及我們行事的原因和結果。我們先看看後一點。雖然一神論支持道德學，但這個支持卻是至為粗糙的一種，並且對道德學的支持抵消了我們行為真正的和純粹的道德性，因為這樣一來，每一個非自利的行為就會因為所獲得的那一張保證兌現的期票 [153]（這也是某種支付，雖然其兌現期很長）而轉變為自利的行為。也就是說，那一開始作為創世者的神，到最後就成了報復者和酬報者。出於對

神的顧慮，當然會召喚出高尚的行為，但這些高尚的行為卻並非純粹的美德行為，因為害怕受到懲罰或者希望得到獎賞是這些行為的動因。更準確地說，這種高尚的行為在骨子裡卻是精明的經過算計的自我主義。這說到底只是對無法顯示、無法證明的事物信仰的堅定程度的問題：如果這種信仰是堅定的，我們當然就會毫不猶豫地承受短時間的痛苦而換來永恆的快樂；這樣的倫理學的真正指導口號就是「我們可以等待」。只不過，每一個人如果做出的行為就是要得到回報，不管這回報是在這一世界還是留待將來的世界，那這個人就是個利己主義者。如果所希望的回報落空了，這是因為統治世界的意外和偶然所致，抑或是因為對將來的空洞幻想所致，對他都是一樣的。正因為這樣，真正說來，康德的道德神學也一樣是侵蝕倫理學的。

現在，再說回「無盡的過去」，一神論也同樣與道德學相牴觸，因為一神論抹殺了自由和責任能力。因為對一個這樣的人——就其存在和本質而言，這個人都是另一生靈所為——罪責和功德都是不可想像的。沃夫納格就已經正確指出了，一個接受了一切的生物，也就只能以他所接受了的一切行事；神的全部和無限的力量也無法讓他獨立自主（《論自由》，巴黎，1823，全集第 2 卷，第 331 頁）。這個人也就像其他每一個能想像出來的存在物一樣，只能**按照他那本性**而發揮，並以此顯現出這本性。但他的性質（beschaffen）就是他當初被創造（geschaffen）時造成的。那麼，如果他行事卑劣，那是因為他就是卑劣的，這也不能怪罪於他，而應該怪罪造出他這種人的作者。創造出這種人的存在和這種人的本質以及處境的，不可避免的就是這種人的發揮和行事的作者，因為這種人的發揮和行事受到這種人的本質、處境的確切規定，正如一個三角形受兩個角和直線的確切規定一樣。這些正確的論據，很多人都狡猾地和膽怯地置之不理，但聖奧古斯丁、休謨和康德卻看得很清楚，也坦白承認。對此，我在獲獎論文《論意志的自由》（第 67 頁及以下）中已作詳盡介紹。正是為了避開這可怕的和毀滅性的困難，人們才發明

了意志是自由的說法。這一說法包含了完全荒謬的，完全是虛構出來的東西，因此總是受到有思想者的批評，並早已遭到摒棄。但在《論意志的自由》中，這一說法得到了應該是至為系統的和至為澈底的駁斥。就讓庸眾繼續受著意志是自由的想法的困擾吧，甚至那些大談哲學的庸眾。這些與我們又有什麼關係呢？聲稱某一既定之物是**自由**的，亦即在既定的情形下，既可以這樣做也可以那樣做，就等於說這一既定之物有其存在（existentia）卻又沒有本質（essentia），亦即只是卻又不是**任何某種東西**（irgend etwas）；因此，**他什麼都不是**，與此同時他又**是**，所以，在同一時間既是又不是。由此可見，這是荒謬到了極點。但對那些並不是要尋求真理，而只是為稻粱謀的人，仍然是沒有問題的。因此，這些人永遠不會承認任何與他們賴以維生的無用東西，與他們那「約定了的童話」不相吻合的東西。他們並不是以反駁，而是以不理不睬來撫慰其無能為力。對這些「朝著地上，一心要填飽肚子的動物」的看法，人們還需重視嗎？所有稱為**是**的，也就是**某種東西**，也就有某一本質、某一性質、某一性格，而這種東西也就只能根據其本質、性質和性格而活動、而行為（這稱為根據動因而活動）——一旦外在的機會來臨的話，這些外在機會就引誘那些本質、性質和性格個別地、獨特地表現出來。那麼，獲得了存在，也就一併獲得了性質、本質，因為兩者雖然在概念上並不一樣，但在現實中卻是不可分開的。有了某一本質，亦即有了某一本性、某一性格的東西，就永遠只是根據這些而不是根據別的發揮和活動，只是時間點和每個行為更具體的形態和特性，才是每一次由所出現的動因所決定。造物主把人造成**自由**的，這意味著某種不可能的事情，亦即造物主賦予了一個人存在，但這個人又沒有本質，因此這個人也就純粹只是在抽象中的存在，因為造物主聽任其在抽象中隨心所欲成為某一種東西。關於這個問題，請讀者參見我的《論道德的基礎》。道德上的自由和責任感或說應負責任，絕對是以**自我獨立的存在**為前提條件。人的行為、行動總是發自性格，亦即發自生物或存在物特有的和

[155]

因此不變的性質，受動因的影響並根據具體的動因而必然地發出。由此可見，如果一個人要負責任的話，這個人的存在就必須是原初的和出自自己絕對的權力和能力；就這個人本身存在和本質而言，必須是自己的作品；他必須是自身的創造者——如果要假設說這個人就是其**所為**的真正作者和發起者的話。或者正如我在我的兩篇獲獎論文裡說過的，自由不會在運作和發揮之中，所以，必然是在本質那裡。

既然所有這些不僅先驗就可論證，甚至我們日常的經驗就可清楚教導我們：每個人都帶著他那已是完備了的道德性格來到世上，終其一生也堅守此性格不變；再者，既然這一真理在現實和實際社會中秘而不宣，但卻得到人們的肯定，因為每一個人都是根據他人一旦暴露出來的性格特徵而永遠地確定了信任或者不信任他人——既然如此，那我們就會覺得奇怪：為何只是自1600年以來，人們在理論上宣稱並因此教導

[156] 與上述真理相反的東西，亦即教導說所有的人在道德上從一開始是一樣的，人們在行事上的巨大差別並非出自原初的、與生俱來的素質和性格的差別，也並非出自那出現的情勢和起因，而是真正從絕對的無中產生出來，然後，絕對的無就獲得了「自由的意志」（或「自由的意欲」）之名。不過，荒謬的學說之所以有其必要，是因為另一個同樣是理論上的假設，兩者是密切相關聯的。這另一個假設就是：人的誕生就是人的存在的絕對開始，因為人是從無中**創造**出來的。那麼，有了這一前提假設，假如生活真還有某種道德上的含義和方向，就只能在生活過程中尋找道德含義和方向的源頭，更準確地說，只能從無中尋找這些，因為這個人就是從無中產生的。這是因為道德性格那種深不可測的、原初的和與生俱來的差別，都清楚地還原為與之前的條件，與更早的存在，或者與超越了時間的某一行動的等等關係，但這些關係在此卻永遠地被排除掉了。所以就有了意志（意欲）是自由的荒謬說法。人們都知道，所有真理都是互相連貫、協調的。但謬誤也讓另一個謬誤變得必不可少，正如**一個**謊言需要又一個謊言的支援，或者就像兩張紙牌對靠著以相互支

撐——只要沒有東西推翻它們的話。

(3) 接受了一神論的假設以後，至於我們死後是否繼續存在的問題，並不比自由意志好得了多少。被其他的生物創造出來的東西，有其存在開始的時候。現在，從來不曾在過去的無盡時間裡存在過的東西，從今以後卻被認為是可以永恆長存的——這樣的看法是非同尋常的大膽。如果在我誕生的時候，是從無中生成，那最有可能的就是我死後重歸於無。在「無盡的將來」永遠存在與在「無盡的過去」的無和什麼都不是，卻是無法走到一起的。只有本身是原初的、永恆的，不是創造出來的，才是不可毀滅的（參見亞里斯多德，《論天》，第 1 卷，12，282，25 及以下；普利斯特里，《論物質和精神》，1782，第 1 卷，第 234 頁）。因此，那些相信在 30 年或 60 年前自己還只是純粹的無，然後，作為他人的作品從純粹的無產生出來——相信這些說法的人，或許在死亡之際是相當絕望的，因為他們現在就要拚盡全力去設想：他們如此生成的存在，儘管是在流淌了無盡的時間以後才開始，卻仍然可以無盡地延續下去。相較之下，如果認出自己就是一切存在的原初、永恆的實質和源泉，如果知道在自身之外，其實並沒有任何東西存在；在自己的個體存在要完結之時，嘴上甚至心上念著神聖《吠陀經》這些字詞的人——「我是所有的創造物，我身之外，再沒有其他的東西」——又怎麼會恐懼死亡呢？也只有這樣，他們才能以前後一致的想法平靜地去世。這是因為，正如我說過的，**自我獨立的存在**既是應負責任的條件，也是不朽的條件。與此相應的是，蔑視死亡，在死亡時分能夠完全泰然自若，甚至喜悅，在印度是很常見的。另一方面，猶太教原本是唯一的和純粹的一神教，它宣講的確實是上帝創造了天和地的宗教，也完全是前後一致的，即並沒有永生不朽的學說，亦即沒有死後的獎賞或懲罰，只有暫時的懲罰和獎賞。猶太教也因此有別於所有其他宗教，雖然這對猶太教並不是有利的。從猶太教發展出來的兩個宗教，其實在這方面是前後不一的，因為它們從其他的，從更優秀的信仰學說中知悉並拿來了

[157]

[158] 永生、不朽之說，卻又保留了創世者、上帝。[14] 至於如上所說的，猶太

---

[14] 從《創世記》一直到《編年記》的所有篇章所陳述和教授的真正的猶太教，是所有宗教中最粗糙的，因為猶太教是唯一完全沒有永生學說的，甚至連這方面的一點點痕跡都沒有。每一個君主，每一個英雄，每一個先知死亡後，都會埋在其先父、先祖那裡。這樣，一切就都完了，死後並沒有任何其他別的存在，甚至這方面的任何想法似乎都被刻意掃除掉。例如：耶和華給約西亞王的讚詞，在結尾處許諾了一個獎賞：「看吧，我必使你平安地歸到墳墓，歸到你的列祖那裡。」（《編年記》，2，34：28）。這樣，他就不用活著看到尼布甲尼撒二世了。但並沒有死後還有另一種存在的思想，亦即沒有死後還有積極的獎勵，而只是消極地死亡和不再承受更長遠的苦痛。當耶和華用完和折磨完他的作品和玩具以後，隨手就將其扔進垃圾堆裡——這就是對那玩具的獎賞。正因為猶太教不知道永生這回事，因此不知道死後的懲罰，所以，對那些在這世上混得很不錯的罪人及其惡行，耶和華只能威脅懲罰他們的孩子和他們孩子的孩子，直至第 4 代人，正如我們在《出埃及記》（34：7）和《民數記》（14：18）中所看到的。這證明了猶太教並沒有任何永生不朽的教義。同樣，在《多俾亞傳》（3：6）中，多俾亞請求耶和華讓他死去，「好讓我得到解救，重歸於塵土」；然後就什麼都沒了，對死後的某一存在沒有任何概念。在《舊約》中，對美德所許諾的獎賞就是在塵世過上一段真正長的生活（例如：《申命記》，5：16、33）；但在《吠陀經》中，那獎賞卻是不會再度誕生在此塵世。猶太人總是受到同時代各個民族的鄙視，大部分原因或許就是他們的宗教的可憐性質。《傳道書》（3：19、20）所說的就是猶太教的真正觀點和信念。如果對永生不朽有某種些許的暗示，例如：在《但以理書》（12：2）中，那也是從外來引入的學說，《但以理書》（1：4、6）表明了這一點。在《瑪加比》第 2 書第 7 節，清楚地出現了永生不朽的教義，其源頭是巴比倫。所有其他的宗教，不管是印度的婆羅門教還是佛教，還有埃及的、波斯的，甚至德魯伊教也教導永生不朽，並且除了《阿維斯陀經》裡面的波斯人以外，也都宣揚靈魂轉生。北歐的《艾達》，特別是《艾達》的第一首歌就表明了靈魂的轉移——馮·埃肯達爾在《文娛報》（1843 年 8 月 25 日）的評論中證明了這一點。甚至希臘人和羅馬人也有關於死後的某些說法，亦即天堂和地獄，並且說：「逝者的暗影依稀仍在，死亡並沒有終結一切，從那火焰之中，勝利地升起了那影子。」（普羅帕爾修斯，第 4，7）

總而言之，一門宗教的真正本質就在於讓我們確信：我們的真正存在並不侷限在我們此生，而是無盡。但那可憐的猶太教卻完全沒有這樣做，甚至不曾

教是唯一的、純粹的單一神教,亦即這個宗教教導人們只有一個上帝和 [159]
創始者。

　　這個上帝是萬物的源起,那是猶太教的優點,但人們卻令人費解地試圖掩飾這一點,所用的方式就是始終宣稱和教導說,所有民族都崇拜那一個真神,雖然這真神的名字各有不同。在這一點上,他們不僅錯得很多,而且全錯了。佛教,亦即由於極其眾多的信眾而成了地球上最主要的宗教,就完全和明確的不是一神論。所有不曾受到歪曲的證明, [160]
所有古老、原初的文字都一致地確定了這個事實。《吠陀經》也沒有宣揚某一個上帝與創世者,而只是宣講某一世界靈魂,名為「梵天」(中性);因此,從毗濕奴的肚臍中誕生的有4副臉孔和作為三神一體的一部分的梵天,就是在極為透明的印度神話裡大眾擬人化的形象。梵天很明顯地表現了生物的生殖、成長,正如毗濕奴表現了其高峰,濕婆表現了其毀滅一樣。此外,他產生了這個世界就是一樁罪行,正如梵天這個

嘗試這樣做。所以,猶太教是所有宗教中最粗糙和最差勁者,那不過就是宣揚荒謬的和讓人噁心的一神論,最終就是上帝創造了這世界,且想要受到崇拜,因此,首先他是嫉妒的,嫉妒他的所有同行,所有其他的神祇。如果獻祭、奉獻是給了其他神祇,那上帝就會發怒,他的猶太人就會有好受的了。所有這些其他的宗教及其神祇,在《聖經》的希臘文譯本中被辱罵為「令人憎惡的東西」,但配受此惡名的卻是那沒有永生不朽學說的粗糙猶太教。現在這一宗教已成了在歐洲占主流的宗教的基石,這真的是至為可悲的事情。因為猶太教是沒有任何形上方向的宗教。其他所有的宗教都試圖把生活的形上的含義,以圖像、寓言和比喻教給大眾,但猶太人的宗教則完全是形而下的,所提供的不過就是在與其他外族的爭鬥中的吶喊助威。萊辛的《論人類的教育》應被稱為「論猶太種族的教育」,因為整個人類都堅信「永生」的真理——除了上帝的選民以外。正因為猶太人是他們的神的選民,這神就是他的子民的選神。而這是用不著人們操心的,「我要成為他們的神,他們要成為我的子民」——根據亞歷山大的克雷芒,這是出自叫先知的一句話。但當我注意到,現在的歐洲人都在某種程度上把自己視為上帝選民的繼承人,我就無法掩飾我的惋惜。另一方面,無可爭議,猶太教是地球上唯一真正的一神教,別的其他宗教並沒有某一個客體的神,某一個天和地的創造者。

世界化身就是一件罪行。正如我們所知道的，《阿維斯陀經》的善神與惡神阿里曼的出身和勢力都是不分伯仲的，兩者都是出自無法估算的時間——澤爾萬·阿克倫神（如果這是正確的話）。同樣，在菲洛為我們保存下來的，作者為桑楚尼亞松的異常優美、很值得一讀的《腓尼基人的宇宙論》——這或許是摩西的宇宙學的原型——我們並沒有發現一神論的痕跡，或者某一具有人的形象的生靈創造了世界。也就是說，在此我們也看到那原初的混亂沉沒在黑夜，就像在摩西的《創世記》中那樣，但卻沒有神出來，命令說：要有光，要有這要有那的。啊，沒有！而是「那精靈愛上了它的自身原初」（桑楚尼亞松，《腓尼基人的宇宙論》，第8頁），就這樣，世界的原初組成成分的混合物就形成了；由此正是因為渴望（非常地準確和意味深長，也正如評論者所正確指出的，這就是希臘人所說的厄洛斯、欲望）的作用就發展出了原生質，最終從原生質生成了植物和最後的、有認識力的生物，亦即動物。這是因為到這為止，正如明白說過的，所有的一切都是在沒有認識力的情況下自然發生的，「它自己沒有認出自己的創造」（同上書，第10頁。桑楚尼亞松還補充說，由埃及人陶特寫的宇宙起源論，就是這樣的）。在他的**宇宙起源論**之後，就是更詳細的**胎生學**。某些大氣層和陸地上的進程得到了描述，而這些確實讓我們想起我們當代地質學合乎邏輯的假說，最終在傾盆大雨之後就是閃電雷鳴；受到這些轟隆聲的驚嚇，有認識力的動物就誕生、存在了，「從此以後，那些雄性的和雌性的，就活動在地上和海裡」。幸虧歐瑟比，我們才看到了菲洛的這些殘篇（參見《福音準備書》）。歐瑟比因此完全有理由指責這個宇宙起源說並不是一神論的，宇宙起源說毫無爭議地並非一神論，這與所有有關世界起源的學說都是一樣的——除了猶太教以外。在希臘人和羅馬人的神話裡，我們雖然看到一些神祇之父和附帶的人類之父（雖然人類原先是普羅米修斯的陶土作品），但卻沒有創世者的神祇。這是因為儘管在那以後，了解了猶太教的某些哲學家想要把父親宙斯重新詮釋為這樣的創始者，

與上述卻沒有關係。同樣，但丁在《地獄篇》裡毫不遲疑地把創世者與多門尼都視為同一，而多門尼都那聞所未聞的睚眥必報和殘忍特性，在《地獄篇》裡得到了刻畫和頌揚（例如：第 1 章，4、70；第 31 章，92）——這也與上述無關。最後（因為人們已經用盡一切辦法），已被重複了無數遍的這個報導也是完全不正確的，亦即北美洲的野蠻人在「偉大精靈」的名下崇拜天和地的創造者、大神，因此，他們是純粹的一神論者。這一謬誤最近在一篇關於北美洲野蠻人的論文中遭到批駁。約翰・斯庫勒在 1846 年倫敦人種志學學會的會議中宣讀了該篇論文，《知識社會學院和雜誌》（1847 年 7 月，第 2 部分）刊登了此文的節選。約翰・斯庫勒說，當人們向我們報導印第安人有關「偉大精靈」的迷信時，我們就會傾向認定這「偉大精靈」與我們心目中的「偉大精靈」的概念相吻合，印第安人的信仰就是樸素的**一神論**。但這樣的解釋卻非常不正確。這些印第安人的宗教更應該說是某一純粹的**拜物教**，其組成是巫法、巫術、巫術用具。塔那從小就生活在印第安人當中，在其報告中，各個細節都是奇特和忠實可靠的，與某些作家的胡編有天淵之別。也就是說，人們由此看出，那些印第安人的宗教的確只是某種拜物教，與以前在芬蘭人和在時至今日的西伯利亞一些部落中仍可見到的宗教相似。居住在山東麓的印第安人，其拜物教所包括的不過就是某種人們認定其有神祕特質的東西等等。 [162]

根據所有這些，現在討論的看法應該讓位給與其相反的看法了，亦即唯一只有一個民族，雖然相當地小，毫不起眼，受到同時代所有其他民族的蔑視，也在所有民族當中唯一完全不相信人死後還有任何持續的生存——唯一一個被選中的民族，是相信純粹的一神論或擁有對真神的認識。並且不是透過哲學，而是唯一經由啟示獲得這一信仰或認識。這個認識方式也與此認識相匹配，因為如果某一啟示只是教導我們不需要這一啟示也會知道的東西，那這一啟示又有什麼價值呢？所有其他民族從來都不曾有過這樣的念頭——這必然因此增加這個啟示的威望。

14. 對我自己的哲學的些許評論

很少有某一哲學體系像我的哲學那樣簡樸和由為數不多的元素組成，因此可以很容易統攬和把握。這歸根結柢是因為其基本思想是完美一體和協調的。並且這也是真理的很好標誌，因為真理的確是與簡樸相關的，「誰要是有真理要說出來，那他就會言簡意賅」（歐里庇得斯語）。「簡樸是真理的印記。」我的哲學體系可以形容為**在經驗和知識範圍之內的學說**，因為這裡面的原理雖然是教條似的，但卻不會超出我們所經驗的世界，只是解釋了**這世界是什麼**，因為我的哲學剖析了這個世界及其最根本的組成部分。也就是說，被康德推翻了的學說（也就是那3個當代的大學詭辯者輕率的、不負責任的東西）是**超驗的**，因為它脫離了這個世界，其目的就是以某些別的東西來解釋這個世界，即把這個世界看作是某一原因所得出的結果，然後從這一結果試圖推論出其原因。而我的哲學則提出，原因與結果只在這個世界，因為那4種形態的根據原則只是頭腦智力最普遍的形式，客觀世界的真正「世界位置」（locus mundi），也唯一只在這個頭腦智力當中。

[163]

其他哲學體系之所以連貫一致，是因為從一個命題引申出另一個命題。為此，這些體系的真正內容就必須已經包含在最高的命題裡面；這樣，從這些最高命題所引申出來的其他命題，很難不是單調、貧乏、空洞和無聊的，因為這些東西本來就已經在那些基本命題中表達出來了，現在只是作更進一步的推論和重複而已。這種演示性的引申和推論所得出的可憐結果，在克利斯蒂安·沃爾夫的著作中至為明顯。甚至謹守此方法的斯賓諾莎，也無法完全避免這些缺陷，雖然憑著斯賓諾莎的頭腦，他知道如何彌補那些缺陷。相較之下，我的命題大部分都並非建立於連環推論，而是直接以直觀世界本身為基礎；我的體系嚴格地前後連貫一致，一如任何其他的體系，但我的這種連貫一致通常並不只是透過

邏輯的途徑而獲得。更準確地說，我的各個命題之間那種自然的協調一致是不可避免的，因為全部的命題都是以直觀認識為基礎，亦即以對同一個客體持續地從不同方面的直觀把握為基礎；因此也就是在考慮到意識的情況下（因為現實世界就顯現在意識裡），以對現實世界的所有現象的直觀把握為基礎。所以，我從不擔心我的命題之間是否連貫一致，就算有時候在一段時間裡，在我看來某些命題似乎並不一致。這是因為只要那些命題是全部一起到來的，之後的確就會自動出現協調一致，因為這些協調一致恰恰就是現實自身的協調一致，而現實自身是永遠協調一致的。這就類似於我們有時候在首次和從某一個方向觀看一處建築物時，並不會明白這個建築物各部分之間的關聯。但我們相信這之間不會沒有關聯的，只要繞過了這部分建築，其中的關聯就會顯現出來。這種協調一致由於其原初性，也因為其總是經受得住實際經驗的檢驗，所以是相當確切的。相較之下，那種從命題中引申出來的，只是透過邏輯三段論得出的所謂協調一致，輕易就可發現是假的──亦即一旦在長鏈條中的某一環節是不正確的，是銜接鬆動的或是有錯漏的。與此相應的是，我的哲學有廣闊的基礎，所有的東西都是直接並因此牢固地佇立在這個基礎上的。其他的哲學體系則像高聳入雲的高塔：某一支撐折斷了的話，一切就都轟然倒塌。我所說的一切可以總結為一句話：我的哲學，其形成和表述是用分析而不是綜合的方法。[164]

我的哲學議論的特色就是要對事情**一究到底**，因為我不窮追到最終的現實根由是不會甘休的。這是我的天性所致，讓我滿足於某些泛泛的、抽象的，因此是不確定的知識，或滿足於純粹只是概念，甚至只是字詞，對我是幾乎不可能的。受這種天性的驅使，我會深究至所有概念和命題的最終基礎，直到這些永遠是直觀的東西赤裸裸地呈現在我的眼前為止。然後，我就要麼以這些作為所要審視的最原初的現象，要麼如果可能的話，就把這些原初現象分解為基本組成部分，但不管怎麼樣，我都最大限度地追求事情的本質。因此，將來有朝一日（當然不是現[165]

在,不是在我還活著的時候)人們就會發現,我之前的隨便一位哲學家在處理同樣的對象物時,一旦與我相比都會顯得膚淺。因此,人類從我這學到了很多永遠也不會忘記的東西,我的著作永遠不會湮沒。

　　甚至一神論也認為這個世界是出自某一個**意志**(或**意欲**),在軌道上運行的行星受著某一意志的指引,大自然則被呼喚而出現在行星的表面。不過,一神論就像小孩子一樣,把意志安排在外在一面,並且只是間接地,也就是在認識力和物質的籌畫之下,以類似人的方式作用於事物。在我看來,意志與其說是從外在作用於事物,毋寧說是在事物裡面發揮作用。事實上,事物本身不是別的,正是意志的可見部分而已。但是,從這種協調一致可以看出,所有原初性的東西,我們都無法想像為意志以外的別的東西。泛神論把在事物之中發揮作用的意志命名為神祇,對個中的荒謬我嚴厲指責得夠多了。我把它稱為**生存意志**(Willen zum Leben),因為這個名稱表達了我們對事物最終所能認識到的東西。同樣地,間接與直接的關係也再一次在道德學中出現。一神論者想要在人所做出的行為與人所受的苦之間取得平衡,我也是這樣。但他們相信只有間接透過時間和審判者與復仇者,才能把上面兩者扯平,而我認為在此是直接的,因為我已證明做出行為者和受苦者是同樣的本質。基督教的道德成果直至那最極端的禁慾、苦行,在我的著作裡是理性

[166] 的,是建立在事物的整體關聯上;但這些在基督教那裡卻是透過寓言來表達的。人們越來越不相信這些寓言,所以,人們必須轉向我的哲學。**泛神論**者不可能有任何真心實意的道德學,因為對他們而言,所有的一切都是神一樣的,都是很好的。

　　我受過很多批評,說我在哲學裡,因此也就是在理論上,把生活表現為可悲的、可憐的,一點都不值得羨慕。但誰要是在實際生活中至為明確地表現出對生的蔑視,那他就會得到人們的讚揚,甚至敬佩,而誰要是戰戰兢兢地細心呵護這一生,他就會受人鄙視。

　　在我的著作還只是引起了個別幾個人注意的時候,就已聽聞有人不

承認我的基本思想是我最先提出的。有人提到謝林曾有一次說過「意願（Wollen）就是最原始的存在」；除此之外，還有一些諸如此類的話。可以這樣說，我的哲學扎根在康德哲學裡，尤其關於驗知性格和認知性格的學說。但總而言之，還因為每當康德稍為清楚地說起自在之物的時候，意志就總是隔著一層紗幕而呼之欲出。我在《對康德哲學的批判》中就明確指出了這一點，並因此說過我的哲學只是把康德的思維和思路進行到底。所以，如果費希特和謝林的那些同樣是從康德哲學出發的哲學觀點，讓人看見一點點康德的基本思想的痕跡，那我們不必大驚小怪，雖然這些痕跡在出現的時候，其實並沒有次序、連貫性和貫徹始終可言。因此，那些痕跡只是我的學說的前兆、幻影。關於這一點，大致上可以這樣說，在每一個偉大真理被發現之前，有人對這個真理會有某種預感、某種猜想，某一如在霧中的含糊不清和如此大概，還有就是某種試圖要把握此真意而又無法成功。恰恰就是時代的進步為此真理鋪平了道路。因此，零星分散的隻言片語就成了這一真理的序曲。不過，只 [167] 有透過其理由認識了這一真理，透澈思考了其結果，發展了其全部內容，統攬了其涵蓋的範圍，因此完全意識到這個真理的價值和重要性，並把這個真理清楚和連貫地闡述出來的人——只有這樣的人，才是這一真理的發現者。相較之下，在很久的過去或當代，有人會在某一時刻無意識地幾乎是說夢話一樣地說出了隻言片語的真理。這樣，如果人們在之後的時間裡要尋找這些東西，是會找到它們的。但這意味著就算那有著「同樣多的字詞」，也並不就是有了比「同樣多的字母」多得多的東西。這就好比一樣東西的發現者，只能是認出這樣東西的價值，把這個東西撿起和保存起來的人，而不是曾經偶然撿到這個東西而又隨手把它扔掉的人。或者正如發現美洲的是哥倫布，而不是因船隻失事，最先被海浪拋到那裡的水手。這也是多納圖斯這句話的含義：「打倒那些在我們之前說出了我們的思想的人！」如果誰要想把諸如此類偶然說出的隻言片語當作是先於我說出了真理，那他們盡可以從更久遠以前講起，

例如：可以提出亞歷山大的克羅門特（《基質》）說過，所以，意願是先於一切的，因爲理性的力量只是意願的女僕。還有斯賓諾莎已經說了，欲望正是構成了每一個人的本性或本質的東西（《倫理學》，第3部分，命題57附注注釋），以及之前的命題9，這一推動力就叫做意志（或意欲）——如果它只是與精神有關的話；如果它同時涉及精神和肉體，那這個推動力就稱爲欲望。這個欲望不是別的，正是人的眞正本質。

愛爾維修說得很對，嫉妒之人雖然表面上很公正，但卻是無所不用其極以貶低別人的成就。……唯獨嫉妒促使我們在古人那裡尋找所有當代的發現。在這些發現之前，前人所說過的隨便某一句沒有意義的或至少不知其所指的話，就足以引發「剽竊」的叫喊（《論精神》，第4部[168]分，7）。在此，允許我再讓大家回憶愛爾維修的另一段話，我請求讀者不要以爲是我的虛榮和自負所致，而要留意這段話所表達的正確思想；至於這裡面所說的是否也適合我，則大可置之不論。誰有興趣觀察人的思想就會看到，在每一個世紀，圍繞著某一天才人物做出的發現，都有5、6個有頭腦的人在那兒打轉。如果發現的榮譽給了這個天才的話，那是因爲這個發現在那天才的手裡更加富有成效，因爲他更有力、更準確、更清晰地表達了他的思想。最後也因爲從應用這一原則或者這一發現的不同方式，人們總能看出這一原則或者發現到底屬於誰（《論精神》，第4部分，1）。

正因爲無論在哪裡，無論在何時，沒有能力的、愚蠢的人都會發起對抗思想者的戰爭，雙方勢不兩立：一方是人多勢眾，另一方則是單打獨鬥，所以，誰要是帶來了有價值的、眞正的東西，就得與愚昧、遲鈍、與被扭曲了的趣味、私人利益和嫉妒陷入苦戰，這些對手結成了可敬的聯盟——對此，尙福爾（《選集》，國家圖書館，第2卷，第44頁）是這樣說的，仔細看看那些蠢人是如何結夥對抗有思想的人，那就好像是一群佣人在那裡陰謀推翻其主人。我呢，則還多出了一個不

同尋常的死對頭。在我的這一學科中，那些本職工作就是引導大眾的判斷，並且是有機會這樣做的人，絕大多數都接受了安排和酬勞，要把至為拙劣的東西——黑格爾哲學——廣為傳播、讚揚，甚至捧到了天上。這本來是很難成功的——如果人們同時也在某種程度上願意接受好東西的話。由此才可以向以後的讀者解釋這樣一個事實，否則就是不解之謎了：即為何我的同時期的人對我是那樣一無所知，我就像是住在月亮上的人。但一套思想體系儘管沒有別人感興趣，也沒有別人的參與， [169]卻可以讓這個思想體系的作者在其漫長的一生中，不間斷地、熱切地投入其中，激勵他從事持續的、沒有報酬的勞動——這正好是對這個思想體系的價值和真理的一份證詞。我不曾從外在獲得任何鼓勵，只有對所做事情的熱愛支撐著我在許許多多的日子裡不知疲倦地埋頭苦幹。與此同時，對拙劣之作所贏得的喧嘩和名聲，我卻冷眼鄙視。這是因為在我初涉人生之時，我的守護神就已經要我做出選擇：要麼認識真理，但卻無法以此取悅任何人；要麼與其他人一起教授錯誤的東西，但卻被讚譽和學生簇擁著。對我來說，做出選擇並不困難。因此，我的哲學的命運就完完全全是黑格爾哲學那種命運的反面，人們甚至可以根據這兩種哲學的性質，視這兩者為一張紙的正反兩面。黑格爾哲學沒有真理，沒有清晰，沒有思想，甚至欠缺人的理解力，但卻以讓人噁心的胡說八道、滿嘴歪理加以包裝，成為被指定的、享有特權的課堂哲學，因此是毫無意義的東西，養肥的只是其作者。我的哲學與其同一時間出現，雖然有黑格爾哲學所欠缺的一切素質，但由於我的哲學並不是根據任何哲學之外的目的剪裁而成，所以，在那段時間裡並不適合在課堂教授，也因此正如人們所說的，無法以這種哲學達到什麼目的。正如黑夜以後就是白天一樣，接下來的結果就是黑格爾哲學成了一呼百應的一面旗幟，而我的哲學則既沒有獲得讚譽也沒有學生。更準確地說，我的哲學受到一致的、故意的、完全的無視、封殺和盡可能的滅絕，因為由於我的哲學的存在，那龐大的遊戲就受到了干擾，正如陽光照進來以後，在牆上的影

子遊戲就無法玩下去了。因此,我成了一個鐵面人,或者就像高貴的多爾古特所說的,我成了哲學教授的卡斯帕爾‧豪澤,被隔絕了空氣和光線,好讓人們看不到我,我也無法伸張我那與生俱來的權利。[15]

---

[15] 但現在被哲學教授噤聲、滅掉了的人,卻再度復活了——這讓哲學教授大為驚恐。他們現在將如何自處呢?

論大學的哲學 [171]

> 哲學受到人們的鄙視，是因為人們並沒有以應有的態度從事哲學；是因為從事哲學的，應該是真正的而不是虛假的哲學家。
>
> ——柏拉圖，《理想國》，7

在大學裡教授哲學，在各方面對哲學本身肯定是有利的。哲學因 [173] 此獲得了官方的地位，哲學的水準也在眾人的眼裡得到了提升。這樣可以讓人們永遠重新想起和注意到哲學的存在。但最大的得益是讓許多年輕和有思想能力的人認識哲學，喚起他們學習和研究哲學。與此同時，我們必須承認，有能力理解哲學並因此需要哲學的人，也會透過其他途徑接觸和了解哲學。這是因為彼此珍愛和彼此為對方而誕生的人，很容易就走在一起：惺惺相惜的人遙相呼應。也就是說，對於這樣的人，隨便一個真正哲學家的每一本書，一旦到了他們的手裡，會比那些課堂哲學家的講課和報告都更有力和更有效地激發他們。在設有拉丁語、希臘語的高級文科中學，學生們也應該認真、努力地學習柏拉圖的著作，因為那些哲學著作是激發哲學頭腦最有力的工具。總而言之，我逐漸認為課堂哲學所帶來的上述好處，卻被哲學成為職業所帶來的種種不利掩蓋了，因為哲學本是對真理的自由探索；或者被為政府服務的哲學所帶來的種種不利掩蓋了，因為哲學本是為大自然和人類服務的。

也就是說，首先，政府不會付錢讓人直接或者只是間接地唱反調，反駁政府透過任命和安排的千百個牧師和宗教導師在各個講壇所宣講的東西，因為如果諸如此類的唱反調發揮作用的話，那政府的安排也就必然同等程度地不再發揮作用。這是因為人人皆知，各個判斷不

[174] 僅會透過彼此矛盾而取消,而且透過只是相反的判斷而無法成立。例如:「玫瑰是紅色的」這一判斷,與之相矛盾的不僅是「玫瑰不是紅色的」,其實,「玫瑰是黃色的」就已經發揮了同樣的,甚至更大的取消作用。因此就有了這一原則:「務必杜絕另一種別的教導!」由於這種特殊情況,大學的哲學就陷入了某種相當奇特的處境。在此就其公開的祕密,我說上幾句吧。也就是說,在所有其他學科,學科教授的職責只是盡其所能和可能傳授真實與確切的東西。只有對哲學教授來說,卻不一定是這樣。也就是說,這裡的情形很特殊,因為哲學所要面對的難題與宗教是一樣的,而宗教也用自己的方式解答此難題。所以,我把宗教稱為大眾的形上學。據此,雖然哲學教授肯定是要傳授真實的和正確的東西,但這必須從根本上和本質上與國家宗教教導的是同樣的東西,因為那也同樣是真實的和正確的。由此就產生了這一天真幼稚的說法,「假如某一哲學要否定基督教的基本觀點,那這一哲學要麼是錯誤的,要麼**就算是正確的也沒有用處**」——這個說法在 1840 年出自一個有名望的哲學教授之口,我在《對康德哲學的批判》中也曾引用。由此可以看出,在大學的哲學裡,真理只佔據著次級的位置,如有需要的話,就必須起身讓座給另一位。正是這一點,把大學哲學與所有其他學科區別開來。

[175] 因此,只要教會還存在,那大學教授的哲學就永遠只能是在全面細緻考慮和顧及國家的宗教以後才編寫出來的,本質上必須與宗教並排而行,所以,其編排總是有點凌亂,刪減得有點古怪,並因此弄得難以明白;但從根本上,在大體上無非就是根據國家宗教的改寫和為其辯護。這樣,在這些種種限制之下所教授的東西,不過是尋找新的措辭和形式,把國家宗教的內容裹以抽象字詞並因此弄得乏味,然後一一羅列和表達出來。這就是所謂的哲學了。除此以外,如果有人還想做些別的什麼,他要麼溜進緊鄰的學科裡去,要麼只能玩弄各種各樣無害的小玩笑、小把戲,諸如對人腦中表象之間的平衡進行困難的分析計算等等。

與此同時，受到如此制約的大學哲學家卻對這種狀況很滿意，因爲這些人眞正關注的是賺取某一體面的、誠實的收入，以養活自己及妻兒，並能在人前享受到某種程度的尊敬。相較之下，眞正的哲學家，全副身心專注於尋求解答我們那充滿疑問的存在之謎，其靈魂深處的觸動，在這些大學哲學家眼裡，簡直就是神話——如果這樣的眞正哲學家，在他們面前出現的時候，並不顯得就是個偏執狂的話。這是因爲對哲學竟然可以是如此嚴肅、一絲不苟，那是一般人連做夢都不會想到的，而教哲學的一個大學教師，則更加不會想到。這與最不相信基督的人一般就是教皇，是同樣的道理。因此，一個眞正的哲學家同時又是大學的哲學教師，是絕無僅有的事情。[1] 康德則是一個例外，這種事情的原因和結果，我在《作爲意志和表象的世界》第 2 卷第 17 章第 162 頁裡已經分析清楚了。此外，費希特盡人皆知的遭遇就是一個證明，證實了我上述所揭示的事實：大學所教授的哲學都是有條件的——雖然費希特骨子裡只是詭辯主義者，而不是眞正的哲學家。也就是說，費希特膽敢在其哲學議論中無視國家宗教的教義。結果就是費希特被辭退，並且受到烏合之眾的侮辱。這一懲罰也達到了目的，因爲費希特稍後在柏林得到職位以後，他那「絕對的我」就乖乖地變成了「親愛的上帝」，整個學說大體上也換上了一副很基督教的面貌。他的《如何過上幸福的生活》尤其證明了這一點。費希特的情形所值得注意的是，人們指責費希特的最大失

[176]

---

[1] 對教授在虔誠信奉上帝方面的要求越高，那對其學問水準的要求也就越低，這是很自然的事情。正如在艾登斯坦當政時期，一個人只要了解黑格爾那些胡言亂語就是符合要求了。自從在委派教授時虔信上帝就可以取代學問以後，那些先生們就不再爲學問而操勞了。那些答爾丟夫一樣的僞君子們更應該克制一下自己，並且問一下自己：「誰會相信我們是相信這些東西的呢？」——那些先生們之所以成爲教授，涉及委派那些先生做教授的人。我知道這些人只是拙劣的寫作者，我就是要努力消除他們的影響。我尋求的是眞理，而不是做教授。我與那些所謂的後康德哲學家的根本區別，就在於此。隨著時間的流逝，人們會越來越看清這一點。

誤就是他的這一句話,「上帝不是別的,正正就是那道德的世界秩序本身」;而這句話卻與《約翰福音》中的「上帝就是愛」只有輕微的差別。[2]因此,可以輕易地看出,在這種情況下,大學課堂的哲學是身不由己,

就像那長腿的蟬,
永遠是跳著飛,飛著跳
在草叢裡唱著老調。

——歌德,《浮士德》,1,第 288-290 行

[177]　其中讓人擔憂的是這樣一個必須承認的可能性:萬一人們對事物的本質、對自身和世界所獲得的最終觀點,與猶太教義和學說並不恰好吻合。這些教義和學說一部分是猶太那時候的某一小氏族所受到的啓示,一部分則在 1800 年前在耶路撒冷出現。爲了一舉打消這些擔憂,一個名爲黑格爾的哲學教授發明了「絕對宗教」的名稱,也以此達到了他的目的,因爲他了解他的公眾群:對於課堂哲學來說,「絕對宗教」的確是和本來就是絕對的,亦即應該和必然是絕對的和肯定是眞實的,否則……其他的眞理考察者則把哲學和宗教融化爲某一人頭馬身的怪物,並名其爲宗教哲學。他們也習慣教導說,宗教和哲學根本上就是同一回事。這句話如果看起來似乎是眞的,那這種眞只是與法蘭茲一世在說起

---

[2] 海德堡大學教師費舍爾在 1853 年也有同樣的遭遇。他的「爲他人講課的權利」被剝奪了,因爲他教授了泛神論。因此,解決的辦法就是「吃你的布丁甜點吧,奴才」,然後把猶太神話說成是哲學就可以了」。好笑的是,這些人還把自己稱爲哲學家,並以哲學家的身分對我做出定論,還一副高高在上的樣子。他們對我的態度是多麼的驕橫!40 多年來,從不曾認爲值得對我看上一眼。但國家卻必須保護自己的人,因此應該定出法律,禁止拿哲學教授開玩笑才對呢。

卡爾五世時，據說講過的這句很諒解的「真」話差不多，「我兄弟卡爾想要的，也就是我想要的」——亦即米蘭。還有其他一些人，則沒那麼多的麻煩，而是直接說起基督教哲學，這類似於說起可以把 5 當作是偶數的某種基督教算術。再者，從基督教教義中提取的性質和特徵描述詞語，於哲學是不倫不類的，因為哲學是要以理性，全憑理性自己的力量，獨立於一切權威，去解決存在的問題。作為一門學科，哲學與可以或者必須**相信**什麼完全無關，只是與可以**知道**什麼有關。那麼，假設得出的結果是與我們所要信仰的東西完全不一樣，也不會因此損害信仰，因為信仰之所以是信仰，正是因為其包含了人們並不可以知道的東西。如果人們真能知道了那東西，那信仰就成了完全無用的，甚至可笑的東西，猶如在數學的科目上也設立某一信仰教義一樣的可笑。如果人們確信宗教已經包含和表達了全部與整個真理，那我們就要停止和放棄一切哲學探討；我們不想冒充我們所不是的。聲稱不帶偏見地探索真理，卻又下定決心把國家的宗教當成探索真理以後的結果，甚至當作檢驗真理的標準——這讓人無法容忍。這種哲學與被鏈子拴在牆邊的狗無異，只是讓人生氣的滑稽塗鴉，醜化了人類最高級、最高貴的追求和努力。與此同時，上文被形容為人頭馬身怪物的宗教哲學，正好就是大學哲學家主要銷售的東西。宗教哲學實際上流於某種靈知或神祕直覺，成了在預設了某些大家喜歡的前提以後所進行的哲學論辯，而這些前提假設卻是完全未經證實和證明的。綱要性的題目，諸如「論真正哲學的虔誠（與宗教相比）」，蠻適合成為這樣的哲學羊欄的題詞，也很清楚地標明了大學課堂哲學的方向和動機。雖然這些馴服了的哲學家有時會做出某種看起來危險的衝擊，我們卻可以安靜等待，堅信他們一定會抵達他們早就定下的目標。的確，有時候人們會忍不住相信這些人在 12 歲之前就已經把嚴肅的哲學探討擱到一邊去了，從那時起他們對世界本質及其相關東西的見解就已經牢固確定下來了，因為在其大膽的導師主持下，經過所有的哲學討論和走過危險的歧路以後，他們總是重新回到了在當初

[178]

[179] 的年紀人們說得有模有樣的東西，似乎把這當成了評判眞理的標準。在他們的一生中，不時要去關注的所有異端哲學學說，只是供他們駁斥而已，並以此更加牢固地奠定他們早已接受了的學說。我們甚至爲此感到驚奇，他們在一生中與如此之多不懷好意的異端邪說廝混，到底是怎樣純淨地保持著他們內在的哲學清白。

了解了這些以後，如果仍然對大學哲學的精神和目的有疑問，那就看看黑格爾的僞智慧的命運吧。這些僞智慧雖然其基本思想就是最荒謬的念頭，是顚倒了的世界，是哲學的鬧劇；[3] 雖然那些笨蛋們感到很得意的內容，其實是空洞的、沒有意義的語言垃圾，那些著作中的表述是讓人噁心透頂、最愚蠢無聊的連篇廢話，並的確讓人聯想到了瘋人院裡的狂語——這些僞智慧可曾受到毫髮的損傷？沒有！一點都沒有！相反，在這 20 多年來，黑格爾的僞智慧是最光耀奪目的大學課堂哲學，一直興旺發達，日進不少的學費和酬金，足以把人養得腦滿腸肥。也就是說，在整個德國，人們透過數以百計的書籍宣稱，這些僞智慧最終達到了人類智慧的頂點，是哲學中的哲學，簡直就是捧到了天上。學生得接受這方面的考試，教授則被指派去教授它。誰要是不願意隨波逐流的話，放肆的輔導生就衝著他們叫嚷，一切全靠自己的傻瓜（歌德，《原創性》）！

甚至那膽敢稍稍對抗這些鬧劇的極少數者，在這個愚蠢的假冒哲學家被稱爲「偉大的思想家和超級天才」的情況下，也只能畏縮和膽怯行事。這正派行當的所有文章、文獻都爲我所說的提供了證明。這些文字已成封存的檔案，勉強透過了前院——在此，鄰國在看笑話呢——而走向了審判庭。在那裡，我們將再度聚首，以接受後世的裁決。審判庭使用的手段就是敲響羞恥之鐘：這鐘聲能夠響徹整個時代。那麼，到底最[180] 終發生了什麼，以致那種輝煌戛然而止，讓「得意洋洋的怪獸」轟然倒

---

[3] 參見我的《對康德哲學的批判》第 2 版第 572 頁，第 3 版第 603 頁。

下，驅散了其整個傭兵和笨蛋大軍？剩下的某些殘餘就作為晚到者和脫隊者，在哈雷年鑑的旗幟下成群結隊，還可以胡作非為一小段時間，直至醜聞人盡皆知。除此之外，只有那幾個可憐的笨蛋，至今仍然相信和到處兜售他們在年少時被灌輸的東西。造成這種狀況的不是別的，而是某人有了惡意的想法，指出了大學的哲學只是表面上和字面上，而不是在真正意義上與國家宗教協調一致。就其本身而言，這種指責是對的，因為在這之後，新天主教證明了這一點。也就是說，德國天主教或者新天主教不是別的，正是大眾化、流行化的絮絮叨叨的黑格爾貨色。如同黑格爾的貨色一樣，德國天主教或說新天主教並不曾解釋了世界，世界就擺在那兒，對此並沒有更多的解答。這個世界只是獲得了「上帝」的名稱，而人類的名稱則是「基督」。兩者「本身就是目的」，亦即存在的目的，就是要盡量在這短短的一生中過得舒適。「就讓我們快樂吧！」並且黑格爾式的對國家的神化會一直引往共產主義。費迪南‧坎普在《新時期的宗教運動史》（1856，第 3 卷）中，提供了在這個意義上對新天主教的透澈描述給我們。

　　但這樣的指責可能是得勢的哲學體系的致命弱點——這一點向我們顯示了，

　　那是怎樣的素質！
　　竟起關鍵作用，讓人提攜。

或者向我們顯示了在德國的大學，衡量某一哲學是否真理和是否適用的真正的判斷標準是什麼，關鍵是取決於什麼。再者，這樣的攻擊先不論以異教作誹謗其實很可鄙，只需短短的一句「與戴奧尼索斯無關」就可打發。

　　如果需要對這同樣觀點的更多證明，那就看看偉大的黑格爾鬧劇的餘波好了，亦即謝林先生在這之後馬上就與時俱進地從斯賓諾莎主義 [181]

转向假装虔诚，随后从慕尼黑调到柏林。所有的报纸都吹起了喇叭。根据那些有所指的报导，人们还以為谢林在口袋裡带来了私人的上帝，以满足人们对此的渴望。所以，学生们争先恐后要听他的课，甚至从视窗爬进教室。在课程结束以后，那些参加了他的课程的大学教授就毕恭毕敬地把伟人证书交到他的手上。谢林脸也不红地在柏林扮演著至為光彩夺目的角色，同时也获得了至為充足的油水，并且是在老年的时候这样做！因為到了老年，高贵的人更关心的本是留给后人什麼样的纪念。人们对诸如此类情形一般都会沮丧，甚至几乎误以為哲学教授也一定会脸红，但这是幻想而已。那麼，考察完这样的结果以后，谁要是对大学课堂哲学及其主角还觉得不清楚，那我们对他是无能為力了。

但是，要保持公正的话，就不能仅仅像现在这样从其声称的目的的角度评判大学的哲学，而是要从其真正的目的出发做出评判。大学哲学的真正目的其实就是：将来的候补官员、律师、医生、教育工作者和参加国家考试的人，会与国家及其政府的目的、方向保持一致，甚至在其最內在深处的信念也是如此。对此我是没有什麼可反对的，我是接受的。这是因為要评判这样一个国家工具是否有其必要抑或只是多余的，我认為自己力有不逮。我还是把这留给承担起治理民眾的艰巨工作的那些人吧。所谓的治理民眾，意味著要在数以百万计的民眾当中（这一物种的绝大多数都有著无边的自我，都是不公不义、不诚实、嫉妒、卑劣且头脑相当狭窄和古怪），能够维持法律、秩序、安宁与平和；在除了一身力气以外别无所有的无数人当中，保护少数有了一定财产的人。这样的治理工作是如此困难，我确实不敢与承担这样工作的人争论所用的手段妥当与否。这是因為我信奉的格言始终是：每天早上我都感谢上帝，因為我不需為罗马帝国而操心（歌德，《浮士德》，1，第2093行）！但正是大学哲学的国家目的，為黑格尔的那套废话带来了前所未有的来自上面的恩宠。这是因為对大学哲学来说，国家就是「绝对完美的伦理组织」，而人类存在的整个目的就是与国家融為一体。那麼，对

[182]

於將來的官員、公務員候補者和即將成爲國家公職人員,還有比這大學哲學更好的預備工作嗎?因爲經此預備功夫,他們就全副身心完全向著國家,正如蜜蜂向著其蜂巢。他們現在的奮鬥目標,無論是在這個世界還是其他世界,就是努力成爲維持那巨大國家機器的有用輪子,這個國家機器就是「至善的最終目標」——除此以外,再無其他目標了。這些官員、公務員的候補者,即將成爲國家公職人員的人,因此都是同樣的。這簡直就是對菲利斯丁主義的崇拜。

但是,大學教授的哲學與國家的關係是一回事,與哲學本身的關係又是另一回事。在後一種關係中,哲學本身是純粹的,可以與應用的大學哲學區別開來。也就是說,哲學本身(純粹哲學)的唯一目標就是眞理。順理成章,要透過哲學達到其他目的,都會危害到哲學。哲學的至高目的就是要滿足那種我稱之爲形上的高貴需求,這種需求是人類無論任何時期都會在內心深深感受到的。但感受這種需求最強烈的時候,卻是在信仰學說的聲望越來越低的時候,就像現在這樣。也就是說,信 [183]
仰學說是爲了人類的絕大多數而設,是適合他們的,所以,只能包含寓言意義上的眞理。但信仰學說卻必須把這些當作是眞正意義上的眞理,現在由於各種歷史、物理,甚至哲學知識的不斷擴展,越來越多的人再也無法滿足於信仰學說,這些人越來越強烈地追求眞正意義上的眞理。面對這一要求,「受人牽引的木偶」般的課堂哲學又能做出些什麼呢?那種勉爲其難的不三不四的哲學,那些空洞的語詞大樓,那被言之無物的洶湧言辭模糊了的平庸至極、淺顯至極的眞理,或者黑格爾所謂「絕對」的胡言亂語——這些又能走得了多遠?另一方面,如果誠實正直的先行者約翰從荒野裡走出來,身披獸皮,以蝗蟲爲食,還不曾沾染世間的種種惡作劇——現在,約翰懷著純潔的心,全然嚴肅地投入到探究眞理,並把他探索的結果奉獻出來。約翰在那些課堂生意人那裡,將會受到怎樣的接待?那些課堂生意人受僱於國家的目的,他們及其老婆、孩子都得依靠哲學謀生;這些人的口號因此就是「生活爲先,哲學議論爲

次」。這些人因此搶占了市場,並已經費心確保在此只承認他們所允許的東西,其餘的都是沒有價值的,亦即只有他們這些庸才所願意承認的東西才是有價值的。也就是說,他們操控著留意哲學的那小部分公眾。這是因為對只是教誨,並且是沒有金錢實惠的教誨,公眾當然不會花費時間、精力和功夫,除非他們預先得到保證:他們所花的時間、精力和功夫會有豐厚的回報。這與對文學作品那樣的東西是不一樣的,因為文學作品一類是要給公眾娛樂。那麼,基於流傳下來的想當然,公眾會以為以某一行業為生的人,也就是了解這一行業的人。再加上這些人在課堂上,在大綱、雜誌、學術報紙等等,擺出了一副十足自信的神氣,儼然就是這一專業的真正大師,所以,公眾讓這些專業的人代自己品嘗和挑選出具體哪些東西是值得注意的,哪些是恰恰相反。啊,我可憐的從荒野裡走出來的約翰,如果你所帶來的結果及其寫作,一旦與操持牟利哲學的先生們所默契定下的慣例並不吻合——這是可以預料的——那你將有一番怎樣的遭遇!他們會把你視為還沒領會這種遊戲精神的人,因此會有可能破壞這一切,對所有人都構成威脅,因此也就成了他們共同的對手和敵人。就算你帶來的是人類思想最偉大的傑作,也永遠不會得到他們的青睞,因為你這些東西肯定不會是根據庸常之見寫出的,因此他們無法作課堂教學之用,並以此謀生。一個哲學教授從來不曾想到過要去檢驗某一新出現的體系,以確定其是否真確,而只會馬上檢查這一體系與國家宗教的教義,與政府的目的,與時代主流的觀點是否和諧一致。他就是根據這些以決定此體系的命運。就算這一體系具有深入透澈的見解,有教益、能解惑,也引起了公眾的注意,值得公眾對其學習和研究,但這些東西必然會在同等程度上分散了公眾對大學哲學的注意,乃至分散了大學哲學的聲譽,並且更糟糕的是分散了其市場。神啊!就沒有比這更好的嗎(維吉爾,《農事詩》)?因此,這樣的事情是不可以發生的,大家都要抵制這樣的人。對此所用的方法和技巧,絕妙的本能很快就教會我們,因為這種自我保存的本能是每個生物都會有的。也

就是說，要駁斥和否定與庸常模式針鋒相對的某一哲學，經常是危險的事情，尤其是人們已嗅到和察覺到這一哲學的突出優點，以及某些並不是由教授證書就可給予的素質。就算是萬不得已，人們也不敢這樣做，因為這樣做的話，那些被列為需要抵制的著作就因此而臭名遠播，那些好奇的人們就會爭相看個究竟。然後，人們就會相當氣人地作一番比較，那結局就可能相當地尷尬和糟糕。而哲學教授們是一群思想、感覺、才具都一樣的兄弟夥伴，面對諸如此類麻煩的傑作，他們一致無視它，就好像那個傑作不存在似的；帶著最不帶偏見的表情，把最重要的東西當作是完全無足輕重的，把經過深思而寫成的，並已經存在了數個世紀的傑作當作不值一談，其目的就是要把這傑作扼殺掉。他們心懷惡意，雙唇緊閉地保持沉默。這種沉默早就被老塞內卡斥為「嫉妒的沉默」（《書信集》，79）。有時候，他們會越發扯高嗓門，為其夥伴的那些頭腦怪胎和死胎而吆喝，因為他們意識到沒有人知道與不存在差不多；對於世上的事情，人們是根據其表面的樣子和所得到的稱呼認定的，而不是根據其真實所是。他們也就感受到了一絲安慰。這是對付有傑出價值和優點的東西最保險，也是最沒有危險的方法。所以，我把這種方法推薦給所有頭腦淺薄，但為生計而試圖從事那些需要更高天賦能力的工作的人，但我不保證使用這種方法將會帶來的後果。

[185]

但是，在此卻不應該為了某一「聞所未聞的罪過」而呼喚神靈，因為所有這些不過就是我們在各個時期，在各門藝術和學科都會看到的一幕戲劇而已。這也就是**為**某樣東西而活和**以**某樣東西而活之間的古老爭鬥，或者說是那些**是**的人與那些**表現出是的樣子**的人之間的爭鬥。對前者來說，某樣東西就是目的，他們的生命（生活）只是實現這一目的的手段而已；對後者來說，某樣東西只是手段，並且的確是其生活、舒適、享受、家庭幸福的一個負擔條件，而生活、舒適和家庭幸福才唯一是這些人所真正關切的，因為在此大自然定下了他們的能力和作用範圍。誰要想看看這方面的例子，想要更仔細地了解這些人，那就研

[186]

究一下文史，閱讀一下各種各樣大師的傳記吧。你將看到原來在過去的任何時候都是這樣的情形，就會明白以後也將仍然是這樣的情形。過去發生了這種事情，每個人都看得出來；現在發生的同類事情，則幾乎沒有人可以看出。文史中的輝煌紙頁，同時也幾乎無一例外都是悲劇性的。這些讓我們看到，在各個知識領域，一般來說，人們做出了傑出成就和貢獻以後，就都得靜等瘋狂之人瘋狂完了，吃喝胡鬧結束了，人人都上床去了——只有到了這個時候，那些出類拔萃的成就者才站起來，猶如在深夜中的幽靈，這些影子也才終於坐上了不曾給予他們的榮譽席位上。

在此我們只討論哲學及其代表。現在我們首先發現，一直以來，極少哲學家是做過哲學教授的，而哲學教授成為哲學家相對更是少之又少。因此，人們可以說，正如一種特殊的帶電體並不會導電，同樣，哲學家不會是哲學教授。事實是，這種委任和聘用哲學教授妨礙自發、自為的思想家更甚於任何其他。這是因為哲學教席在某種程度上是一個公開的告解席：在此，面對大眾要做出信仰方面的坦白交代。其次，在渴望學習的學生面前，永遠都要被迫顯示出一副智慧的樣子，炫耀那些所謂的知識，隨時給予所有想得出來的問題某個答案，而幾乎沒有什麼比這更加妨礙我們真正獲得透澈或者深刻的見解，亦即獲得真正的智慧。最糟糕的是，這樣處境的一個人，一旦有了某一思想，就會擔憂這一思想是否與上頭的目的相符。這會癱瘓其思維，以致新的想法再也不敢光臨。對於真理，自由的氣氛是必不可少的。至於「證實了規律的例外情形」，亦即康德曾做過大學哲學教授，我已經在上面說了所需的要素。

[187] 在此我只補充這一點，如果康德不是披上了教授的外衣，那他的哲學就會更加地出色，更加地堅定，更加地純粹和優美——雖然康德非常智慧，能夠盡可能地分開哲學家與教授的不同身分，因為在大學課堂上，康德並不講述自己的哲學（見羅森科蘭茨的《康德哲學的歷史》，第148頁）。

現在回顧一下在康德發揮作用以後的半個世紀裡出現的所謂哲學家，很遺憾，我還沒見過哪怕是一個我可以讚揚為全副身心投入到探索真理中去的。我發現他們所有人更注重的是門面和表面功夫，盡想著要給人留下印象，甚至故弄玄虛，熱切爭取的是上級以及接下來學生們的讚賞——雖然他們這樣做的時候，並不總是清晰地意識到這一點。他們這樣做的最終目的始終就是與其妻子兒女一起，舒適和津津有味地吃喝、享用這行當帶來的收益。但這確實是符合人性的，因為人性與所有動物的天性一樣，直接的目標就只是吃、喝和照料幼小的下一代。除此以外，作為特別外加的，就只是要顯現、要閃亮、要輝煌的欲望。而要在哲學或者詩歌，或者其他優美藝術方面**取得真正的成就**，第一個條件就是要具有某種完全非正常的傾向，這種傾向與人性的規律相違背，亦即並不是主體上努力爭取自己個人的舒適、安樂，而是完全**客觀**（客體）地去爭取某種與自己個體無關的成就。也正因此，這種傾向被準確地稱為**古怪**（excentrisch），並不時被人嘲笑為「堂吉訶德式的」。亞里斯多德已經說過，正如詩人所告誡我們的，我們不應該只是常人一樣地考慮常人的事情，只是可朽之人一樣地計畫可朽之事，而是要盡我們所能致力於不朽的事情，要順應我們內在最高貴的東西而活（《倫理學》，第 10 章，7）。這樣一種智力傾向當然是不正常的，也是極為少見的。正因為這樣，其得出的成果隨著時間會讓全人類受惠，因為幸運的是，這些成果可以保存下來。再細分的話，我們可以把思想者分為**自發**思考和**為他人**思考兩類，後一類人是常規之中的，前一類人是常規之外的。自發的思想者因此有雙重含義，是最高貴意義上的「自我主義者」，也只有從這些人那裡，世人才可以獲得教益。這是因為只有為了自己而點燃的光亮，才可以在隨後照亮別人。這樣，塞內卡道德方面的這句話：「我們必須為了他人而活——如果我們想要為自己而活的話」（《書信集》，48），在智力方面則恰恰相反：「我們必須為了自己而思考——如果我們想要為他人思考的話。」這樣的自發、自為的思考恰

[188]

恰是極為少有和很不正常的，並非下定了決心或有了良好意願就可強迫而成。但沒有了這些不正常的東西，哲學又不可能取得真正的進步。這是因為如果是為了他人或者為了間接的目的，一個人是絕不會如此絞盡腦汁的（但為了哲學的目的，這種全力以赴卻又是必須的），因為這要求忘掉自身，忘掉一切目的。相反，這個人只會停留在表面，只會做些虛假的功夫。因為雖然他或許能夠把某些已有的概念以多樣的方式組合起來，猶如搭起了一個紙牌屋，但這樣的組合並沒有帶給世界任何新的和真的東西。再者，可以設想，對那些視自身的安樂為真正目標的人而言，思考只是實現這些真正目標的手段而已。他們必然是永遠更加留意同時代人的短暫需求和喜好，關注上司和發令者的目的等等。這樣，他們的目標就不會是真理。而真理呢，就算人們是誠實尋覓，也仍然是極難碰上的。

[189]　　總體說來，一個人要是為了自己連帶老婆、孩子而尋求一份誠實的收入，那他又如何能夠同時獻身於**真理**？真理不管任何時候都是危險的伴侶，不管在哪裡都是不受歡迎之客。真理就是赤身裸體的，因為真理並沒有帶來任何其他東西，沒有任何的饋贈，人們追求真理也只是因為真理本身的緣故。兩個如此不同的主人——世界（Welt）和真理（Wahrheit）——是無法同時侍候的，因為這兩個主人除了起首的字母以外，再沒有任何相同之處了。真要侍候這二主的話，只會導致虛假，導致抬轎子和阿諛奉承。真理的布道者可能會成為欺騙和作假而辯護的人，可以熱切教導連自己都不相信的東西，並以此浪費年輕人的時間，敗壞這些滿懷信任者的頭腦。同時，違反所有的文學良心，傾盡全力吹噓那些有影響力的拙劣者，例如：那些裝出一副虔誠模樣的草包。或者因為他們領取國家的報酬而為國家的目的服務，所以他們就費盡心機神化國家，把國家捧為所有人類努力及一切事物的頂峰。這樣他們不僅把哲學課堂變成最平庸的菲利斯丁主義的學校，而且到最後，例如：就像黑格爾那樣，得出了這一讓人噁心的學說：人的使命要與國家融為一

體，就像蜜蜂之於蜂巢。這樣一來，我們存在的至高目標就從我們的視野完全消失了。

哲學並不適合作賺取麵包之用，柏拉圖在其描述詭辯學者中已經闡明這一點。柏拉圖還把詭辯學者與蘇格拉底對照了一番。在《普羅塔哥拉》的開頭，柏拉圖以相當輕鬆和幽默的筆觸，描述了詭辯學者是如何經營和成功的。對古人來說，是否以哲學賺錢，一直就是區分哲學家與詭辯學者的標誌。所以，哲學家與詭辯學者的關係，完全類似於為了愛情而獻出自己的女孩與收錢接客的妓女的關係。所以，蘇格拉底（色諾芬，《回憶錄》，50，1，第6和13）說：「這兩種人是有區別的：承認自己是詭辯學者的教授哲學者，亦即為了金錢而傳授哲學學說的人，與認為身為詭辯學者而教授哲學就應該受到責備的人，因為這是在販賣思想；後者宣稱向想要接受教育和知識的人收費是不可以的，因為這種賺錢方式與哲學的尊嚴不相匹配。」由於這樣的理由，蘇格拉底把亞里斯提卜列為詭辯學者，甚至亞里斯多德也是這樣做的。我在我的主要著作第1卷第17章第162頁已經表明。斯托拜亞斯也報告說，斯多噶派也持上述觀點。斯托拜亞斯所引用的色諾芬的一段話，根據原文是這樣 [190] 說的：把智慧賣給想得到智慧的人以獲得金錢，這些人可稱為詭辯學者。烏爾比安也提出這一問題，哲學家能算是教授嗎？我相信不可以，這並不是因為在此這是某件要小心進行的事情的問題，而是因為哲學家必須公開承認：為了獲得酬勞而講授哲學是羞恥的事情。在這一問題上的看法是那樣的不可動搖，以致在後來的皇帝治下，這樣的看法仍然堅定不移，因為在《菲洛斯特拉托斯》中，提亞納的阿波羅尼奧斯對他的對手幼發拉底的主要指控就是「拿智慧做交易」，並且在他的第51封信中，他寫給對手：「有些人責備你從國王那裡領取了金錢。這不是完 [191] 全不可以的——如果你沒有給人印象，你是以哲學而獲得了金錢的話。你是那樣經常性，那樣大量地領取金錢，並且給你錢的人也認為你是哲學家。」與此一致，在第42封信中，阿波羅尼奧斯說起自己在窘迫的

時候會接受施捨,但絕不會為其哲學獲得報酬,哪怕是在窮困潦倒之時。「如果有人願意給阿波羅尼奧斯錢,認為值得給他錢,並且阿波羅尼奧斯也需要錢的話,那他是會接受的。但他不會接受對哲學的獎賞,哪怕在他正需要金錢的時候。」這些相當古老的觀點有其扎實的基礎,其根據就是哲學與人們的生活有太多的交集,不管是公眾的還是個人的;所以,如果透過哲學獲利的話,那目的(Absicht)馬上會壓倒見解(Einsicht),本來自稱哲學家的就會成為純粹的哲學寄生蟲。這樣的哲學寄生蟲會妨礙和破壞真正的哲學家的工作,並且確會合謀鼓吹能讓他們有所得益的事情。這是因為一旦涉及收益,受利益驅使,一切低下的手段就會輕易用上,不惜狼狽為奸,攻守同盟;為了達到物質目的,而以次充好,以假當真。這樣就有必要把恰成對照的真品、貴重之物扼殺掉。面對這些手腕和手段,真正的哲學家可完全不是對手,他們及其事業有可能就與那些利益爭奪者的活動糾纏在了一起。而美術甚至詩歌藝術,真要用以獲得收益的話,也不會因此真有多少損傷,因為每一件作品都是獨立、分開的存在,次、劣之品既不會排擠掉優良之作,

[192] 也不會遮蔽其光彩。但哲學卻是一個整體,亦即渾然為一,其目標是指向真理而不是美。美有多種多樣,但真理只有**一個**,就好比繆斯女神有好幾個,但智慧女神只有密涅瓦**一位**。正因為這樣,文學家可以心安理得、不屑於鞭撻拙劣之作,但哲學家在困境時必須批評虛假的東西。因為拙劣之作一旦得勢,就會充滿敵意地對抗優秀的東西,叢生的雜草會淹沒有用的植物。哲學就其本質而言是排他的,哲學奠定了時代的思維模式。因此,得勢的哲學體系無法容忍旁邊的其他別的哲學體系,一如最高統治者蘇丹的王子們那樣有你無我。此外,在此要做出判斷是至為困難的。的確,要掌握做出判斷所需的資料就已經相當艱辛了。這樣,如果運用詭計把虛假的東西流通起來,然後由那些收了錢的人扯著嗓門到處宣揚為貨真價實,那時代的精神就受到了毒害,文字寫作的各個分支也就敗壞了,所有高級的精神翱翔也就停止了;各類真與好的東西也

就遭遇巨大的障礙。這會維持很長的時間。這些就是「以哲學賺取報酬」結出的惡果。為闡明這一點，可以看看自從康德以來哲學所受到的不法侵害，以及哲學已經變成了何種樣子。也只有黑格爾江湖騙術的眞實歷史以及傳播方式，才可以在將來爲我的上述思想提供恰當的說明。

　　據此，誰要是不想要那些國家哲學和笑話哲學，而是一心想要得到見識，亦即嚴肅認眞的、沒有多方顧慮的眞理探討，他就要盡可能到各處找找看，但偏偏不可以在大學裡尋找，因為在大學裡，哲學的姐妹，「適應時令的哲學」占據著統治地位和列出了價碼。確實，我現在越來越認為，如果哲學停止成為獲利的營生，不要繼續由教授所代表而出現在百姓的生活當中，那對哲學會更加有益。哲學就是一株植物，就像阿爾卑斯玫瑰和長在懸崖上的花朵，只會蓬勃生長在自由的山間空氣中，但若精心栽培就會枯萎。那些在市民生活中代表哲學的人，就像戲子扮演君王。詭辯主義者飽受蘇格拉底不斷的抨擊，成為柏拉圖嘲笑的對象——他們與那些哲學和語詞的教授又有什麼不一樣嗎？那自古就有的，從來沒有完全熄滅的世仇，今天不是又讓我延續下去了嗎？人類思想頭腦的最高級探索，一刻都不會容忍與賺錢攪和在一起，因為那高貴的本質無法與之相容。如果大學所任命的哲學教師想要對得起自己的職業，就像其他學科的教授那樣，把自己學科現有的、暫時被認定為眞理的知識傳給成長中的一代，亦即把最近的眞正哲學家的體系，忠實和精確地解釋和分析給他們的聽眾，條分縷析——如果這樣的話，那大學哲學或許還算能過得去。假如他們還有足夠的判斷力或至少還有一點點的細膩，不至於把純粹的詭辯者，例如：費希特、謝林，也更加不會把黑格爾當成哲學家。可惜的是，這些哲學教授不僅缺乏上述素質，而且他們還不幸錯誤地以為他們的職務和職責，就是扮演哲學家的角色，把自己深刻思想的果實送給世界。無數可憐的作品也就由此錯誤而來。在這些作品裡，這些庸常的頭腦——並且不少時候他們並不僅限於只是庸常的頭腦——就要去解決哲學難題。殊不知面對這些難題，數千年來，

[193]

[194] 頭腦至爲傑出的人以其異常傑出的能力，都已竭力尋求破解。對眞理的熱愛讓那些人忘了自身，對光明的狂熱追求不時導致他們身陷囹圄，甚至被帶上斷頭臺。這些傑出的頭腦是那樣的稀罕，以至於自 3500 年以來，與國家的歷史並排發展的哲學歷史（哲學的歷史就是國家的歷史的基本低音）當中，著名的哲學家還不及國家歷史中著名的君王的百分之一，因爲只有在這些零星的、個別出現的傑出者的頭腦裡，大自然才有了對自己更清晰的意識。這些出類拔萃者與庸常大眾之間，相距卻是如此遙遠，以至於大多數都只有在死後或者至少是在晚年以後，才得到應有的承認，例如：亞里斯多德是獲得了眞正的高名，稍後其名遠揚也甚於其他任何人，但根據所有的跡象，那只是在亞里斯多德死了兩百年以後才開始的事情。伊比鳩魯的名字至今也爲大多數人所知，但伊比鳩魯在雅典到死也完全不爲人所知（塞內卡，《書信集》，79）。布魯諾和斯賓諾莎只是在其死後的第 2 個世紀，才得到認可和尊敬。甚至那寫作如此清晰和大眾化的大衛・休謨，儘管早就出版了著作，但到了 50 歲才開始有人注意到他。康德只是在 60 歲以後才出名。而我們今天的課堂哲學家，事情當然就快捷很多，因爲他們可是迫不及待的。也就是說，某一教授吹捧在他鄰近大學裡春風得意的一個同行的學說，宣稱這是人類終於能夠達到的智慧頂峰。這位同行也就旋即成了偉大的哲學家，並馬上在哲學史中占據了位置——意思是，在另一位教授爲下次的展覽會所編的哲學史中占據了一席之地。這第 3 位仁兄現在就毫不臉紅地把目前混得風生水起的同行的尊名，與那許多個世紀以來爲眞理而獻身的不朽名字並排了起來，認爲這個同行與他們一樣也能進入行列，因爲這個同行的名字充斥在許多紙頁上，得到了同行的普遍注意。這樣，

[195] 就出現了諸如此類的字眼，「亞里斯多德和赫爾巴特」，或者「斯賓諾莎和黑格爾」、「柏拉圖和施萊爾馬赫」。世人必然是驚訝地看到，那吝嗇的大自然，在之前的那些世紀裡只是零星地產出哲學家，但在最近的年代，在人人都知道很有稟賦的德國人中，哲學家卻像雨後春筍遍地

湧現。當然了，這一時代的輝煌得到了各種方式的推廣。所以，在學者雜誌中或者在他自己的著作裡，某一哲學教授不會錯過另一個哲學教授的那些反常顛倒的念頭，而會字斟句酌、反覆推敲，一副鄭重其事的表情，其模樣看起來就像是正在審視人類知識的重大突破。爲此所得到的回報，就是這位教授的那些學術怪胎很快獲得了同樣的尊崇，而我們也知道「沒有什麼比兩頭驢子相互搔癢的時候更顯得充滿尊嚴」。如此之多的庸常頭腦，因爲其職位和職業的緣故，就認爲可以義無反顧地做大自然最不會讓他們去做的事情，去肩負起只有思想巨人的肩膀才可以勝任的重擔。說實話，這是可悲的鬧劇。因爲聽聲音嘶啞者唱歌，看瘸子跳舞，都是痛苦的事情，但聽智力有限的人在那裡作哲學議論，則讓人無法忍受。爲了掩蓋自己缺乏眞正的思想，不少這樣的人會用冗長、擠成一堆的詞語，做出某一讓人印象深刻的大塊頭，還有那相當複雜的空洞句子，一眼看不到結尾的句子，嶄新的從沒有聽說過的表達法──所有這些就構成了一套極難明白，但聽起來卻甚有學術味的行話和術語。他們用這些說啊說的，到頭來卻什麼都沒有說，因爲我們沒有獲得任何思想，沒有覺得增長了見識，而是嘆了口氣，磨坊咯吱咯吱的聲音我當然是聽到了，但就是沒有麵粉出來（阿拉伯諺語）。或者我們只能更加清楚地看出，在那些裝腔作勢的浮誇文風背後，隱藏著多麼貧瘠、平庸和粗糙的想法。啊，如果我們能讓那些滑稽哲學家稍稍明白，存在的問題會讓思想家嚴肅認眞得如此可怕，會如此震撼著他們的內在深處！那樣的話，他們就不會再做滑稽哲學家了，不會在那兒心安理得地胡扯那荒唐的據說是隱藏在所有基本概念中的絕對思想或者矛盾對立，也不會在那兒沾沾自喜於諸如此類的空殼子，「世界就是在有限之中的一個無限的存在」、「精神思想就是在有限之中的對無限的反映」等等，等等。這對於他們也是很難的，因爲他們要做哲學家和完全原創性的思想家。要一個平凡的頭腦產生出不平凡的思想，大概與要一棵橡樹結出杏子一樣。另一方面，**平常**的思想和想法是平常人自身早就有了的，平常

[196]

人不需閱讀這些東西。所以，平常的頭腦在哲學方面是不會有所貢獻的，因為哲學講究的是思想，而不是羅列經驗和事實。正因為意識到自己處境不妙，所以，一些傢伙就會儲備好一些別人的，絕大多數都是有欠完美的，也無一例外都是膚淺的思想，這些在他們的頭腦中當然總是容易蒸發為只是字詞和短語。他們就把這些東西搬來搬去，頂多是試圖讓其自圓其說，就好像疊起骨牌一樣。也就是說，他們把這個人說過的話與另一個人說過的話相互比較，接著又比較第 3 個人、第 4 個人所說的——他們就是透過這樣做來顯示聰明才智。在這些人那裡，我們根本無法找到某些以對事物和世界的直觀認識為基礎的，並因此完全是連貫的、一體的基本觀點。也正因為這樣，他們對任何事情都沒有完全斷然、明確的看法，或者扎實的判斷，而是以學來的思想觀點猶如在雲裡霧裡摸索。他們本來的目的就是要努力學到知識成為學者，把學來的這些知識再傳授給學生。或許是這樣吧。但他們不應該扮演哲學家的角色，而應該學會分清良莠。

[197]　　真正的思想家致力於獲得**深刻的見解**，並且只以獲得這些見解為目的，因為他們熱切渴望的是以某種方式理解其所在的世界，而不是去教人，去跟人家胡扯。因此，經過持續的思考，他們也就逐漸地、慢慢地有了扎實牢固、連貫一體的基本觀點，這些都無一例外地建立於對這個世界的**直觀**把握；從這些基本觀點出發，條條道路通往各個專門的真理，這些專門的真理又反過來照亮了那些基本觀點。由此可以推論：他們對生活和世界的每一道難題起碼有一個明確的、肯定的、能讓人明白的與整體相連貫的看法；因此不需要以空泛的詞語打發別人，就像那些庸常思想者所做的那樣。我們可以發現，那些庸常思想者總是專注於別人的看法及其相互間的比較，而不是專注於事物本身。據此，他們就好比是在談論遙遠的國度，要去比較和評判那少數幾個曾去過那些地方的人寫的遊記描述，而不是談論眼前展開的、清晰的、真實的世界。對於這些人，情形就是：

> 我們要做的，先生們，是習慣於
> 逐一編排別人的所見，
> 而不理會我們的所想。

—— 伏爾泰

　　這裡面至為糟糕的就是把膚淺、沒有思想的東西當作有分量的東西的話，那就合乎這些人的利益。如果情形不是這樣的話，對於好奇的愛好者也就無所謂，可以讓其永遠這樣繼續下去。一旦這些膚淺和沒有思想的東西與真正、偉大和深刻之作狹路相逢，這些傢伙就無法達到目的了。因此，為了扼殺真正偉大的作品，讓拙劣的東西順暢無阻，他們就抱在一起取暖，採用所有弱者的對抗方式，組成派系和集團。他們把持學術雜誌，在這些雜誌裡，正如在其作品中所做的那樣，以無比的崇敬和鄭重的態度討論起他們各自的傑作。短視的公眾就這樣被牽著鼻子走。這些人與真正的哲學家的關係，就跟過氣的歌手與詩人差不多。為了說明上述情況，我們可以看看課堂哲學家那些週期性出現的文字，以 [198] 及附和他們的學術雜誌。誰要是懂得個中蹊蹺就可看看，一有機會他們是如何狡猾地盡力把有分量的東西當作毫無意義而隱瞞下來，是如何施展伎倆移開公眾的注意力的。他就要想想普布里烏斯・西魯斯的這句箴言：「優秀之人長眠地下，沒有聲名。」（參見《普布里烏斯・西魯斯格言集》，谷魯特里・米森校訂本，1790，第 5 卷，第 280 頁）現在，就讓我們帶著這些思考，沿著這條路，一直上溯到 19 世紀初，我們會看到，先是謝林的追隨者在這方面作孽，然後是黑格爾主義者，並且作孽得更甚，也更大膽。我們只需忍住噁心，翻看一下他們那雜亂的一堆！因為實在是無法指望人們閱讀那些東西。然後，我們想一想，算一下在長達半個世紀以來，有多少寶貴的時間，連帶紙張、金錢浪費在這些馬虎差勁的作品上面。當然，公眾的耐性是讓人無法理解的，他們年復一年閱讀著沒有思想的假冒哲學家寫出的沒完沒了的東家長西家短，

完全不怕那折磨人的冗長和無聊。這種無聊就像濃霧一樣彌漫，因爲人們讀啊讀，就是不能獲得任何思想，因爲寫作者頭腦裡面本身就沒有任何清楚和確定的想法，字詞堆著字詞，句子套著句子，實際上什麼也沒有說，因爲他們無話可說。沒有什麼是他們清楚知道的，一無所想，卻又想議論一番。這樣，他們遣詞用句並不是爲了如何確切表達其思想和觀點，而是爲了更巧妙地掩飾自己沒有思想和觀點。但人們就是印刷、購買和閱讀這些東西。這樣的狀況也已經持續半個世紀了，讀者就不曾發覺他們只是，就像西班牙人所說的「吞進了空氣」而已。儘管如此，爲公正起見，我必須指出，爲了讓這咯吱咯吱轉動的磨坊持續運轉，人

[199] 們經常用某一奇特的伎倆，而究本尋源，發明此伎倆的就是費希特先生和謝林先生。我的意思是，這一狡猾的把戲就是寫得模模糊糊，亦即寫得無人能懂。在此，巧妙之處就在於把連篇的廢話寫得在讀者無法明白意思的情況下，讀者也只會認爲這是自己的問題。其實，寫作者才心知肚明這本來就是寫作者自己的問題，因爲他根本就沒有可以讓人明白的東西，亦即沒有已經想清楚可以傳達給別人的東西。如果不是運用了這一招數，費希特和謝林就不可能營造起那虛假的名聲。眾所周知，無人比黑格爾更加放肆、離譜地使用這一招數。如果從一開始，黑格爾就解釋清楚其虛假哲學中荒謬的基本觀點，就是把事物的眞正和自然過程恰恰倒轉過來，因此把我們從現實直觀中所提取出來的普遍概念，把經過思維，經過去除某些限定成分以後得出的**普遍概念**，亦即越是普遍就越變得空洞的概念，當作是首要的、原初的、眞正的現實（用康德的話說，當作是「自在之物」）；認爲由於這些普遍概念，那現實的、眞正的世界才獲得其存在；如果就像我所說的，黑格爾從一開始就用清楚、明白的字詞，詳細解釋這一荒唐至極的「把結論當作前提」；如果他清楚地表明「顛倒了根據和結果的邏輯次序」，闡明這個的確瘋狂的念頭以及他的另一看法：這些概念不需我們之力就能自己思維和活動——那所有人都會哄堂大笑，或者聳肩認爲這樣的胡鬧眞不值得理會。就算是

用收買和卑鄙的手段，要把這世界至今為止所見過的最荒謬的東西硬稱為至高的智慧，並讓德國學術界及其判斷力永遠出盡洋相，那聲嘶力竭的吹捧也終究是徒勞的。但如果用無人能懂、廢話連篇作外衣，圖謀卻得逞了，荒唐愚蠢也交上了好運：

愚蠢之人最喜歡也最敬佩
所有那些說得隱晦和古怪的話。

——盧克萊修，第 1 卷，第 642 頁

受這些榜樣例子的鼓舞，自那以後，幾乎每個可憐的舞文弄墨者都試圖寫出某種花哨、模糊的文字，看起來就像沒有什麼能夠足以表達作者的高深思想似的。他們不是盡力採用各種方式讓讀者明白自己的意思，而是經常像逗弄似地對讀者喊道：「對吧，你是不會明白我的心思的！」那麼，如果讀者不是這樣回應：「這玩意跟我又有什麼屁關係呢？」然後隨手把書扔掉，而是徒勞地琢磨個中的微言大義，到最後，讀者就會想這作者肯定是絕頂聰明的，實已超越了我們讀者的理解能力。然後就一臉敬畏地把這作者稱為深刻的思想家。這個可鄙的手段所帶來的其中一個後果是，在英國人們要形容某一模糊、完全不可理解的事情時，就會說 It is like German metaphysics（這猶如德國的形上學）。這跟法國人的這個諷刺說法差不多，c'est clair comme la bouteille à l'encre（這清晰得就像個墨水瓶子）。[200]

在此說出下面這些或許是多餘的，但其實無論怎麼重複也不嫌太過，那就是：與上述成鮮明對照，優秀的寫作者總是全力爭取讓其讀者精確思考作者所思考過的東西，因為凡是有真正的東西要傳達給別人，都會很在意不讓其走樣或者遺漏。所以，寫出良好的文體首要取決於作者是否真的有話可說。但正是這一微小之處，卻是我們今天大部分作者所欠缺的，因此也就是他們表達拙劣的原因。尤其是 19 世紀的哲學著

作的基因（generische）特質，就是無物可言的寫作。這是這一世紀的哲學著作普遍的特質，因此既可以見之於薩拉特，也可以見之於黑格爾；既可顯現在赫爾巴特的著作，也可顯現在施萊爾馬赫的著作。根據順勢療法，那一點點的思想可以用 50 頁滔滔話語的洪水稀釋，然後，由於無比信任讀者真正的德國耐心，那些作者就心安理得地一頁接一頁

[201] 地拉雜個沒完。受罰閱讀這些東西的讀者，則試圖找到某一真正的、扎實的和有一定分量的思想而不果；他們渴求讀到某一思想，的確就像在阿拉伯沙漠中的旅行者那樣渴求得到水，但必然不會得到滿足。與此相比，我們隨便拿起任何一位**真正**哲學家的書，不管這位哲學家出自哪個時候和出自哪個國家，不管是柏拉圖還是亞里斯多德，抑或笛卡兒、休謨、馬勒伯朗士、洛克、斯賓諾莎、康德，我們總會遭遇思想豐富的思想家，既有見識又能激發見識，尤其是他們總是誠實地盡力向我們傳達他們的意思。因此，有接受能力的讀者，花費努力閱讀每一行字都能獲得直接的回報。我們那些虛假哲學家的文字之所以缺乏思想，並因此那樣折磨人和無聊，雖然從根本上是他們頭腦貧瘠所致，但首要是因為他們的表述，無一例外都是在至為抽象、至為普遍和含義極為廣泛的概念中搖擺，所以幾乎滿紙盡是含義不定、不確切、蒼白無力的字詞。他們這種在空氣中的踏步也是迫不得已的，因為他們必須小心不能踏上實地——一旦踏上實地，踏上現實、確定、具體個別和清晰無誤之物，那就會觸碰危險的礁石。這樣，他們用詞語搭成的三桅船就會觸礁和撞毀。因為他們不是把感官和理解力堅定地投向他們眼前的直觀世界，亦即不是投向所給出的真正之物，那還沒受到歪曲，就其本身而言並沒有謬誤，由此我們可以深入事物本質的東西。他們除了那些至高的抽象，例如：存在、本質、形成、絕對、無限等等——除了這些以外，他們就一無所知。現在他們就從這些概念出發，以此建構了思想體系，其內容最終就只能流於語詞；這些語詞也就只是肥皂泡而已，可供短暫的玩耍，但可不接觸到實地，否則就會破滅。

如果不夠格和欠缺能力的人做出所有這些而給學科帶來的壞處，只是他們在這些學科上一事無成而已，正如在這裡所說的美術領域所發生的情形，那我們還可以此安慰自己而不予理會。但在哲學領域，這些傢伙卻能造成肯定的傷害。首先，要維護劣品的名聲，這些人都自然地結盟以對抗優秀之作，要盡全力不讓其露面和興起。在這個問題上我們可不要欺騙自己，無論任何時候，在地球任何地方，在各種形勢下，平庸、卑鄙和愚蠢之人都自然會密謀對抗有頭腦和理解力的人。在對抗這些人的時候，他們成了人數眾多、齊心協力的整體。抑或我們是否真的這樣天真無邪，相信這些人寧願只是靜等高明，然後表示承認、尊敬並廣為宣傳，以便就此以後自己被貶為無物？成為你忠實的僕人！事實卻是「每個人只會讚揚別人那些他自己也有希望做到的東西」。「但願這一世上盡是些草包，這樣我們就可以是個人物了！」這是他們的真心口號，阻止有能力者出現就是他們的本能，正如抓老鼠是貓的本能一樣。人們也可回想一下我在前一篇文章結尾處所引的尚福爾的優美話語。就把公開的祕密一次說出來吧，就讓那怪胎暴露在光天化日之下，儘管這看起來是那樣的怪異。無論任何時候、任何地方、任何環境，愚蠢、狹隘之人在這世上最真心仇恨的，莫過於有理解力、有思想、有天賦之人。這些愚蠢之人在這方面永遠保持著真心和專一，這在生活的各個範疇、事務和關係中都可以看到，因為這些人都在致力於壓制有思想、有天賦的人，甚至要斬草除根，目的就是只有他們這一類人的存在。無論怎樣的善良，也無論怎樣的寬厚、慷慨，都無法讓他們與卓越的思想者達成和解。實情就是這樣，不會改變，永遠都是這個樣子。與他們站在同一邊的，是多麼可怕的絕大多數啊！這是**妨礙人類各種進步的主要障礙**。那麼，在這樣的情況下，在這個特殊領域，又怎麼可能還有進步？因為在這個領域裡，只是擁有其他學科所需的良好頭腦，連帶持之以恆的努力和汗水仍然是不夠的，還需要獨特的，甚至只能以個人幸福為代價的天資。這是因為那不夾雜私心的真誠努力，要解開存在之謎的無法

[202]

[203]

抑制的衝動，認真深思事物最內在的本質，對真理的狂熱——這些是首要和不可缺少的條件，如果我們真要勇敢地再一次走上去，站在古老的斯芬克司面前，重新一次試圖解開千古之謎，不怕冒著一如許多先行者那樣掉進黑暗深淵的危險。

不夠格、欠缺能力的人參與到各科知識學問中所帶來的另一個壞處，就是他們建起了謬誤的殿堂。在這之後，智力良好、誠實正直的人有時候就得花上一輩子的時間去拆除這些東西。在哲學領域，在最普遍、最重要和最困難的知識方面，就更是如此。如果人們要看這方面的特別證明，那就看看黑格爾這醜陋、可怕的例子吧，這一無恥的假冒智慧，給予我們的不是他自己的、誠實的和審慎的思考和探究，而是把眾多的概念論辯式地自己活動起來作為哲學的方法，因此也就是讓某一客觀的**想法機器人**，在空氣中或者在太空中為所欲為地、全憑一己之力地翻著跟斗，其留下的蹤跡、軌跡或者化石腳印，就是黑格爾和黑格爾門徒的經文。這些也是由腦袋相當扁平、頭蓋骨很厚的人想出來的，絕不是絕對客觀的東西，而是相當主觀，並且由相當平庸的人主觀構思出來的。這樣，我們就看一看巴比倫通天塔的高度和持續時間，考慮一下這種絕對不知所謂的哲學，透過外在的、古怪的手段而強加給求學中的青年人，必然會給以此成長起來的一代，乃至整個世紀帶來難以估量的損害。目前學術界中，難道不是無數人的頭腦都因此從根本上受到破壞和變得乖張嗎？難道不是頭腦中塞滿了錯誤百出的觀點？難道不是在本應得到思想的時候，卻接受了空洞的詞語，說了等於沒說的廢話，讓人噁心的黑格爾術語？難道他們的整個人生觀不是錯亂的，至為平庸、最菲利斯丁人式的，至為低級的情操，難道不是已經取代了曾經鼓舞著上一代先輩的高貴、高級的思想？一句話，那些在黑格爾思想的孵化器中長大的人，難道不就像是遭受了精神上的閹割，喪失了思考能力，腦子裡盡是些最可笑的想當然的看法？的確，這些人在精神上被動了手腳，就像某些王位繼承人在肉體上被動了手腳差不多，亦即在這之前被人試

圖透過縱欲或者毒藥，使其無力統治，甚至繁殖後代。他們的神經被弄得緊張和麻木，再也無法正常運用理性，成了人們施捨同情的對象，是父母流淚的話題。另一方面，我們可聽聽人們對哲學本身是多麼惡劣、討厭的看法，對哲學的無端指責又是多麼的嘈雜。仔細檢查一番，可以發現這些鄙視哲學的人所理解的哲學，不外就是可憐的江湖騙子的那些沒有思想、滿是算計的瞎扯，以及在不懂趣味、不識好歹的黑格爾崇拜者空空如也的腦袋中的迴響。這就是他們真心以為的哲學！他們不知道原來另外還有其他別的東西。當然了，幾乎整整一代年輕人都受到了黑格爾貨色的感染，就像感染了梅毒一樣。並且正如這一疾病毒害身體的體液和元氣，同樣，黑格爾貨色也會破壞年輕人的思想能力。因此，今天的年輕學者大都再沒有能力產生健康的思想，也沒有能力自然地表達。在他們的頭腦裡，非但沒有隨便對現存的某一事物的某一正確的概念想法，甚至連只是某一清晰和確定的概念想法都沒有。那雜亂荒蕪和空洞的詞語垃圾，已經模糊和解除了他們的思維能力。還有一旦黑格爾的禍害深入血脈，要除掉這些禍害，其難度一點不比治癒梅毒小。相較之下，要在這世上確立這些東西，傳播這些東西卻相當地容易。確實，一旦人們有意圖、帶目的地對抗正確的見解，亦即當用**物質**的手段和方法，以幫助傳播觀點和強調看法，那正確的見解很快就會敗下陣來。輕信的年輕人懷著孩子般的信任進入大學，他們盯著那些據說掌握著所有知識的人而心生敬畏，還有據稱是探究我們這一存在的人，那個有著如雷貫耳的名氣，不少上了年紀的政治家也來聽其講課的人。所以，年輕人就去大學，準備著學習、相信和崇敬。那麼，如果這些年輕人看到在哲學的名義下，所呈獻上來的是完全顛倒的混亂思想，是宣講存在與虛無的同一性的學說，是堆砌字詞，讓健全的頭腦再也沒有了思想，是一些讓人想到了瘋人院的胡言和廢話的東西；除此之外，還裝飾了某些明顯無知和極度愚昧的話語——這些我從黑格爾給學生用的簡編中抽了出來，在我的《論道德的基礎》前言裡，已經無可辯駁地證明了。在那篇

[205]

前言裡，我直斥丹麥學院——那些學院院士，根本就是一幫阿諛奉承、不學無術之人，是庇護哲學江湖騙子（亦即他們口中的「哲學的最高峰」）的勢力。如果年輕人看到哲學就是這樣的貨色，那輕信和缺乏判斷力的他們，也會敬重這些胡說八道。他們只會想，哲學嘛，當然就會有這些咒語一樣的東西。從此以後，他們的頭腦就受到了擾亂，在其頭腦中，拼湊起來的字詞就成了思想。這樣，他們就永遠沒有能力產生真正的思想，亦即在精神思想方面被閹割了。由此生成了一代無能、乖僻，但頭腦中卻又期望多多的人，滿腦子都是目的和打算，但獨到和正確的見解方面則是貧血至極，正如我們現在所見的那樣。這是無數人都有過的遭遇，他們的青春和最為美好的能力都受到了偽哲學的毒害，而他們本來應該領略的是康德的思想——這是大自然終於成功透過康德而為多代人準備的恩賜。對於真正的哲學，亦即對於自由的人純粹是為了哲學的緣故而追求的哲學，對於除了哲學論辯以外別無其他支持的哲學，這樣的胡鬧和胡搞是永遠不會發生的，只有大學所教的哲學才會這樣，因為大學的哲學從一開始就是國家的一個工具。正因為這樣，我們才看到國家無論任何時候都會參與、干涉大學裡面的哲學辯論和爭議，並選邊站，不管這關係到唯實論者和唯名論者，抑或亞里斯多德主義者和拉米主義者，抑或笛卡兒主義者和亞里斯多德主義者，抑或克利斯蒂安·沃爾夫，或者康德，或者費希特，或者黑格爾等等，等等。

　　大學哲學為嚴肅的、真正的哲學帶來的壞處，也包括康德哲學所受到的來自那 3 個大言不慚的詭辯者的排擠——這在上面已經說過了。第 1 個是費希特，第 2 個是謝林，最後第 3 個就是那粗糙、笨拙、讓人噁心的江湖騙子黑格爾。前兩人也並非沒有才華，黑格爾則是無可救藥的人，擾亂和破壞了整整一代人的頭腦。但這些人卻被宣告為引領康德哲學邁進了一步，是超越了康德哲學的人，並且踏著康德的脖子和肩膀，已經達到了知識和見解的無比高度。現在，他們就高高在上，幾乎是帶著憐憫俯瞰著康德為他們達到崇高地位而做出的苦役般的前期工作；所

以,他們才是真正偉大的哲學家。年輕人沒有自己的判斷力,也沒有對教師那種經常是有益的不信任——而這種不信任,也只有那些與眾不同的,亦即具有判斷力並感覺到這一點的學生才會有的。所以,毫不奇怪 [207] 的是,學生們相信他們的所聽所聞,馬上就錯誤地以為他們再也用不著浪費更多時間,預先做好必須的、艱難的準備功夫,以獲得嶄新、高級的智慧,亦即再用不著浪費時間去鑽研那老舊的、僵化的康德,而是快步跑進了智慧的殿堂,在這裡,在那些愚蠢可笑的門徒的讚頌歌聲中,現在就依次坐著那3個誇誇其談者。可惜的是,從大學哲學的3個偶像那裡是學不到任何東西的:讀他們寫出來的東西,既浪費時間也敗壞頭腦,尤其是黑格爾的東西。如此這般所導致的結果,就是真正懂得康德哲學的人逐漸死去了,所有哲學教義和理論中的最重要者,無法繼續活生生地保留在人們的頭腦裡,而只是留存在作者著作死的字母裡,等待著更加睿智,或毋寧說沒有那麼受到迷惑的下一代。這是這一時代的恥辱。所以,我們難得發現有人對康德哲學有透澈的了解——除了為數極少的老一輩學者以外。相較之下,我們今天的哲學作者,卻讓人感到羞恥地暴露出了對康德哲學的無知。他們描述康德學說時所表現出來的無知,尤其讓人憤慨。一旦他們說起康德哲學,一旦他們假裝懂得康德哲學的大概,這種無知就清楚地凸顯出來。看到那些以哲學謀生的人,並不真正和確切了解這兩千多年來所出現過的最重要的學說,並且幾乎是與他們同時代出現的學說,真令人氣憤。他們甚至錯誤地引用康德著作的名字,也不時地把與康德的意思恰恰相反的話當成是康德所說的。他們扭曲康德那些有其特定意思的名詞至不知所云的地步,肆意濫用他們完全不知其所指的詞語。這當然是因為走馬看花一樣地翻翻康德的著作,是根本不可能認識和掌握康德這位深刻思想家的學說的;以為可以 [208] 的話,那的確是狂妄的想當然。那種快速瀏覽的認識方式,唯獨屬於那些大量寫作的哲學生意人,他們還誤以為早就把康德哲學「甩在身後」了。康德的第一個傳播者萊因霍爾德曾說過,他是在悉心用力精讀了康

德的《純粹理性批判》5次以後，才探測到這部著作的真正含義。看過那些哲學生意人提供的描述後，被別人牽著鼻子走和隨隨便便的讀者群，就再一次誤以為可以在最短的時間裡，不用花費任何功夫，就可以吸收康德的哲學！這是絕對不可能的事情。若我們自己不曾勤奮研究和經常重溫康德的主要著作，我們對這曾經有過的一切哲學現象中的最重要者，是永遠不會獲得哪怕只是一個概念和想法。這是因為康德有著或許是大自然產生過的最具原創性的頭腦。與康德一起以他的方式思考，是任何事情都無法與之相比的，因為康德的那種清晰，那種完全特有的思考，是任何其他凡人都沒有的。以勤勉和認真的學習開始，透過精讀《純粹理性批判》真正深刻的篇章，完全投入其中，直到真正與康德的頭腦一起思考，那我們就享受到康德思想的樂趣，就會極大地超越了自身，例如：當我們重讀《純粹理解力的基本原則》，尤其是再看看《經驗的類比》，進入「統覺的組合一體」的深邃思想，就會發生這種情形。我們就會感覺到以某種奇妙的方式疏遠和脫離了我們浸淫其中的這個悲慘存在，透過掌握了存在的每一原始要素，察看時間、空間、因果

[209] 律是如何把對所有現象的統覺，一體化地組合和連接起來，使我們有可能了解這個經驗複雜的整體及其運作和進程，亦即了解到那以智力為條件的世界，也正因此這一世界只是現象而已。我們組合一體的統覺也就是這個世界作為整體的連繫，是建立在我們的智力運作法則之上，並因此是牢不可破的。在描述這些的時候，康德證明了世界的原初法則，到底是怎樣與我們智力的法則融為一體，並把這一切一氣呵成地顯現在我們眼前。這種為康德所獨有的考察方式，可被形容為迄今為止投向這一世界的至為疏離的審視眼光，達到了最高程度的客觀。追隨這一考察方式，會帶給人某種無與倫比的精神享受，因為其級別要高於文學家所帶給我們的那種精神樂趣。後者當然是每個人都可以領略到的，但要領略前者的話，卻必須先要狠花一番功夫。但我們今天的哲學教授，對此又有多少了解呢？的確是一點都不了解。最近，我讀到一位哲學教授寫的

心理諷刺文章，裡面很大篇幅都是談論康德的「統覺的組合一體」，因爲他們很喜歡運用康德的專門術語，雖然是拾人牙慧，並因此沒有什麼意義。現在，用了康德的術語以後，他就誤以爲他的這些話有了深意！這些專門術語，還有類似的小巧玩意兒，就構成了他們的幼兒園哲學的喜好論題。實際上，這些先生們對學習康德的哲學沒有時間，沒有樂趣，也沒有願望和要求。他們對康德是無動於衷的，跟他們對我一個樣。完全不一樣的人才適合他們那精美的口味。也就是說，感覺敏銳的赫爾巴特和偉大的施萊爾馬赫，甚至「黑格爾本人」所說過的話，才是他們思考的素材，也才與他們相稱。除此以外，他們也樂意看到那「壓倒了一切的康德」被人遺忘，他們也巴不得康德哲學變成某一逝去了的歷史現象，成爲屍體、木乃伊，可以讓他們直視也不會感到害怕。這是因爲康德在哲學領域，極其嚴肅地終結了猶太一神論，而這是哲學教授們不想讓人知道的，想要無視的，因爲沒有了猶太一神論，他們可就無法**生活**下去了──我指的是他們就沒吃沒喝的了。[210]

在哲學界取得了偉大進步以後，又出現了這樣的倒退，那我們就不會奇怪當今所謂哲學討論已經淪爲完全沒有批判性，在盡是浮誇語詞的背後隱藏著的是難以置信的粗糙，某種比起康德之前的更甚的自然主義的笨拙摸索，例如：人們現在帶著某種因無知所致的不知羞恥，到處直截了當地談論什麼**道德的自由**，就好像這已是有了定論，甚至可以直接確知的事情，就類似於上帝的存在和本質一樣，用不著多說就可以明白的事情，也像「靈魂」一樣，談論起來就像談論某個家喻戶曉的人物一樣。甚至自洛克時期以來，就被迫收起來的「與生俱來的思想」的表達，現在又壯著膽子露面了。還有那些黑格爾信徒，在他們所有的著作裡，都厚顏無恥、直截了當、不作一番介紹和說明，就長篇大論所謂的「精神」。他們相信人們會被他們的信口雌黃鎮住，而不會理所當然地質問那些教授先生：「精神？那傢伙到底是誰？你們是怎麼認識它的？難道它不就是某一任意、隨便弄出的東西？你們對此甚至不加定義，更

不用說推論和證明了。」你們以爲在你們面前的公眾是些老婦人嗎？這些就是對付那些假冒哲學家的合適語言。

[211] 我在上面舉的「統覺的組合一體」例子，透過這些生意人在談論哲學時的可笑特徵，展示了雖然這些人不會運用康德哲學，因爲康德哲學讓他們厭煩，此外也太過嚴肅；也因爲他們對其再也無法明白，但他們卻很喜歡爲了讓他們的廢話帶著某些科學氣質，而濫用康德哲學裡面的用語，就跟小孩揮舞和玩耍爸爸的帽子、手杖和軍刀差不多。例如：黑格爾信徒就喜歡濫用「範疇」（Kategorien），以此表示各種各樣寬廣和普遍的概念，絲毫不理會亞里斯多德和康德對此用語的用法，並且是一副天眞無邪的樣子。另外一個例子是在康德哲學中，一個重要的看法就是「固有經驗之內的」和「超驗的」詞語的運用，連帶我們知識的有效性。我們那些笑話哲學家當然不會去釐清這些詞語的微妙區別的。但那些詞語本來卻是很討他們的歡心，因爲那些詞語聽起來是那樣的有學問。因爲他們的哲學永遠把親愛的上帝作爲首要的對象，這個上帝因此就是一個老相識了，其在哲學中出現就無需介紹了，所以，現在他們就爭論開了：這個上帝到底是藏身於這世界之中，抑或置身在這世界之外，亦即停留在某一並非此世界的空間裡。若藏身於這世界之中，他們就稱其爲「固有經驗之內」；若是置身在這世界之外，則名爲「超驗」。當然，他們這樣做的時候，可是相當嚴肅認眞和很講學問的樣子，並且夾雜著黑格爾的術語。這是很好笑的鬧劇，只會讓我們老一輩的人想起法爾克的《諷刺年鑑》裡面的銅版畫——在那裡，法爾克把康德表現爲坐在一個氣球上升到高空，他的衣服、鞋襪，還有他的帽子和假髮都扔落地上，那些猴子則撿起這些東西，以此裝飾和打扮自己。

那些詭辯主義者純粹出於個人目的的吹噓和大話，擠掉了康德的嚴肅、誠實和深刻的哲學，這毫無疑問會爲時代的文化造成極壞的影響。尤其是把像黑格爾這樣一個完全沒有價值、絕對是思想畸形的人，稱頌爲當前這個和任何時代都首屈一指的哲學家，更肯定是最近 30 年裡哲

學全面退化的根源。由此引起的結果,就是更高級學術的衰落。這樣的 [212]
時代可是遭殃了,因為在哲學領域,大膽無恥和愚蠢妄言擠掉了獨到的
見解和理解力!這是因為果實帶著其生長土壤的味道。人們會追捧那些
得到高聲吆喝、公開和全方位頌揚的東西,這些東西也就成了成長中的
一代人的精神食糧,而這些精神食糧對這一代人的內在及以後的創作和
創造,都有著決定性的影響。因此,一個時期的主流哲學決定了這一時
期的精神思想。那麼,如果某一絕對荒謬的哲學占據了統治地位,如果
把那些取自空氣、出自瘋人院病人口中的嘮叨胡言當作偉大的思想,那
經這樣播種以後形成的一代人就真是不可多得了:沒有精神思想,沒有
對真理的熱愛,沒有誠實,沒有趣味,沒有對物質利益(政治利益也包
括其中)以外別的某一高貴事業的追求,而這正是我們眼前所見的一
代。由此可以解釋為何經過了這樣一個由康德撰寫哲學、由歌德創作文
學、由莫札特譜寫音樂的時代以後,接下來是現在這樣一個時代:一個
政治文學家的時代,並且還是一個政治哲學家的時代,是飢餓文人在文
壇以謊言和欺騙謀生,是各種搖筆桿子的人故意敗壞語言的時代。這個
時代就用了自創的、可說音義俱佳的「當今」(Jetztzeit)一詞來命名!
是的,「當今」意思就是人們只先考慮現在,而不敢放眼要做出審判的
將來。我很想能夠把這「當今」展現在魔法鏡子上,好顯現出這時代在
後世眼中的樣子。與此同時,「當今」卻把上文所讚揚的康德年代稱為
「梳辮子時代」。可是,與那些辮子相連的是**頭腦**,現在呢,果子似乎
也與莖稈一起消失了。

黑格爾的追隨者因此說對了,他們宣稱他們的大師在他們的同時
代人身上留下了不可估量的影響。完全癱瘓了一代學者的思想,使其喪 [213]
失了思考能力,並且到了這樣的地步,以致這些學者再也不知道思考到
底是什麼,而只會肆無忌憚和沒有任何趣味可言地玩弄字詞和概念,或
者對因襲的哲學課題闡發毫無思想可言的宏論,連帶那些來自空氣中的
無稽之談,或者完全沒有實在意義的,甚至自相矛盾的「定理」——人

們就把這些當作是哲學思考。這就是黑格爾留下的了不起的影響。人們只需比較一下那些至今仍在大著膽子出頭的黑格爾門徒的讀本與康德早一些年代出版的作品，後者所出自的年代，亦即所謂的「折中時期」，是受輕視的年代，尤其受到黑格爾門徒和所有康德之後的哲學家無盡的鄙視。我們就會發現，後者與前者相比，永遠不僅是黃金與黃銅之比，而且是黃金與黃糞之比。這是因為在費德爾、普拉特納等人的作品裡，我們總可以找到很多現實的，部分是真確的，本身具有價值的思想，以及一語中的的見解，對哲學問題的誠實討論，能啓發人們獨立深思，引導人們哲學論辯，起碼是真心實意地探索問題。相較之下，在黑格爾學派的某一部作品裡，人們卻無法看到某一真正的思想（因爲這些作品根本就沒有什麼思想），也無法找到認真、誠實思考的些許痕跡——這些是根本不會有的東西。人們發現除了放肆堆砌那些似乎有其意義，甚至蘊藏深意的字詞以外，不會還有別的東西。但稍加檢視和推敲那些字詞，就可看出那其實是完全空洞的、沒有意義和思想的花哨的詞語外殼。這些作者寫出這些東西，目的根本不是要傳授給讀者什麼東西，而是要欺騙讀者，讓讀者相信擺在他們面前的就是思想家的著作，其實，這些作者並不知道思想爲何物，沒有任何眞知，更加沒有灼見的混混。這都是因爲其他的詭辯者、江湖騙子和愚民者破壞和扭曲的僅僅是**知**

[214] **識**，但黑格爾破壞的卻是認知的器官、人的理解力本身。也就是說，由於逼迫受其誤導的年輕人生吞活剝、死記硬背那些亂七八糟、彼此矛盾的術語和猶如出自瘋人院的胡言亂語，讓他們以爲這些就是理性的認識，所以，那些年輕人的頭腦也就搞得全亂了，以致他們以後也永遠喪失了真正思維的能力。這些可憐的年輕人，卻滿懷信任地捧讀這些東西，盡量吸收這些最高的智慧。因此，我們可以看到，直至今天，他們都還在說著令人噁心的黑格爾術語，讚美他們的大師，完全真心地以爲這樣的句子，如「大自然就是理念的別樣存在」真的包含了某些內容。以這樣的方式扭曲年輕人的清新頭腦，的確是一大罪孽，無法原諒也無

法容忍。這就是黑格爾對同時代人那大言不慚的影響,而不幸的是,這種影響的確已經既深且遠。這是因為結果與原因是相稱的。也就是說,正如一個國家所能遭遇的厄運,就是道德至為敗壞的階層和社會渣滓成了國家的掌舵人,同樣,哲學及所有依賴哲學的東西,亦即人類的全部知識和精神生活,所能遭遇的最糟糕的事情,莫過於一個頭腦平庸的人,一個以對上司巴結逢迎,以肆無忌憚寫出胡言而出名的人,亦即那個黑格爾,被不遺餘力地宣稱為最偉大的天才;在這個人那裡,哲學終於和永遠地達到了哲學一直追求的目標。這是因為如此惡劣背叛人類中最高貴的東西,其結果就是像當今德國的哲學及整個學術那樣的狀況:極度的無知與無恥結合在了一起,結盟取代了實幹和成績,所有基本的概念都變得無比混亂,哲學迷失了方向,分崩離析,庸才成了宗教的改良者,唯物主義和獸性主義放肆登臺,不懂得古老的語言,胡亂剪裁字詞,根據那些無知傻瓜自己的標準而只在意字詞中字母的多少等等,等等。你們只需自己看看吧!在人們的身上,也可以看到那逐漸冒出的粗野(Barbarei)——其外在的症狀就是人們臉上那長長的鬍子,那性別的標誌。這表明了人們更願意把雄性,把人與動物所共有的雄性排在了**人性**之前,因為人們願意首先是個**男人**(Mann),在這以後才是**一個人**(ein Mensch)。在所有具有高度文明的時期和地方,人們都剃掉鬍子(Bart),這種做法是因為人們感覺到與上述恰恰相反的做法才是正確的。所以,人們首先是**一個人**,是在某種程度上一個抽象的、忽略掉了動物性的差別的人。相較之下,人們鬍子的長度卻總是與野蠻同步,而「鬍子」一詞已經讓人想起了野蠻。因此,鬍子在**中世紀**粗野和無知的千年中很盛行,而當下的人卻刻意模仿那種式樣和風格。[4] 還有不能不

[215]

[216]

---

[4] 人們會說鬍子對男人是自然的。確實是的,所以鬍子對處於自然狀態下的男人是完全恰當的,但對於文明狀態下的男人,剃掉鬍子同樣是恰當的。因為剃掉鬍子就表明,那種動物性的野蠻力量(其特徵人人都馬上感覺得到,為

說的就是，我們現正談論的對哲學的背叛，其更遠的結果也是第 2 個結果，就是鄰國對這一國家的鄙視，就是後世對這一時代的鄙視。這是自作自受，人們無一倖免。

　　上面我已說了精神食糧對時代的巨大影響，因為精神食糧決定了思維的素材和形式。因此，這很大程度上取決於人們讚揚什麼，並據此閱讀什麼。這是因為與一個真正偉大的思想家一起思考，會增強自己的思維能力，讓其活動合乎規則，張弛有度，好比書法家手把手引導小孩書寫。相較之下，與那些一心一意只在意表面功夫，亦即只著眼於欺騙讀者的人一起思考，例如：像費希特、謝林、黑格爾等人，就會在某種程度上損害自己的頭腦；與那些乖僻和固執的人一起思考，也同樣會扭曲自己的理解力，赫爾巴特就是這一類人的例子。總而言之，閱讀知識分科中那些平庸者寫的東西，如果這些東西不是關於某些事實或關於這些事實的發現和研究，而純粹只是他們頭腦的想法，那就極大地浪費了自己的時間和精力。因為類似這些人所能想到的其他人也能想得到，就算他們正式地擺正姿勢，打定主意要去思想，也完全於事無補，因為這樣做並不會提高其能力，而一旦正式擺正姿勢思考的話，通常就更加不會思考出什麼。再者，這些人的智力完全忠誠於其天然使命，為他們的意志服務，而這是很正常的事情。這就是為什麼他們的思想和行動的背後，總是有著某一**打算和企圖**：他們任何時候都有其**目的**，也只認得與

每個男性所獨有）必須臣服於法律、秩序和文明。

鬍子誇大和突出臉部的動物性部分，因此給予臉部某一明顯粗暴的形象。我們只需看看留著大鬍子的人在吃東西時的樣子吧！

人們會說鬍子只是一種裝飾。我們只習慣了在猶太人、哥薩克人、嘉布遣會修道士，在囚犯和打家劫舍的強盜的臉上看到這種裝飾。

鬍子在臉上帶來野性和殘暴，就在於相對沒有活力的一堆體毛占去了臉部的一半，並且占去了臉部表達道德的部分。此外，所有長毛的都是動物性的表現。剃掉鬍子是更高文明的象徵。此外，警察有權禁止人們蓄鬍子，因為鬍子就是半個面罩，難以辨認這人是誰。所以，蓄鬍子也會有助於人們犯罪。

此目的相關、相符的東西。不受意志束縛而展開的智力活動，是純粹的客觀並以此客觀做出一切偉大事情的前提條件；但這一條件對這些人永遠是陌生的，這在他們的心裡也是神話而已。只有目的才會吸引他們的興趣，只有目的才有現實性，因為這些人的意志始終占據著統治地位。因此，浪費時間閱讀他們的作品是雙倍的愚蠢。不過，公眾永遠不會認得也不會理解的，因為公眾有很好的理由不去認得和理解，是**大自然的貴族**。所以，很快他們就會把那極少數佼佼者的作品撇開，一心只想著去看最新的庸才的作品，而那極少數的佼佼者卻是由大自然在上下千百年的時間裡挑選出來，並賦予了這一高貴的使命：思考大自然，或者把大自然作品的神韻表現出來。一旦出現了一位英雄，用不了多久，英雄的身旁就會站著一個罪犯，他似乎也是一個英雄。機緣巧合之下，恰逢大自然有了興致，放手讓其至為稀有的作品、一個天賦異稟的人出現，而命運又慷慨地讓這人的天賦得到培養；並且當他的傑作終於「擊敗了拚死抵抗的愚蠢世界」，被承認和推薦為典範和榜樣，那用不了多久，人們很快就會把他們那些混蛋當中的某一個可憐蟲拉上來，讓這個可憐蟲與那位天才一起並坐在聖壇之上。這恰恰就是因為人們不會明白，也想像不到**大自然的貴族**是什麼，因為這些貴族是那樣的稀有，以至於在大自然成批生產的 3 億製成品中，還找不到一個貨真價實的偉大的思想人物。所以，這樣一個偉大人物，我們要透澈學習和了解，把這個人的著作視為某種啟示，應該不知疲倦、焚膏繼晷地研讀，直至韋編三絕。相較之下，所有那些出自平庸頭腦的東西卻不需理會，因為這些就像牆壁上的蒼蠅那樣普遍和平凡。

在哲學領域，上述讓人絕望的情形已經發生。現在一提起康德，就無一例外地附帶費希特的名字；「康德和費希特」已經成了一個固定的名字搭配，「看看我們蘋果是怎麼游泳的吧」（拉丁諺語），某某說道。謝林也沾了相似的榮光。這是多麼的可恥！甚至還有黑格爾，這個盡寫些胡言亂語、敗壞讀者思想的人！也就是說，帕納索斯頂峰越來越

受到踐踏。——「你長眼睛了嗎？長眼睛了嗎？」——我們要像哈姆雷特對他卑鄙的母親那樣，對這些大眾大聲喊叫。啊！他們就是沒長眼睛嘛！他們永遠都是這樣，聽任真正有價值的東西自生自滅，一門心思只會膜拜各種各樣的模仿者和造作者。他們在閱讀五花八門的頭腦怪胎的時候，還誤以為是在學習哲學呢，其實，在那些作者的呆滯意識中，甚至哲學的赤裸裸問題也不會發出響聲，就像鐘鈴在沒有空氣的容器中不會發出響聲一樣。嚴格來說，大自然製作和裝備了那些人的頭腦，並不是為了達到別的什麼目的，只是要讓他們與其他一般人一樣，安靜地從事某一誠實的行當，或是耕種土地，或是為增加人口而操勞。但他們卻誤以為自己肩負天降之大任，非做「鈴鐺作響的傻瓜」不可。他們永遠要插話，永遠想參與發言的樣子就像想要加入談話的聾子。因此，對那些無論任何時候都只是零星出現的、肩負著大自然使命的，並因此有真正的動力去探究最高真理的人來說，這些人只是發出打擾和混亂噪音而已——雖然這些人通常都不是故意去扼殺那些少數人的聲音，因為那些少數人說出的話並不對他們的胃口，而他們除了認真對待自己的小算盤和物質上的目的以外，對其他事物是無法嚴肅起來的。並且由於他們人多勢眾，很快就能形成聲浪。在眾聲喧嘩中，人們再也聽不到自己的說話聲。今天，他們不顧康德哲學和真理，定下任務去教導空想神學、理性心理學、意志是自由的、人與動物是絕對不同的（所用方式就是無視動物界中各種動物的智力階級差別）。這樣，他們就只會妨礙別人誠實地探究真理。如果有人像我這樣說，那他們就假裝沒有聽到。這伎倆還不錯，雖然已不是新鮮的了。但我想要看看，人們是否能把獾從洞穴裡拉出來。

[219]

　　大學現在很明顯就是他們帶有目的玩弄哲學的地方。也只有玩弄這些把戲，才能排擠掉康德在哲學領域劃時代的成就，取而代之的是某一個叫費希特的人寫的那些風一樣的空話，而費希特很快又被類似他那樣的傢伙所取代。本來在真正的哲學讀者群裡，亦即在純粹是為了哲學本

身而探索哲學，而不是另帶有其他別的目的的人群裡，這種事情是永遠不會發生的。當然，這群人無論何時都爲數極少，他們是眞正思考，被我們存在的神祕特性所觸動的人。最近 50 年來的整個哲學醜聞也只有經由大學，在一群學生面前才有可能發生，因爲那些學生虔誠地照單全收教授先生們隨心所欲說出的話。在此根本的錯誤就在於，大學自以爲甚至在哲學領域也有一錘定音的資格和話語權。這話語權或許屬於 3 個主要的系，運用在其各自的範圍之內。但人們忽略了，哲學作爲一門首先是要被發現的學科，情形是不一樣的；還有在委派哲學教席的時候，並不像其他學科一樣唯一只考慮候選人的能力，而是更要考慮他們的思想態度和信念。據此學生們就會想，正如神學教授掌握其神學教義、法學教授掌握其法典彙編、醫學教授掌握其病理學，被委派至高位置的形上學的教授也必然是掌握了形上學。所以，學生們就懷著小孩子般的信任參加這些課程。那麼，當學生們看到某人在那裡自覺高人一等，對以往的哲學家做出居高臨下的批評，學生們就不會懷疑他們找對了人和地方。所有在這裡滔滔不絕噴湧而出的智慧，會留下印記給虔誠的他們，就好像他們面向女祭司皮提亞的三足祭壇而坐。從那時開始，對學生們來說，除了他們教授自己的哲學以外，就自然再沒有其他的哲學了。眞正的哲學家，那千百年來的導師，其著作在書架上沉默和認眞地等待渴求這些著作的人，現在就被學生們當作是已經過時的、被駁斥的東西，這些著作擱在那裡無人問津。學生們已經像他們的教授那樣「超過他們」了。相較之下，學生們卻購買他們的教授定期寫出的頭腦產物。這些東西能夠經常一再重印，也唯一由此得到解釋。這是因爲讀完大學以後，每個學生一般都會保留對教授的虔誠依附，他們一早就接受了教授的思想方向，也習慣和贊同教授的方式方法。就這樣，那些哲學怪胎得以一反常態流傳開來。這些怪胎的作者也就名利雙收。否則，這樣的事情又如何能夠發生呢？例如：像赫爾巴特的《哲學導言》那樣乖張、顛倒的複合體，就重印了 5 版。乖僻之人也就自以爲是地往下打量著康

[220]

德，以愚蠢和放肆的筆法兼帶著寬容去糾正康德。

經過一番這樣的考察，特別是回顧了自康德逝世以後，大學的那些哲學喧鬧和活動，我越發堅定地認爲，如果眞要有哲學，亦即如果人們得到恩准，可以把精神思想的最高貴力量投向所有難題中的最重大者，那要取得成果的話，哲學就只能不受國家方面的任何影響。據此，如果國家並不迫害哲學，而是恩准其自便，讓其成爲某一自由的藝術，那國家就已經是幫了哲學的大忙，也已足夠顯示了人道主義和高尚情懷；而

[221] 哲學成爲一門自由的藝術，畢竟本身就是其獲得的獎賞。爲此，國家可以考慮不再爲哲學教授花錢，因爲想要**以**哲學爲生的人，甚少**爲**哲學而生，有時候甚至可以是暗中密謀**破壞**哲學的人。

官方的教席應該唯獨給予那些已經成形和的確存在的科目，人們只需學習這些科目，就可以教授它們。所以，總而言之，這些科目只是需要傳遞下去，也就是黑板上寫的 tradere（傳承）的意思。與此同時，對這些學科的矯正和完善工作，則留給有能力者。但某一還不存在的學科，某一還不曾達到其目標，甚至還未確切知道其路徑，對這個學科的可能性事實上還懷疑和遭到否認，那讓教授去教授這一學科根本就是荒謬的。結果自然就是每一個這樣的教授，都相信他的使命就是創造出還不存在的學科，而不曾考慮到能夠賦予這一使命的只能是大自然而不是政府部門。所以，這些教授就力圖盡可能和盡快地向世界推出其畸胎作品，聲稱這就是人們渴望已久的智慧，而某一同事肯定會樂於在給這些所謂人類智慧洗禮的時候充當其教父。因此，這些先生們就因爲自己是以哲學謀生，所以就忘然地稱呼自己爲哲學家，並誤以爲有了在哲學方面一錘定音的決定權。到最後，他們甚至宣告舉行「哲學家聚會」（這也是一個自相矛盾的詞語，因爲哲學家極少是兩個同時在這世上，兩個以上則幾乎是從來沒有過的事），然後聚在一起共商哲學的福祉。[5]

---

[5] 「並沒有什麼哲學是唯一受到恩澤和賜福的！」在哥達舉行的假冒哲學家大會

這些大學哲學家首要爭取的是讓哲學向著他們心裡的目標,或更準 [222] 確地說是他們放在心裡的目標方向發展。為此,在需要的時候就改動、扭曲,在萬不得已之時,甚至偽造以前的真正哲學家的學說,目的只是要得出他們所需要的結果。那麼,因為讀者大眾是那樣的幼稚,總是追求最新的作品,而這些作品又打著哲學的名號,所以,結果就是這些乏味的、反常的、荒謬的或起碼是無聊和折磨人的東西,嚇怕了智力良好、對哲學感興趣的人。哲學也就慢慢失去了信譽。現在就是這樣的情形。

不僅教授先生自己的作品非常糟糕,而且自康德以來的時期也表明,這些人也沒有能力保護和保存好偉大思想家所成就的、已得到承認並因此託付給他們的作品。他們難道沒有允許費希特和謝林隨便玩弄康德哲學嗎?他們難道不是一貫把費希特輕浮的東西與康德相提並論,其手法至為惡劣、毀人名聲?在上述兩個假冒哲學家擠掉康德理論,使其成為過時的東西以後,康德針對所有形上學而定下的嚴格監督已經不再,取而代之的難道不是那些不著邊際、肆意胡來的幻想和妄想?他們難道不是要麼乖乖一起造成了這一局面,要麼放任這些,而不是拿起《純粹理性批判》以對抗這一切?因為他們發現對他們更有利的做法,就是利用鬆弛了的規範,要麼出售自己搞出的那些小玩意,例如:赫爾巴特的滑稽東西、弗里斯的老婦人式的嘮叨,以及每個人各自都有的怪 [223] 癖念頭;要麼就是把國家宗教學說夾帶進來,當成哲學成果。所有這些難道不是為可恥的哲學上的江湖騙術,為黑格爾及其可憐夥伴的喧鬧和活動鋪平了道路?全世界都會為那些哲學騙術感到臉紅。甚至那些反對

發出了這樣的吶喊。簡單地說,就是「並沒有什麼對客觀真理的探索!平庸者萬歲!並沒有什麼精神貴族,也不可以接受大自然寵兒的統治!我們要的是烏合之眾統治!我們要暢所欲言,每個人的話語都應有同等的分量!」那些無賴也蠻自得其樂的!也就是說,他們甚至想從哲學歷史中驅逐那至今為止的君主立憲法,以便引入無產共和國。但大自然發出了抗議,哲學的歷史是相當貴族性的!

這些胡鬧的人,難道不是一說起那江湖騙子和信筆塗鴉者的偉大天才和強大思想精神就深深鞠躬,並以此證明他們自己也是笨蛋而已?那些(可以說是為了真理)直截了當反對那敗壞思想的傢伙,卻對其表現了在哲學教授之間通行的寬大和仁慈的人——在這些人當中,難道克魯格和弗里斯不是唯一的例外嗎?德國的哲學教授眾聲喧嘩讚嘆那3個詭辯者,這噪音難道不是最終在英國和法國也引起了普遍關注嗎?但經過仔細了解以後,這種關注勢將變成恥笑。對於千百年來艱難獲得的最終交付給他們保存起來的真理,一旦那些真理並不合他們的意思,亦即一旦與某一膚淺、理性、樂觀,其實只是猶太教神學的結果不相吻合,因為這一神學就是他們的全部哲學論辯和崇高格言默默預定的目標,那這些人就成了不可靠的真理保衛者和守護者。這樣,認真探索的哲學不無艱辛努力才發現的學說,就被他們盡力塗抹、掩蓋、曲解和拉低,以迎合學生的教育計畫和上述的婦人哲學。一個讓人反感的例子就是他們關於

[224] **意志是自由**的理論。經由偉大思想家,諸如霍布斯、斯賓諾莎、普利斯特里和休謨等共同與持續的努力,已經無可爭辯地展示和證實了在所有人的意志(意願)行為裡面都有其嚴格的必然性以後,甚至康德也認定這一問題已經完美解決以後,[6] 他們突然做出了似乎什麼都不曾發生的樣子,聽任他們那些大眾無知的擺布,以上帝的名義,甚至到了今天在幾乎所有他們的那些課本裡,認定意志是自由的,甚至這是直接就可確知的事情。這樣的行徑到底該如何稱呼?如果一種理論學說已由所有上述哲學家扎實奠定了基礎,但卻仍然被這些哲學教授掩藏起來,或者被他們否認,目的就是騙學生接受意志是自由的這一絕對荒謬的說法,因為這是他們的婦人哲學的一個組成部分,這些先生們難道不就是哲學的真

---

[6] 他的建立於絕對命令的自由假設,對他只具有實際的效力,而沒有理論上的有效性。讀者可以閱讀我的《倫理學的兩個基本問題》中的「論意志的自由」第80和46頁(第2版第81和144頁)。

正敵人嗎?並且因爲現在(「最後一個是最有利的」,塞內卡,《書信集》,79),所有意志行爲都有其嚴格必然性的理論,無人比我在我那篇獲獎論文(這論文得到了挪威科學院的頒獎)裡更加澈底、清晰、連貫和完整地說明和證明,所以,我們可以發現,哲學教授秉持他們對我的以往策略,亦即對我一概消極抗拒,既不會在他們的書裡,也不會在他們那些學術報紙和雜誌中稍稍提及我的這一論文。他們不遺餘力地要讓其無聲無息,當作從來不曾發生過的事情,一如所有不符合他們的可憐目的的東西,例如:我的倫理學,我的所有著作。我的哲學恰恰無法引起這些哲學教授的興趣,因爲探究眞理無法引起他們的興趣。引起他們興趣的就是他們的薪資、要收取的金路易酬金和他們的內廷參事的頭銜。雖然哲學也會讓他們感興趣──只要他們能夠以哲學賺取麵包的話。這些人就是喬爾丹諾・布魯諾所形容過的,一心爲錢的骯髒傢伙, [225]對眞理漠不關心,只滿足於得到人們普遍認可爲知識的知識,對眞正的智慧提不起興趣,只會追求智慧所帶來的名聲,只渴望有模有樣,卻不會在意自己是否眞的就是這樣的人(《布魯諾著作》,瓦格納版,1830,第 2 卷,第 83 頁)。這樣,我那獲獎論文《論意志的自由》對他們來說又是什麼呢,哪怕這篇論文得到了 10 個學院的頒獎?相較之下,他們當中的平庸之輩在我之後就此問題所寫的東西,卻獲得讚譽和推薦。我還需要形容這些行爲嗎?這些人是哲學、理性法則和自由思想的代表嗎?另一個例子是**空想神學**提供的。儘管康德掃除了構成空想神學基礎的所有辯論,並因此澈底顚覆了空想神學,但這一點仍然都不曾阻止那些牟利哲學的先生們在 60 年以後,宣揚空想神學爲哲學的眞正和根本探究對象。並且因爲他們不敢再用那些已被批評得體無完膚的議論,所以,現在就直奔「絕對」一詞而去,而「絕對」一詞就像省略的三段論:只給出某一結論而不給出引出這一結論的前提。他們這樣做的目的,就是怯懦地僞裝和狡猾地騙取宇宙學的證據,而這樣的宇宙學證據自從康德以後就無法以其自身的樣子出現,所以就必須以這一身打

扮瞞天過海。似乎康德對這詭計已有預感，所以，他直言不諱，人們總是談論**絕對必然**，但又既不會花點功夫弄明白到底是否可以，並且是如何想像得出這樣的事情，也更不會去演示和證明眞有這樣的事情……這是因爲我們如要把某件事情視爲必然，那我們的理解就是這事情是需要條件的；如果用**無條件**一詞，就可以把這所需要的所有條件去掉，那就再也無法讓我明白，「無條件的必然性」的概念，眞讓我想到些什麼東西，抑或想不出任何東西（《純粹理性批判》，第 1 版，第 592 頁）。在此，我再一次提醒各位**我的**理論：必然性告訴我們的，在任何情況下，完完全全不外乎就是從存在的，從既定的某一原因而得出結果，這某一原因也就是所有必然性的**條件**；因此，無條件的必然性就是一個自相矛盾的形容詞，也因此不是思想，而只是空洞的字詞，當然也是用以建構起大學教授的哲學大樓常用的磚瓦材料。還有儘管洛克給出了偉大的、劃時代的關於**與生俱來的觀念並不存在**的根本理論，儘管在這以後和在此基礎之上哲學家（尤其是康德）所取得的進步，那些「把哲學當作是維生手段」的先生們，仍然毫不羞恥硬要灌輸給學生某種「對上帝的意識」，某種經由理性的對形上東西的直接認識或者理解。儘管康德以其罕有的洞察力和淵深思考展示了：理論性的理性是永遠不會達成任何經驗可能性之外的東西，但這仍然沒有用處，因爲那些先生們不理會這些，他們 50 年來毫不猶豫地教導學生們：理性機能具有完全直接的、絕對的認知，理性從一開始、從根本上就是針對形上學的一種功能，能夠直接認識和確切把握在所有經驗範圍之外的所謂超感官之物、絕對之物、親愛的上帝及其他諸如此類的東西。把我們的**理性**說成是並非**透過推論**去了解所要了解的形上的東西，而是一個可以**直接認知**的功能，這明顯是無稽之談，或者說白了就是明顯的謊言，因爲我們只需誠實並且毫不困難地檢查一下自己，就可確信這樣的說法是多麼的毫無根據。此外，形上學是完全不一樣的事情。不管怎麼樣，這樣一個只是出自傳播謊言者的混亂思維和狡猾的目的，從根本上損害了哲學的謊言，自半

個世紀以來，卻成了大學課堂上重複成千上萬次的教義，並且不顧最偉大思想家的證明，硬是灌輸給年輕學子。這是大學哲學極為糟糕的結果之一。

與這些準備功夫相應的，就是對課堂哲學家來說，形上學真正和根本的主題就是分析討論上帝與世界的關係。這方面至為冗長、詳細的議論和辯論，充斥了學生的課本。課堂哲學家相信是因受到召喚和領取薪資而去澄清這一問題的。看著他們那樣老練，那樣有學問地談論絕對或者上帝，表情嚴肅認真，就好像他們真的多少知道此話題一樣，卻是挺有趣的。這讓人想起小孩子在玩遊戲時的認真。每一次的商品交易會都會出現一套新的形上學，內容細緻廣泛，都是有關那親愛的上帝的訊息，分析上帝到底是什麼狀況，祂又是如何造出這世界，或說如何生出或產生這世界，情形就好像是每過半年，我們就又有了有關上帝的最新消息。這樣，很多人就陷入某種困境，給人相當滑稽的感覺。也就是說，他們要教授一個體面的、像樣的、人格化的上帝，就像《舊約》所說的那樣。這一點他們是知道的。但在另一方面，自 40 多年來，斯賓諾莎的泛神論在學者，甚至在只是受過一般教育的人群中卻成了絕對主流和普遍的時尚，而根據此泛神論，上帝就是世界的同義詞。他們並不想完全放棄這一時尚，卻又不敢向被禁的葷肴伸出雙手。他們現在就使用其一貫的招數，以擺脫那糾纏著他們的可憐困局，亦即用晦暗、不明和混亂的術語，空洞的字詞。這樣，我們就會看到他們中的一些人可以同時一口氣保證上帝就是完全、澈底、的確從根本上有別於這一世界，與此同時，卻又完全與這一世界連繫在一起，是一體的，事實上幾乎整個身體都待在這裡面。這讓我想起《仲夏夜之夢》的織工波頓：他保證要像可怕的獅子般咆哮，卻又能在同一時間像夜鶯一樣溫柔地歌唱。在他們這樣操作之時，就陷進了至為奇特的兩難處境，也就是說，他們宣稱在這世界之外並沒有上帝的位置，但在這世界之內，卻又無法利用到祂；現在就像下棋一樣的王車易位，直至在兩張凳子之間一腳

[228]

踩空。[7]

相較之下，《純粹理性批判》及其先驗證明有關上帝的認識和知識是不可能的，對於他們就是胡扯——他們可不能讓其混亂了頭腦，因為這些課堂教授知道他們之所以存在的目的。如果這樣反駁他們——你總是喋喋不休地談論某樣東西，但關於這東西的具體存在，人們並沒有任何基於事實證明的認識，關於其本質人們也沒有任何概念，真的無法想像還有比這樣的空談更加欠缺哲學味的事情——那是相當無禮的，因為他們知道他們之所以存在的目的。眾所周知，我是一個他們不會注意和關注的人，他們誤以為完全無視我的著作，人們就可以看出我是個什麼樣的人（雖然恰恰是他們對我的無視而暴露出他們是什麼樣的人）。所以，如果我跟他們說，康德說哲學並不是神學，將來也永遠不會是神學，而是某樣全然不一樣的、完全有別於神學的東西；康德這樣說的時候並不是在開玩笑，而是嚴肅認真的——如果我跟他們說這些，那都是白費口舌，與我在這 35 年來創作的所有一切一樣。的確，盡人皆知，正如每一學科都是因為滲進了神學的成分而受到損害，哲學也同[229]樣如此，甚至受害最深。哲學史可以為此作證。倫理學也不例外，我在《論道德的基礎》中已經清楚闡明了。因此，那些先生們對待我的這一著作保持沉默，謹守其消極抵抗的策略。也就是說，神學把哲學的所有難題蒙上了一層紗幕，因此，不僅僅是對這些難題的解答，甚至對這些難題的把握也成了不可能。因此，正如我說過的，《純粹理性批判》說實話就是至今為止神學的僕人所發出的一封辭職信——在這裡，這位僕人就此向那主人閣下辭職不幹了。自那以後，神學就只能花錢僱個工

---

[7] 由於類似的困境，他們當中的一些人現在給了我一些讚語，因為我的光芒再也無法收藏在桶子裡面，目的就是避免人們以為他們缺乏鑑賞力，但他們急匆匆補充強調，我在主要問題上是錯的，因為他們要小心不能贊同我的哲學。這個哲學與那裏以浮誇字詞、古怪修飾的猶太神話是完全不一樣的，但這套猶太神話對他們卻又是必不可少的。

人,不時穿起前僕人遺留下來的傭人制服,純粹是爲了外在的面子,就像在義大利那樣,在星期天就可看到類似的替代傭人,所以名字叫domenichini(星期天傭人)。

不過,面對大學的哲學,康德的《純粹理性批判》及其論據當然是要落空的。這是因爲,我意願是這樣,那就是這樣,我的意願用不著給出理由。哲學就是要成爲神學,哪怕有 20 位康德證明了哲學不可能是這樣子!我們知道我們存在的目的,我們的存在就是要爲主爭取更大的榮耀。每一個大學哲學教授都是一個「信仰的維護者」,就像亨利八世一樣。在此,哲學教授看到了他首要的使命和職責。所以,在康德如此乾淨利落地把思辨神學所能有的證明和證據斬筋截骨,以致再也無人還能稍稍插手以後,自此幾乎 50 年以來,人們在哲學上爭取的只是徒勞地試圖復活一具沒有靈魂的屍體。例如:那些牟利哲學的先生們在人的身上發現了某一被全世界一直忽略了的對**上帝的意識**;由於這些先生們之間相互默契和讀者大眾不知情,他們膽子就大了起來,就放肆地濫用「對上帝的意識」。到最後,甚至萊頓大學誠實的荷蘭人也受誤導, [230]以至於這些荷蘭人真把那些大學哲學教授的把戲當成科學上的進步,真心實意地在 1844 年 2 月 15 日提出了這一有獎問題徵文,「如何看待我們那天生的對上帝的意識?」等等。由於這樣的對上帝的意識,直到康德爲止的所有哲學家所賣力論證的東西就是直接的意識了。所有以前的哲學家不就是笨蛋了嗎,因爲他們一生都費盡心力要爲某樣東西提出證明,而這樣東西是我們直接就可意識到的?這意味著我們認識這樣東西,要比 2+2=4 還要直接,因爲要知道 2+2=4,我們還要思考呢。要證明這樣的事情,肯定就像人們要證明眼睛能夠看、耳朵能夠聽、鼻子能夠聞一樣。地球上最主要的宗教(根據其信眾數目)追隨者,那些佛教徒的宗教熱情是如此之熾烈,在西藏,幾乎每 6 個人當中就有 1 個屬於僧侶階層並因此而獨身;其宗教的教義承載和支持著一套至爲純淨、高貴、充滿愛意、嚴守苦行的道德學(這套道德學並不像基督教那

樣忘記了動物）；不僅僅是堅定的苦行，而且還明確拒絕一神論。也就是說，人格化只是一個現象，對此我們也只能透過我們的動物本性加以了解；因此，一旦與此動物性分離，就再無法清晰設想這一現象。把這樣的現象當作這世界的原初和準則，這樣的定理永遠不是人們的頭腦馬上可以理解的，更加不會從一開始就在人們的頭腦裡扎根和成長。而一個非人格化的上帝則只是哲學教授的胡扯，是一個自相矛盾的說法，是用以敷衍沒有思想者和平息警覺者的空洞詞語。

[231] 　　我們的大學哲學家的文章雖然彌漫著對神學的狂熱，但對眞理卻沒有一點點的熱情。因爲沒有對眞理的敬畏，所以，人們運用詭辯、欺騙、扭曲、虛假陳述等已到了肆無忌憚、聞所未聞的地步，這些東西甚至被收集起來；甚至正如上文所闡明的，把直接的、超感覺的認知，亦即把與生俱來的觀念都歸爲，或更準確地說，都捏造成爲理性的事情；所有這些都只是想要引到神學上去：就只要神學！就只要神學！不惜代價，就要神學！膚淺的我想讓這些先生們想一想，神學盡可以很有價值，但我知道還有一樣東西卻更有價值，那就是誠實正直。一如在商業中誠實很有價值，在思想和教學中也是如此。給我任何神學，我也不會出賣誠實。

　　但現在的情形是誰要認眞對待《純粹理性批判》，尤其是誠實對待，並因此不是要出售他那一套神學，在面對那些大學教授的時候當然就要吃虧。哪怕他帶來了這世界上至爲優秀的東西，奉獻了這天上人間的所有智慧，但如果這些不是神學，那些先生們仍然會把眼睛和耳朵轉到別處。事實上，他奉獻的東西越優秀就越會引起那些先生們的惱怒和怨恨，而不是驚奇和讚嘆。他們對此的消極抵抗就變得越頑強，他們因此就越要以陰險的沉默來扼殺。與此同時，他們就越發爲其充滿思想的同行所推出的可愛作品唱出嘹亮的讚歌。他們這樣做，只不過是想要湮沒掉他們所憎恨的那些有見解的、眞誠的聲音。也就是說，在這個懷疑的神學家和正統的哲學家時期，那些先生們這樣做，是政治和政策的要

求,而那些先生們攜家帶眷,就以這門學科糊口。而我呢,在整個漫長的一生中把所有的力量都奉獻給了這門學科。對他們來說,最重要的是根據其上級示意的神學,所有其他的都是次要的。從一開始,他們就已經各自用措辭、說法和迷惑招數把哲學定義爲思辨神學,並且把神學的狩獵幼稚地當作是哲學最本質的目標。他們一點都不知道,我們應該自由、不帶偏見地迎向存在的難題,把世界以及顯現這一世界的意識,視爲唯一擺在我們眼前的東西、難題、古老的斯芬克司之謎,我們現在勇敢地站在其面前。他們很精明地忽略這一點:神學如果要求進入哲學的行列,那神學就必須像所有其他學說一樣,先出示其證明文件;然後這些證明檔就會在《純粹理性批判》辦公室接受檢查和檢驗,因爲《純粹理性批判》在所有的思想者那裡享有至高的威望。這一威望並不曾因爲當今的課堂哲學家對其不遺餘力做出鬼臉而真的受到絲毫損傷。因爲沒有一張能通得過檢驗的通行證,所以神學就不得其門而入,經由強求、欺騙都不行,甚至是乞求了,指出課堂哲學家現在已經沒有其他別的可供出售了——但還是不果。就讓他們的鋪子關門大吉吧。這是因爲**哲學並不是教堂或宗教**。哲學是在這世上的一小塊地方,也只有極少數人才可以進來。在此,那時時刻刻遭人怨恨和迫害的**真理**,終於免除了一切壓迫和束縛,就彷彿慶祝農神節,甚至奴隸們也得到了言論的自由;在此,真理甚至有其特權和話語權,真理是絕對唯一的統治者,旁邊的其他一切都不會獲得承認。也就是說,整個世界及所有在這世界上的一切,都滿是**目的**和**打算**,且絕大多數都是低下、庸常和卑劣的目的。也只有在這麼一小塊地方肯定是沒有那些目的,是唯獨敞開給有深刻見解的人,更準確地說,是敞開給對最重要的、所有人都最關心的事情有深刻見解的人。這就是哲學。或者我們所理解的哲學是另外別的樣子?真是這樣的話,那一切也就都是笑話和喜劇,「就像不時所發生的情形」。當然,根據課堂哲學家的教學大綱來判斷的話,人們更認爲哲學是某一引導虔誠和篤信的指南,是爲去教堂做禮拜的人做培訓的學

[232]

[233] 校，因為這教學大綱通常是完全不加掩飾地把思辨神學假定為哲學的根本目標，並且為達此目標，人們可是全力以赴。可以確定的是，所有的信仰，都絕對會損害哲學。這些東西現在是公開、赤裸裸地搬進哲學裡去，就像士林哲學所發生的那樣；或者是透過「預期理由」（把未經證明的判斷作為證明論題的論據）、虛假的公理、杜撰的內在認知源頭、對上帝的意識、站不住腳的證明、誇誇其談的詞語和廢話等夾帶進哲學裡。這就是今天的習慣做法。哲學之所以受到這些損害，是因為所有類似這些使我們不可能再對這世界和我們的存在有一個清晰的、不帶成見的和純粹客觀的認識，而這是探究真理的首要條件。

以哲學的名稱和名義，披上稀奇古怪的外衣，把國家宗教的基本教義（人們對其冠以黑格爾的一個莊嚴名稱「絕對宗教」）陳述和推演出來，是相當有用處的，因為這有助學生更加適應於國家的目的，也同樣有助讀者大眾增強信念。但把這些東西當作是**哲學**推出來，就等於是出售假貨。這種事情持續發生而人們又不管不問的話，那大學的哲學就會越來越變成真理的「絆腳石」。這是因為一旦以真理以外的東西作為評判的標準，或者作為定律、定理的準則，那一切哲學也就完蛋了。而真理呢，就算是完全誠實地探尋，以最優秀的頭腦全力以赴，也要歷盡千難萬險才可達到。這樣，哲學就會變成「眾人都說是真的虛構故事」，就像豐特奈爾對歷史的形容。在全方位面對我們這極度神祕的存在所給予的難題時，人們也就永遠不會邁出更遠的一步——假如人們根據某一預先安排好的目的而探討哲學的話。但這就是今天不同種類的大學哲學

[234] 所共有的特徵，這是不可否認的，因為太過明顯的是，所有這些體系和主張都瞄向了一個中心點。並且這中心點甚至不是《新約》中的基督教或者基督教原來的精神，因為基督教原來的精神對於他們來說太高了，太過超凡脫俗，太過古怪，太過不屬於這一世界了，因此，太過悲觀了，完全不適合把國家神化的目的。那中心點只是猶太教的，是屬於這樣的教義：這一世界是從一個至為卓越的、人格化的神那裡獲得了存

在，因此這是一個至為可愛的東西，「上帝看著所造的一切都甚好」。對於他們來說，這就是一切智慧的核心，所有的哲學都往這一方向發展；如果哲學要反抗此目標方向的話，那就要引其往那方向去。所以，自從黑格爾那套理論崩塌以後，大學教授們就發起了針對所謂泛神論的戰爭。在厭惡、反對泛神論方面，這些人同仇敵愾，一個個奮勇爭先地譴責。這種熱情是由於人們發現了反對泛神論的有力的、令人信服的理由嗎？或者相反，他們在找理由反對其對手時，面對那充滿力量安靜地站在那兒，向著他們微笑的對手，我們難道不是看到他們那種不知所措和惶恐不安嗎？因此，還有人會懷疑只是因為泛神論的教義與「絕對宗教」水火不容，就造成了泛神論教義不是真的，也不可能是真的？——哪怕整個大自然張開千萬個喉嚨宣告，泛神論教義的確就是真的。大自然就閉嘴好了，這樣猶太教才好好發話。除了「絕對宗教」以外，還有什麼東西會讓他們重視的話，當然就是高級部門的意願——他們有權授予或者撤銷其教授職位。這確實就是鼓舞他們、指引他們刻苦鑽研的繆斯女神。因此，這也是他們在開場白的時候，必定以獻辭的方式體面呼喚的。這些就是在我眼中要從井裡打撈真理，要去撕破假象和迷霧，要去嘲弄一切晦暗的人。

根據其本質，再沒有其他學科比這一學科更確切需要能力出眾、熱愛科學和追求真理的人了，因為現在是要把人類在最重要的事情上那些最高級的腦力勞動成果，以生動的語言傳遞給新一代的年輕精英，並且要在這些精英那裡喚起探索精神。另一方面，國家部門認為沒有什麼學科比這一學科更能影響未來學者（亦即控制社會的階層）最內在的思想和看法。所以，這一學科就只能交給忠心耿耿的人，這些人會全然根據國家部門的意願和每一次的觀點而剪裁其學說。很自然，這上述兩個要求的第 1 個就必然屈居第 2 了。那些不了解個中原委的人，有時候就會覺得奇怪：怎麼恰恰是那些笨蛋，會投身於研究柏拉圖和亞里斯多德的學科。

[235]

在此我忍不住順便指出，家庭教師職位對於哲學教授來說是相當不利的預備性訓練，幾乎所有過去在大學學習結束以後擔任過此工作的人，都在好些年裡疏忽了這一點。因爲這樣的職位很適合訓練溫順聽話和卑躬屈膝。人們尤其會完全把自己的學說屈從於衣食雇主的意願，除了雇主的目的以外，再也不知道還有其他別的目的。在早年獲得的這一習慣，就會扎根並成爲第二天性。這樣，在以後成了哲學教授時，人們就會覺得順應掌管教授的部門的意願而修正和改造哲學，就是最正常不過的事情。到最後，所產生的哲學觀點或者哲學體系就像是根據預約訂做似的。眞理嘛，就有好看的了！當然，很明顯，爲了無條件效忠眞

[236] 理，爲了要眞正進行哲學探討，除了許許多多的條件，還有幾乎是必不可少的一條：那就是我們要獨立站著，沒有頂頭上司，這樣「給我一個支點」也在某種意義上適用於這裡。絕大多數在哲學上取得偉大成就的人，起碼是這樣的情形。斯賓諾莎清晰地意識到這一點，也因此拒絕接受提供給他的教授職位。

> 因爲一個人一旦被套上了枷鎖，
> 那大發雷霆的宙斯就拿走了他一半的優點。
>
> 眞正的哲學探討是要求獨立的，
> 受著貧窮壓迫的人，不能隨願說話和做事，
> 他的舌頭也再不是自由的。
>
> ——泰奧格尼斯

薩迪的《薔薇園》（格拉夫譯，萊比錫，1846，第 185 頁）的一段也寫道，誰受困於養家糊口，就不會有所成就。但在這方面，一個眞正的哲學家就其天性而言，是一個要求不高、容易滿足的人，需要不多就能獨立生活，因爲他的格言永遠是申斯通的這一句話，自由是比托考伊甜酒

還要有力的強心劑。

那麼，如果關鍵的是要促進哲學和向著真理的路上挺進，那我給的最佳建議，就是終止在大學裡以哲學的名義進行的騙局。這是因為大學的確不是認真、坦誠討論哲學的地方，在本該是哲學的地方，人們太常看到的卻是穿著哲學外衣，經過一番打扮的「受外力牽引的木偶」（賀拉斯），在那裡比手畫腳、口沫橫飛。那麼，如果這樣的課堂哲學仍然試圖以莫名其妙、擾亂頭腦的話語，想透過新造的字詞和莫名其妙的想法來取代真正的思想，而那種種荒謬的內容則名為思辨和超驗的哲學，那這課堂哲學就會變成哲學的滑稽模仿品，就會敗壞哲學的聲譽。而這就是當今所發生的情形。在這樣的情況下，那種認真和深思，那種 [237] 任何一切也不可以與真理相比的態度和哲學的首要條件，又怎麼可能還會存在？通往真理之路是陡峭和漫長的，腳上綁著大石頭的人無法走完這段路程，我們需要的是翅膀。據此，我會贊成讓哲學停止作為謀生的職業，哲學的崇高追求與賺錢謀生並不相容，而古人早就已經認識到這一點。根本就不需要在每一所大學裡保留那麼幾個膚淺的嘮叨者，去敗壞年輕人以後一輩子對哲學的興致。伏爾泰也說得很對，為分散在這世界上的少數思想家做出最大貢獻的文化人，是那些孤獨的作家和真正的學者——他們把自己關在研究的斗室裡，既沒有在大學課堂裡論證，也不曾在學院裡說出半成品的真理。這些是在任何時期都受到迫害的人。所有外來對哲學的幫助本來就是可疑的，因為哲學的趣味太過高級，不會與這意趣低下的世界的俗務真心結盟，哲學有自己永不消失的指路明星。所以，應該讓哲學自便，不用給予幫助，但也不能設置障礙。我們不要讓一個有天賦的、天生要獻身給真理殿堂的嚴肅朝聖者，與一個只是真心關心良好的住宿及晚餐的傢伙搭檔，因為需要小心的是，這個傢伙為了捷足得到這些東西而在路上設置障礙。

根據所有這些，先不論國家的目的，只考慮哲學的利益，如果大學的哲學課程能夠嚴格侷限於講授邏輯和哲學史，那我認為就是理想

[238] 的做法，因為邏輯是一門完整的和能夠嚴格演示、證明的科學；而哲學史講授則在一個學期就可完成，簡練講述的是從泰利斯一直到康德的哲學。這樣，由於哲學史簡潔、明白易懂、一目了然，所以，教授先生發揮自己觀點的空間就盡量減少了。哲學史只是學生們將來自己學習哲學的指南。這是因為要了解哲學家，就只能閱讀哲學家的原作，而絕對不是靠聽二手敘述。我在《作為意志和表象的世界》第2版前言裡已經給出了個中理由。此外，閱讀真正哲學家的原作，無論如何都會對我們的精神思想產生有益和提升的作用，因為這讓我們直接接觸了如此原創性的和優秀的頭腦。閱讀那些二手哲學史，我們得到的永遠只是那些哲學史作者的庸常、僵直思維所能給予的思路；這些人也只能以他們自己的方式編排哲學史。所以，我會願意把課堂的授課限制在就讓學生泛泛了解一下至今為止哲學方面的成就；除了介紹和證明各個哲學體系之間那些明顯的連繫以外，越出雷池半步的所有闡述和解釋，以及所有強作解人的解釋、說明都要全部去掉。這就與寫作哲學史的黑格爾門徒恰成對照，他們把每個體系的出現都說成是必然的，因此，在先驗地建構起哲學史以後，就向我們證明每一個哲學家都必然恰好想到了他所想到的東西，而不會想到其他。與此同時，教授先生高高在上、輕鬆得意地俯視著所有那些哲學先賢——如果不是取笑他們的話。這些罪人！就好像所有那些作品並非出自個別絕無僅有的頭腦！這些絕無僅有的人在這世界的惡劣圈子中，必然在好一段時間裡飽受排擠，這些著作也就是從

[239] 粗野和愚昧團體中搶救出來的。這些人既個別又稀少，因此，阿里奧斯托所說的「大自然在他的身上蓋上了印記，然後就把模子打碎了」就完全適用於這些人。並且就好像如果康德得天花死了，其他的人也一樣會寫出《純粹理性批判》似的。這其他的人或許是某一個屬於大自然大量生產的人，額頭上還帶著工廠的印記，其一寸多厚的頭蓋骨裡面很好地保護著庸常的3磅分額的粗糙腦髓，腦髓的組織相當地結實；這人長著成70度角的臉，脈搏衰弱無力，一雙渾濁、窺視的眼睛，咀嚼器官則

進化強勁，說話吞吞吐吐，走路動作沉重、拖拉，與他那癩蛤蟆般靈敏的思想保持一致。對，對，只需稍等一下，這個人也會批評《純粹理性批判》，甚至整個體系——只要到了教授計算好的，該輪到他們的時間點。那時間點也就是橡樹能夠結出杏子的時候。那些先生們當然有很好的理由，盡量把一切都歸功於教育和培養，甚至就像一些人確實所做的那樣，完全否認天賦，用盡各種方式抵禦這一真理：一切都取決於這個人是如何從大自然的手中生成，是什麼樣的父親讓其孕育，是什麼樣的母親有孕，甚至在什麼時間受孕；因此，假如母親是一隻呆頭鵝，父親是萎靡不振的懶人，那他是寫不出《伊里亞德》的——哪怕他讀了6所大學，也是枉然。現在的情形也沒有什麼兩樣，大自然有其貴族，比任何封建和社會階層、等級都更高貴。因此，金字塔是從一個很廣闊的底部一直向上延伸到尖頂。那些無法容忍任何人在他們之上的烏合之眾和無賴，就算他們成功推翻了所有其他貴族，也不得不讓這種貴族存在下去，為此他們也不會得到感謝，因為這完全是「神恩所賜」。

論命運 *

[241]

> 生活中是沒有偶然的,和諧和秩序把持著對生活的統治。
>
> ——普羅提諾,《九章集》,第4集,第4書,第35章

我在這裡向各位傳達的想法不一定會引出某個扎實的結果,其實,我或許只能把這些思考稱爲形上學的夢幻想像。儘管如此,我仍然無法下定決心把這些思考付諸遺忘,因爲這些討論對不少人來說是受歡迎的,人們至少可以以此比較一下自己這方面的想法。不過,這些讀者應該記住:在下面的討論中,一切都是充滿疑問的,不僅對論題的解答是這樣,甚至這論題本身也是如此。所以,在本篇中,我們不能期待能夠得到任何明確的解答,而只能指望對一些相當晦暗模糊的事物的關聯稍加梳理而已——這些事物關聯在我們的一生中,或者當我們回顧一生時,曾經不由自主地進入我們的頭腦。我們對這一論題的思考與我們在黑暗中的摸索相差無幾:在黑暗中,我們注意到了某樣東西,但卻並不眞正知道這東西究竟在哪裡,是什麼。在對這論題的討論中,假如我有時採用了某種肯定的,甚至武斷的口吻,那麼,我就在這裡作一次說明:那只是因爲反覆懷疑、猜想的公式會變得囉嗦、乏味,而這點是需要避免的。讀者不要對那種口吻太過認眞。

確信某種天命的主宰,或者相信在冥冥之中有某種超然的東西在駕馭著我們個人一生中的大小事情——這在各個年代、時期都是普遍和

[243]

---

* 原文的題目是「對個體命運似乎帶有某種目的性所作的超驗思辨」。——譯者注

流行的，甚至那些有思想的、對一切迷信把戲都感到反感的人，有時候也會對這命定的說法深信不疑，而這跟任何既定的教義完全無關。反對這種信念的首先是這一事實：這種信念一如其他所有信奉神祇的信仰那樣，並不出自**認識**，而只是**意願**（或「意志」）的產物；也就是說，它首先是我們的貧苦狀態的產物。這是因為那本來只應由**認知**所提供的，構成這一信念的素材，其源頭可能是這樣一個事實：雖然偶然和變故無[244]數次別出心裁地向我們使壞，但事情的最終結果有時候卻是對我們有利的，或者是間接地使我們得到極大的好處。在諸如此類的情形裡，我們認出了冥冥之中的命運之手，尤其當命運無視我們的見解，甚至在引領我們踏著我們討厭的路徑而最終抵達幸福目標的時候，我們就更能清楚地看到它的作用。這樣，我們就會說：「我的旅途算是幸運的了，雖然中途船隻觸礁了。」我們自己做出的選擇與命運的引領是對照分明的，但與此同時，我們可感覺到後者更勝前者一籌。正因為這樣，當我們偶然遭遇逆境時，就會用這一句經常被證明是千真萬確的話安慰自己：「這或許會是好事情呢，誰知道？」這種看法其實源自這一觀點：雖然**偶然**統治著這一世界，但**錯誤**卻也是它的統治夥伴；因為我們都同樣受制於錯誤和偶然，所以，現在在我們看來是不幸的事情，或許正是一件大好事。這樣，在我們的求助從偶然轉向錯誤時，我們也只是逃離一個世界暴君的作弄和打擊而投向另一個世界暴君。

　　除了上述這一點以外，把純粹明顯的偶然事件視為帶有某一目的，確實是一個大膽無比的想法。不過，我相信每個人都會在其一生中至少**一次**曾經真切地有過這一想法。在一切種族和一切信仰裡面都可找到這種想法，雖然在穆罕默德的信徒當中，這種想法至為明確。這一想法可以是至為荒謬或者至為深刻，就看人們是如何理解這一想法了。雖然支援這一想法的事例有時候相當明顯和有力，但反駁這些事例的意見始終是：如果偶然性從不曾作用於我們的事務，從不曾甚至比我們的智力和見識還要好地照看著我們的事情，那才真的是最大的奇蹟呢。

一切事情的發生，無一例外都有其**嚴格的必然性**。這是一個先驗明白的，因而是一個無可辯駁的真理。在此我把它稱為可論證的命定主義。在我的《論意志的自由》（第 62 頁）獲獎論文裡，這一真理就是在經過探討、思考以後所得出的結果。這一真理也得到了經驗的和後驗的證實，材料來自這些再也毋庸置疑的事實：磁性夢遊者、具有第二視覺的人，甚至有時直接精確地預測未來事件的普通睡眠中。[1] 能夠經驗證實我的這一理論──一切發生的事情都有其嚴格的必然性──的最突出的現實例子，就是人的「第二視覺」。由於具備「第二視覺」而經常早就預見了的事情，我們在後來目睹其完全精確地發生，連帶著當初預言過的所有伴隨的細節。我們甚至故意用盡種種辦法阻撓預言中的事情發生，或者至少在某些附帶的細節上使就要發生的事情不盡如預言的樣子。這些努力總是徒勞無功，因為阻撓這些事情發生的努力正好促成了預言要發生的事情。在古代的歷史和悲劇作品中，也發生了同樣的情形，神諭或睡夢所預兆的災難正是透過人們採取相應的防範措施而促成。從眾多的例子當中，我只需引用伊底帕斯王和希羅多德第一本書（大概 35-43）中的克拉芬和阿德拉斯圖斯的優美故事。與這些例子相吻合的還有由值得信賴的本德‧本森所提供的有關憑「預見幻境」預言的例子──它們記錄在基澤編寫的《動物磁性檔案》第 8 卷第 3 部分（尤

[245]

[246]

---

[1] 1852 年 12 月 2 日《泰晤士報》，登載這樣一篇司法報告：在格羅卓斯特郡的紐溫特，法醫樂格夫對一個名叫馬克‧賴恩的男人進行了驗屍。馬克‧賴恩的屍體是在水中被發現的。死者的兄弟是這樣陳述的：在聽到自己兄弟馬克失蹤的消息以後，我就馬上回答說：他溺水死了，因為昨天晚上我夢見自己站在深水裡，並且試圖把他從水中拉起來。接下來的晚上，我又夢見我的兄弟在奧森荷爾的水閘附近溺水身亡，**一條石斑魚在我身旁游弋**。第 2 天早上，我和另一個兄弟來到了奧森荷爾。在那裡我們看見了**在水中的一條石斑魚**。我馬上就認定我們的兄弟一定在水裡面。我們確實就在水中找到了馬克的屍體。因此，像在水裡的一條石斑魚這樣剎那間的一件事情，在數小時之前就絲毫不差地被預見到了！

其是第 4、12、14、16 個例子）以及容·史蒂林的《聖靈論的理論》第 155 節。假如預言能力更爲常見而不是像現在這樣稀罕，那麼，無數被預見到的事情就會準確無誤地發生，證明所有事情的發生都有其嚴格的、必然性的、不容否認的事實證據就會普遍存在，每個人就都可以接觸到。然後，人們就再也不會對這一點產生懷疑：雖然事情的發展表現爲純粹是偶然的，但歸根結柢，事實卻不是這樣。相反，所有的那些偶然本身都在某一深藏不露的必然性之中，那些偶然本身只是這一必然性的工具而已。能夠一窺其中的情形就是自古以來所有**占卜術**努力爭取的事情。重溫那些預見未來的事實例子，可以引出這一結論：所有的事情不僅伴隨著完全的必然性而發生，而且發生的這些事情從一開始就以某種方式註定了，是客觀上確定了的東西，因爲這些事情在預見者的眼裡已經顯現爲此刻存在的事情了。儘管如此，我們仍然可以把這種情形歸因於因果鏈的發展所必然導致的事情。但無論如何，認爲所有發生的事情，其必然性**並不是盲目的**，亦即確信我們的人生歷程既是必然的，同時也是有計畫安排的——這種認識，或更精確地說，這種觀點是更高一級的宿命論。這種宿命論不像一般的宿命論那樣，可以簡單地加以說明或者證明。不過，我們每一個人或許遲早都會在某一段時間裡有過，或者從此永遠認定了這種宿命論，這根據一個人的思想方式而定。我們可以把這種宿命論稱爲「超驗的宿命論」，以把它從那種一般的可被明

[247] 示的宿命論區別開來。「超驗的宿命論」不像一般的宿命論那樣，嚴格來說是理論性的知識，或者出自這方面必要的調查研究，因爲這些工作幾乎無人能夠勝任，而是在自己人生進程的經歷當中逐漸形成的。也就是說，在所經歷的事情當中，某些事件的發生特別引人注目，一方面由於這些事件尤其和非常地適合當事人，所以，這些事件有著某種道德上的或者內在的必然性的印記；另一方面這些事件也明顯有著完全是外在偶然性的痕跡。頻繁發生這樣的事情就會逐漸使人們得出這一看法，這看法通常還會變成這樣一種確信：一個人的人生歷程，無論從表面上看

是多麼的雜亂無章，其實卻是一個自身協調與和諧，有著確定方向和啓發意義的整體，幾乎就像是一部構思極盡周密的史詩。[2]不過，一個人的人生歷程所給予這個人的啓發和教訓也只唯一與他的個體意志有關，而他的個體意志歸根結柢也就是他的個體錯誤而已。這是因為規劃和整體並不在世界歷史當中，就像教授的哲學所幻想的那樣，而是在個體的一生中。民族的確只存在於抽象之中，只有個人才是眞實的。所以，世界歷史並沒有直接的形上的意義；它其實只是偶然形成的形態。在此我提醒讀者參見我在《作爲意志和表象的世界》第 1 卷第 35 節對這一問題的論述。因此，在個人命運的問題上，許多人都會產生超驗宿命論的看法。人們在度過了生命中相當長的一段時間以後，只要對自己的生活仔細檢查一番，那或許每一個人都會在某個時候有機會產生這種超驗宿命論的想法。的確，當一個人回顧自己人生歷程中的細節時，自己一生中所發生的一切有時候似乎早就安排好了，而出現過的人物就猶如登場的演員而已。這一超驗宿命論不僅包含許多慰藉，而且或許還有許多眞實的東西。因此，在各個時代，超驗宿命論甚至成了人們宣講的信條。[3]在這裡，有必要提及一段完全不帶偏見的證詞，它出自一個飽經世故的宮廷大臣，並且是在其年逾古稀之時給出的。90 歲的涅布林在一封信裡寫下了這一段話：經過仔細地觀察，我們就會發現大多數人的一生都有

[248]

---

[2] 如果我們在腦子裡仔細回想許多過去的情景，就會發現其中的所有事情似乎早被事先安排好了，就像一部小說裡面計畫得有條不紊的情節一樣。

[3] 我們的**行為**和我們的**人生軌跡都不是自己的作品，我們的本質和存在**才是自己一手造成的，雖然無人會作如是觀。理由就是我們的本質和存在，加上那根據嚴格因果關聯而出現的情境和發生的外在事件——在這基礎上，我們的行事和人生軌跡就會遵循著絕對的必然性而產生。在一個人誕生的時候，這個人未來一生的軌跡，直至每一個細節，都已經無法挽回地被確定下來了。因此緣故，當催眠者發揮出他的最強能力時，能夠精確地預言一個人的一生。當我們思考和評價我們走過的人生道路，做過的事情和承受過的痛苦時，應該牢記這一偉大和確切的真理。

某種規劃——這一規劃透過人們自身的天性或者透過外在的情勢得以實施；這規劃就好像預先勾勒下來。儘管人們的生活狀態起伏不定和變化多端，但到了人生的結尾，我們看到的是一個統一體，這裡面可看出有著某種特定的和諧一致……雖然某一特定的命運在隱祕地發揮著作用，但這命運之手仍然清晰可辨；這隨著外在影響或者內在衝動而動，甚至相互矛盾的原因都常常結合起來，隨著這命運之手的方向活動。不管人生進程如何迷惘、混亂，動機和方向總會顯示出來（《涅布林的文學遺著》，1840，第 2 版，第 3 卷，第 452 頁）。

我這裡所說的每個人一生中的某種規劃性，當然可以部分地從一個人與生俱來的、呆板如一的性格得到解釋，因為這一性格始終把這個人拉回到同樣的軌道上去。與自己性格至為吻合的東西，每個人直接和準確地一眼就可認出。一般來說，他根本不是在清晰的反省意識中領會到這些，而是直接地就像本能一樣地循著自己的性格行事而已。這樣的認識，只要轉化為行動，而沒有進入清晰的意識，那就與馬紹爾·荷爾的條件反射行為相差無幾。由於這一特性，每個人都會追求和抓住適合自己個人的東西，他甚至無法向自己解釋清楚為何會這樣做；他這樣做既非受到外在的影響，也不是由於自己的虛假概念和偏見所致，情形就像在沙灘上被陽光孵化的海龜：牠們破殼以後馬上就會筆直向海裡爬去——這時，牠們甚至還沒有看見海水的能力。所以，這是我們內在的羅盤，神祕的衝動，引導我們準確地走上那條唯一適合我們的道路。不過，也只有當一個人走完了自己的人生之路以後，他才會發現這條道路的方向是始終如一的。但這些與外在環境所發揮的巨大力量和強烈影響相比，卻又似乎並不足夠。在此，並不那麼可信的就是：這世上最重要的事情，亦即經過這許多的忙碌、折磨和痛苦之後才換來的人生歷程，其受到的另一半指引，亦即來自外在的指引，竟是出自的確盲目的偶然性之手，而這偶然性本身什麼都不是，也缺少任何秩序和安排。我們更寧願相信，正如有某些名為「失真形象」的圖像（蒲葉，《實驗和氣象

物理的元素》，第 2 卷，171）：這些圖像肉眼看上去只是扭曲失真、殘缺不全的東西，但透過圓錐鏡察看，這些圖像卻顯示出正常人形——同樣，純粹依靠經驗來理解人生世事的發展，就像是用肉眼看那些「失真形象」，而認為事情的發展遵循著命運的目的就猶如透過圓錐鏡看那些圖像，因為圓錐鏡把原來分散的和支離破碎的東西連接和安排在一起了。不過，針對這種觀點總有另一反駁意見：我們在生活事件中以為看到的那種有組織的連繫，只不過是我們的想像力在無意識發揮作用而已；想像力發揮了整理、圖解的作用，就像在斑駁的牆上，我們會看到清晰和美麗的人形和群體——那是因為我們的想像把偶然分散各處的斑點有組織地連繫了起來。不過，可以這樣假設：就這些詞的最高和最真實的意義而言，對我們是合理的和有益的事情，不可能只是計畫過但卻又從來沒有具體實行過的事情，亦即不可能只是存在於我們的頭腦裡面，被阿里奧斯托稱為「空洞不實的計畫」，從來不曾真實存在過的東西——這些計畫因為偶然而遭挫敗，我們在此後的一生中都為此感到懊喪、悲哀——而毋寧是在現實的巨大圖案中留下了現實印記的東西，並且在認出了這些事情的目的性以後，我們帶著確信說出這句話以形容這些事情，「這就是命運的安排」，亦即必然發生的事情。所以，要實現在這意義上的目的性，就必須以某種方式透過深藏於事物根源之中的偶然的與必然的統一體。在人生進程中，由於這統一體的原因，內在必然性顯現為人的本能衝動，然後是理性的權衡、思維，最後是形勢的外在作用加入而共同發揮作用。這樣，在人生走到盡頭以後，在這些因素的共同作用下，這一生就猶如一件終於圓滿完成的藝術品——雖然在此之前，當人生還在進展時，看起來好像欠缺計畫或者目標。這種情形跟每一件只是定下了製作規劃的藝術作品是一樣的。當人生結束以後，仔細審視這一人生的每一個人都會驚嘆：這一人生軌跡簡直就是匠心獨運、深謀遠慮和堅持不懈的傑作。總而言之，這一人生的意義取決於這一人生的主體是平庸的抑或出類拔萃的。從這一角度出發，我們就能領會這

[250]

一相當超驗的思想：「現象的世界」是由偶然統治的，在其背後卻是一個控制著偶然、無處不在的「思考的世界」。當然，大自然所做的一切事情都只著眼於物種，而純粹只是為個體的話，則一丁點兒都不會去做，因為對大自然來說，物種就是一切，個體則什麼都不是。不過，我們假設在此發揮了作用的並不是大自然，而是在大自然以外的某種形上的東西——它**完整**、**不可分**地存在於每一個體裡面，所以，所有這一切都涉及全部個體。

[251]

為澈底澄清這一問題，我們的確首先應該回答這些問題：一個人的性格有可能與這個人的命運完全不相吻合嗎？或者就主要方面而言，每個人的命運都與他的性格相匹配嗎？或者最後這一問題：是否的確有某一隱祕、無從捉摸的必然性，就像一齣戲劇的作者那樣，把一個人的命運和他的性格總是天衣無縫地連接在一起？但恰恰是在這一問題上，我們是不清楚的。

在此期間，我們相信自己在時時刻刻都是自己行動的主宰。可是，在我們回顧自己所走過的人生之路，尤其當我們清楚地回想起自己邁出的不幸一步及其招致的後果時，通常都無法理解我們為何做了這樣的事，而又沒做那樣的事，以致看起來彷彿某種奇怪的力量在冥冥中指引著我們的腳步。所以，莎士比亞說：

命運，顯示您的力量吧，我們身不由己，
命定如何，就該如何！

——《第十二夜》，第 1 幕，第 5 景

甚至歌德也在《柏利行根的神祇》第 5 幕寫道：「我們人類無法駕馭自己；控制我們的力量由那些邪惡精靈所一手掌握；他們惡意戲弄我們，使我們沉淪、毀滅。」另外，在《艾格蒙特》（第 5 幕，最後一景）寫道：「人們以為指揮著自己的生活；但內在深處卻不由自主地受到自

己命運的牽引。」的確，先知耶利米已經說過：「每個人的行事並不在自己的掌握之中，指揮腳步的並不是行進中的那個人。」（10，23）

我們可以比較希羅多德（50，1，約91和9，約16），還有盧奇安的《與死者對話》（19和30）。古人在詩歌和散文中永遠不知疲倦地強調命運的無所不能和以此襯托出人的無能為力。無論在哪裡，我們都可以看到人們對此觀點深信不疑（西塞羅，《書信集》，5），因為他們感覺到在那明顯可經驗的事物的關聯之下，還隱藏著某種祕密的事物關聯。因此，在希臘語裡對這一概念有多個稱謂。[4]所有這一切都是因為我們的行事是兩種因素作用之後的必然結果。其一是我們的性格：固定不變，並且只能後驗地，因此是逐漸地為我們所了解；其二是動因（動機）：存在於外在，隨著世事的發展而必然出現，並且在性格保持不變的前提下，以一種必然性決定了既定性格的作為，其必然性與機械活動的必然性沒有兩樣。對事情隨後的發展做出判斷的我是認識的主體，而這認識的主體對性格和動因而言是陌生的，它只是對這兩者的活動和成事做出評判的旁觀者。這樣，它當然有時候就會感到吃驚了。

然而，一旦領會了這種超驗宿命論的觀點，並從這一觀點出發審視一個人的一生，我們有時候就會看到一些至為奇特的事情：在發生的某一事件裡，明顯物理上的偶然性與這事情的道德和形上的必然性結合在了一起，恰成對照；但後者卻始終無法加以論證和說明，而永遠只能運用想像去理解。為使讀者清楚明白這種情形，我舉一個著名的例子，同

[252]

---

[4] 奇怪的是，古人的頭腦裡充滿了命運無所不在、無所不能的思想。不僅詩人──尤其是寫悲劇的詩人──甚至哲學家和歷史學家都是這方面的證人。在基督教時代，這一思想退居幕後，不再被大肆強調了，因為排擠它的是上帝控制命運的觀念──這種命運觀念預先假定了某種智力根源的存在；由於這智慧發自某一個體神靈，這種命運也就不是那麼一成不變、毋庸更改了，與此同時，這一觀念也就不再那麼深刻和神祕了。後一種命運論無法取代前一種，更有甚者，它還責備前者欠缺信仰呢。

時，由於這是一個特別明顯的例子，它又非常適合成爲這一類情形的典型代表。我們不妨看一看席勒的《跟隨著鐵錘前行》一劇。在劇中，可以看到費利多林由於參加彌撒而延緩完全是偶然所致，但是對他來說這一延緩又是極其重要和必然發生的。如果我們仔細回想自己走過的人生[253] 之路，或許就會發現類似的情形，雖然沒有那麼重要也沒有那麼突出和明顯。許多人就會因此不得不做出這樣的假設：**某種祕密的和不可解釋的力量**引導著我們一生中的轉折和變化，雖然很多時候是違背我們當時的目標和打算，但與我們這一生的客觀整體和主觀適宜卻是一致的，因此也就是促進了我們的眞正利益。所以，事過境遷以後，我們經常都認識到當初那些相反方向的願望是多麼的愚蠢。「命運引領順從者，但拖曳不情願的人。」這一力量還必須以一條貫穿一切事物的無形線繩，把那些不曾被因果鏈互相連接起來的事物結合起來，讓其在必要的時候走在一起。因此，這種力量完全主宰著眞實生活中的一連串事件，就猶如一齣戲劇的作者主宰著他戲劇中的事件一樣：偶然和錯誤首要和直接地干擾了事物有規律的因果發展，但這兩者只是這力量的無形之手所運用的手段而已。

深藏不露的必然性與偶然性結合在一起，由此產生出這樣一種無法探究的引導力量——這是一個大膽的假設，最有力地促使我們做出這一假設的是考慮到這一事實：每一個人在體質、道德、智力方面的確定和獨特的個性——這些對這個人來說就是全部的一切，並因此必然是出自一種至高的形上的必然性——在另一方面（正如我在我的主要著作第 2 卷第 43 篇已經表明了的）卻又是這個人的父親的道德性格、母親的智慧和兩者合爲一體所導致的必然結果，而雙親的結合一般來說都是明顯由偶然情況所致。所以，在此，把必然性和偶然性最終結合一體的需[254] 要，或說形上和道德上的要求就無法抗拒地強加給了我們。但要對這兩者一體的根源獲得一個清晰的概念，我認爲是不可能的。我們只能這樣說吧：那就是古人所說的命運，也包括了人們對「每個人都有一個守護

神」這一說法所理解的內容，以及被基督徒尊為無所不能的上帝。雖然這三者是有區別的，因為命運被看作是盲目的，但後兩者卻密切注視著一切，但這些把命運擬人化的差別，在與事物深層內在的形上的本質相比，就站不住腳並變得毫無意義。我們只能唯獨從這種深層內在的形上的本質中尋找偶然性與必然性那讓人無法解釋的合為一體的根源，而這必然性與偶然性的合為一體亦即表現為操縱我們所有人類事務的神祕力量。

認為每一個人都有一個守護神，並且這守護神掌管著這個人的一生——這種看法據說源自古代義大利西北部的伊特拉斯坎人，但這種看法在古代流傳很廣。這看法的中心內容包含在米蘭特的一首詩裡，這首詩由普盧塔克為我們保存了下來；它也見之於斯托拜阿斯的《物理學與倫理學文選》一書中：

一個人在出生的時候就獲提供一個守護神，
以指引他走過生命中的迷途。

柏拉圖在《理想國》的結尾處告訴我們：在再生之前，每個靈魂都要自己選擇命運及與此命運相應的性格。然後，柏拉圖寫道：「當所有的靈魂都已經選定了自己的一生以後，他們排隊根據所抽的籤走到拉赫西斯跟前。拉赫西斯便派給每個靈魂自己所選擇的守護神，以便保護他們度過自己的一生，完成自己的選擇。」（第 10 卷，621）波菲利在這一段話加上了頗值一讀的評論——它被斯托拜阿斯在《物理學與倫理學文選》（第 2 卷，第 8 章，第 37 節）保留了下來。但柏拉圖（第 10 卷，618）在這之前就曾談及與此相關的問題：命運只決定了做出選擇的次序；不是神決定你們的命運，而是你們自己選擇命運。誰拈鬮得到第一號，誰就第一個挑選自己將來要過的生活。賀拉斯把這種情形優美地表達了出來： [255]

> 這種事情只有守護神才會知曉，
> 他緩和星辰的命運預言
> 他是具有人性的一個可朽神祇
> 他變化多端，形象因人而異，
> 一會兒是光明的形象
> 一會兒又是陰暗的形體。
>
> ——《書信集》，2，第 187 首

關於這種守護神值得一讀的描述見之於阿普列烏斯的著作（《論蘇格拉底的守護神》，第 236、38 頁）。揚布利科斯所寫《論神祕的埃及》也有談論這一問題的簡短但卻重要的一章。但更值得人們注意的是，波洛克奴斯對柏拉圖的阿基比亞德斯的評論（第 77 節）：「引領我們的一生，實現我們在誕生前就已生效的選擇，把命運和誕生自命運的神祇所給予的禮物，以及上天神靈的陽光分派給我們——他就是守護神。」柏拉色斯也異常深刻地表達過同樣的思想，因為他寫道：「要恰當地理解命運的話，那就是每個人都有一個精靈，就寄住在人身之外，他的座椅就在星星的上面。這精靈使用其主人的浮雕圖案（Bossen）[5]；這精靈向這個人預兆將要發生的事情，這些精靈就叫做命運。」（柏拉色斯著作，史特拉斯堡，1603，總 2，第 36 頁）值得注意的是，普盧塔克也已經有過同樣的見解，因為他說靈魂除了沉浸在人的塵世肉身裡面的那一部分以外，更加純淨的另外一部分卻作爲星星懸在人的頭頂，並被正確地稱爲這個人的守護神。這守護神引導著這一個人，而一個人越明智，那他就越願意聽從守護神的引導。這一大段太長了，不宜在這裡抄錄下來，它見之於《蘇格拉底的守護神》一書。裡面的關鍵句子是這樣

[256]

---

[5] 意思是樣式、浮雕等，出自義大利語的「bozza」、「abbozzare」、「abbozzo」；從這些字就有了「Bossiren」以及法語的「bosse」。

的：「在肉身的暗流裡移動的部分稱爲靈魂，但那永不消亡的部分則被大多數人稱作精靈；他們相信精靈就寄住此身內部。不過，持正確見解的人卻認爲這種東西寄住身外，並把它稱爲守護神。」附帶說一句，眾所周知，那喜歡把異教徒的一切神祇、鬼怪變爲魔鬼的基督教，似乎把古人所說的這種「守護神」變成了學者和魔法師手中的「家神」了。基督教所描述的人格化的命運主宰大家都相當熟悉，不需要我在這裡多說。但是，所有上面這些稱謂和說法，都只是對我們正在談論的事情的形象、比喻的理解，一如總體而言，除非運用形象和比喻的方法，否則，我們無法理解最深刻、最隱祕的真理。

事實上，那種深藏不露，甚至可以控制外在影響的力量，歸根結柢卻是根植於我們神祕的內在，因爲一切存在的自始至終的確就在我們自身。就算碰上最幸運的情形，我們也只是從很遠的距離匆匆一瞥那個中的可能性，並且也只能透過類推和比喻的方式。

與那種發揮神祕控制作用的力量最近似的就是**大自然的目的論**，因爲這目的論讓我們看到：一些符合目的的事情是在人們對這些事情的目的並沒有任何認識的情況下發生的，尤其是外在發生的事情明顯符合某一目的，亦即在不同的，甚至異類的或者無有機體的東西之間發生的事情。其中一個令人驚異的例子就是海水把大量的浮木沖至沒有樹木的極地。另一個例子就是我們這一行星的陸地完全是向著北極堆積，而在北極，由於天文學上的原因，冬季 8 天是短少了的，並因此比南極暖和許多。在完整和封閉的有機體裡面清晰表現出來的內在與目標一致之處，爲促成某一目的而相互結合得天衣無縫，讓人吃驚的大自然技巧與大自然的純粹機械論，或說終極原因與作用原因（與此相關的論述，可參見我的主要著作第 2 卷，第 26 章，第 334-339 頁），讓我們由此類推地看到那發自不同甚至彼此相距遙遠的點，似乎對自己也不明所以的東西，卻爲著一個終極的目標通力合作，並準確地匯聚在這一終極目標。在這過程中並沒有認識力的指引，而是由於某一先於一切認識可能性的

[257]

更高一級的必然性。再者，如果我們回想起由康德和稍後由拉普拉斯提出的關於我們這一行星體系的起源的理論——這一理論的可能性幾乎已經是確鑿無疑的了——並且對我在主要著作第 2 卷第 25 章第 324 頁中所作的考察進行一番思考，也就是再三思考那些盲目的自然力如何透過遵循它們的既定不變的定律而活動，最終引出了這一井然有序讓人讚嘆的行星世界，那麼，我們在此就有了一個類似例子，可以幫助我們大致上和從遠距離看到這樣一種可能性：甚至一個人一生中所遭遇到的事件，儘管經常受到盲目偶然的隨心所欲的擺布，但這些事件的進程卻好像受到有計畫的指引，符合這個人真正的和最終的利益。** 假定是這樣的話，**上帝決定我們命運**的信條，這一完全擬人化的說法雖然不是直接的，在本來意義上的真實，但卻是對一個真理所作的間接的、寓言式的和神話式的表述，因此，就像所有為實際服務的宗教神話一樣，在給予主觀安慰方面是完全足夠了。在這種意義上，這一信條跟諸如康德的道德神學是一樣的：康德的道德神學可被理解為一種方向、態度的樣板模式，也就是寓言式的。所以，一句話，這樣的信條雖然不是真實的，但與真實也已相差無幾了。也就是說，正如在大自然深沉的、盲目的原始自然力裡——其相互作用就產生了我們的行星系統——那生存意志就已經是內在運作和指導的東西（在這之後就出現在這世界的至為完美的現象裡），就已經透過嚴格的自然法則，為著自己的目標而奮鬥，並為建立這一世界及其秩序打下了基礎，例如：透過最偶然的一次推進或者擺動就永遠地決定了黃道傾角和自轉速度，而最終的結果必然表現了生存意志的全部本質，這恰恰是因為生存意志的全部本質已經在那些原始自然力當中活動，同樣，決定著一個人的行為的所有事件，以及引出這

** 後來的版本中加了注釋。注釋的內容是：「甚至當你睡著的時候，事情仍然由於自身的原因而持續發展，既可能是為了你的幸福、平安，也可能是為了與此相反的目的。」（米蘭特語）——譯者注

些事件的因果關聯，只是那也在這個人身上顯現的同樣意志的客體化。由此可見——雖然這仍然相當於霧中視物——這些事件必定與這個人的特定目標協調、吻合。在這一意義上，這些也就構成了那種指引個人命運的神祕力量，並被寓言化為這個人的守護神或者決定著他命運的上帝。但純粹客觀地考慮，正是並永遠都是那全面包羅萬象、無一例外的因果關聯（由於這因果關聯的緣故，一切發生的事情，其發生都是嚴格必然的），取代了那只是神話中的世界主宰，並的確有理由稱得上世界主宰這名字。

下面這些泛泛的思考會幫助我們了解上述所言。「偶然」意味著在因果上沒有關聯的事情在時間上交會。但沒有什麼事情是**絕對**偶然的，就算是至為偶然的事情也是從更遠的途徑而來的必然發生的事情，因為處於因果鏈遙遠上端的某些明確的原因，很早就已經必然地決定了這一事情必須恰恰在此刻，並因此是與另外的其他事情同時發生。也就是說，發生的每一件事情都是在一條沿著時間方向前行的原因與結果鏈條上的某一環。但由於空間的緣故，這樣的鏈條卻並存著無數條之多。這些因果鏈條卻不是互相完全的陌生和沒有任何的關聯。更準確地 [259] 說，這些因果鏈條以多種方式糾纏在一起，例如：現正同時發揮作用，各自會產生不同結果的多個原因，都源自更早的一個共同原因，因此，這些之間的關係就猶如曾孫子與曾祖父一樣。在另一方面，現在出現的某一結果通常需要許多不同原因的交會，其中每一個原因都是它們各自那條從過去發展而來的因果鏈上的一環。因此緣故，所有那些沿著時間方向前行的因果鏈構成了一個多方纏繞的、共同的巨網；這一巨網以其整個寬廣度同樣是沿著時間的方向前行，並正好構成了世界的進程。如果我們把那些單個的沿著時間方向的因果鏈用經圈標示出來，而同時發生的並正因此互相沒有直接因果關係的那些，可以在任何一處以緯圈標示出來。儘管處於同一緯圈的所有事情之間沒有直接互為因果，但是，由於這整個網絡的交織相聯，或者說由於那沿著時間方向滾動的所有原

因和結果成一整體，所以，這些事情之間仍然有著一種間接的雖然是遙遠的連繫：這些事情現在同時並存，因此就是一種必然。正是基於這一道理，一件在更高意義上是必然要發生的事情，其所有條件就會偶然地交會在一起——這種事情的發生也就是命運的旨意。例如：下面這一事實也是基於同樣的道理：由於民族大遷移，野蠻的洪流在歐洲氾濫，希臘雕塑最精美的作品，還有拉奧孔、梵蒂岡的阿波羅神像等，就好像馬上經由劇院舞臺的活板門消失了，因為這些東西轉到了泥土的懷抱，以便在那裡安然無恙地等待一千年，期待著一個更加溫和、高貴，懂得並且欣賞藝術的時代的來臨；而最終在15世紀末，教皇朱利二世統治下的這個時代終於到來了，那些保存完好的藝術典範和表現了人體的真正典型的巨作，也就完好無損地重見天日。同樣基於這道理，個人一生中重要的和決定性的機會和境遇也是適時而至。最後，甚至預兆的發生也是這樣，而人們對預兆的相信是那樣的普遍和無法根除，以致頭腦卓越的人相信預兆也不是稀奇的事情。這是因為沒有什麼是**絕對**偶然的，其實，一切都是必然地發生，甚至那些彼此之間**並沒有**因果連繫的，在同一時間發生的事情，亦即我們所稱的偶然，其發生也是必然的，因為現在同時發生的事情早就已經透過在極為遙遠的過去的那些原因，確定了**要在此時發生**。因此，一切都會在相互間映照，在相互間引起迴響。希波克拉底那句著名的適用於有機體的協調運作的說法（《論營養》），也可適用於總體的事物：「那只是一次的流動，一次的呼吸，但一切都息息相關。」（科因編，第2卷，第20頁）人們對預兆的重視難以根除，他們「從動物的內臟和鳥兒的飛行預測未來的事情」，翻開的《聖經》的一頁，鋪開的撲克牌，擲鉛，查看咖啡渣等等，都證明了人們抗拒理智根據而堅持這樣的假定：從此時此刻和眼前清晰可見的事物，就有可能知道由於空間或者時間的緣故而隱藏的東西，也就是在遙遠的地點或者在未來的時間所發生的事情；這樣，只要人們掌握了真正的解碼鑰匙，就可以從此看到彼。

第 2 個類似例子，可以幫助大家從完全不同的一面間接明白我們此刻正在思考的這一超驗宿命論。那就是**睡夢**。我們的生活與夢境有著許多相似之處，人們對此早有認識，並且也經常表達過這種認識。甚至康德的超驗唯心主義也可以被理解為最清晰地闡明了：我們所意識到的生存，其性質是夢幻一般。這一點我在《康德哲學的批判》中已經指出。而且正是這種與睡夢的相似之處讓我們看到（雖然這仍然只是遠距離地霧裡看花）一種神祕的力量是如何有其目的地控制和引導著與我們有關的外在事件，而這種神祕力量卻可能根植於我們自己那難以探測的本質深處。也就是說，甚至在夢裡，情境會純粹偶然地巧合在一起，變成了我們行為的動因，而這些情境都屬於外在的，並不聽任我們的指揮，甚至通常是招我們討厭的。但這些情境相互之間卻有著某種祕密的、符合一定目的的關聯，因為某種隱藏著的力量——夢中的一切偶然都聽命於這力量——在控制和安排著這些情境，甚至僅僅在與我們有關的方面。但在這裡，最奇怪的事情就是這一種力量歸根結柢不是別的，而只是我們自己的意志，只不過其發自的角度並不屬於我們做夢時的意識。所以，夢中發生的事情通常都與在夢中的意願相悖，使我們感受著驚訝、懊惱，甚至極度恐懼，而我們自己其實在暗中操縱著的命運卻沒有解救我們。同樣，在夢裡，我們熱切地詢問某件事情，並得到了一個讓我們大為驚嘆的答覆；或者我們被別人問起一個問題，例如：在考試的時候，而又無法回答，但另一個人卻出色地給出了答案，使我們自嘆弗如。在上述兩種情況下，對問題的回答永遠只能來自我們自身的能力。為能更清楚地表明在夢裡這種來自我們自身的對事件的神祕指引和更好地理解其運作，我這裡還有一個唯獨能解釋清楚這一問題的例子，但這例子無法避免的是淫穢的性質。所以，我假設是在向尊重的讀者諸君發話，大家不會介意，同時也不會把這一笑置之。眾人皆知，有一些夢是大自然為了某一物質上的目的，例如：釋放滿溢的精液。在這種夢裡，當然會出現色情的情景。但有時候在其他沒有或者無法達到這一目的的

[261]

[262]

夢中，也會出現同樣的情景。不過，這兩種夢卻是有區別的：在第1種夢裡，美女和機會很快就會促成我們的好事，大自然也就此達到了目的；但在第2種夢裡，在得到我們熱切渴望的尤物的過程中，新的障礙層出不窮，而我們又無法掃除這些障礙。這樣，到最後我們仍然無法達到目的。那製造出這些障礙並且接二連三使我們的強烈願望受挫的，只是我們自己的意志，但其所發自的領域卻遠遠超越夢中人的表象意識之外，所以，它在夢中就顯現為強硬、無情的命運了。那麼，現實生活中的命運和每個人從自己的一生或許都會逐漸注意到的那種符合一定的目的、計畫，不就可能與夢中的情形有著某種相類似嗎？有時候會有這樣的情況：我們擬定好了一套計畫，並且摩拳擦掌要付諸實行，但之後，發現這一計畫與我們的真正利益完全不相符合。在這期間，我們熱切地循計畫而行，但卻會感覺到命運對此存心作對，因為命運啟動其一切機器以破壞這一計畫。這樣，命運就最終違反我們的意願，把我們強行推回到那條真正適合我們的路上。在遭遇這些似乎有目的的阻礙時，不少人會說出這樣的話，「我就看出事情是不對勁的」；也有人會把這稱為不祥之兆；另外，更有人會說這是上帝發出的暗示。不過，他們都會有這一共識：當命運明顯執拗地阻撓我們的某一計畫時，我們就應該放

[263] 棄，因為既然這一計畫與我們意識不到的目的不相吻合，那是不會實現的；如果我們一意孤行地想完成這一計畫，那只會招致命運更加殘酷的打擊，直至我們終於重新返回正確的道路上為止。或者如果我們終於成功地強行實施了計畫，那只會帶給我們禍殃和損害。上文所說的那句話，「命運引領順從者，但拖曳不情願的人」，在此得到了完全的證實。在很多情況下，事後的結果清楚地表明這一計畫的失敗，無論從哪一方面來說都對我們的真正幸福大有裨益，但關於這一點我們自己卻有可能是不清楚的，尤其是如果我們把形上、道德層面的東西視為我們的真正幸福和利益。但現在，如果我們回顧一下我的全部哲學所得出的主要成果，亦即表現並維持這世界現象的正是**意志**；意志也活在和奮鬥在

每一個個體當中，並且如果大家同時還回想起人們所普遍承認的生活與睡夢的相似之處，那麼，概括我到此為止所說的，我們可以想像這種情形大致上是可能的：正如每一個人都是自己的睡夢的祕密導演，那麼，控制我們的真實人生軌跡的命運，歸根結柢也以類似地某種方式源自意志，亦即我們自身的意志；但在人生歷程中，以命運的面目出現的，其作用所發自的區域遠遠超越我們個人的想像、表象意識之外，而我們的個人想像和表象意識則只是提供動因，以指引我們那在經驗中可認識的個體意識；因此，我們的個體意識經常不得不與我們那顯現為命運的意志、引領我們的守護神、「居住在我們的自身之外並在星辰中有其位置的精靈」發生異常激烈的衝突，而作為命運、守護神、精靈等的意志則從長遠俯視著個體意識，並因此毫不留情地針對個體意識安排和確定了某樣事情作為其外在約束，而這些事情，意志是不會讓個體意識有所察覺的，也不會讓這些事情無法執行和流於失敗。

首先，引自史考特·愛留根納關於「神」的一段見解會緩和這斗膽說出的話所產生的令人詫異，甚至近乎天方夜譚的效果，但必須記住： [264] 愛留根納所說的「神」是沒有認識力的，也沒有時間、空間和亞里斯多德的10大範疇這些屬性；其實，它僅有一個普遍的稱號，那就是**意志**——很明顯，愛留根納的「神」不是別的，正是我稱之為「生存意志」的東西：「只是因為一些事情還沒有在我們現實事物的經歷過程中出現，我們就說神並不知曉他其實早就知道，並且早就確定了的事情——這是對神的另一種無知。」（《論大自然的劃分》，牛津版，第83頁）相隔不遠，他又接著寫道：「對神的第3種無知就是我們這樣的說法：神並不知道那些並不會隨著行動和做事而顯現出效果的事情，雖然神在自身具備了肉眼無法看見的根據、原因——這些是神自己創造出來並為神所知悉。」

現在，如果我們為了更好地理解我所闡述的觀點，而藉助那已獲得認可的人生與夢的相似之處，那我們仍然必須注意到人生與夢之間的

這一差別：在夢裡，關係是單方向的，也就是說，只有**一個**正在感覺著和意志著的**我**，其他一切都是幻影而已；在人生的大夢裡，關係是互相的，因為一個人不僅必須在其他人的夢中現身，同樣，其他人也會在他的夢裡現形。因此，由於一種真正的「前定的和諧」，每個人都只夢到與自己的形上的導向相應、相吻合的東西，所有的人生之夢是那樣別出心裁地互相糾纏在一起，每個人都得知對自己有益的東西，與此同時，又為他人做出必須的事情。於是，某一重大的世界性事件就與千萬人的共同命運相吻合，方式卻因人而異。所以，一個人一生中的所有事件是以兩種根本不同的方式連結起來的。第 1 種是大自然進程的客觀因果關聯；第 2 種則是主觀（主體）上的關聯，只涉及經歷這些事件的個人，

[265] 並且跟這個人所做的夢一樣主觀，但在這個人那裡，事件的順序和事件的內容也同樣是必然確定了的，但其方式就猶如一齣戲劇裡面依次變換的場景，全由戲劇作者的計畫所決定。上述兩種關聯同時並存，而同一事件作為兩條完全不同的鏈條中的各自一環，卻精確地嵌入這雙重的鏈條。這樣的結果就是一個人的命運與另一個人的命運總是相互配合得恰到好處。每個人都是自己的戲劇的主角，與此同時，也在別人的戲劇中扮演角色。當然，所有這一切都超出我們的智力所能理解的範圍，只能藉助那奇妙至極的「前定的和諧」，我們才可以把所有這一切認為是可能的事情。但在另一方面，認定所有人的人生歷程及其互相交往是不可能有其協調、和諧的，情形與作曲家賦予其交響樂中那些似乎雜亂、轟鳴的聲音以協調、和諧並不一樣——持這樣的看法，是否胸襟狹隘、欠缺了勇氣？如果我們回想起人生之大夢的主題在某種意義上只是一樣東西，就是生存意志，而複雜多樣的現象是以時間和空間為條件，那麼，我們就不會對那宏大的想法感到那麼的厭惡。這是那一實質所做的大夢，但方式卻是其中的每一個人都一齊做夢。因此，所有一切都互相嵌入並互相吻合。一旦我們同意這一點，接受了事情發生的雙重鏈條——正是因為這雙重鏈條，每一個人都在一方面為自己而存在，符合自己的

本性以必然性行事和活動，走自己的路；但在另一方面，卻又完全是確定了和適宜被別人所理解，就像呈現在別人夢中的圖像一樣地影響別人——那麼，我們就只能把這一道理推廣至整個大自然，亦即包括了動物和其他沒有認識力的東西。那就再一次讓我們看到了預兆、預言、奇蹟昭示的可能性，因為在大自然的進程中必然發生的事情，又可以在另一方面被視為對我而言只是影像或圖像，是**我的人生之夢**的素材、內容，其發生和存在僅僅與**我**有關，或者甚至只是**我的**行動和經歷的反映和迴響而已。所以，一件事情當中的自然成分和原因方面的可被證明的必然性，絲毫不會消除這件事情的預兆性，而後者也同樣不能消除前者。所以，不少人誤以為只要表明一件事情的發生是不可避免的，就可以駁倒事件的徵兆成分，因為他們會非常清楚地證明這一事情發生的自然和必然的作用的原因；如果這是一件自然界發生的事情，那就帶著一副很有學問的樣子用物理學方法去證明。但他們可是走錯了路。一個理性的人不會懷疑他們這些東西，人們也不會硬把事物的徵兆說成是一大奇蹟，而恰恰是因為那延伸至無窮無盡的因果性，以其特有的嚴格必然性和久遠的預先確定性，已經不可避免地確定了這一事件是在這樣一個時刻發生，所以，這一事件的發生才會有它的預兆。那些似乎懂得很多的人，當他們變成用物理學的觀點看待和理解事物以後，尤其應該記住莎士比亞的這一句話：「天地間的事情比你們的哲學所能想像的多得多。」（《哈姆雷特》，第 1 幕，第 5 景）但隨著對徵兆的相信，研究占星術的大門又打開了，因為哪怕是最微不足道的被認為是徵兆的一件事情，例如：鳥兒的飛行，與某人的不期而遇等等，其發生是以長無盡頭的、嚴格必然的一條原因鏈為條件，一如星星在某一特定時間會到達某一可計算出來的方位有著同樣的前提條件。當然了，只不過星座高高在上，地球上半數的人都能同時看到它們，而徵兆則只出現在與個人相關的領域裡。再者，如果我們想形象地理解徵兆的可能性，又如果一個人在其人生進程中走出重要的一步，其後果仍然隱藏在將來，而這時候

[266]

[267] 他瞥見了或好或壞的徵兆，並因此提高了警覺或者增強了信心，那我們就可以把這樣的人和事，比之於樂器上的一條弦線：當弦線被擊打時，弦線不會聽到自己的聲音，但卻會聽到自身顫動所引起的另一條弦線共振所發出的聲音。

康德把自在之物與其現象區分開來，而我則把自在之物還原為意志，現象則還原為表象——這使我們有了看到 **3 個悖論**統一起來的可能，雖然那只是從遙遠的距離，也並非完美。這 3 個悖論為：

1. 自在之意志的自由與個人所有行為所遵循的普遍必然性。

2. 大自然的機械論與大自然的技巧，或者大自然的作用原因與目的原因，或者大自然的產物出自純粹的因果關係與出自某種目的（與此有關的問題可參見康德的《判斷力批判》第 78 節，以及我的《作為意志和表象的世界》第 2 卷第 26 章）。

3. 一個人一生中所發生的所有事件，其明顯的偶然性與其道德上的必然性——這兩者以符合這一個體的超驗目的的方式具體形成所有的那些事件。用大眾的語言表達就是：自然而然的發展與註定的天命。

我們對協調這 3 個悖論的見解雖然都有欠清晰、完美，但針對第 1 對悖論的見解較之第 2 個悖論更為清晰，對如何協調第 3 個悖論則至為模糊不清。但能夠把其中一個悖論協調統一起來的見解，不管如何有欠完美，都會增進對其他兩個悖論的理解，因為這裡面的一個悖論就是另外兩個悖論的影像和比喻。

至於這裡所討論的個人人生進程中所受到的神祕指引，其最終目的是什麼，我們只能給予一個相當大概的說法。如果我們只是停留在個人的情形，那這種指引通常看起來只是著眼於我們塵世間的、一時的安[268]樂。但由於這種個人安樂是那樣的稍縱即逝、極不完美、渺小不堪，這不可能就是這種神祕力量的最終目的。這樣，我們就不得不在我們那永恆的超越了個體生命的存在當中尋找那種最終目的。這樣，我們就只能相當泛泛地說：我們的人生歷程透過那種神祕力量的指引而獲得如此安

排,以致從我們在這人生歷程中所獲得的全部知識看,對**意志**的在形上方面最符合目的的效果產生了,而意志是我們人的核心和自在之本質。這是因為雖然生存意志在總體上的世界進程中獲得了回應(作為其爭取的現象),但同時,每一個人都有其完全個人的和獨一無二的方式的生存意志,就彷彿是生存意志的某一個體化行為,其足夠的回應因此也只能是構成世界進程的某一具體部分,並表現為這個人所特有的經歷和事件。既然從我的哲學中的嚴肅部分(以區別於只是教授們的哲學或者滑稽哲學)所得出的結果已經看到:意志最終摒棄生命就是短暫存在的最終目的,那麼,我們就必須假定:每個人都將被引領至**這一目的**,採用的是某種適合這一具體個人的方式,因而通常要逐漸和經過漫長迂迴曲折的道路。再者,因為幸福和快樂妨礙這一最終目標的實現,所以,我們看到與此吻合的是,每一生命的歷程都與不幸和痛苦不可避免地交織在一起,雖然具體的分量各自差別很大,並且甚少達致極點,亦即甚少發展成悲劇性的結局,而真到了這種結局,意志似乎就在某種程度上受到強力驅使而摒棄生命,情形好比剖腹以得到再生。

因此,一種看不見的只呈現於真真假假的外表之中的力量指引著我們,直至死亡——生命這一本來的結局和就此而言——生命的目的。在死亡時分,所有決定著一個人的永恆命運的神祕力量(雖然它們根植於我們自己)就聚在一起發揮作用。這些力量角力後的結果就是這個人即將踏上的道路;這個人的再生、輪迴也就準備好了,連同其所有的痛苦快樂。所有這些從這一刻以後都是無可挽回地被確定下來了。正因為這樣,死亡時分才有了極為重要、嚴肅、莊重和可怕的特性。這也是最強烈意義上的決定性時刻——末日審判。

[269]

論見到鬼魂及與此相關的東西

[271]

……聽我說吧，

不要留戀太陽和星辰。

來吧，跟我進入陰暗的王國！

——歌德

在逝去的聰明絕頂、更勝往昔的世紀裡，鬼魂一類東西無論在哪 [273]
裡不僅受到驅魔的對待，甚至還是非法的。在過去的 25 年裡，鬼魂一
類就與這之前已經出現的巫術一樣，又在德國復興了。這或許不是沒有
理由的。因為否認鬼魂存在的證據部分是形上的，而作為形上的證據，
其基礎是不扎實的；部分證據是經驗的，只證明了在排除了偶然或者故
意做出欺騙以後，並沒有發現任何東西會是透過光線的折射而作用在了
視網膜上，或者透過空氣的振動而作用在了中耳的鼓膜上。這些只是證
明了沒有**實體**的存在，但本來也沒有人宣稱有實體的存在。並且以上述
物理方式表明有實體存在的話，那反而否定了真有鬼魂的現象。這是因
為鬼魂的概念，就在於我們意識到鬼魂在場的方式，與意識到實體在場
的方式是完全不一樣的。見過鬼魂的人，只要他真正明白自己並知道如
何表達意思，他就會說那只是在他直觀頭腦裡出現了某一圖像，這一圖
像與某一實體經由光線和他的眼睛所產生的圖像是完全沒有區別的，而
事實上當時並沒有這樣的實體；類似的還有那些聽到其在場的聲音、噪
音、音調、響聲，完完全全與那些透過振動實體和空氣在耳朵裡產生的
聲音一樣，但卻又沒有這樣的實體在場或者活動。人們產生誤解的原因

就在這裡，這種誤解貫穿於人們肯定或否定鬼魂現象的真實性所說的一切話裡。也就是說，鬼魂現象表現出的樣子與實體現像是一模一樣的，但鬼魂現象卻又不是實體現象，也不可能是同一種現象。這種區分是困難的，需要專門的知識，並的確需要哲學和生理學知識。因為這取決於我們是否能明白，要創造一個類似於實體給我們造成的印象，並不必然假定就得存在某一實體。

[274]

因此，首先，我們必須重溫並且在接下來的討論中時刻記住，我多次詳細闡明的道理（特別是在《論充足理由律的四重根》，第 2 版，第 21 節；《論視覺與顏色》，第 1 節，「顏色理論」第 2 部分；《作為意志和表象的世界》，第 1 卷，第 12-14 頁；第 2 卷，第 2 章），亦即我們直觀外在的世界不僅僅是**感官**的，而且主要是**智力**的事情，亦即（客觀表達的話）**大腦**的事情。感官（Die Sinne）給出的只是那器官的**感覺**（Empfindung），因此，就其本身而言，只是相當不足的素材。以這些素材為基礎，理解力首先是要運用為理解力所先驗意識到的因果律，以及運用同樣先驗存在於理解力的形式、空間和時間，才能建構起這一實體（物體）世界。在清醒和正常狀態下，要刺激這樣的直觀所見，都是從感官感覺出發，因為感官的感覺就是作用的結果——而理解力就要去確定引起這一結果的原因。但如果刺激是從另外一面出發，亦即從內在出發，從有機體本身出發而抵達大腦，並得到了大腦透過其特有功能，以符合大腦運作的方式處理，一如從感官感覺而來的刺激所得到的處理——這怎麼就又是不可能的呢？經過大腦的這一番處理以後，原初的刺激素材之間的差別就再也看不出來了，正如從乳糜就再也看不出乳糜所出自的食物一樣。如果真的發生這類情形，那問題就來了：造成這些現象的甚至更遠一些的原因，就只能在有機體的內在尋找，而永遠不會在別處嗎？或者在排除了所有感官感覺以後，是否還可能另有某一外在的原因？當然，在這所說的情形裡，某一外在原因不可能是發揮了物理的或者實體的作用。如果是這樣，那造成的現象與這個遙遠的**外在**原因

[275]

的特性是一種怎樣的關係？亦即這現象有出自這一原因的證據，這一原因的眞正本質是否在現象裡表達出來了？因此，正如在實體世界發生的那樣，我們最終還是得詰問現象與自在之物的關係。但這是超驗的審視角度，由此角度得出的結果或許就是鬼魂現象與頭腦觀念的相連程度，並不比實體現象與頭腦觀念的相連程度更多或者更少；我們也都知道實體現象無可避免地受著觀念的左右，因此也只是繞上一大圈才能追溯到自在之物，亦即追溯到眞正現實的東西。既然現在我們已經認出**意志**就是這個自在之物，那這就給我們機會假設：正如意志爲實體現象的基礎，那或許也同樣是**鬼魂**現象的基礎。所有之前對鬼魂現象的解釋都是唯靈論。正因爲這樣，這些在康德的《能見鬼神者的夢》第 1 部分受到批評。在此我嘗試提出一個**觀念論**的解釋。

在提出了一目了然的引論以後，現在接下來我就採用與此探究相適應的緩慢步伐。在此我想說的是，這裡相關的事實情況，我假定讀者已經知道。這是因爲：(1) 我的專長不是敘事，亦即不是一一陳述個中事情和事實，而是給出關於這些事實的理論；(2) 如果我要重複所有那些催眠病例、夢境、鬼魂等現象——這些構成了我們討論主題的基礎素材，並且在許許多多的書裡都有記載——那我就得寫一本大書了；最後，我並沒有要與無知者的懷疑態度作戰的任務，這些人自以爲很聰明的做法已經失去了信譽，很快就只能在英格蘭才行得通了。誰要是時至今天還會懷疑有關動物磁性、超感官的遙視或遙感能力的種種事實，那就不應稱爲不信，而應稱爲無知。但我必須假定得更多，必須假定讀者起碼能夠對現有的、數量龐大的關於鬼魂現象的書籍了解一二，或者透過其他途徑了解些許這些事情。也只是在涉及專門的說明或者有爭議性的問題時，我才給出有關那些書的引文。除此以外，我假定我的讀者（我想他們透過某些途徑對我已有所了解）會相信我，在我認定某件事情是事實的話，我是從可靠的管道或者透過自身經歷所知道的。

首先要提出這樣的問題：在沒有眞實實體作用的情況下，在我們的

[276]

直觀智力或者直觀頭腦中，是否的確可以產生這樣的直觀圖像，這些直觀圖像與由眞實實體存在透過作用於外在感官而形成的圖像同樣地完美和沒有差別？幸運的是，一個我們很熟悉的現象掃除了這一問題的所有疑問。那就是我們所做的夢。

要把夢硬說成只是各種念頭的遊戲，只是想像中的圖像，那就只證明了這樣說的人要麼缺乏思想，要麼缺乏正直和誠實，因為很明顯，夢中的圖像與這些是明顯有別的。只是想像出來的圖像，力道薄弱，有欠完美，片面和轉瞬即逝，以致人們對某樣不在場的東西難以保留想像中的圖像，哪怕只有幾秒鐘的時間。就算是最活躍的想像力，其遊戲之作也無法與夢境展示給我們的鮮明現實相提並論。我們在夢裡的表現與描繪能力，是如此遠遠超越我們的想像力。在夢裡，每一直觀的對象都有其眞實性、完整性、各方面的連貫性，甚至最偶然之處也一如眞正的現實本身。這些與想像的圖像相差了何止十萬八千里。因此，假如我們可以挑選夢中的題材，那夢的表現能力就會讓我們獲得至爲奇幻的景象。試圖把這種景象解釋爲想像出來的圖像，這些圖像只是由於外在現實世界在同一時間產生印象而受到了干擾和削弱，那是完全錯誤的，因為就算在最黑暗、最寂靜的夜裡，我們的想像力也無法產生出稍稍近似夢境中的，那些客觀上清楚逼眞、栩栩如生的景象。再者，想像出來的圖像總是透過聯想或經由動因而產生，並且我們意識到這些圖像有隨意性。相較之下，夢卻是全然陌生的東西，不需我們作爲而自成一個外在的世界，並且是違反我們的意願強加給我們的。夢中發生的事情是那樣的出人意表，甚至那些最不顯眼的細節都讓這些事情打上了客觀和眞實的印記。所有那些東西就像現實中那樣確切和清晰，並且不只是在涉及我們的方面，亦即並不那麼的膚淺和單方面，或者只是在主要和泛泛的方面給出個大概，而是精確刻畫和完成的，連最微小和最偶然的個別細節與常常是妨礙和阻撓我們的附帶情景也不放過。每一個實體都留下其影子，每樣物體都以恰好與其重量相符的特定重力而下落，每一道障礙也

必須首先挪開，恰似現實中所見。那種澈底的客觀性也進一步反映在夢中事情的結果，一般都有違我們的期望，經常與我們的意願相左，甚至有時會讓我們吃驚；也反映在夢中的行為者對待我們的那種冷酷無情、肆無忌憚，讓人氣憤，以及在總體上人物性格和他們的行為都有純粹的客觀戲劇的準確性。正是因為這一點，人們才有了這樣一句俏皮話，「每一個人在睡夢之時都是莎士比亞」。這是因為我們的那種全知全能既使夢中的每一自然實體都精確根據其本質特性而發揮作用，也讓每一個人以完全符合其性格的方式行事和說話。由於所有這些，夢所造成的幻覺是那樣的強烈，以致我們醒來以後，眼前的現實本身一開始還得經常與之糾纏一番，還需要一點時間才可以發話，讓我們確信剛才只是騙人的夢境，現在已經消失不在了。還有在回憶方面，對一些不太重要的 [278] 事情，我們有時候都不知道是曾經夢見過呢還是真實發生過。但相較之下，如果有人不敢肯定某事是否真的發生過，抑或只是**想像**而已，那就會引起別人猜疑他是否瘋了。所有這些都證明：做夢是我們的大腦一個固有的功能，完全有別於純粹的想像力及沉思默想。所以，亞里斯多德說過，在某種意義上，夢中的圖像是某種感覺或知覺。他也說了一句很精細和正確的話：我們在夢中時，仍然透過想像力想像起不在現場的東西。由此可以推論：既然在做夢的時候，想像力仍然可以工作，因此，想像力本身就不是做夢的工具。

另一方面，夢與瘋癲又有某種不可否認的相似之處。也就是說，正在夢中的意識與清醒時的意識的區別，主要是缺失記憶，或毋寧說缺失一個整體連貫的、理性的回憶。我們夢見自己身處奇怪的，甚至不可能的環境和境地，卻不會想到去探究這些環境、處境，與不在場的人的關係，他們出現的原因；我們會做出糊塗、荒謬的事情，因為我們並沒有留意到妨礙做出這些事情、不宜做出這些事情的東西。早已逝去了的人物一再活著出現在我們的夢裡，因為在夢裡，我們不曾想起他們已經去世了。我們常常夢見自己重回青春年少時的環境，周圍是那時候還在

世的人，一切都與過去一樣，因為自那以後的所有變化都被忘記了。所以，雖然在夢裡似乎所有思想力都在活動，但唯獨記憶是缺席的。夢與瘋癲的相似之處就在這裡，因為正如我在《作為意志和表象的世界》第 1 卷第 36 節和第 2 卷第 32 章所表明的，瘋癲在本質上可歸因於記憶功[279]能某種程度上的失常和錯亂。從這一觀點出發，做夢就可以描述為短暫的瘋癲，而瘋癲則是長時間的做夢。總而言之，在夢裡，對此刻現實的直觀是很完美的，甚至是精密、細緻的；相較之下，我們對眼前現實的視野卻非常地狹隘——只要是**不在場**的和**過去**的，甚至虛構的東西很少進入意識。

正如現實世界中的每一變化，絕對是因之前出現的另一變化（亦即原因）所致，同樣，在我們的意識中出現的所有思想和表象都是受制於總體上的充足理由律；因此，每次喚起和引起這些思想和表象的，都必須是要麼透過外在印象作用於感官，要麼透過某一之前的思想和根據聯想的法則（見我在《作為意志和表象的世界》第 2 卷第 14 章的討論）。否則，這些思想和表象是不會出現的。那麼，夢的出現也必然在某種程度上受制於充足理由律，因為充足理由律沒有任何例外的條件和依賴原則，是適用於一切為我們而存在的東西。但夢到底以何種方式受制於充足理由律卻是非常難以了解清楚的。這是因為夢的特徵就是夢的根本條件：睡眠，亦即取消大腦和感官的正常活動；也只有在這些活動停止以後，夢才能出現，就好比只有人們把房間的照明滅掉以後，魔幻燈籠才會出現一樣。據此，夢的發生和夢的素材並不首先是經由外在印象作用於感官而引發和帶來的。一些個別的例子，例如：在淺睡中，外在的一些聲音，或者一些氣味會滲透進知覺和意識，並影響到所做的夢。這些是特殊的例外，在此我就忽略這些。很值得注意的是，夢也不是經由頭腦中的聯想而產生。因為夢要麼是在深度睡眠的時候出現——這時候，大腦在真正地休息，我們可以有全部的理由認定大腦的這種休息是完全的休息，因此是完全沒有意識的，據此聯想的可能性也就沒有了；

要麼夢是在從醒著的意識過渡到睡眠的過程中產生的，亦即在我們就要睡著的時候，這時夢是從來不會完全缺席的。這讓我們完全確信：夢不曾透過聯想與清醒時的表象搭上關聯，而且是不會觸及這些表象的線索，以便從完全另外別的地方——我們不知道是從哪裡——取得夢的材料和動因。也就是說，睡著的人夢裡的初始圖像永遠都與這人即將入睡之時的思想沒有任何關聯，這是很容易觀察到的。事實上，這些圖像與這人入睡前的思想是那樣明顯的不同，似乎夢從全世界所有的事物裡面偏偏故意挑選了一些我們最意想不到的東西。所以，回想起這種情形的人就不由自主地想到這一問題：夢的這些選材及其特性到底是由什麼決定的呢？除此之外，這類夢還有一個獨特之處（就像伯爾達哈在《生理學》第3卷準確和細膩地指出的）：這些夢不會給出有連貫性的事件，我們也通常不會在這些夢裡出現和行事，就像我們在其他的夢裡所做的那樣。相反，這類夢是純粹客觀的場面，由一些分散的圖像組成，在剛睡著時突然出現；或者是一些很簡單的事情。從這類夢中經常馬上醒來的時候，我們可以確信這些夢與剛才睡著之前的思想沒有絲毫的相似之處，也搭不上任何關係。相反，這些夢的內容因出人意表而讓我們吃驚，因為這些東西與我們之前的思路是如此的陌生，就好像在清醒狀態之時，我們以最偶然的方式突然看到或者察覺到某一來自如此遙遠，偏偏又是如此奇妙的現實之物，這整個就好像是由命運或者擲骰子所致。因此，充足理由律交到我們手中的線索，似乎被剪斷了兩頭：內在的和外在的。但這又是不可能的，是無法想像的。必然有某一原因帶來了這些夢中的形態並完全決定著它們，以致由此原因可以解釋，例如：為何直到我朦朧入睡之前，還在想著完全不同的事情，現在卻突然出現了一棵開著花的樹木，在風中輕輕搖曳，此外再無其他東西；另有一次，一個女僕頭上頂著籃子，再有一次則是一隊士兵等等。

[280]

[281]

那麼，既然在夢產生的時候，不管那是進入睡眠或已經入睡之時，大腦——這一所有表象的唯一位置和器官——就與無論是從外在透

過感官而來，抑或從內在透過思想而來的刺激都切斷了連繫，那麼，我們現在唯一剩下的假設就是，大腦從有機體的內部接受了純粹生理的刺激。這些刺激的影響可循兩條途徑通往大腦：神經和血管。在睡眠時，亦即在所有**動物性**功能停止時，生命力就完全投向**有機體**生命方面；呼吸、脈搏、體溫和幾乎所有的分泌都在某種程度上減少了的情況下，生命力就主要集中於緩慢的再生工作，恢復所耗盡的東西，治療所受的創傷，清理所有蔓延開來的混亂和失調。因此，睡眠就是大自然的治療能力面對各種疾病的時候，然後就決定性地戰勝了身體存在的毛病。所以，病人在睡覺醒來的時候，都輕鬆和高興地感覺身體即將復原。就算健康的人，這一大自然的治療能力也一樣地發揮作用，只是力度大為放緩，只在所需要的方面。因此，一個健康的人醒來的時候，也會感覺到恢復和更新。在睡眠中，大腦尤其得到了在其醒著的時候無法得到的營養，結果就是大腦恢復了清晰的意識。所有這些都是在立體神經系統，因此也就是在所有大神經節的指導和控制下進行；這些大神經節排列於整個人體軀幹，由引導性的神經線把神經節相互連接起來，構成了**大交感神經**或者**內在**神經群。這些與**外在**的神經群，與大腦是完全分開的，因為大腦是專門致力於指導**外在**的關係，因而有朝外在投向的神經裝置和經由這一裝置所產生的表象。這樣，在正常的情況下，內在神經群的運作不會抵達意識，不會被感覺到的。但內在神經群卻透過薄細、纖長、細膩連接的神經，與大腦系統有某種間接的、微弱的連繫。在某些異常或者內在部分受傷的情況下，透過這一連繫途徑，就可以在某種程度上打破上述的分開和隔絕；這樣，內在神經群的運作就會作為或微弱或清晰的痛楚進入意識。在正常和健康的狀態下，對在有機體生命複雜和活躍的工作室裡發生的事情和活動，對那或容易或艱難的進展，大腦感覺中樞從這一連繫途徑只得到了極其微弱、難以捕捉的迴響。這些迴響在人們醒著的時候是根本不會察覺到的，因為大腦此時忙於工作，亦即忙於接收印象，一有機會就直觀、思考。這些迴響頂多只產生某些祕

密的讓人無法意識到的影響——由此產生了那些人們無法給出客觀理由的情緒變化。但在入睡以後，在外在印象停止發揮作用，在大腦感覺中樞裡面活躍的思路漸漸止息之時，那發自有機體內在神經群，經間接途徑傳來的微弱印象就被我們感覺到了；傳達到大腦血管的血液流動的每一輕微變化，也以同樣方式讓我們感覺到——猶如只有暮色降臨了，蠟燭才開始發出光亮，或者只有在夜裡，當白天的噪音已經聽不到的時候，我們才會聽到潺潺流淌的泉水。那些太過微弱無法作用於清醒頭腦，亦即無法作用於活動著的大腦的印象，卻可以在大腦完全中止活動時輕微刺激其某一個別部分及其表象能力，正如一架正在演奏的豎琴，是不會對某一外來的聲音發出迴響的，但當豎琴安靜下來的時候，卻可能會這樣做一樣。我們剛剛入睡以後，夢中形象生成的原因，那些夢境形態的具體規定肯定就在這裡。在深沉睡眠以後，從絕對精神安靜中產生的有其戲劇連貫性的夢，原因也都在此。但要產生後一種夢，必然需要得到來自內在的更強烈的刺激，因為在這些夢出現的時候，大腦已經深度安靜，正全力吸收營養。所以，在某些相當稀有的情況下，只有這些夢才有預兆命運的含義。賀拉斯說得很對：

夜深過半，始可夢見真實。

因為大腦得到了休息和恢復，又再輕易地受到刺激，所以，早上將醒前的夢與正入睡時的夢在這方面是相似的。

所以，就是那些從有機體生命的工作室中傳來的微弱迴響，滲進了此時已進入或者已準備進入麻木狀態的大腦感覺活動中去，並且以不尋常的方式，從與清醒時並不一樣的另外一邊給予微弱的刺激。那麼，既然獲得刺激的所有其他途徑已經封死，大腦就得抓住由此途徑而來的刺激，作為夢境形態的動因和素材，儘管這些夢境形態與那些刺激感覺很不一樣。這是因為正如眼睛可以透過機械性的振動或者內在神經的抽

搐而獲得光感，這些光感與外在光亮所產生的光感是完全一樣的；正如耳朵由於內在發生了異常情況，有時候就能聽到各種各樣的聲音；正如嗅覺神經在沒有任何外在原因的情況下，能夠嗅到某一特別的氣味；正如味覺神經也以類似的方式受到影響；正如所有的感覺神經都可以不僅從外在，也可以從內在受到刺激而獲得特別的感覺——同樣，大腦也可以經由來自有機體內在的刺激而獲得指令，去執行大腦那察看空間形態的功能。由此形成的現象，與感覺器官經由感覺而產生的、由外在原因所引起的現象是無法區分開來的。也就是說，正如從所有胃能吸收的東西中，胃弄出了食糜，腸子從這些食糜又弄出了乳糜，而人們從乳糜就再也辨認不出原來的食材，同樣，大腦對所有抵達大腦的刺激都會透過發揮其特有的功能而做出反應。這反應首先就是在空間中勾畫出立體圖像，因為這是大腦直觀的功能；然後就是在時間裡，在因果律的引導下把這些圖像活動起來，因為時間和因果律同樣是大腦特有的活動功能。這是因為大腦總是以自己的語言發話。所以，運用大腦的語言，大腦把我們睡眠時從內在接收到的微弱刺激作了這樣的演繹，正如在清醒時大腦對經常規途徑從外在接收到的強烈和明確的刺激做出同樣的演繹。也就是說，內在的微弱刺激提供大腦素材以成**像**，這些圖像與因外在感官受刺激而成的圖像是完全一樣的，雖然造成圖像的這兩種影響並沒有任何相似之處。這裡面的運作過程可以比之於一個失聰者從耳朵聽到的

[285] 幾個母音，拼湊成一個完整的雖然是錯誤的短語；或者甚至可以比之於一個瘋癲的人：別人對他無意中說出的某一字詞，就讓這瘋子展開符合其固定想法的狂野想像。不管怎樣，就是這些在有機體內發生的某些事情引起的微弱迴響，直達和消失於大腦並引發了做夢。所以，這些夢也是經由這些刺激、影響的特性所專門規定，因為這些夢起碼是從這些刺激、影響那裡獲得提綱和提示。事實上，無論這些夢與那些刺激、影響是如何的完全不同，也會在某種程度上相似於或者起碼是象徵性地對應，甚至是至為精確地符合大腦在深度睡眠中所受的刺激、影響，因為

正如我說過的,這些影響必然強烈很多。再者,因為有機體生命內在發生的事情也會作用於特為把握外在世界而設的感覺中樞,也同樣是以某種對於感覺中樞而言陌生的和外來的方式,所以,因此形成的直觀所見是完全**意想不到**的陌生形態,與這短暫之前的思路迥然不同。我們在入睡以後假如很快又醒來,就有機會觀察這些。

這整個的分析暫時沒有教我們很多東西,除了做夢的直接原因或者誘因、緣由。這些原因或緣由雖然影響了夢的內容,但夢的內容本身卻與這些原因必然是大不相同的,以致兩者的關係本質對我們仍然是個祕密。但更加神祕的是大腦的生理活動本身,夢也真正是由這些構成的。也就是說,睡眠就是大腦的休息,但做夢卻是大腦的某種活動。這樣,為避免自相矛盾的說法,就必須把睡眠解釋為大腦的一種相對的休息,做夢則是大腦某種有限度的和部分的活動。那麼,這些在何種意義上是這樣,是否取決於大腦的某些部分,或者取決於所受刺激的級別,或者取決於大腦內在運動的本質;並且睡眠到底是以何種方式區別於清醒的狀態——這些我們仍然是不知道的。從來不曾有人證實在睡夢中,人的頭腦是不活動的,但夢境的演變,還有我們在夢中的作為經常表明出奇地缺乏判斷力,同樣缺乏記憶,正如上文討論過的。 [286]

就我們主要的討論話題而言,事實就是在我們的感官感覺沒有受到來自外在的刺激的情況下,我們有能力察看空間之物,聽見和明白各種各樣的調子和聲音;而來自外在的刺激卻是在我們**清醒**時為我們的直觀提供了原因、素材或者經驗基礎。這些外在的刺激並不因此與我們的直觀等同,因為直觀完完全全是智力方面的,並不只是感官的事情,正如我多次闡明,並在上面的相關幾段已經提及。那麼,現在我們就要牢牢記住這無可置疑的事實,因為這是最原初的現象,我們所有更進一步的解釋都會還原為最原初的現象,這些進一步的解釋也只會證明我們這所說的功能還有其更廣泛的發揮。要為這個功能命名的話,最精確和獨到的詞就是「第二視覺」(second sight)——這個詞是蘇格蘭人精心挑

選出來的，以描述這個功能中一個獨特表現或應用；在此，蘇格蘭人這方面的親身體驗及由此而來的精確觸覺引導了他們。因為這裡討論的做夢能力，事實上就是第 2 種直觀能力，亦即並不像第 1 種直觀能力那樣透過外在感官而發揮出來，但第 2 種直觀能力的對象物就特性和形式而言，與第 1 種直觀能力的對象物是一樣的。由此可以推論：第 2 種直觀能力與第 1 種直觀能力一樣，都是**大腦**的一個功能。因此，蘇格蘭人的命名至為貼切地描述了所包括的這類現象，並把這些現象歸因為一個基本功能。但由於「第二視覺」的發明者把這個詞用以描述這一功能某一奇特的、少有的和至為值得注意的表現，所以就算我很願意，我也不會用這個詞描述整類這樣的直觀，或更精確地說，不會用這個詞描述主體功能及其在所有這些直觀方面的表現。因此，現在我除了「做夢機能」以外，並沒有其他更合適的詞了，因為「做夢機能」透過人們都知道和熟悉的「做夢機能」的表現，描述了我們正在談論的全部直觀方式。因此，我用「做夢機能」描述這樣一種直觀功能：我已表明它是獨立於外在印象對感官的影響。

[287]

這一直觀功能在常規夢裡向我們呈現的東西，我們已習慣視為完全虛幻的，因為醒來的時候這些東西就消失無蹤了。但情形並不總是這樣。在討論我們的主題時，從我們的經驗了解到例外的情形是非常重要的，而這或許是每一個人都可以做到的——如果人們對這件事給予應有的留意。也就是說，會有這樣一種情況：雖然我們正睡著，正在做夢，但卻只是夢見我們周圍的真實環境。所以，我們看見我們的房間及裡面的所有東西，也意識到有人進入房間，知道我們自己正在床上，所有的一切都知道得很準確。但我們卻是眼睛緊閉，正處於睡眠之中：我們正在做夢，只不過我們夢見的是真實的東西。這情形就猶如我們的腦殼透明了似的，以致外在的世界不再透過感官那迂迴彎路和狹窄小門，而是直接進入我們的大腦。要把這種情況與清醒狀態區分開來，比區分這種情況與常規的做夢困難得多，因為我們從這種狀態醒過來的時

候，周圍並沒有發生變化，因此也就沒有出現任何客觀上的改變。但醒過來是區分清醒與做夢的唯一標準（參見《作爲意志和表象的世界》，第1卷，第5節，第19頁），因此，就客觀和主要的一半部分而言，這一標準被取消了。也就是說，從現正討論的這類夢中醒來，我們只發生了**主觀**方面的變化：這種變化就在於我們突然感到我們的知覺機能發生了變化，但這只是細微感覺得到，並且很容易就被忽略，因爲這一主觀變化並沒有伴隨著任何客觀上的變化。因此，要了解這些表現眞實情形的夢，通常只有當某些並不屬於眞實情形的形態混進了夢裡，而在醒來就消失不見了的時候；或者當這樣的夢更得到了加強的時候——我馬上就會談到後一種情形。現正描述的一類夢，就是人們所說的「睡眠中的醒」（Schlafwachen）——這並不是因爲它是睡眠與清醒之間的中間階段，而更多是因爲這個詞可以描述那種在睡眠中將要清醒的狀態。因此，我更寧願把這種爲**夢見眞實**（Wahrtraumen）。雖然在大多數情況下，我們只在黎明和晚上入睡後的某些時間裡才可以觀察到這種「夢見眞實」，這只是因爲那時候睡眠還不夠深沉，輕易就會清醒過來，以致留下對所做的夢的回憶。這些夢肯定更頻繁地發生在深度睡眠的時候，所根據的就是這一規律：夢遊者睡得越沉就越能透視、遙視，但隨後卻不曾留下對此的任何記憶。而在輕度睡眠的時候，有時候會留下這類夢的記憶。對此的解釋是，就算剛剛從被催眠中醒來，如果睡眠輕淺的話，對夢中所見的記憶也會例外地進入清醒的意識，這方面的一個例子可見於基澤的《動物磁性檔案》（第3卷，第2部分，第139頁）。據此，這樣直接客觀、眞實的夢中所見，也只有當睡眠輕淺時才會保留記憶，例如：在早上，如果我們能夠直接從這些夢境醒來的話。

這一類特點爲夢見身邊最接近的眞實環境的夢，其神祕特性有時候得到了加強，因爲夢者的視野拓寬了。也就是說，夢者所見越過了房間，百葉窗或者窗簾再也阻擋不了視野，夢者完全清楚地看到了被擋住的東西、院子、花園或者對面的街道及房子。如果我們考慮到在

此並非物理性的看見，而只是一個人在做夢而已，那我們對此的驚訝就會稍減。但夢見的都是此刻真實的東西，因此是某種「夢見真實」，亦即透過夢的功能而察覺和看見。這種察見方式自然是不會受制於光線不間斷持續穿過的條件。正如上面已說過的，腦殼本身就是這種奇特注視方式首要無阻礙穿過的第一道隔膜。如果這種注視能力加強了，甚至窗簾、門、牆都不再是障礙了。但這一切到底是如何發生的，卻是一個深藏的祕密。我們所知道的，除了做夢者是夢見真實，所以這種看見是透過夢的功能而發生以外，再沒別的了。我們所要考察的基本事實就是這些了。我們為盡可能解釋這現象所能做的，就是首先把所有與此相關的現象組織起來，按其程度級別分門別類，目的就是要認清它們之間的關係，希望將來有一天能夠更進一步地認識。

[290] 　　不過，就算我們在這方面沒有親身經歷，也可以透過那種自發的催眠或者夢遊，無可辯駁地確定上述運用做夢機能的看見方式。患有夢遊症的人睡得很死，他們也絕對無法用眼睛視物，這是完全肯定的。但他們卻清楚地察覺到他們周圍的所有一切，能夠避開每一道障礙，出門遠行，攀爬最危險的深谷，沿著最狹長的小徑前行，縱身遠跳而不會失足；有些人可以在睡夢裡精確完成他們日常的家務，也有些人可以在睡夢中設計和書寫而不會出錯。同樣，接受了催眠的夢遊者也察覺到自己周圍的環境；當他們進入遙視或者預視將來事情的狀態時，甚至能看到至為遙遠的東西。還有某些處於假死狀態的人能夠察覺到他們周圍所發生的事情，但在此期間，他們卻是僵硬、手腳無力動彈地躺在那裡。毫無疑問，這也與上述是同類性質的。他們也夢到他們的周圍環境，以不同於感官感覺的另外一條途徑，把這些周圍環境帶進意識中去。人們曾經竭盡全力去獲得一點點線索、痕跡，以了解這種察看方式的生理器官或位置所在，但至今無果。無可爭辯的事實是，當處於完全的夢遊狀態時，外在感官是完全中斷運作的，因為甚至最主觀的，亦即身體的感覺也完全消失了，以致在催眠中，就算動最痛苦的手術，病人也不會流露

出絲毫痛苦的感覺。在這期間，大腦就好像處於最深度的睡眠，亦即處於完全不活動的狀態。這些以及夢遊者的一些說法和意見，促成了這樣的假設：夢遊的狀態就是完全解除了大腦的能力，把生命力集結在交感神經；交感神經的大交織體，尤其是太陽神經叢（或腹腔神經叢），現在就變成了感覺中樞，亦即作為副手接替和執行大腦的功能；這樣，它們就不用藉助外在感官工具，以比大腦完美得多的方式發揮功能。這一假設（我相信是萊爾首先提出來的）表面上看來並非完全沒有可能， [291] 並且在那以後這一假設一直享有很高的權威。支援這一假設的主要根據就是幾乎所有具有超視能力的夢遊者的證詞：他們的意識在那一刻就在其胃的位置，他們的思維和察看也就在胃窩進行，正如之前這些是在頭腦裡進行一樣。其中很多人甚至把他們想要仔細察看的東西放在胃部的位置。雖然如此，我卻認為這事情是不可能的。我們只需看看太陽神經叢，即所謂「腹部的大腦」（cerebrum abdominal）：體積是多麼的小，由環狀神經物質連同那輕微鼓脹構成的組織又是多麼的簡單！如果這樣的器官能夠實施直觀和思想功能，那放之四海而皆準的法則，「大自然不會做多餘的事情」就要被推翻了。這樣一來，通常重達 3 磅，某些個別甚至重達 5 磅那樣寶貴的，並且以極巧妙的結構小心保護起來的大腦物質，其中是如此的複雜細膩，以致需要多種不同經常重複的拆分方法，才能在某種程度上明白這一器官的結構的關聯，才能對它那巧妙的形體和許多部分的連繫獲得某一勉強清楚的圖像——在此，大自然的目的又何在呢？其次，我們要考慮到雖然夢遊者只是以做夢機能察覺其周邊的環境，但他們的腳步和動作卻是快速和精確地符合周邊的情況，以致能夠至為靈活地比清醒的人還要敏捷地迅速避開每一個障礙，以同樣的熟練趕往他們當時的目標。但運動神經是從脊髓發出，經過延髓連接協調運動的小腦，而小腦又連繫著大腦——這動因（表象）的所在地。這樣，運動和動作就有可能以飛快的速度配合察看刹那間的情況。 [292] 如果作為動因而決定著運動和動作的表象，轉移到了腹部神經節處，這

些只有透過艱難的、微弱的和間接的迂迴道路，才有可能與大腦溝通（因此，我們在身體健康的時候，完全不會感受到有機體裡面所有那些強有力的、不休止的工作和活動），從腹部神經叢形成的表象又如何能夠指引夢遊者危險萬分的腳步，並且是以如此閃電般的速度？[1] 順便說一下，至於夢遊者在跑過最危險的道路時那種無畏無懼而又分毫不差，清醒的時候反而永遠做不到這些，可以這樣解釋：他的智力並不是完全和不折不扣的活動，而只是部分活動著，亦即剛好為指導他的腳步而活動；這樣，那反省、回想及與其結伴的所有猶豫、搖擺不定就一併消除了。最後，做夢起碼是大腦的一個功能的看法，由特拉維拉努斯（《論有機體生命的現象》，第 2 卷，第 2 部分，第 117 頁）根據皮埃坎所引用的下面的事情，甚至給予了實際事實的證實：一個女孩的頭蓋骨因為骨瘤而部分受到破壞，腦髓是裸露的。她醒著的時候腦髓脹大，睡覺的時候則縮小。在安靜睡眠時，縮小得最厲害。在做活躍的夢時，腦髓就脹大。夢遊與做夢只是程度上的差別而已，夢遊者察覺事情也是透過夢的機能；那就是我已說了的，透過直接的夢見真實。[2]

在此我們卻可以修正一下有爭議的假設，即腹部神經叢本身並沒有成為感覺中樞，只是接替了感覺中樞的外在器官的角色，亦即接替了在

---

[1] 在這提到的假設方面，始終值得注意的是，《七十士》一般都把預視者和預言命運者稱為「腹語者」，尤其是恩度女巫。還有可能是基於希伯來原文，或是符合當時在亞歷山大流行的看法和表達用語。很明顯，恩度女巫是個遙視者、預視者，也就是「腹語者」所說的人。索爾並不會自己看見和對撒母爾說話，而是透過一個女人的媒介；這女人向索爾描述撒母爾的長相（參見德魯茲，《論預見》，第 147、148 頁）。

[2] 在夢裡，我們經常想要喊叫或者活動手腳而不果，原因必然在於做夢只是表象的事情，唯一只是大腦在活動而已，並不會擴展至小腦；小腦因此仍然處於睡眠的僵化狀態，完全不活動，並不能發揮出其作為協調肢體活動而作用於髓質的職責，這也是我們感到不安的緣故。因此，大腦一旦打破隔絕並指揮了小腦，夢遊就出現了。

此完全失去了作用的**感覺器官**的角色，把所接收的外在影響和印象移交給大腦；大腦根據自己的功能處理傳來的影響和印象，並以此建構起外在世界的形態，一如其慣常以感覺器官接收到的感覺而做出這些東西。不過，在此再度出現的困難就是把影響和印象移送到大腦的那閃電般的速度，因為大腦此時與內在神經中心是明確隔絕的。然後，那太陽神經叢就其結構而言是不適合做視、聽器官的，如同它不適合做思考器官一樣。此外，太陽神經叢受一層厚厚的由皮膚、脂肪、肌肉、腹膜和內臟組成的隔膜之阻而與光亮印象相隔離。所以，儘管很多夢遊者（例如：赫爾蒙特，《醫學起源》，1667，其中被多人提及的第 12 節，第 171 頁）表示，他們觀看和思維都是在胃部進行，但我們不可以馬上把它當作是客觀真實的，尤其是也有一些夢遊者明確否認了這一說法，例如：著名的卡爾斯魯厄的奧古斯特·穆勒（在有關她的報導中，《卡爾斯魯厄的遙視者奧古斯特·穆勒的故事》，斯圖加特，1818，第 553 附注）說，她並非以胃而是以眼睛觀看；但她也說大多數的夢遊者是以胃窩觀看。在被問到「思維能力是否也可以移植到胃窩去？」她回答說：「不可以。但看和聽的能力是可以的。」與此吻合的還有基澤的《動物磁性檔案》（第 10 卷，第 2 部分，第 154 頁）中另一個夢遊者的說法。人們向她提出的問題是：「你是以整個大腦還是只以其中的一部分思考？」她的回答是：「是以整個大腦，我也會變得很累。」從所有夢遊者的說法得出的真正結果，似乎就是給他們的大腦刺激與素材，讓其進行直觀活動的，並不是在他們醒著時的外在世界，也不是透過感官，而是就像上面對夢的分析時所說的有機體的內在，其指導者和控制者我們都知道就是交感神經的大網。這些交感神經的大網在神經活動方面代表了除大腦系統以外的整個有機體。夢遊者的說法可以與這一道理相比：我們誤以為是腳部感覺到疼痛，其實是我們的大腦有了腳部疼痛的感覺；所以，一旦傳遞到大腦的神經折斷了，疼痛感也就消失了。所以，夢遊者以為是胃部在觀看甚至閱讀，或者在一些稀有情況下，甚至是以

[294]

手指、腳尖或者鼻子尖〔例如：在基澤的《動物磁性檔案》（第3卷，第2部分）中的男孩阿斯特；另外，同樣在《動物磁性檔案》（第10卷，第3部分，第8-21頁）中的夢遊者柯赫；還有科納的《兩個夢遊者的故事》（1824，第323-330頁）中的女孩——這位女孩補充說觀看功能的位置就是大腦，一如醒著時的情形那樣〕發揮觀看功能，但這只是誤以為而已。這是因為雖然我們會認為這些身體部位的神經感受能力大為提升了，但真正意義上的觀看（Sehen），亦即透過光線中介的觀看，在器官缺乏視覺裝置的情況下是絕對不可能的——就算在某些情形下，這些器官並沒有被覆蓋著厚厚的外殼，也能接近光線。確實，並不只是視網膜的高度敏感性讓眼睛能夠觀看，眼球中極度複雜和巧妙的視

[295] 覺裝置同樣發揮著作用。也就是說，生理上的觀看雖然首先要求對光敏感的平面，但也需要把在這個平面上的、外在的、分開的光線，透過眼球和把光折斷的透明介質（那是極盡精巧、相當複雜地組合在一起），重新收集和集中起來，形成一個圖像，更準確地說是形成一個與外在東西精確吻合的神經印象；也就是透過這些神經印象，微妙、細膩的資料才可以提供給理解力。然後，理解力就透過某一智力上的，要運用因果律的程序，從這些資料中產生出具有時間、空間的直觀。相較之下，胃和指尖，甚至皮膚、肌肉等即使是透明的，也永遠只能接收分散的光線反射。因此，運用這些去觀看是不可能的，一如沒有聚光鏡的暗箱不可能拍出達蓋爾銀版照片一樣。另外一個證明，即證明這裡面並不是所聲稱的那些不合常理的身體部位發揮出感覺功能，證明在此所發生的並不是生理性的作用，基澤書裡面的上述男孩就是以腳尖閱讀，甚至在他穿著厚厚的羊毛長筒襪子的時候；而他要以手指尖閱讀的話，只有在他明白無誤要「意願」這樣做才可以做到。否則，男孩只能伸出雙手在房間裡胡亂摸索而已。男孩對自己這一不正常察看方式的說法也證實了上述所說，他從來不曾把這稱為看；在被問到他是如何知道正在發生的事情時，他回答說，他就知道自己那方式是一個全新的方式。同樣，在基澤

的《動物磁性檔案》（第7卷，H1，第52頁）中，一個夢遊者形容自己的察看方式「是一種並非察看的察看，是一種直接的察看」。在《遙視者奧古斯特‧穆勒的故事》（斯圖加特，1818）第36頁上這樣報導，她看得非常清楚，能夠在最黑暗中，在人們伸手不見五指的情形下識別所有的人和物。在聽力方面，夢遊者也證實了基澤的這一說法（《動物磁性檔案》，第1版，第2卷，第172頁）：羊毛繩子是聲音的極好傳導體。但我們都知道，羊毛其實是聲音的最差傳導物。在這一問題上，從上述著作裡抽出來的以下一段，對奧古斯特‧穆勒的評論很有啓發意義：值得注意的是，在其他夢遊者身上也可觀察到的，就是說話的人在房間裡，哪怕就在她的旁邊，但如果所說的話不是直接對著她說的，她是完全聽不到的。但對著她說出的每一個字詞，哪怕是很小聲說出的，哪怕同時有好幾個人在雜亂地交談，她也能清楚地明白和回應。人們對著她閱讀也是同樣的情形：如果對著她閱讀的人並不是想著所閱讀的內容，而是想著別的事情，那她是聽不到那人所讀的東西的（第40頁）。再有第89頁，她的聽並不是常規經由耳朵的聽，因為人們可以把她的耳朵堵住而不會妨礙她聽的能力。同樣，在《關於德勒斯登的夢遊者奧古斯特‧K睡眠生活的報告》（1843）裡多次提到，K有時候的聽是完全只經由手掌，甚至能聽到別人只是嚅動嘴唇並不曾發出聲音的說話。在第32頁，她本人提醒人們不要把她的這種聽視為真正意義上的聽。

據此，在各種各樣的夢遊者那裡，根本就不是我們所理解的感官觀看，他們的觀看是一種直接的**夢見真實**，亦即透過充滿神祕的做夢器官而發生。至於把所要觀看之物放置額頭之上或者胃窩，或者在提到過的一些個別情形裡，夢遊者把伸開的手指尖朝向這些部位的方向，那不過是一種手段，透過接觸這些部位把做夢器官引向這些部位，讓其成為她夢見真實的對象，亦即只是為了把她的注意力明確引向它們而已，或者以專業的語言說，是為了讓她更近地感應這些物品；這樣，她就可以夢見這些東西，不僅其可視部分，而且還有可聽部分，其語言，甚至其

氣味，因為很多遙視者都表示，他們的**所有感覺**都轉移到了胃窩（杜博特，《關於催眠術的完整論文》，第 449-452 頁）。因此，這就類似於在實施催眠術時手的運用，因為手並不真正發揮物理作用，發揮作用的是催眠者的**意志**（意欲）；但催眠者的意志正是透過運用雙手獲得了明確的方向。只有運用從我的哲學中獲得的觀點（亦即身體與意志是完全同一的，也就是說，身體不是別的，而是頭腦中有關意志的圖像），才可以引導我們理解催眠者藉助各種手勢，透過接觸或者不接觸就能產生的影響，甚至從遙遠的距離產生出來的，甚至穿透了隔牆的整個影響。夢遊者的看見並不是我們所理解的看見，並不是經由光的物理性媒介而成——這一點從這一事實已經可以引申出來：當這種看見被加強至遙視，就不會受制於牆壁，而是有時候甚至抵達了遙遠的國度。說明這一道理的一個特別例子，就是自身對內在直觀達到了高度的遙視或預知能力的時候：有了這一能力，這些夢遊者就清晰和精確地察看到自身有機體的各個部分，雖然在此所有物理性察看的條件都不存在，不僅沒有任何光亮，而且在直觀的部位與大腦之間有許多隔膜。也就是說，由此我們可以就所有夢遊察看的性質得出結論，那些夢遊察看也包括指向外在的和遙遠的，也就是包括所有透過做夢功能的直觀，亦即所有夢遊者對外在東西的察看；還有所有的夢，所有在醒著時產生的預見、第二視覺，並不在場的人栩栩如生地出現，尤其是垂死的人等等。這是因為上述察看自己身體的內在部位，其發生明顯是只能經由發自內在的對大腦

[298] 的影響作用，很有可能是透過神經節系統。而大腦則本著自己的方式處理這些發自內在的印象，一如其處理從外在而至的印象，就彷彿是把陌生的素材鑄造成這大腦自己獨有的和習慣了的形狀。這樣產生出來的頭腦所見，與經作用於外在感官而成的頭腦所見一樣，都在同等程度上和意義上與被察看之物相吻合。因此，經由做夢功能的每一感知、觀看，都是因為直觀的大腦功能因受到內在印象的刺激（而不是正常情況下經

由外在印象）而活動起來。[3] 大腦類似的這種直觀功能的活動，當涉及外在的，甚至偏遠的東西時，也可以有客觀現實性和真實性，這是事實。但要試圖解釋這一事實，則只能透過形上的途徑，亦即要了解到所有的個體化和所有的分離都只侷限和適用於現象，與之相對的是自在之物。我們還會回頭討論這一問題。夢遊者與外在世界的連繫，從根本上有別於我們在清醒時與外在世界的關聯——這在經常出現的、更高程度的遙視情形中，得到了至為清楚的證明：在遙視者的感官並不會接收任何印象的同時，她卻會以催眠者的感官一起去感覺，例如：當催眠者吸了一口鼻煙，她就會打噴嚏；當催眠者吃東西時，她就會品嘗和精確知道催眠者所吃的東西，甚至能一併聽到在很遠的房間催眠者耳中所聽到的音樂（《動物磁性檔案》，第1卷，第1部分，第117頁）。

夢遊者的那種觀看，其生理過程是個難解之謎，而解決這一謎團的第一步，則是做夢的真正的生理學，亦即對做夢時大腦進行何種性質的活動的清晰和確切認識；大腦的這種活動與清醒時的活動有何真正的區別；最後，對大腦的刺激從何而來，因此對刺激的發出和具體過程有更仔細的定義。至今為止，人在睡眠時的整個直觀和思維活動方面，只有這些是可以確切假定的：首先，其物質器官不可能是別的，只能是大腦，雖然大腦正相對地在休息；第二，刺激起這樣的夢中直觀，必然是發自有機體的內在，因為那不可能是經由感官來自外在。但在夢遊時，夢中的直觀與外在世界那顯而易見的、確實的和精確的關係，對我們仍然是個謎；在此我並不是要解答，而只是給出一些大略的描繪和提示。我想好了下面的一些假設，作為上述夢的生理學的基礎，因此作為對我們整個夢中直觀的解釋。這些假設，在我看來是很有可能的。

既然在睡眠時大腦如所說的，是從內在而不是清醒時那樣從外在

[299]

---

[3] 從醫生的描述看，僵硬症似乎是運動神經的全部癱瘓，而夢遊則是感覺神經的全部癱瘓，然後做夢器官就頂替了感覺神經。

接收刺激以直觀空間的形態，那這些對大腦所發揮的作用就必然是循著與常規的從感官而來的刺激相反的方向。這結果就是大腦的整個活動，亦即大腦纖維質的顫動或者湧動，就朝著與常規活動相反的方向進行。也就是說，大腦的活動並不沿著感官印象的方向，亦即並不是從感官神經到大腦內在的方向，而是以相反的方向和次序。這樣，這項工作不時就得由其他的部位實施完成。現在，或許不僅是腦髓的下平面而不是上平面在發揮作用，而且或許是白色的骨髓物質需要發揮功能而不是灰色的腦皮質。因此，大腦現在的工作是倒轉過來的。由此首先解釋了為何清醒時並沒有任何夢遊活動的記憶，因為醒來是以腦髓纖維朝相反的方向顫動為條件，這樣就把之前所有的一切痕跡都消除了。作為證實此假設的一個專門例子，我們可以順便一提那非常平常但卻古怪的事實：當我們從剛剛入睡中突然醒來，經常會有某一種完全的空間上的混亂；我們會把所有的都倒轉過來，也就是說，不由自主地以為床的右邊是左邊，床的後面是前面，甚至是那樣的肯定，以致在黑暗中，就算是理性反省思維認為應該是相反的，但仍然無法消除錯誤的想像，需要觸摸一番才行。從我們的假設尤其可以明白，為何夢中的直觀是那樣的栩栩如生，所有夢中所見之物如上面所說顯得那樣的具體和真實，我們的假設也就是讓大腦活動起來的刺激是發自有機體內部從中心出發，循著與常規相反的方向，最後完全穿透並擴展至感覺器官的神經；這些感覺器官的神經現在就從內在受到刺激而真正活動起來，一如它們平常是從外在受到刺激而活動起來。因此，在夢中，我們的確有光、色、音、氣味、味道的感官感覺，只不過並沒有平常刺激起這些感覺的外在原因而已，而純粹是來自內在的刺激所致，是刺激的相反作用方向和相反時間順序的結果。由此解釋了夢那有血有肉的真實性，夢與純粹的想像也因此大有不同。想像出來的圖畫（在醒著的時候）永遠只是在大腦之中，因為這只是之前受到物質的，經由感官的刺激而展開大腦直觀活動以後所留下的回憶——雖然這回憶經過了某些改頭換面。相較之下，夢中所見並

不只是大腦的事情，而且還是感官神經的事情，是由來自內在和傳進了大腦的某種物質的正在發揮作用的刺激所致。正因為我們在夢中的確是在觀看，所以，在「仁慈」就要刺破熟睡中的斯拉蘇盧斯的雙眼時，阿普萊伊讓仁慈所說的話尤為精確和細膩，並且是經過深思的，在你的餘生，你的眼睛是死去了，你也將再看不到任何東西——除非是在你的睡夢裡（比普主編，《變形記》，第 8 部分，第 172 頁）。所以，做夢的器官與清醒意識的直觀外在世界的器官是同一的，只不過做夢的器官好比抓住另外一端從相反的方向運用。在這兩種情形下都要發揮作用的感覺神經，既可以從內在一端也可以從外在一端活動起來，有點像一個空心的鐵球，既可以從裡面也可以從外面燒得通紅。因為做夢的時候，感覺神經是最後才活動起來的，所以，有可能感覺神經的活動才剛剛開始，還在進行中，大腦就已經清醒過來了，亦即夢中直觀此時就被慣常的直觀取代了；那麼，剛剛醒來的時候，我們就會清晰地和客觀地聽到聲響，例如：人聲、敲門聲、火槍的射擊等等，與現實**一般無異**。我們就會堅信：這些就是從外在而至的現實聲響，我們就是聽到那些聲響醒過來的。或者在一些更稀有的情形下，我們看見與現實並無二致的形態，正如亞里斯多德在《論失眠》中所提到的。正如我在上文已經詳盡分析過的，正是因為在此所說的做夢器官的作用，才有了夢遊直觀、遙視、第二視覺和各種各樣的幻覺。

現在，我就從這些生理方面的考察返回到上面已討論過的**夢見真實**的現象。這些在平常的夜間睡眠中已經可以發生，並且在醒來時馬上就可以得到證實。也就是說，如果「夢見真實」在大多數情況下是一種直接的夢見真實，那也只是夢見當時旁邊的周圍環境——雖然在一些很少見的情況下，會夢見超出這些的稍遠地方，亦即直至最近一道牆的另外一邊。但這一視覺也可以擴展至遠得多的範圍，甚至不僅在空間方面，而且也在時間方面。這方面的證據就是有遙視、預視能力的夢遊者，在他們處於最高能力狀態時，可以把所指向的隨便某一處地方，納入他們

的夢中察看之中,並能夠準確說出那地方所發生的事情;有時甚至預先宣告那還不曾發生的仍在將來的子宮中孕育著的,只有在時間的流逝中透過無數偶然交集在一起的原因才能促成的事情。這是因為所有的遙視未來,不管是在人為催眠方面還是自然發生的夢遊狀態的睡眠中的醒,所有在這些狀態中可能有的察看隱藏著的、不在場的、遙遠的,甚至將來的事情的能力,不是別的,而只是「夢見真實」這些事情,因此,所見之物就直觀地和活靈活現地呈現給我們的智力,就像做夢一樣。正因此,夢遊者們就說是看見了它們。對於這些現象,還有那自發的夢遊,我們都有確切的證據,證明那神祕的並不以從外而至的印象為條件的,我們夢中都熟悉的直觀,與現實的外在世界構成了看見、聽講等關係,雖然這種關係對於我們始終是個不解之謎。平常晚上的做夢與遙視、預視或者「睡眠中的醒」的差別,首先在於平常的做夢與外在世界,亦即與現實並沒有關聯;其次,對平常的夢的某些記憶經常在醒來之時還有保留,但在夢遊的睡眠卻不會發生這樣的事情。這兩個特性很有可

[303] 能是相關和相通的。也就是說,只有當我們從平常的睡夢中直接醒來,那夢才會留下某些記憶,而這種直接醒來卻很可能是因為從自然睡眠中醒來是很容易的事情,因為此時的睡眠遠遠不如夢遊的睡眠那樣深沉;也正因為這樣,從這樣深度的睡眠中直接,亦即迅速醒來就不會發生,而是要藉助緩慢的過渡才能回到清醒的意識。也就是說,夢遊的睡眠只是一種深沉得多、強力得多、完美得多的睡眠,在此,做夢器官也發揮了全部能力;這樣,做夢器官與外在世界的準確關聯、持續和連貫地夢見真實才成為可能。這樣的夢見真實也很有可能不時地在平常的睡眠中發生,但正因為這時睡眠很深,我們無法從中直接醒來。相較之下,我們能夠醒來的夢已是輕度睡眠的夢了:這樣的夢從根本上是因肉體的原因,是因屬於自身有機體的原因而起,因此,與外在世界並沒有關聯。但例外還是有的,我們從那些睡眠者夢見自己的周圍環境就可以認出這一點。雖然如此,就算是那些夢見遙遠地方發生的,甚至將來要發生的

事情的夢，也會例外有留下記憶的例子。確切地說，這主要取決於我們是否直接從這樣的夢中醒來。為此理由，無論哪一個民族、哪一個時期，人們都認定有些夢是有現實和客觀意義的，在全部的古老歷史中，夢都得到人們相當嚴肅的認真對待，以致在歷史中扮演了重要的角色。雖然如此，在無數空洞、欺騙性的夢裡面，預言性的夢始終被視為稀有的例外。據此，荷馬（《奧德賽》，19，560）已經描述了夢的兩個入口：一個是象牙的，那些沒有意義的夢由此入口進入；另一個則是獸角做的，讓預言一類的夢進入。解剖學家或許會想這些就指示了腦髓裡面 [304] 的白、灰物質。與夢者的健康狀態有關的那些夢，最經常被證明就是預言性的夢。更確切地說，這些夢通常都預言了疾病，甚至疾病的致命發作（這方面的例子由法比烏斯收集在《睡眠之神》中，阿姆斯特丹，1836，第 195 頁），類似於有遙視、預視能力的夢遊者最經常和最準確預言的，是他們自己疾病的進展和危重關頭等等。其次就是有時候在夢裡預見到那些外在事故，諸如火災、爆炸、沉船，尤其是死亡事件。最後，也有人會提前夢見其他一些有時是相當微不足道的事情，連帶一些至為詳盡的細節。對此我深信不疑，因為我自己就曾有過這方面無可置疑的經歷。我把所經歷的事情記錄在此，因為這同時最清楚地表明：**所有事情的發生**（甚至那些最偶然發生的事情）**都有其發生的嚴格必然性**。某天早上，我在集中精神寫一封很長的對我而言非常重要的英語商業信件。就在我寫完第 3 頁以後，我拿起了墨水瓶，而不是吸墨水細沙，然後把墨水都灑到了信紙上面。墨水從書桌流到了地板上。聽到我的鈴聲趕來的女僕，提來了一桶水擦拭地板，以防墨水滲進地板裡面。她一邊擦拭地板，一邊跟我說：「昨晚我夢見就在這裡擦拭地板上的墨水跡呢。」聽到這話，我就說：「這不是真的吧？」她回應說：「是真的。我醒來以後還把這夢告訴了與我同睡的另一女僕呢。」這時那位年齡大概 17 歲的女孩恰好進來，把正在擦拭地板的女僕叫走。我就向進來的女僕走過去，問道：「她昨晚夢見什麼了？」回答是：「那我可不

[305] 知道。」我又說：「你知道的！她醒來的時候還告訴了你。」女孩說：「哦，對了！她夢見她要在此擦拭地板上的墨水跡。」這件事情使這些定理式的夢再沒有任何的疑問，因爲我在此保證這樁事情的眞實性；同時也讓人們注意到這一點：夢中預見到的是某一行爲的作用結果，而我們可以稱這一行爲是無意的和不由自主做出的，亦即完全違反我的本意；這都是因爲小小的失手所致。但這一失手行爲卻是預先就被嚴格的必然性所決定而無法避免，以致其造成的結果在多個小時之前就在另一個人的意識中顯夢。在此我們至爲清楚地看到了我的這一包含眞理的定理：所有發生的事情都是必然發生（《倫理學的兩個基本問題》，第62頁）。要追溯預言夢的最近原因，我們就會發現，正如人人都知道的，不管是自然的夢遊狀態還是經催眠進入的夢遊狀態，其中發生的事情並沒有在我們醒來的意識中留下任何記憶。但有時候，這樣的記憶會進入自然、平常的睡夢中，人們在醒後會回憶起來。這樣，夢就構成了連繫夢遊狀態和清醒意識的紐帶和橋梁。據此，我們必須把預言夢歸因於深度睡眠，夢被加強至遙視、預視的夢遊狀態。既然一般都無法從這些夢中直接醒來，不會留下對這些夢的記憶，那這種常規之外的夢，因而也就是那些直接以本意預演將要發生的事情的夢（又名爲「定理性」的夢），就是至爲少見的。如果這夢的內容是做夢者非常在意的，那做夢者會經常以這樣的方式獲得些許關於這夢的記憶：即把這夢帶進輕淺睡眠的夢裡。這樣，他就可以直接從這些夢裡醒來。但是，這可不是直接發生的，而只能透過把夢的內容改頭換面爲某種寓意。現在，那原初

[306] 的預言夢就在寓意外衣的遮蔽下到達清醒的意識。在此，這些夢仍需要說明和解釋。因此，這些也就是別樣的、更常見的預言夢，是寓意性的夢。阿特米多魯斯在他的《解夢書》，亦即最古老的解夢書中已經把這兩種預言夢區分開來，第1類夢稱爲定理性的。人們想琢磨出夢中所見的含義並不是偶然的或者造作的，而是人的天性使然，其根源就在於人們意識到永遠有發生上述過程的可能性。如果保護和有計畫培養人的這

一天然傾向，由此就產生了解夢術。但解夢術的附加前提是：夢中的事情是有固定的和一成不變的含義的，並因此可以整理成一部解夢辭典。但實際情形卻並非如此。其實，那寓意與構成了寓意夢基礎的每一個客體和主體都是量身定做般的吻合。正因為這樣，要解讀寓意式的預言夢大都很困難，以致我們通常只在其預言的事情發生以後才明白過來。這時候，我們就會驚嘆夢中的寓意，其設計和實施所包含的魔鬼般的匠心與機智！要不是事後得到驗證，我們完全不知道夢中竟是如此鬼斧神工。但在結果發生之前，我們之所以在記憶裡還保留著這些夢，可以歸因於這些夢是那樣的清晰和栩栩如生，比其他的夢留下了更加深刻的印象。確實，練習和經驗會有助於解夢的技巧。但並不是舒伯特的那本聞名的書──除了書名以外並沒有任何適用之處──而是古老的阿特米多魯斯，能讓我們學到《夢的象徵》，尤其是他的最後兩本書。在那些書裡，阿特米多魯斯以數以百計的例子讓我們明白，我們做夢時全知全能所用上的方式、方法和幽默手段，目的就是盡可能地向在清醒時無知蒙昧的我們提供一點點的東西。也就是說，從阿特米多魯斯的例子所學到的東西，更甚於他在例子之前對夢所總結出的原理和規則。莎士比亞也完全明白上述這種事情的幽默之處，這見之於《亨利六世》（第 2 部分，第 3 幕，第 2 景）：在聽到格羅斯特公爵突然死亡的消息以後，那很明白這到底是怎麼一回事的卑鄙的博爾福特樞機，大聲喊道：「上帝的祕密審判！我今晚夢見公爵啞了，說不出一個字。」[4]

[307]

在此我得插進一句很重要的評論：在古希臘的神諭和預言中，已經精確再現上述那種定理性的夢與其經改頭換面以後的翻版夢之間的關係。這些神諭和預言就正像寓意性的預言夢一樣，極少是直接和以其本意說出來，而是裹以比喻和需要解釋的語言，並且經常是只有在神諭實

---

[4] 歌德在《我的一生》第 1 部第 1 部分第 75 頁及以下，講述了泰斯托爾的、寓意性的真實夢見。

現了以後，人們才明白其含義，就如那些寓意性的夢一樣。這有無數的例證，我只舉出一些說明這一點，例如：在希羅多德的《歷史》（第3部，第57章）中，皮提亞的神諭警告西菲納人要留意木做的東西和紅色的使者——這應理解為一艘漆成紅色、載著使者的薩摩斯人的船。但西菲納人並沒有馬上明白這意思，甚至這船抵達了以後也沒有明白過來，只是在事情發生以後才明白意思。另外一個例子是在《歷史》第4部第163章，皮提亞的神諭警告昔蘭尼的國王阿爾克西拉烏斯：如果他發現裝滿油罐的窯洞，千萬不要燒毀它，而是把它打發走了事。當他把逃進了一座城堡監獄的叛亂者全部燒死以後，才終於明白了神諭的含義而感到恐慌。許多這樣的事例都明確表明：德爾菲神廟的神諭是以巧妙構思的預言夢為基礎的，這些夢有時候會達到清晰預見的程度。結果就是有了某一直接的以本意給出的說法。這可以從克羅梭斯的故事（希羅多德，《歷史》，第1部分，第47、48章）得到證實。克羅梭斯想檢驗一下皮提亞，要使者務必問清皮提亞在使者出發後的第一百天以後的某個時刻，在遙遠的利迪亞，克羅梭斯正在幹什麼。對此，皮提亞的女祭司準確說出除了國王本人以外無人知道的東西，即他正在用帶鐵蓋子的鐵鍋親自烹煮一隻鱉和羊肉。與我所提出的這些神諭的源頭一致的事情，就是人們也由於身體的病痛而諮詢神諭在醫療方面的意見（希羅多德在《歷史》第4部分第155章給出了這方面的例子）。

[308]

根據以上所述，那些**定理性**的預言夢就是在自然睡眠中預見能力最高的，也是最罕有的；**寓意性**的夢則是第2等級。屬於同一個源頭的還有最後的微弱支流：預感。預感通常都是憂鬱性質更甚於喜悅性質，這恰恰是因為在生活中悲傷多於歡樂。在睡醒以後，在沒有什麼明顯原因的情況下，某種陰暗的情緒會籠罩我們的心頭，對未來的事情感到不妙和擔憂。根據上面所說的，我可以給出這樣的解釋：在深度睡眠中出現的預告了不好事情的預言夢，並沒有成功轉變為在較輕淺的睡眠中出現的那種寓意性的夢；因此，預言夢在意識中並沒有留下什麼東西——

除了這夢給我們的心境，亦即給**意志**本身造成的影響以外，而意志是人的真正核心。現在這樣的影響成了某種不祥的預感，在那裡迴響。但有時候也只有那些與夢中的不幸事情相關的情形，在現實中真的出現了，我們才實在感受到了這種預感，例如：當一個人正想登上一艘即將沉沒的船隻，或者在走近某一即將炸毀的彈藥庫時。很多人就是由於聽從那突然產生的擔憂預感和突如其來的內心恐懼而獲救，對此我們必須這樣解釋：雖然預言的夢已被忘記了，但那夢仍留下了一絲記憶；模糊的記憶雖然無法進入人的清晰意識之中，但因為我們在現實裡再度目睹了已經忘掉的夢中曾經讓我們如此害怕的東西，那夢的痕跡就會變得清晰起來。蘇格拉底的守護精靈也是這樣的性質，每當蘇格拉底想要做些不利的事情，那內在的警告聲就會阻止他。但守護精靈永遠勸他不要去做那些事情，而從來不會贊成他。要直接證實上述關於預感的理論，只有透過催眠才有可能，因為催眠會洩露關於睡眠的祕密。因此，在著名的《卡爾斯魯厄的奧古斯特‧穆勒的故事》（第78頁）中，我們就找到了這樣的直接證實：12月15日，在夢遊者的晚間睡眠中，夢遊者感受到了一件讓她不快的事情。她說在第2天的一整天都很擔憂和壓抑，而又不知道原因何在。再一個例子就是在《遙視者馮‧佩雷伏斯特》（第1版，第2卷，第73頁）中，遙視者在清醒時聽到了與夢遊事情相關的某些詩句，對那些夢遊的事情一無所知的她對這些詩句所感受的印象證實了上述說法。在基澤的書（第271節）裡，我們也可以發現更多的事實說明這些道理。

　　就到此為止所說的方面，明白和牢記下面的基本真理是相當的重要：第一，催眠只是加強了的自然睡眠，或者是更具有潛能的睡眠，是深沉得多的睡眠。第二，與此相應，遙視、預視只是加強了的夢，是持續**夢見真實**──但在此，這夢受到了外在的引導，朝向人們所願意的方向。第三，催眠對很多病情產生的已被證實了的直接療效不是別的，正是在這些情形下睡眠中的自然治療能力得到了加強。睡眠的確是真正

偉大的萬應靈藥。首先在睡眠中，生命力完全免除了維持動物功能的任務，現在成了「大自然的治療能力」，全力以赴地在有機體裡撥亂反正。所以，完全沒有睡眠的話，疾病是不可能痊癒的。在深沉得多的催眠睡眠中，痊癒能力能夠大為提高。因此，如果為了治療已成慢性的嚴重疾病而自動出現深度睡眠，有時會持續好幾天，例如：在薩帕利伯爵發表的《略論催眠》（萊比錫，1840）裡的一個案例。在俄國，曾有一個患肺結核的夢遊者，在其發揮全知功能的時候吩咐醫生讓她沉睡9天，在沉睡期間，她的肺得到了完全的休息，並因此得到了療養。所以，她醒來的時候已痊癒。那麼，因為睡眠的本質就在於大腦系統不再活動；此外，睡眠的有益之處正正就在於大腦系統及其動物生命現在不再糾纏和消耗生命力，生命力因此完全專注於有機體生命方面，所以，恰恰在催眠中有時候出現的那種異乎尋常加強了的認識力，看起來似乎是與睡眠的主要目的相違背，因為根據認識力的本質，這認識力必然是某種大腦活動。不過，首先，我們必須記得，這樣的情形畢竟是睡眠中稀有的例外。在20個受催眠的病人中，只有1個病人進入夢遊狀態，即在睡眠中能聽能說；在5個夢遊病人中，還不到1個能夠遙視、預視（根據德魯斯著《催眠的批判歷史》，巴黎，1813，第1卷，第138頁）。如果催眠既不造成睡眠又能發揮有益作用的話，那催眠就是把人

[311] 的自然治療能力引向患病部位。除此以外，催眠的作用首先只是異常深度的、無夢的睡眠，大腦系統的能力也的確降低了，以致不管是感官印象還是身體受傷都感覺不到了。因此，催眠應用到外科手術中並帶來很多益處。這方面催眠已被哥羅芬（氯仿）取而代之了。只有在大自然**盲目發揮**的治療能力不足以消除疾病，在需要外來救兵的時候，大自然才會真正放手達成特異透視功能，而前期階段就是夢遊狀態或者夢中說話的狀態。在達到這種透視狀態時，病人自己就正確地給出了治療辦法和開出藥物。因此，為了自我診治的目的，大自然就帶來了透視、遙視和預視，因為「大自然不做無用的事情」。在此，大自然的行事類似於大

自然在大的方面，在邁出從植物世界到動物世界的一步，在最初創造出生物時的行事方式。也就是說，對於植物而言，隨**刺激**（Reize）而動就足夠了；但現在，動物的需求是更加專門和更加複雜，能夠滿足這些需求的對象物還得去尋找、挑選，甚至還要去制服或者欺騙，那麼，隨**動因**而動和因此不同程度的**認識力**就是必不可少了。這就是所謂動物的真正特質和本質，是我們在動物概念中必然想到的東西（我推薦讀者閱讀《作為意志和表象的世界》第1卷第170頁，《論意志的自由》第33頁，《論大自然的意志》第54頁附注和第70-78頁）。所以，在上述兩種情況下，大自然為自己點燃了光亮，以找到和得到有機體所需要的外來幫助。把已經進化了的夢遊中的預見本領轉用到自身健康狀況以外的其他事情，只是偶然之舉，並的確是這種能力的某種濫用。如果人們擅自、武斷地透過持續長時間的催眠，違反大自然的目的以得到夢遊狀態時的預視能力，那也是一種濫用。相較之下，在真的需要這些能力的時候，經過短暫的催眠，大自然就可以產生這種能力，有時甚至自發地有了這種能力。正如已經說過的，它以夢見真實出現，首先只是真實夢見直接的周圍環境，然後擴展了範圍，直至達到最高程度的遙視；遙視能隨意向而涉及地球上所有的事情，時而甚至能夠達致未來。與這些不同程度的能力同步對應的，是首先為自己作病理診斷和開藥治療的能力，然後是這種能力的濫用，即為他人作這樣的診斷和治療。 [312]

在原初和本意的夢遊（Somnambulismus）出現時，亦即在病態的**夜遊症**（Nachtwandeln）時，就出現了「夢見真實」。這時候也只是直接應用這種能力，因此只是擴展至最近的周圍環境，因為在此大自然已經達到了目的。也就是說，在這樣的狀態下，生命力作為「治療能力」並沒有像在催眠、自發的夢遊狀態和強直性昏厥那樣的情形中停止維持有機體的動物生命，以便把全部力量投入有機體中和消除有機體紊亂。相反，由於通常受制於青春期病態的**鬱鬱不樂**，生命力以超出常規的煩躁、興奮狀態出現。大自然現在就爭取擺脫這些狂躁之力，而這在夢遊

睡眠中，我們都知道，就發洩在夜遊、做事、攀上一不小心就會摔斷脖子的懸崖、做出最危險的跳躍等方面，因為大自然同時在召喚出那神祕的「夢見真實」的能力，以監護夜遊者那些危險的步伐。在這種情形裡，「夢見真實」的能力也只及最近的周圍環境，因為這已足夠防止被釋放了的煩躁之力所必然造成的事故——如果這種煩躁之力是盲目動作的話。所以，這種睡眠中的「夢見真實」的能力只有消極的目的，即避[313] 免受到傷害，而在遙視、預視的狀態中，這種能力卻有積極的目標，即從外在尋求幫助。因此，這兩種視野之間存在著巨大的差別。

催眠的作用固然神祕，但起碼這一點是清楚的：催眠首要是停止動物功能，方式就是把生命力從大腦（大腦只是有機體裡面的寄居者或說寄生蟲）轉移出來，或者毋寧說推回到作為其原始功能的有機體生命中去，因為現在有機體需要這生命力作為治療能力而全力發揮作用。但在神經系統內部，亦即所有情感生命的唯一所在，有機體生命就由神經系統功能的指引者和統治者，即交感神經及其神經節所代表。因此，我們把這整個過程視為把生命力從大腦推回到交感神經，但大腦和交感神經總而言之可以理解為相對立的兩極，也就是說，大腦連帶與其相關的運動器官作為正的和有意識的一極，交感神經及其神經節網作為負的和無意識的另一極。在這個意義上，就催眠的過程可以提出以下假設。這是催眠師的大腦一極（因此也就是外的神經一極）對病人的**相同一極**發揮作用，是**排斥性**的。這樣病人的神經力量就被推回到神經系統的另一極，即推回到內在的腹部神經節系統。因為男人是以大腦一極占優勢，所以，男人最適合發揮催眠的功夫；而女人則是在神經節系統有優勢，所以最適合接受催眠及其結果。如果有可能讓女人的神經節系統以同樣方式作用於男人的神經節系統，亦即以排斥的方式發揮作用，經過相反的程序，就會異常提高了大腦能力，就會產生出暫時的思想天才。但這[314] 是不可行的，因為神經節系統是無力向外作用的。而催眠用的鐵桶則被視為**不同的一極**，而對彼此發揮**相吸性**的催眠作用，以致圍桶而坐的所

有病人（鐵棒和羊毛繩子把他們連結起來，通往他們的胃窩），其交感神經經由鐵桶那無機品質而加強了力度，並聯合在一起發揮作用，把每一個病人的大腦一極吸引過來，降低了動物生命的潛力，讓其潛藏在所有人的催眠裡。這可以比之於晚上漲潮時，蓮藕就淹沒在水下了。與此相吻合的是，當有人把鐵桶的傳導支架放置頭上而不是胃窩部位，就會發生胃脹和頭痛（基澤，《動物磁性檔案》，第1卷，第439頁）。在鐵桶裡，還沒被磁化了的金屬發揮了同樣的效力。這可能是因為金屬是意志最簡單、最原始、最低一級的客體化，所以，與大腦作為這種客體化的最高進化產物相對應，也就是最遠離大腦的東西；此外，金屬在最小的空間裡有最大的質量。因此，金屬呼喚意志回到原初，金屬之於神經節系統就恰如相反的光之於大腦。所以，夢遊者會害怕金屬與有意識一極的器官相接觸。這樣的人對金屬和水的敏感由此得到解釋。常規磁化了的鐵桶真正起作用的是圍著鐵桶的所有病人連結在一起的神經節系統：這些以其合併之力拉下大腦的一極。這也幫助解釋了催眠所具有的感染性，還能解釋與催眠類似的透過接觸有第二視覺的人，就能互相傳遞、傳送第二視覺在當下的活動，亦即解釋了人們何以能夠共用遙視所見。

　　如果我們允許自己更大膽地應用上述以雙極法則為基礎的關於催眠過程的假設，就可以更進一步推論（雖然這也只是大致上的推論）在更高級別的催眠時，催眠者與被催眠者之間的關係是如何達到這樣的程度，以致被催眠者可以共有催眠者的所有思想、知識、語言，甚至所有的感官感受，亦即共有催眠者的大腦；另一方面，催眠者的**意志**（意欲）則對被催眠者發揮著直接的影響，強力地控制著受催眠者，以致他可以完全迷住她。也就是說，用現在很常見的一個電流裝置，把兩種金屬淹沒在兩種酸裡，之間則由陶土作分隔。這樣，正電流就從鋅穿過兩種液體流向銅；然後，在外面就從銅流回到鋅。與此類似，生命力的正流就作為催眠者的意志，從他的大腦流向被催眠者的大腦，控制了她，

[315]

把在大腦中產生意識的生命力推回到交感神經，亦即在胃部位置的負極；然後，同樣的生命力流就從那裡返回到催眠者那裡，返回到催眠者的正極、大腦——在那裡，就與大腦的思想和感情相遇。被催眠者也以此方式共有了催眠者的這些東西。這些當然是相當大膽的設想，但對於類似這些完全無法解釋的事情和現在就擺在我們面前的問題，每一個設想如果能幫助我們獲得某些大致上的或者比喻性的理解，就都是允許的。

夢遊中的遙視、預視能力是極其奇妙的，因此，在這些能力透過數以百千計的、至爲值得信賴的和一致的證明而得到證實之前，絕對讓人難以置信。在夢中的遙視和預視中，那隱藏著的、不在現場的、在遙遠地方的，甚至仍然在未來子宮中沉睡著的東西都展現了出來。如果我們考慮到下面這一點，這種事情就起碼不至於那麼絕對地難以理解：正[316]如我經常說的，客體世界只是大腦中的現象，因爲建立於空間、時間和因果律（這些是大腦的功能）的秩序和法則，在夢中的遙視和預視中是在某種程度上被清除了。也就是說，由於康德關於空間、時間觀念性的學說，我們理解到自在之物在所有現象中是唯一眞實的東西，不受智力的上述兩種形式的限制，不知道遠與近和現在與過去與未來的差別；因此，由於直觀的形式而導致的分離被證實並不是絕對的，對於在此討論的認知方式而言——它透過認知器官的重新布置而從根本上改變了——並沒有什麼侷限是跨越不了的。相較之下，假如時間和空間是絕對眞實的，是屬於事物的自在本質，那夢遊者的看視能力，如所有的遙視、預視能力就眞成了不折不扣、無法理解的奇事了。另外，甚至康德學說也經由這裡討論的事實而在某種程度上得到了實際印證。這是因爲如果時間並不是對事物本質的規定，那在這方面之前和之後就是沒有意義的。據此，知道一件事情的發生就必然有可能在之後，也有可能在之前。每一種占卜術，無論是在夢裡，在夢遊預視、第二視覺或者其他，都只是找到途徑把認知從時間條件中解放出來。這樣的事情可以透過下面的比喻闡明：**自在之物**就是機械裝置中的「原動力」（或說「原動機」或「發

動者」），爲世界這一相當複雜、五光十色的玩具提供動力。因此，「發動者」在性質和構成上都必然與機械玩具有別。我們在那故意顯現出來的槓桿和齒輪（時間順序和因果律）那裡，肯定看到了玩具機械裝置中個別部分之間的連繫，但給予這個裝置**初始**運動的東西，我們卻是看不到的。現在，當我讀到夢中遙視者是如何老早就預先看到和精確宣告那將來的事情，我就覺得他們似乎看到了那在機械裝置後面隱藏著的東西：所有的一切都從這裡發出；所以，那些外在可見的，亦即透過我們的「時間」光學眼鏡所看到的東西，那表現爲將來的事情，現在和此刻就已經在那裡了。

[317]

除此之外，動物磁性——所有這些奇蹟都歸功於此——也向我們證實能夠對別人和從遠的距離發揮直接的**意志**（意欲）的作用。正是這一點，恰恰是那名聲不好的巫術所帶有的基本特徵。因爲這是在沒有了物理作用的因果條件的限制，亦即在沒有了最廣意義上的「接觸」的情況下，我們的意志直接發揮作用，正如我在《論大自然的意志》中專有一章所闡述的。因此，巫術之於物理性的作用就猶如占卜術之於理性的猜想：巫術是眞正的、完全的「遠距離發揮作用」（action in distans），正如眞正的占卜術，例如：夢遊中的遙視、預視就是「遠距離受到作用」（passio a distante）。正如在夢遊中的遙視、預視，認知的個體分離被取消了，同樣，在巫術中意志的個體分離也被取消了。因此，在這兩種情況下，我們擺脫了空間、時間和因果律所帶來的種種侷限，做出了我們往常只有在這些侷限下才能做到的事情。因此，在這兩種情況下，我們的內在本質或說自在之物擺脫了現象的那些形式而自由地呈現出來。因此，占卜術的可靠性與巫術的可靠性是同源、類似的，對兩者的懷疑總是共同進退的。

動物磁性（催眠）、交感治療、巫術、第二視覺、眞實夢見、見到鬼魂和各種各樣的幻象，都是互相關聯的現象，是從同一樹幹長出來的枝枒；這些現象確切地、不容否認地顯示了這一系列的現像是基於完

[318] 全有別於**大自然**的另一種事物秩序，因為大自然的基礎是空間、時間和因果律的法則；而上述事物秩序的根基卻是更深、更原初、更直接，因此，**大自然**首要的和至為普遍的、純粹形式的法則，並不適用於上述秩序，時間和空間因此再也不能把個體分離開來，而基於時間和空間形式的個體之間的分隔和分離，再也不能給思想交流和意志發揮直接影響設下無法逾越的障礙。這樣，所帶來的變化就是透過有別於物理性因果律和整個環節鏈完全不同的另一條途徑，亦即只是透過以某種獨特方式顯露出來的，並以此超越個體以外的某一加強了的意志行為。據此，所有這些我們討論的動物現象的特性就是「遠距離看視」和「遠距離發揮作用」，無論是根據時間還是根據空間而言。

順便一提，「遠距離發揮作用」的真正概念是發揮作用者與被作用者之間的空間，無論是充滿的抑或是空洞的，對所發揮的作用都完全沒有影響；遠距離是一寸之長抑或是天王星軌道的一萬億倍的長度，都是一樣的。因為如果這作用由於距離而有所減弱，那這要麼是因為已在空間中的某一物質需要傳遞這一作用，所以，由於其始終都有的反作用，這作用也就隨著距離越遠而越加減弱；要麼是因為這作用的原因只在於某一物質在空間中散發，因而空間越大這作用就越加稀釋了。但虛空本身並不會以任何方式構成阻力和削弱了因果。所以，如果作用會隨著遠離原因的出發點而減弱，就像光、引力、磁力等那樣，那就不是「遠距離發揮作用」了；作用由於距離而延遲了，也同樣不是。這是因為在

[319] 空間中活動的唯獨是物質，物質必然是這一作用的負載物，助其完成路程；只有在這一作用到來以後，即有了接觸以後，物質才開始作為，所以這不是「遠距離發揮作用」。

相較之下，在此討論的在上面被列為出自同一樹幹的各個分枝的現象，就像我已說過的，其特徵恰恰是「遠距離發揮作用」和「遠距離受到作用」。這樣一來，就像已經說過的，這些提供了意想不到的、確鑿的實際例子，證實了康德關於現象與自在之物以及這兩種法則的對立的

基本學說。也就是說，根據康德的學說，大自然及其秩序就是現象；而與此相對立的東西，所有正在討論的被視為魔法的事實，我們看到卻是直接根植於自在之物，也給現象世界帶來了不尋常的現象。如果根據這一現象世界的法則，那這些不尋常的現像是永遠無法解釋的，因此是有理由遭否認的——直到成百上千倍的經驗案例再也無法允許這樣做。透過更加仔細地探究這些事實，不僅康德哲學，還有我的哲學也得到了重要的證實，亦即在所有這些不尋常的現象裡，**意志**是唯一的推動力，這樣，意志宣告自己就是自在之物。因此，由於匈牙利的薩帕利伯爵，著名的催眠者，透過經驗感受到了這一真理，所以，儘管他明顯對我的哲學一無所知，或許對其他哲學也不怎麼了解，但在他的著作《略論動物磁性（催眠）》（1840）的第1篇，他寫下了這樣的題目〈證明**意志**（意欲）就是所有精神和身體生活的主導原則的物理證據〉。

除此以外，無論如何，上述不尋常的現象不僅對唯物主義，而且也對自然主義做出了事實上的和完全確切的駁斥，正如我在《作為意志和表象的世界》第2卷第17章形容唯物主義就是被抬到了形上學王座上的物理學，因為這些不尋常現象證明了**大自然**的秩序，亦即唯物主義 [320] 和自然主義想要認定為絕對的和唯一的大自然秩序，純粹只是現象，因此只是表皮的東西，其根基是自在之物，自在之物是獨立於大自然法則的。現在正討論的不尋常現象，至少從哲學的角度是我們所有的經驗事實當中至為重要的，任何其他事實都無法與之相比。因此，從根本上了解這些現象，是每一個學者的職責所在。

下面更一般性的評論還可以幫助說明這些討論。相信鬼魂的存在，對人來說是與生俱來的，無論在哪個時期、哪個地方都是如此。或許沒有什麼人是完全不相信鬼魂的。在各個時期和各個地方，絕大多數的人和民族已經把自然的和超自然的區分為兩種根本不同，但又同時並存的事物秩序。人們毫不猶豫地把奇蹟、預言、籤文、鬼魂、巫術歸於超自然，卻又承認沒有什麼東西完全澈底是自然的，大自然本身就是建

立於某種超自然。因此，當有人問道：「這事情是自然發生的嗎，抑或不是？」那意思非常容易明白。大眾這樣的劃分，在本質上與康德的現象與自在之物的劃分相吻合，只不過康德的劃分更加精細和更加準確。也就是說，自然和超自然並不是兩種不同的和分開的存在，而是同一種東西；就其自身而言，應被名爲超自然，因爲只有在大自然**顯現**時，亦即只有在其進入我們智力感知的時候，因此也就是進入我們的智力形式的時候，**自然**才顯現出來，而正是在自然符合現象的規則時，我們才把這理解爲自然的。我把康德的表達處理得更加清晰了，因爲我把現象（Erscheinung）直截了當稱爲**表象**（Vorstellung）。現在，如果人們注意到在《純粹理性批判》和「緒論」中，每當康德的自在之物從其所處的暗處偶爾走出來的時候，馬上就讓我們認出是我們心中的道德責任能力的意思，亦即意志的意思，那人們就會看到，我證明意志是自在之物，其實只是理清和貫徹了康德的思想。

[321]

　　從哲學而不是經濟和技術角度看，動物磁性是迄今爲止內涵至爲豐富的一次發現，雖然暫時它給我們更多的是神祕的謎團而不是答案。動物磁性的確就是實踐的形上學，正如培根給巫術下的定義。在某種程度上，動物磁性就是一種實驗性的形上學，因爲動物磁性消除了大自然的第 1 條和至爲普遍的法則；因此，甚至把先驗已經不可能的事情變成了可能。如果在物理學，試驗和事實也仍然遠遠沒有爲我們展示正確的觀點，而要得到正確的觀點，物理學對這些試驗和事實的解釋則是必須的，這些解釋又常常是很難找到的——如果是這樣，那麼，對於在經驗中碰到的那些形上學的神祕事實，情形就困難得多了！理性或者理論的形上學應該跟上這些神祕事實的腳步，好讓這裡的珍寶能夠發掘出來。但這樣的一天總會到來的：哲學、動物磁性學以及在各個分支都取得了史無前例進步的自然科學，能夠互相發明，好讓眞理得見天日。除此途徑以外，我們是沒有希望找到眞理的。在此，我們不要考慮夢遊者的形上學的意見和理論，因爲這些通常都是出自夢遊者學來的一些

規定，是這些與為他們催眠的人腦子裡的東西的混合物，因此不值得重視。

經由動物磁性我們可看到說明和了解**鬼魂現象**的一條途徑敞開了——對鬼魂現象，在任何時候都有人頑固宣稱，也有人堅決否認。不過，要準確摸準這方面的門路可不是容易的事情，雖然這既不會像賈士丁努斯·克爾納那樣輕信（雖然我們的克爾納在其他方面相當值得尊重，也做出了很多貢獻），也不會如現在仍是英國的主流觀點那樣，而必定是在兩者的中間某處。英國人認定這一世界就是一個機械性的自然秩序，除此以外的一概不承認，目的就只是可以把所有超出這一機械性自然秩序範圍以外的東西，更穩妥地集中和歸之於一個人格化的神靈。這一人格化的神靈完全有別於這一世界，可以隨意地統治這一世界。英國的教士面對每一真理知識都是一副鬼祟見不得人的態度，並且是大膽、無恥地對抗之。因此，這慢慢成為我們這一大洲的恥辱。他們做出不公正的事情，愛護和保護所有對其「冷冰冰的迷信」（這是他們對自己的宗教的稱呼）有利的偏見、定見，攻擊與其宗教相對立的真理。動物磁性說在英格蘭肯定承受了不公平的對待，因為就算動物磁性說無論是理論還是實踐，在德國和法國都已被承認達 40 年之久，但在英國動物磁性說仍然沒有被檢驗一番。人們帶著無知的自信把這斥為笨拙的騙術。「相信動物磁性的人，是不會相信上帝的。」一個年輕的英國教士，甚至在 1850 年跟我說出這樣的話——「因此流下了眼淚！」終於，甚至在這個充斥偏見、定見和教士謊言的島上，動物磁性說也豎起了旗幟，再一次輝煌地證實了「真理的力量是多麼偉大，真理必勝！」（參見《七十士》，4：41，《以斯拉記》）這一句《聖經》中的美妙格言，讓每一個英國聖公會教士聽了都有理由心驚膽戰。總而言之，是時候把傳播理性、啟蒙和反教士邪說的使團送至英格蘭，這些使團應該一隻手拿著博倫和斯特勞斯的「《聖經》批判」，另一隻手拿著《純粹理性批判》，以制止那些自封「可尊敬的」（reverend），這世界上可說是至

為傲慢、放肆的教士的惡劣行徑，為那些醜聞畫上句號。在這方面我們也許可以寄望蒸汽船和鐵路，因為這些就像促進交換貨品一樣也促進交換思想。這樣就會危及英格蘭教士精心和狡猾培養出來的，甚至控制了高等階層的大眾迷信。也就是說，極少人閱讀，但所有人都在高談闊論，而那些機構為此提供了機會和閒暇。教士們透過最粗陋的盲信，把歐洲這一智力最高幾乎在各個方面都名列前茅的國家拉到了最低水準，成為人們**鄙視**的對象。這是再也不可以忍受的事情，尤其是想到教士們為達到這一目的所採用的手段，亦即把託付給他們的大眾教育弄至 2/3 的英國人沒有閱讀能力。在這方面他們的狂妄無知達到了這樣的程度，甚至在報紙上以憤怒和冷嘲熱諷的腔調，攻擊地質學那些完全確切、可靠的普遍成果，因為他們很認真地想要堅持和維護摩西的創世童話，而不曾留意到他們這樣的攻擊，就是以卵擊石而已。[5]再者，那醜惡、欺騙民眾的英國愚民政策，其真正根源就是長子繼承權的法律，因為這條法律就讓貴族（在最廣泛的意義上）有必要撫養年少的兒子。那麼，如果海軍或者軍隊並不適合這些年少兒子的話，那英國國教及其 1 年 500 萬英鎊的收入，就是他們的**撫養機構**。也就是說，就為那些年輕貴族或地主兒子謀得了一份生計（living，一個相當獨特的名稱），亦即一個牧區職位，所用的手段就是要麼給予恩惠，要麼花費金錢。很多時候，這些生計是在報紙上出售的，甚至公開拍賣，[6]雖然為了體面的緣故並不

---

[5] 英國人是那樣的講求事實，如果透過新的歷史（例如：基奧普斯金字塔比大洪水早了 1 千年）和地理發現，抽去了他們的《舊約》事實和歷史成分，他們的整個宗教就會倒塌。

[6] 1855 年 5 月 12 日《加里阿尼》報，引述了《環球》報的報導，即威爾特郡的皮尤西教區一職，將在 1855 年 6 月 13 日公開拍賣；《加里阿尼》報在 1855 年 5 月 23 日，並在這之後經常性地引述《導報》要拍賣的完整的教士職位目錄，連帶其收入、所在教區的舒適之處以及目前任職的教士。正如軍隊中的官職可以花錢購買，同樣，教會的教士職位也是可以買到的。克里米亞戰役暴露了那些軍官的素質，而經驗也同樣告訴了我們，那些教士是些什麼貨色。

會直接拍賣牧區職位本身,而是拍賣這次這一牧區職位的分發權。由於這個交易必須在真正空缺出現之前達成,所以,人們就有目的地說,例如:現在的牧師已經 77 歲了。同時,人們也不會忘了誇耀這份教士職業中能有很好的機會打獵和捕魚,還有漂亮的教士住房。這是世上最膽大無恥的買賣聖職。由此可以明白,為何在有教養的或說體面的英國社交場合中,嘲笑教會及其冷冰冰的迷信會被視為品味惡俗,甚至不正經的、傷風敗俗的——這與此格言相符:「時尚登場之時,常識就引退了。」所以,教士在英格蘭的影響是如此巨大,以致托瓦爾森創作的拜倫(英格蘭在無與倫比的莎士比亞之後最偉大的詩人)雕像,不能與其他偉人一起列入西敏寺的國家先賢祠。這是英國民族的永久恥辱。而這只是因為拜倫足夠的正直,不會對英國聖公會的教士做出讓步,而是不受其干擾地我行我素。而被拜倫經常取笑的平庸詩人華茲華斯,卻在 1854 年在西敏寺適宜地立起了雕像。經由這樣卑劣的行為,就表明英國是個「教士橫行,變蠢了的國家」。歐洲是有理由嘲笑它的,但情 [325] 況不會永遠是這樣,將來更智慧的一代人會敲鑼打鼓地把拜倫的雕像抬進西敏寺。相較之下,伏爾泰抨擊教會的文字比拜倫多上百倍,卻榮耀地安息在法國的先賢祠,聖吉尼菲教堂。伏爾泰幸運地生於一個不會被教士牽著鼻子走、不會受其統治的國家。教士們對人們撒謊說,半數的美德就在於每逢星期日就懶散不做事和在教堂裡嘰哩呱啦,而一大罪惡(並且也衍生所有其他罪惡)就是不守安息日,亦即不在星期日遊手好閒。因此,在報紙報導那些要受絞刑的可憐罪犯中,經常都會給出這樣的解釋:這些罪人是從不守安息日這一可怕的罪過,開始了他們罪惡的人生軌跡。正是由於上述撫養機構,現在已是處境悲慘的愛爾蘭及其成千上萬的挨餓飢民,除了要應付自己的天主教教士以外,還要用自己的口糧,甘心情願地供養一大幫無所事事的英國國教教士,連帶其大主教和 12 個主教及一大群的教長和教區長,雖然這並非直接由民眾支付,而是從教會財產支出。

我已經提請讀者們注意，睡夢、夢遊中的看視、遙視、幻視、第二視覺和或許存在的看見鬼魂，都是密切相關的一連串現象。這些現象的共同點就是這些現象產生的時候，我們是一反常態的清醒狀態，採用了另一完全不同的器官而獲得客觀的直觀；也就是說，我們並沒有運用外在的感官，但就完全是與運用了這些外在感官一樣。據此我把這時所用的器官稱為做夢器官。這一連串現象彼此之間的差別，則是這些現象與透過感官所看到的經驗和現實世界的關係的差別。也就是說，在夢裡的情形，一般來說是與現實世界沒有關係的，就算是在稀有的預言夢

[326] 裡，與現實世界也通常只有某一間接的和遙遠的關係，而極少是直接的關係。但夢遊狀態中的看視和遙視，與現實世界的關係卻是直接的、完全正確的。至於幻覺和或許有的看見鬼魂，與現實世界的關係卻是有疑點的。也就是說，在一般夢中所看到的物體是公認虛幻的，因而是主觀的，猶如想像中的物體那樣。這種直觀在「睡眠中的醒」和在夢遊時卻是完全客觀和正確的，在遙視和預視中，甚至還獲得了範圍深遠得多的某些直觀，清醒時的視野完全無法與之相比。那麼，如果這一直觀在此還擴展至逝去之人的幽靈，人們就會再度認為那其實是主觀所見而已。但這就不符合逐級展開的類比，我們只能這樣說，現在看到了一些物體，其存在並不能由在場的清醒之人透過常規的直觀而得到確認，而在這一級別視覺之前的一級所看到的一些東西，是清醒者先要在遠地尋找或者等待一段時間才能核實的。也就是說，從這一級別我們了解到，遙視、預視作為一種直觀，能夠達到我們清醒的大腦活動無法**直接**抵達卻又是真實存在的東西，所以，對清醒時的直觀就算是經過某一段空間路程或者經過某一段時間也無法跟得上的一些直觀所見，我們起碼不應該馬上就否認其客觀現實性。確實，根據類比，我們甚至應該這樣推測：既然某一直觀機能能夠看見將來的、現在還不存在的事情，那就同樣有能力看見過去曾經存在的，現已不存在的東西。此外，還沒有定論說這

[327] 正討論中的幽靈就不會進入人們清醒的意識。這些東西最常出現在睡眠

中的醒，因此那就是我們雖然仍在夢中，卻準確看到直接的周圍環境。那麼，既然在此所看到的一切東西都是客觀的、現實的，那就可以設想在這種狀態中所出現的幽靈有其現實性。

除此之外，經驗告訴我們，一般只有在較為輕淺的常規睡眠或者深沉的催眠中才會活躍和活動起來的**做夢器官**，也會例外地在大腦清醒的時候活躍起來，亦即我們看見夢境的眼睛也會在清醒時分睜開了。這樣，我們面前所看到的形態，與那些透過感官感覺進入我們大腦的形態是那樣的逼真，以至這些形態與那些形態都混淆了，直至最終顯示這些形態並不屬於我們所理解的實體世界，即並不是以因果鏈把所有一切都連接起來的連貫性經驗中的某一環節，而這要麼是馬上，要麼是在以後就會透過其本質暴露出來。以這種方式顯現的形態，我們會根據其**遠**因而稱為幻覺、幻想、第二視覺，或者見到鬼魂。因為這些形態的**近**因必定總是在有機體內，就像上面所指出的，那是發自內在的某一影響給大腦刺激，讓其投入直觀活動：這穿過大腦，一直擴展至感官神經。以此顯現出來的形態甚至有了真正現實的顏色和光彩，還有調子和聲音。如果這些發生得並不完美，那這些形態就會顯得顏色暗淡、蒼白、灰色和幾乎透明；或者如果就聽覺而言，那聲音是單調、空洞、細微、嘶啞或唧唧聲。如果看到的人再認真細看的話，通常這些形態就會消失，因為那要努力接收**外在**印象的感官感覺，現在是的確收到了外在印象，而這更加強有力的從相反方向進行的接收外在印象的過程，就壓制了發自**內在**的大腦活動，把它推回去了。正是為了避免發生這種碰撞，在發生幻影的時候，內在的眼睛就盡可能地把形態投射到外在眼睛無法看到東西的地方：陰暗的角落、窗簾的後面（而這會突然變得透明起來）和總而言之黑暗的晚間。正因此晚間就成為鬼魂出沒的時間，因為黑暗、寂靜和孤單的時候會去掉外在的印象，讓**內在**引發的大腦活動有了發揮的空間，以致人們可以把這與磷光現象相比較，因為磷光的出現以黑暗為條件。在半夜喧鬧的社交場合和眾多燭光映照之時，並不是鬼魂現身的時

[328]

候。昏暗、肅靜和孤單的半夜時分卻是鬼魂的時間，因爲此時我們根據直覺已經擔心會遇到那些完全表現爲外在的現象，雖然這些現象**最近**的原因其實就在我們自身。這樣，我們其實就是害怕我們自己。因此，誰越是害怕這樣的現象出現，就越是會碰上這現象。

儘管經驗告訴我們，我們現正討論的這類現象確實發生在我們醒著的時候，並因此容易與睡夢區別開來，但我仍然懷疑這醒著的狀態是否是最嚴格意義上的完全醒著，因爲大腦表象能力所需的分工似乎是這樣要求的：當做夢器官很活躍的時候，大腦的正常活動就不可避免地受到一定的削弱，亦即只有在投向外在的感官意識（在清醒的時候）能力有所削弱的情況下，做夢器官才能變得很活躍。據此，我認爲在出現上述那種現象的時候，雖然當時的意識的確是清醒的，但卻好像蒙上了一層薄紗。這樣，那意識就帶著某種雖說是很微弱的夢幻的色彩。由此首先可以解釋爲何從來不會有人眞的因見到類似的現象驚嚇而死，但那些人爲的、假的鬼魂有時候會帶來這樣的後果。確實，一般來說，這類所見並不會讓人驚恐，而只是在事情過後，在回想起這事情的時候才感到有些害怕。當然這有可能是因爲他們見到這些現象時認爲這些就是眞人，只是之後才想到這是不可能的。但我相信人們當時並不感到害怕——不害怕甚至就是眞看見這類現象的人的典型特徵——主要是出自我上面給出的原因，因爲儘管當時人們醒著，卻帶著蒙上薄紗的夢的意識，當時所處的氣氛根本不會對非實體現象感到驚恐。這恰恰是因爲在這種氣氛中，客觀與主觀並不像在實體世界那樣涇渭分明。這透過馮・普利伏斯特的例子得到證實：遙視者馮・普利伏斯特與她所見的鬼魂交往時，是一副無拘無束、自由自在的樣子，例如：在第 2 卷第 120 頁，她很安靜地讓鬼魂在那兒靜等她喝完湯爲止。克爾納自己多次說過（例如：第 1 卷，第 209 頁），馮・普利伏斯特雖然看起來是醒著的，但卻又不完全是這樣。這與她本人的說法（第 2 卷，第 11 頁；第 3 版，第 256 頁）或許還是可以調和的，她說，在每次看到鬼魂的時候，她都是完全清

醒的。

所有這些在清醒時透過做夢器官而產生的直觀，以及這些直觀所呈現給我們的完全客觀的，與我們透過感官感覺所獲得的直觀所見相同的現象，正如已經說過的，**最直接的**原因必然始終在我們有機體的內在。這裡某些不同尋常的變化，透過與大腦系統相關的植物神經系統，亦即透過交感神經及其神經節對大腦產生了作用，也刺激大腦永遠以自己特有的、自然的方式活動起來，產生出以空間、時間、因果律為形式的客觀直觀，恰如透過作用於外在感官感覺而產生的直觀一樣。因此，大腦現在只是在同樣發揮其功能而已。從內在刺激起來的大腦直觀活動卻滲透到了感官神經，這些感官神經現在受到內在的刺激而產生了具體、特定的感覺，就像以往受到外在刺激而產生的感覺一樣；這些具體、特定的感覺賦予所出現的形態色、香、味等等，因此賦予感官看見的東西完全的客觀性和真實性。這一理論透過海涅肯斯（一個有特異遙視能力者）關於遙視直觀的起源所作的陳述，得到了值得重視的印證：晚上，經過安靜和自然的睡眠以後，她突然清晰地看到光亮從頭後面形成，從那裡流到頭的前面，然後到達眼睛，把周圍的東西都映照得可見。透過與黃昏相似的光亮，她把周圍的一切都看得清楚（基澤，《動物磁性檔案》，第 2 卷，第 3 部分，第 43 頁）。這樣受到內在刺激而在大腦產生直觀，**最直接**的原因本身也必然會有一個原因，因此這是更遠的原因。現在如果我們發現**更遠**的原因並不是每次都在有機體裡面，有時候也在有機體外面，在後一種情形裡，至今為止作為主觀的夢，甚至只是醒著的時候做的夢而表現的大腦現象，獲得了現實的客觀性，亦即有了與在主體之外某樣東西的真實的因果關聯——但這完全是從另外一面，就好比經後門而獲得的。據此，我現在就把我們所知的這些不尋常現象**更遠的原因**一一列舉如下，同時，我首先要指出，只要這些更遠的原因是在有機體裡面，那我都會把這些不尋常現象稱為**幻覺**（Halluzination）而放在一邊；而經證實**在**有機體**以外**另有原因的或起碼有假設原因的，

[330]

就獲得別的另外的名稱。

[331] (1) 現在正討論的大腦現象，最常見的原因就是嚴重的急性疾病，尤其是帶來神志昏迷或神志不清的高燒。在這種情況下產生的上述不尋常現象被稱為發燒引起的幻覺，這是人們都知道的。很明顯這一原因就在有機體內，雖然發燒本身可能由外在的原因而起。

(2) **瘋癲**並不總是但有時卻伴隨著幻覺，一般認為首先是瘋癲導致幻覺，通常是在大腦，但很多時候也在其他有機體有病的狀態。

(3) 在一些稀有的情形裡——這些情形幸好得到了澈底查明和核實——在沒有發高燒或者急性疾病，也更加沒有瘋癲的情況下，有了看到與真人一樣的人形幻覺。這方面最著名的例子就是尼古拉的情形。1799 年尼古拉在柏林學院就這件事情作了演講，並且演講還專門印了出來。相似的例子就是《愛丁堡科學雜誌》1831 年第 4 卷第 8 期刊登的布儒斯特的文章，其他的例子由布列埃爾·德·布瓦蒙的《幻覺》（1845，第 2 版）提供。《幻覺》是一部探討這類東西很有用的書，我也會經常援引裡面的內容。雖然書中並沒有對不尋常的現象給予深入的解釋，甚至很遺憾沒有真正系統性地安排內容，只是表面上這樣做，但這部著作卻審慎地、批判性地收集了屬於我們這方面話題的豐富材料。對我們所考察的一些特別之處，這些觀察資料尤其有用：第 7、13、15、29、65、108、110、111、112、114、115、132 頁。但我們必須假設和考慮到，就我們現在考察的事實而言，一個已經公開傳出來的事實，也等於另有 1 千個類似的事實，由於各種輕易就可預想到的原因，

[332] 關於這些事實的資訊不會超出他們周圍環境的狹窄圈子。正因如此，對這些資訊和事實的科學考察，在數個世紀甚至千百年來一直拖拖拉拉，所考察的也就那麼屈指可數的一些零星例子，一些真實夢見和鬼魂故事，而相似的事情卻數以萬計地發生，卻不會留下公開紀錄和因此成為文獻。為說明這些由於無數次的重複而變成典型情形的例子，我僅舉出西塞羅記錄在《論預言》（第 1 部，27）中夢中看見真實情形好了；還

有普林尼的《書信集》（7，27）中的鬼魂，以及菲奇諾與朋友墨卡圖斯商定以後所顯現的鬼魂現象。但在第3類情形中，尼古拉的疾病可說是個典型。這些情形好像都出於完全是有機體裡面的不正常原因，不僅因為其內容沒有什麼意義和這些情形定期發作，而且還因為這些總是隨著實施治療而消失，尤其是放血療法。所以，這些也同樣只屬於幻覺一類，並的確是真正意義上的幻覺。

(4) 接下來就是一些與上述相似的、客觀和外在呈現出來的形態現象，其特徵就是這顯現是特為專門的目睹者，具有某種意味深長的（對於這目睹者而言）且通常都是不吉利的含義，而其真實含義通常很快就變得毫無疑問，因為目睹這顯現的人之後就死了。要看這方面的例子，可以看看瓦爾特·司各脫（《論惡魔研究和魔法》中第1封信）所說，也被布列埃爾·德·布瓦蒙所重複了的情形，亦即一個司法官員幾個月來一直先是看到一隻貓，然後是一個執掌禮儀者，最後是一副骷髏。這位司法官員從此日漸憔悴，最後死了。性質完全相同的另一個例子就是李小姐所見。李小姐看見其母親現身，並準確預言了李小姐死亡的日子和時間。這首先登在博蒙的《論鬼魂》（1721年由阿諾德翻譯成德文），然後在希伯茨的《關於鬼魂的哲學概要》（1824），然後在賀拉斯·威爾比的《死亡之前的信號》（1825），同樣在克利斯蒂安·亨寧斯的《論鬼魂和見到鬼魂》（1780），最後也寫在布列埃爾·德·布瓦蒙的書裡。第3個例子就在威爾比上述的書裡（第156頁），說的是史蒂芬斯太太的故事：她醒來時看到她的椅子後面有一具屍體，幾天以後史蒂芬斯太太就死了。同樣屬於這類情形的就是看見自己本人——只要這些情形有時候（但並不總是）預告了看見自己的死亡。柏林的醫生福梅就在他的《異教哲學家》中記錄下這樣一個很值得注意並得到了特別證明的例子。這一例子也在赫斯特的《心理和生理現象和難題》（第1卷，第115頁）及《魔法圖書館》（第1卷）中有完整的報導。需要指出的是，在這一例子裡，看到這現象並不是在那以後很快和意外死去

[333]

的人，而只是這個人的親屬。赫斯特就在《心理和生理現象和難題》第 2 部分（第 138 頁）報導了一個看到自己的例子，並且他本人還保證了例子的眞實性。甚至歌德也說過他本人就曾看見過自己騎著馬，穿著一套騎馬的裝束。而在 8 年以後，歌德就正好在那同一地方騎馬，穿著同樣的騎馬裝束（《詩與眞》，第 11 部）。順便說一句，這一現象的眞正目的就是要安慰歌德，因爲這讓他看到雖然現在他要跟心愛的人異常痛苦地離別，但 8 年後他會從相反方向騎馬過來，再一次拜訪她。在歌德憂傷的時候，未來的紗幕在瞬間掀起，向他預言了重逢的一日。這樣的現象不只是幻覺，而是**預言性的影像**。這是因爲這些影像要麼展現某些現實的東西，要麼與將來的確會發生的事情有關。所以，清醒時的這些影像，就等於睡眠中的預言性的夢，而預言性的夢，正如我已經說過的，通常都是與做夢人自身的健康有關，尤其與其欠佳的健康狀態有關，而純粹的幻覺就類似於那些沒有什麼特別意義的常規的夢。

[334]

這些**重要和意味深長的預言性影像**，究其根源，應該是這樣的：那神祕的深藏在我們內在的認知機能，不會受到空間和時間關係的侷限，起碼在這些方面是全知的，但卻又不會進入到我們平常的意識中，對於我們來說而是蒙著一層紗幕，這紗幕在催眠的預視狀態中被掀起了；這認知機能看到了個體很關切的東西，而意志，亦即整個人的核心，就想把這情況透露給大腦認知。但這只有透過很少能夠成功的程序才行，亦即讓做夢功能在人的清醒狀態下也發揮作用，透過直接的或者寓意的直觀形態，把所發現的情況告訴大腦意識。上面簡短提到的就是成功的例子，這些也都是將來要發生的事情。也有現正在發生的事情，以這樣的方式透露給大腦意識，這當然不會涉及自己的個體，而是涉及別人。例如：我一個遠方的朋友此刻正要死去，讓我知曉的方式就是這朋友突然向我現身，活生生的與眞人無異，根本不需要垂死的人本身以熱切思念我的方式來幫忙達成這現身；屬於另一種情形的則眞的需要這樣做——這我稍後就會討論。在此我舉出一例，只是給出說明而已，因爲在這第

(4) 類談論的預言性影像，只是那些與看到這些影像者有關的，相當於類似的預言性的夢。

(5) 那些並不涉及自身的健康狀態，而完全是與外在發生的事情有關的預言夢，與之相對應的是僅次上述一級的預言性影像：這些影像預告的不是來自有機體的危險，而是預告從外而至的危險；這些危險當然經常與我們擦身而過，而我們對此卻一無所覺。如果是這樣的情形，那我們是無法確認那些預言性影像與外在的關聯的。這類預言性影像要變得可視，需要幾個條件，首先就是所涉及的主體對這些影像必須特別敏感，能夠接收它們。如果敏感程度比較低，正如大多數都是這樣的情形，那所要預言的東西就成了只是可聽的。然後，那就透過各種音聲顯現出來，最常見的就是叩擊聲，尤其是在深夜接近凌晨時分。甚至會讓我們醒來，隨後馬上聽到房間門相當響亮的敲門聲，其清晰一如現實中所發生的一樣。那麼，只有當某一相當巨大的危險威脅著我們的生命，或者當我們幸運地逃過這一危險而又經常並不確切地知道這一點的時候，那就會變成可視的影像，更確切地說，變成與現實難以分清的有寓意的形態。這些影像就彷彿是在祝賀我們，並預言我們還能活很多年。最後，這類影像也會出現，以預告某一不可避免的不幸。這類影像的著名例子就是布魯圖在菲利比大戰前所見：那影像就是他的邪惡精靈。與這非常相似的就是由馬斯姆斯（第1卷，第7章，第7節）敘述的，在提姆戰役結束後卡斯烏所見的影像。總而言之，我認為主要就是因為這類預言性影像的緣故，古人就有了這樣的神話，認為每個人都有一個精靈（或守護神），或者在基督教時期就是「家族的守護神」（spiritus familiaris）。在中世紀，人們試圖用天體神靈來解釋，正如在我的前一篇文章所引的帕拉色斯這一段落所證明的，要很好地明白什麼是命運，就是說每個人都有一個守護神，守護神都住在他自身之外，就坐在上面的星辰，使用他主人的浮雕圖案；正是他在事情之前和之後把預感呈現出來，因為在主人身後這些精靈仍然存在。這些精靈就叫命運。而在

[335]

[336]

17和18世紀,人們用「生命精靈」解釋這些及其他現象。因為當時缺乏恰當的字詞,所以這個詞就適時而生了。這類預言性的影像真實的更遠的原因,明顯不會只在有機體本身——如果這些影像被確認與外在危險有關的話。至於我們能在多大程度上明白這些影像與外在世界關係的性質,我將稍後探討。

(6) 預言性的影像不再涉及看見影像的人,但卻直接和精確地展現了將來或長或短的時間內要發生的事情,很多時候連帶著事情的各個細節。也只有那些具有少有的天賦,具有人們稱為「第二視覺」的人才會看到這類影像。詳盡收集這方面報導的是赫斯特的《心理和生理現象和難題》(全2卷,1830)。在基澤的《動物磁性檔案》中,我們也可以找到關於這類影像的新的事實。這種古怪的影像功能並不只侷限於蘇格蘭和挪威,也發生在我們這裡,尤其當這些影像涉及死亡事件。這方面的報導,我們可以看榮·斯蒂林的《鬼魂訊息的理論》(第153頁)。卡佐特的著名預言似乎也是基於這類影像。甚至撒哈拉沙漠的黑人也經常有第二視覺(理查森,《到中非洲傳教的報導》,德文本,1853)。還有荷馬的著作(《奧德賽》,20,第351-357行),我們也發現對這

[337] 些預言性影像的描述,與卡佐特的故事離奇地相似。這一類第二視覺的最完美例子,則出自希羅多德(《歷史》,第8卷,第65章)。在第二視覺裡,預言性影像始終是首先發自有機體,然後達到了最高度的客觀和真實,以此洩露了我們與外在世界的某種與常規物理完全不同的關係。作為清醒狀態時的所見,這類影像與最高程度的夢遊預視、遙視是平行的。真正說來,這就是完美的在**清醒時的夢見真實**,或者起碼是在清醒時出現的某一瞬間狀態的完美夢見真實。就像在很多時候的夢見真實那樣,第二視覺影像並不是定理式的,而是寓意的、象徵的,但最值得注意的是這些寓意和象徵都是固定的,在所有預視者那裡都是一樣的。我們在上述赫斯特的書(第1卷,第63-69頁)裡,還有基澤的《動物磁性檔案》(第6卷,第3部分,第105-108頁)裡都能看到這些說明。

(7) 上述所考察的朝向未來的一類影像的反面，則是我們清醒時的做夢器官看到了過去事情的影像，尤其是那些曾經活著的人的形態。有一點是相當確切的：身處影像中人的屍體遺留物附近就容易引發這類影像。很多鬼魂現象都可歸因於此。這一相當重要的經驗在詩人普費菲爾的女婿，亦即埃爾曼教授的信裡得到了最扎實和最可靠的確認。這封信的摘錄寫在了基澤的《動物磁性檔案》（第10卷，第3部分，第151頁附注）裡，在很多書裡也有，例如：弗里德里希·費舍爾的《催眠》（第1卷，第246頁）。除此之外，很多可以還原為相同情形的例子也都可以證實。在此，我僅舉幾例。首先，屬於這類情形的是在那封信中說到的有可靠來源的林德納牧師的故事，它也同樣重複出現在很多書裡，其中之一就是《馮·普利伏斯特的遙視者》（第1版，第2卷，第98、356頁；第3版，第385頁）；再有就是費舍爾自己在上述他的書（第252頁）裡，根據目擊者寫出這件事情——費舍爾寫出此文，是為了更正在《馮·普利伏斯特的遙視者》（第358頁）中關於這件事情的一篇簡短報導。然後，在戈特弗里德·伊曼努爾·溫佐爾的《就最近引人注意的鬼魂現象的談話》（1800）第1章，講述了7個這樣的鬼魂現象，這些現象都是因為附近的死人遺物而起。普費菲爾的故事就是這些故事中的最後一個，但其他故事也一樣有真實性，完全不是杜撰出來的東西。這些故事也只是講述了那些逝者顯現形態，但卻沒有進一步的下文和戲劇化的關聯。所以，關於這類現象的理論需要反覆思考。作者對這些現象的理性解釋更充分暴露了這種解答的缺點和不足。屬於這類解釋的，還有上面提到的布列埃爾·德·布瓦蒙的書（第333頁）中第4點觀察，以及很多從古老作者那裡流傳下來的鬼魂故事，例如：小普林尼（第7卷，27）所說的鬼魂故事。值得注意的是，這個故事已經帶有當今時代無數這類故事的全部特徵。與這個故事完全相似，或許只是版本不同的是盧奇安在《愛說謊的人》（第31章）中的故事。同一性質的就是在普盧塔克書中第1章「吉莫」中達蒙的敘述，還有保薩尼

[338]

亞在《阿提卡》（第 1 部分，32）中報導的馬拉松戰場——這可以與布列埃爾（第 590 頁）所說的相互對照。最後就是蘇維托尼烏斯在《卡里古拉》（第 59 章）的陳述。總而言之，幾乎所有的經驗例子都可以還原爲現正討論的現象，也就是鬼魂總是在同一個地方出現，那些幽靈也

[339] 只侷限在某一特定的地點，教堂、教堂院子、戰場、謀殺的地點、（中世紀的）刑場，以及爲此類原因背上不好名聲的、無人願意居住的房子和建築物。我們不時都會碰到這些地方，我一生中也見過不止一處這樣的地方。這樣的地方促成泰留斯寫了一本關於鬼魂的書。但能夠提供這方面最值得注意的事實的，或許是布列埃爾・德・布瓦蒙的第 77 條觀察。在克爾納的合集第 10 卷第 61 頁，一個夢遊者所見的影像被視爲證實了這裡給出的對衆多鬼魂現象的解釋，並的確是通往這種解釋的中間環節。也就是說，這一影像突然展現了應該是 1 百多年前有過的某一家居場景，看見這個影像的人精確地描述了這個場景——因爲她所描述的人物很像現存的那些人物的肖像，而她卻是從來沒有看過這些肖像。

我們在這考察的重要的根本經驗本身，亦即所有諸如此類的事情都可還原爲這些根本經驗，我稱爲「追溯性第二視覺」；這些根本經驗只能是原始的現象素材，因爲至今爲止，我們還缺乏手段和辦法來解釋這些現象。這些原始現象可以與另外一個同樣無法解釋的不尋常現象密切連繫起來。這樣，我們就有了不少收穫，因爲我們現在就不再是有著兩樣未知的事物，而只剩下一樣而已。這進一步打個著名的比喻，就好比當我們知道了礦物磁性可以歸因於電的作用。也就是說，夢遊者的遙視能力達到很高程度時，就不再受時間的限制，而是不時地看到將來的確要發生的事情，並且，預視到這些東西完全是偶然的；那些有第二視覺的人能夠看到死人就更引人注目了。就像那些還沒有在我們的現實世界

[340] 中發生的事情，現在就已經從將來的黑暗中向具有第二視覺的人發揮了作用並進入他們的知覺，同樣，過去的確曾經存在過的，雖然現在已經不再的人和事，也可以對某些這樣的人發揮作用，因此就像將來的人、

事能夠透露出將來的作用一樣,過去的人、事也能夠透露過去的作用。其實,透露已經過去了的事情還不如透露將來才有的事情那麼讓人難以理解,尤其是看見了過去的事情,是經某些物質的東西而引起和達成,例如:經由現在還保留的屬於過去某人身體的遺物,或者與過去的人密切有關的物品,諸如他們的衣服,他們住過的房間,或者他們心裡牽掛的東西,諸如隱藏起來的珍寶。與此相類似,就是那些遙視能力強勁的人,有時候只需要某一樣與被遙視者有身體連繫的東西,例如:以某個病人曾戴過幾天的圍巾(基澤,《動物磁性檔案》,第3卷,第3部分,第24頁),或者以遠在他鄉的某個人的頭上剪下的一束頭髮,就會知曉他們的健康狀況,就可以與他們搭上連繫並看到他們的模樣。這種情形與我們現正討論的情形是密切相關的。根據這一觀點,與特定的地點或者死者身體遺物所遺留的地點相關的鬼魂現象,就是循相反方向的遙視而已,是循著過去方向的第二視覺,亦即追溯性的第二視覺。因此,這完全是古人(古人關於影子世界的整體看法或許就從鬼魂現象而來,參見《奧德賽》,24)所稱的「影子」(「逝世之人影子般的肖像」、「死者的影子靈魂」),因此,過去曾經的現象(這屬於我們這一展現在時間和空間中的現象世界)所留下的迴響,被一些人在處於某種很少發生的,仍在清醒狀態中察覺和看到了;我們更容易在睡眠時看到這些東西(那就成了夢),在深度的催眠狀態中,當然是最容易看到的,因為在深度睡眠中,夢已提升至「睡眠中的醒」,而「睡眠中的醒」則被加強至遙視和預視了。在此文一開始提到的自然發生的「睡眠中的醒」,也能看到這些東西,亦即睡眠者能夠「真實夢見」周圍的環境,而正是透過所看到的那些奇特的形態,讓人認出此時的狀態有別於正常的清醒狀態。也就是說,處於「睡眠中的醒」的人,最常看到那些剛剛逝去的屍體還留在屋子裡的人,正如一般根據這一法則——即追溯性第二視覺是因逝者的身體遺物而引發——只要逝者還沒安葬,逝者的形態就特別容易顯現給具有第二視覺的人,甚至在此人處於清醒狀態的

[341]

時候，雖然這始終只是透過此人的做夢機能而顯現給他。

根據上述內容，不言自明的是，我們不可以認定以這樣的方式顯現出來的鬼魂，就是具備了任何某一現有物體所必然具備的直接現實性，雖然這一鬼魂現象有其間接的現實基礎。也就是說，我們所看到的一點都不是死者本身，而只是一個曾經存在過的人的圖像——這個圖像是一個有著這方面功能的人，透過死者的某些殘餘物、所遺留的痕跡，藉助做夢功能所產生的。因此，這個圖像並不比某人**看見了自己本人**，或別人在他所不曾到過的地方看到了他有更多的現實性。諸如此類的情形卻因可靠的親歷證人而廣爲人知，人們在赫斯特的《心理和生理現象和難題》第 2 卷中找到所收集的一些這樣的情形。我提過的歌德的遭遇也屬於這類情形。同樣地，也有這些並不少見的事實：在病人臨終之際，會誤以爲自己是兩個人睡在床上。「你身體怎樣了？」一個醫生不久前問他的一個重病臥床的病人，「自從我們兩個人睡在床上以後，現在好些了」，病人回答說。病人很快就死去了。據此，我們在此所考[342]察的一種鬼魂現象，雖然與顯現的人的**過去**狀況有著客觀的關係，但卻肯定沒有涉及此人現在的狀態，因爲在顯現的人那裡，並沒有看到此人**現在的狀態**，因此，從所看到的鬼魂顯現，人們無法推論出此人仍在持續其個人的存在。這個解釋也得到了這樣的事實的支持：一般來說，所顯現的死者都是穿著死者生前慣常的衣著；還有被謀殺者會與謀殺者一起，一匹馬也會與騎這匹馬的人一起顯現出來。普利伏斯特的遙視者所看到的鬼魂現象，絕大多數很有可能都屬於這類影像，但她與這些鬼魂所進行的談話，則可視爲出自她的想像力——她的想像力爲這些默劇提供了文字，並提供了解釋。也就是說，人的天性就是試圖對所看到的一切給出某些解釋，或者起碼把所看到的這些東西拉上某些關聯，甚至讓這些東西在他（她）的思想裡說話。所以，小孩經常與沒有生命的東西編些對話。據此，那遙視者本人在不知不覺中成了向她顯現的那些人物的提詞人。在這個過程中，她的想像力的無意識活動，與其在平常沒有

什麼意義的夢裡是一樣的：我們就以這想像力引導和連接起事件，並為此目的不時地抓住客觀的、偶然的事情，諸如在床上感受到的擠壓，或者從外而至的聲音，或者氣味，然後根據這些客觀的東西，我們就夢到了長長的故事。要說明遙視者的編劇情形，讀者參見基澤《動物磁性檔案》（第 2 卷，第 1 部分，第 121 頁）中本德·本森對夢遊者的描述。她處於催眠狀態，有時候她那些還在世的熟人會向她現身，她也高聲與他們長時間交談。文中這樣寫道，遙視者與那些不在場的人進行過許多交談，下面所說的就是其典型特徵。在想像對方給出回答時，她保持沉默，似乎在集中精神傾聽著。在這過程中，她從床上撐起身子，並把頭轉到一邊，以傾聽別人的回話，然後對此提出異議。她想像老卡倫及其女僕在場，並交替與卡倫和女傭說話……遙視者自身似乎分裂成了 3 個不同的身分，就正如夢中慣常的情形；在此她實在太投入了，我完全無法讓她相信是她本人弄出了 3 個人物。因此，在我看來，普利伏斯特的遙視者那些與鬼魂的談話，也是同樣的性質；這樣的解釋得到了那些相當愚蠢和乏味的對話與情節的有力證實，因為這些東西唯獨與無知的山區女孩的想法範圍以及灌輸給她的大眾形上學互相匹配。認為這些東西真有某種客觀現實性的話，前提假設只能是這一世界秩序是無比的荒謬，甚至愚蠢得讓人噁心，我們也肯定羞於是這一世界的一分子。如果那帶偏見的和輕信的克爾納不是在私下裡稍稍料到我在這提出的與鬼魂對話的原因，那他就不會總是那樣不負責任和草率地忽略了要去認真和熱切尋找鬼魂所指出的物品，例如：在教堂地下室的書寫文具，城堡拱頂地窖的金鏈，在馬槽地下埋著的小孩，而不是聽任小小的困難阻礙自己做證實工作。這是因為如果證實了，會讓事情變得更清晰。

[343]

　　總而言之，我認為人們確實看到過的那些死人現身的現象絕大部分都屬於這類影像；因此，這些影像雖然對應某一過去的現實，但絕對不是對應現在的、完全客觀的現實；所以，例如：柏林學院主席莫佩修被植物學家格雷迪殊看見在學院大廳顯現，尼古拉在學院所作的報告（報

[344] 告在上文已經提及）中提到這事。同樣，瓦爾特·司各脫在《愛丁堡週刊》中敘述了瑞士一個行政首長的故事，也重複記在了赫斯特的《心理和生理現象和難題》（第1卷，第113頁）一書裡。這位行政首長在進入公共圖書館以後，竟然看見他的前任坐在了主席的座椅上，並舉行莊嚴的政府會議，他旁邊坐著的都是已經死去的人。從一些屬於這方面的描述也可以看出，引發這些影像的客觀原因，並不一定就是死人的骨架或者屍體的殘餘物，其他的與死去的人有過密切接觸的物品也有這樣的作用，例如：在我提到過的溫佐爾的書裡，在7個屬於這方面現象的故事中，有6個是屍體引發了影像；另外一個是死者一直在穿的一件上衣使然。在死者過世以後，上衣就馬上收起來了。在多個星期以後拿出這件上衣時，引發那死者像活人一樣地現身在他的遺孀面前，並把她嚇得不知所措。所以，有可能的是，甚至小小的我們的感官也無法察覺的痕跡，例如：滲進地板多年的血滴，或許只是在圍牆之內的地方，那裡有人曾經在恐懼和絕望中慘死，就足以引發有這方面功能的人的追溯性第二視覺。盧奇安（《愛說謊的人》，第29章）提到的古人的看法也可能與此相關，即只有那些暴斃的人才會現身。同樣，死者生前埋下並一直緊張守護著的珍寶，某處死者心之所繫的地方，也會為引發這類影像提供現正談論的客觀原因，這些影像有可能會帶來實利呢。上述客觀原因在這種透過做夢器官而了解過去的事情當中，在某種程度上扮演了在

[345] 正常思維中聯想給予了物品的角色。再者，現在談論的影像，一如所有在清醒時藉助做夢機能所進行的察覺，以聽的方式比以視的方式更容易進入我們的意識；因此，關於在這地方或者那地方聽到聲音的敘述，要比看到現象更加常見。

　　如果在這考察的現象中的某些例子，有人說現身的死者透露了某些不為人知的祕密給看見他們的人，那麼，首先只有在掌握了最可靠證據的情況下才可以接受這所說的情況，否則就得存疑。這或許也可以透過某些與催眠遙視相似的情形解釋。也就是說，很多夢遊者在某些個別的

情形裡告訴帶到他們面前的病人，當初這些病人是在完全偶然的機會染上了這已有很長時間的疾病，並以此喚回這些病人幾乎完全忘掉了的事情（這類例子在基澤的《動物磁性檔案》第 3 卷第 3 部分第 70 頁中，恐懼會從梯子上摔下；在克爾納的《兩個夢遊者的故事》第 189 頁中對小男孩說的話，他早年曾跟痲瘋病人睡過覺）。與此相關的還有，一些遙視者從一束頭髮或者一件穿過的衣服就能準確認出他們從未謀面的病人及其身體狀況。梅克的《倫敦和巴黎的旅行回憶》（漢堡，1852）中講述了阿歷西斯如何從一封信就精確知道了寫信者現在的處境，從一個老舊的針袋就知道已故贈送者的情況。因此，所透露的情況本身有時候並不證明死者真的在場。

同樣，有時候某一死者的現身被兩個人看見和聽見。這是因為人們都知道的催眠和第二視覺所具有的感染力。

因此，在現在這一條目之下，我們起碼從某一方面解釋了大部分已得到確認的死者現身的情形，亦即把這些現象歸因於一個共同的原因，即追溯性第二視覺；對於在這條目開始時所提到的案例尤其如此。這是不可否認的，但這解釋本身就是一個極其古怪和無法解釋的事實。就很多事情而言，我們必須滿意這種性質的解釋了，因為例如：電的理論所組成的整個大樓，其構成只是由把多個現象納入一個原初的完全無法解釋的現象而已。

[346]

(8) 別人對我們的熱切思念可以在我們的大腦刺激起他（她）的形態影像，這個影像並不只是某一幻影，而是一副活生生的樣子，與現實的真人沒有兩樣。尤其是那些行將死亡的人就有此能力。因此，在死亡之際，他們就現身給他們不在場的朋友，甚至在同一時間現身給不同地方的多個人。這樣的例子常有多方的敘述和證實，我毫不猶豫地認定這些就是事實。在榮・斯蒂林的《鬼魂訊息的理論》（第 198 節）中，我們看到一個很好的得到不少傑出人士支持的例子。另外兩個特別引人注目的例子，就是上面提到的溫佐爾的書裡的卡露夫人（第 11 頁）

和亨寧斯的書裡（第 329 頁）的宮廷傳教士的例子。下面是最新的一例，不久前的晚上，一個生病的女孩在法蘭克福的猶太醫院去世。第二天一早，她的姊姊和外甥女（一個住在這裡，另一個住在與這裡有 1 普魯士里距離的地方）遵囑抵達醫院，詢問生病女孩的情況，因為在昨天晚上，生病女孩向她們兩個現身了。醫院的看守（這一事實就是根據他的報告）保證說，類似這樣的情形經常出現。已經提到過的《卡爾斯魯厄的奧古斯特·穆勒的故事》也報導說，某一個夢遊者在遙視力達到最強的時候，總是會陷入類似死人的僵硬狀態，與此同時，就會活靈活現地出現在他女朋友面前。這個故事也重複記在基澤的《動物磁性檔案》（第 3 卷，第 3 部分，第 118 頁）一書中。在基澤的《動物磁性檔案》（第 6 卷，第 1 部分，第 34 頁）中，還有同一個人的另一次有目的的現身，都有完全可靠的消息來源。相較之下，完全健康的人卻很少能造成這樣的效果，甚至這一方面也不乏可靠的報導。最古老的報導出自奧古斯丁，雖然那已是第二手消息，但來源卻相當可靠（《上帝之城》，18，18）。也就是說，一個人在此所夢見的，會作為影像現形給另一個清醒狀態的，把這影像視為真實的人。美國的《心靈電訊報》（1854 年 9 月 23 日）就提供了一個與這完全相似的例子（作者似乎也不知道奧古斯丁的例子），杜波特把這翻譯成法文，登在了《磁性總論》（第 3 版，第 561 頁）。最近一個同樣性質的例子也補充進了基澤的《動物磁性檔案》（第 6 卷，第 1 部分，第 35 頁）。榮·斯蒂林在《鬼魂訊息的理論》（第 101 節）中講述了這方面的一個神奇故事，卻沒有給出故事來源。赫斯特的《心理和生理現象和難題》（第 2 卷，第 4 段）給了幾個例子。但說明這種現身能力的一個至為值得注意的例子是在基澤的《動物磁性檔案》（第 7 卷，第 3 部分，第 158 頁）一書中，那是從父親遺傳給兒子的。父子兩人經常性地甚至不是故意地使用這個能力。在塞比茨的《關於鬼魂現象的思想》（1776，第 29 頁）中也有一個更老的與此完全相似的例子，也重複在亨寧斯的《論鬼魂和見到鬼魂》

（第746頁）。因爲這兩個例子肯定是獨立的、分開記載的，所以，兩者可以互爲印證這一至爲奇特的事情。再就是在納瑟的《人類學雜誌》（第6卷，第2部分，第111頁）中，格羅曼教授通報了類似的事情。同樣，在賀拉斯・威爾比的《死亡前的信號》（倫敦，1825），我們發現好幾個例子就是他們只是在思想中到了某一地方，然後就在那地方現身（例如：第45、88頁）。看起來尤其值得相信的是，由誠實的本德・本森敘述收在基澤的《動物磁性檔案》（第8卷，第3部分，第120頁）裡「雙重人」標題下的這類例子。與現正談論的在清醒狀態下見到影像相對應的，就是在睡眠狀態時的交感夢，亦即從遠距離交流的夢：由兩個人在同一時間以同一方式做同一個夢。這方面有足夠聞名的例子：法比烏斯的《論睡眠》（第21節）就收集了好些這樣的例子，其中絕妙的一個是以荷蘭語敘述的。此外，在基澤的《動物磁性檔案》（第6卷，第2部分，第135頁）中，由馬丁・威瑟曼寫的一篇異常奇特的論文報告了5個案例。他有目的地透過其**意志**（意欲）讓別人做了特定的夢，在最後的個案中，因爲涉及的人還沒上床睡覺，她以及與她在一起的另一人，就在**清醒**中看到了特定的夢境，完全就是眞實的一樣。所以，無論是這樣的夢還是清醒時所見的這類影像，**做夢器官**都是直觀的工具。上述奧古斯丁所說的故事，可視爲這兩種現象的連接環節——即一個人只是夢見做的事情，卻顯現給了另一個清醒的人。這樣兩個一模一樣性質的情形，見之於賀拉斯・威爾比的《死亡前的信號》（第266、297頁）；最近的例子可看辛克雷爾的《看不見的世界》。因此，很明顯，無論這兩類影像中顯現的人是多麼的以假亂眞、活靈活現，卻都不是從外在作用於人的感官而產生出來的，而是由人的**意志**的某一神奇的作用所致。從這個人的意志出發作用於別人的意志，亦即作用於某一陌生有機體的自在本質，以此從這一陌生有機體的內在引發變化，這變化就作用於其大腦——在大腦那裡，這變化就刺激起那正以意志發揮作用的人的圖像，就與只能透過光線從他的身體反射回到別人眼中的作

[348]

[349]

用才可以產生的圖像一樣。

恰恰就是在此談論的「雙重人」——亦即顯現的人明顯是活著，但卻並不真的在場，並且一般來說也不知道自己就在那裡顯現——給了我們關於垂死之人和死去的人那種現身現象的一個正確觀點，因此也是關於鬼魂現象的一個觀點。因為「雙重人」現象告訴我們，某人某物直接真實地在場，正如某一因作用於我們的感官而讓我們感知其在場的實體那樣，一點都不是這些顯現現象發生的必要前提條件。但認定這是必要的前提條件，正是所有以前對鬼魂現象的理解都會犯的根本錯誤，無論其對鬼魂現象是持反對意見還是贊成意見。人們做出上述認定，就在於人們採用了**唯靈主義**（Spiritualismus）而不是**唯心主義**〔或說**觀念主義**（Idealismus）〕的立場（請對照《作為意志和表象的世界》，第2卷，第15頁；第3版，第16頁）。也就是說，根據唯靈主義，人們從這一完全沒有根據的假定出發，即假定人都是由兩個從根本上很不相同的部分組成的，一個是物質的，是身體；另一個是非物質的，是所謂的靈魂。死亡以後，這兩者分離了：靈魂雖然是非物質的、簡單的和並不膨脹的，卻在空間中存在，亦即在空間中移動，走來走去，從外在作用於軀體及其感官，恰如一個軀體那樣，也恰恰是呈現為某一軀體。當然，在這個過程中，條件就是這一靈魂有在空間中的真實存在，有我們可見到的軀體。對此，所有的理性的反駁和駁斥，還有康德對這事的批判性闡述（這構成了康德的《一個見鬼者的夢：以形上的夢說明》的第一或說理論性的部分），其矛頭對準的就是上述那根本站不住腳的**唯靈主義觀點**。因此，如果要對所有這些相關的現象得出某一正確的觀點，就必須完全拋棄唯靈主義的觀點，亦即拋棄假定某一非物質的物質，但卻可以移動，能夠以物質的方式作用於實體，所以也能作用於感官；就必須轉而採取唯心主義（或說觀念主義）的視角，而由此視角出發，我們就會在完全不同的另一光線下審視這些事情，得到了評估這些事情可能性的完全不一樣的標準。為此打下基礎，就是本文的目的。

(9) 我們考察的最後一種情形，就是在之前的條目下所描述的奇妙作用，就算是在人死後也仍然可以發揮出來。這樣，真正的鬼魂現象透過直接的作用而發生了，亦即透過死人在某種程度上的真實個人存在而發生，死人也接受對其反作用。先驗地否定這種事情的任何可能性及取笑與此相反的說法，所依據的不外就是堅信人死後就絕對地消亡——除了有新教教會信仰支持的說法以外。根據新教教會信仰，鬼魂是不可能出現的，因為根據其在塵間的幾年裡是信上帝抑或不信上帝，這些人一旦死後，要麼永遠被送上天堂享受永遠的歡樂，要麼被打入地獄遭受無窮盡的折磨；他們是不可以脫離這兩者回到我們這裡的；因此，根據新教信仰，所有這樣的現象都是來自魔鬼或者天使，而不會是人的鬼魂，就像拉法特所細緻和澈底分析了的（《論鬼魂》，日內瓦，1580，第 2 部分，第 3-4 章）。但天主教教會卻在 6 世紀，特別是經由大格里高利，相當明智地改良了那荒謬的和讓人噁心的教義，在兩個讓人絕望的選擇之間加入了煉獄，允許了暫時住在煉獄的以及其他一些例外現身而為鬼魂。這在上面提到的泰拉修斯的書（第 1 部分，第 3 章）裡可以詳細讀到。新教徒從上面的兩難處境看出有必要以各種方式保留魔鬼的存在，純粹只是因為要解釋那不可否認的鬼魂現象，他們是完全不可以缺少了魔鬼一說的。因此，甚至在 18 世紀開始，那些否認魔鬼存在的人仍被稱為讓虔誠者毛骨悚然的「無魔鬼論者」，幾乎與今天的「無神論者」一樣。據此，在同一時間，例如：在羅曼尼的一本有關幽靈、魔法的書（萊比錫，1703）裡，幽靈從一開始就被定義為「魔鬼的恐怖現身，魔鬼獲得了一副身軀或者其他某樣能以感官看到的東西，目的就是要人們擔心害怕」。或許與此相關的，就是在新教徒那裡審判女巫比在天主教徒那裡更加常見，因為眾所周知，這些審判女巫預先就假定了女巫是與魔鬼結盟。撇開這些神話學的觀點不理，我在上面說了，先驗地摒棄死人在現實現身的可能性，其根據只不過就是人們堅信：死亡以後，人的本質就完全澈底化為烏有。這是因為只要不是如此確信，就

[351]

不可能不明白，為何某樣以某種方式存在的東西，在另一種狀態下就不會以某種方式顯現出來和作用於其他東西。因此，盧奇安在敘述德謨克利特看到為了嚇他而做的假鬼怪絲毫不為所動的故事以後，補充的一句就是前後一致的，也是幼稚的：他確信一旦靈魂離開身體以後，就什麼都不是了（《愛說謊的人》，32）。相較之下，如果人身上除了物質以外還有某樣無法消滅的東西，那就起碼先驗地不可能理解為何產生了奇妙的生命現象的東西，在那生命現象完結以後，就絕對沒有能力對仍然活著的東西發揮作用。據此，這件事情也只能後驗地透過經驗定奪，但這卻更加困難，因為除了那些報告此類資訊者有意或者無意的欺騙以外，就算是真正看到死者現身的影像，也很有可能屬於我到此為止所列出的 8 種情況中的一種。因此，情形或許永遠都是這樣。確實，就算這樣的現身現象向我們透露了一些無人可知的東西，根據我在第 (7) 結尾處所作的分析，或許仍然是在自發的催眠遙視中透露事情的某種形式──雖然這是在清醒時出現的遙視，抑或只是得之於催眠狀態的更加完美的回憶，是當然無法確切證明的；並且就我所知，這樣透露的事情總是透過睡夢而發生。但也會出現一些情況，使這類解釋變得不可能。因此，時至今日，人們不再帶著以往那麼多的偏見看待這類事情，並因此更加大膽地交流和談論，那我們就可以寄望獲得有關這些事情的關鍵經驗的資料和啟發。

　　許多鬼魂故事確實都是這樣的性質，以致任何其他的解釋都有極大的困難──假如人們沒有把這些故事視為完全杜撰的話。但要反駁這些故事完全就是杜撰的說法，那在很多情況下我們既可以有原始敘述者的性格證明，也可以有這些敘述中都帶有的誠實和真誠的印記，但比所有這些都更為有力的是那所宣稱的現象，其特有的過程和性質都是完全相似的──儘管所報導的那些現象在時間上和地點上都彼此相隔很遠。這一點在涉及非常特別的一些情形時顯得尤為突出，那些情形也就是只在最近的在催眠和對所有這些（諸如有時候出現的影像）的密切觀察以

後才認識到的。這一類情形的一個例子就是1697年那頗讓人傷腦筋的 [353] 鬼魂故事——布列埃爾・德・布瓦蒙在他的第120條觀察裡講到了這件事:那年輕人總是看到他朋友顯現上半身,雖然他與他這朋友交談了3刻鐘的時間。只是顯現人的一部分身體,在我們這時代已被證實為這類影像中不時都有的特別之處,因此,布列埃爾(在他的書第454頁和第474頁)在沒有涉及那故事的情況下,認為這並不是很稀有的現象。基澤(《動物磁性檔案》,第3卷,第2部分,第139頁)也報導了男孩阿斯特碰到的同樣情形,但他卻把這歸因於男孩所宣稱的用鼻子視物。據此,上述故事中的這些情形就提供了證明,證實那年輕人起碼沒有虛構他所見的現象;除了解釋為這是他的朋友所為,是他那位前一天在偏遠地方溺水身亡的朋友,早些時候答應過他的、現在付諸實施的行為——除了這個解釋以外,其他的解釋都是很困難的。另一種情形就是只要人們特意注視的話,這個現象就會消失。這情形也可見於上文提到的,保薩尼亞斯所描述的在馬拉松戰場聽到聲音的段落裡。戰場的廝殺聲也只有偶然到了那裡的人才聽得到,而有心要到那裡去聽這些聲音的話,是不會聽到的。最近與此類似的觀察結果,我們可以在《普利伏斯特的遙視者》(例如:第2卷,第10、38頁)的多個段落找到。對此的解釋是:透過中樞神經系統看視的東西,馬上又被大腦趕走了。根據我的假設,可以解釋為腦髓纖維的顫動突然倒轉了方向所致。我順便在此讓讀者看一個與此所說吻合一致的好例子,佛提烏在〈戴馬修斯〉一文中說,一個可尊敬的女士得到了神的饋贈,有一種無法理解的本領,因為把純淨的水倒進一個玻璃杯以後,她在杯子底部就可看到顯現 [354] 的未來事件;從所看到的東西,她完美地預言了事情將要如何進展。我們也注意到這些事情得到了證實。《普利伏斯特的遙視者》(第3版,第87頁)也報導了這無法讓人理解的同樣事情。鬼魂現象的特性和類型是相當的固定和獨特,熟悉這些情況的人讀到這些故事時,就已經可以判斷這些報導是虛構的還是基於視覺錯覺的,抑或是真正發生的影

像。我們願望和希望能夠很快得到中國的鬼魂現象的集結,以便看看那些鬼魂現象與我們的鬼魂現象在本質上是否同樣的類型和特性,並且在次要和個別的細節是否也能互相高度吻合。假如是那樣的話,那儘管在風俗和信仰方面是如此根本的不同,但我們現正談論的現象就有了有力的佐證。中國人認為死人能夠現身,也能傳達訊息,與我們有一樣的看法——這從中國故事「神祕的畫卷」(由斯坦尼司拉斯・於連翻譯並發表在他的《中國孤兒及小說和詩歌集》,1834)中的鬼魂現象就能看出來,雖然那只是虛構的故事。同樣,在這方面我想請大家注意,在上述提到的亨寧斯、溫佐爾、泰勒及稍後的克納爾、赫斯特等人的著作中所描述的不尋常現象及其構成的鬼魂特徵,也早已出現在很古老的書籍裡,例如:擺在我面前的出自1597年的3本書裡,即拉法特的《論鬼魂》、一本無名氏的500頁分4卷《關於鬼魂》和泰里亞斯的著作。

[355] 同樣出現的不尋常現象就是,例如:敲擊聲,似乎有什麼在試圖強行打開關著的或者本來就沒關著的門,相當沉重的物品掉在地上發出的巨大聲響,廚房裡扔擲廚具或者木頭掉在地上的噪音(但事後一切都完好無損),酒桶砰砰作響,當屋子裡有人將要死亡的時候就會出現釘棺材的聲音,黑暗房間裡吧嗒吧嗒或者沉重的腳步聲,拉扯被罩,腐爛的氣味,現身的鬼魂想要祈禱等等,等等。而那些做出現代化陳述的人大都是沒有什麼文化的,不可能閱讀過那些古老和稀有的拉丁文著作。在支持鬼魂現象具有真實性的論據當中,也值得一提的是不信者的腔調:那些有學問的人表達的是二手東西,因為他們所說的一般都帶有明顯生硬、不自然和虛偽的印記,以致還隱約透出他們那祕密隱藏著的相信。我想藉這個機會提請人們注意最近的一個鬼魂故事,這所說的情形值得精確探究和詳細了解,而不是像現在以差勁的描述登在《普利伏斯特報導》(第8集,第166頁)上。這是因為,第一,對此事的陳述都有公證和紀錄;第二,這事尤其引起人們注意的是那整整幾個晚上,首先看到這鬼魂並不是那相關的人(這鬼魂在這人的床前現身),因為她正在

睡覺，而只是她那兩個同一牢房的犯人。也只是稍後，她才看到讓她如此震撼的鬼魂。然後，她就心甘自願地交代了曾經 7 次下毒殺人。這篇報導印成了一本小冊子《美因茲陪審員法庭對下毒謀殺犯瑪格麗特·雅格的審理》（美因茲，1835）。這些文字記錄就印在一份法蘭克福日報《迪達斯卡利亞》（1835 年 7 月 5 日）上。

現在，我就得考察這事情形上的一面，因為在有形的、物理學的，在此也就是生理學方面，需要說的在上面已經說了。所有這些影像當中，亦即所有這些清醒時透過發揮做夢機能而進行的直觀當中，真正引起我們興趣的是這些影像與某樣現實客觀的東西之間的關聯，亦即與我們之外存在的，與我們不一樣的東西的關聯，因為真有了這些關聯，這些現象才會與我們清醒時正常的感官直觀有了相似之處和同樣的地位。因此，上面我所列出的這些影像的 9 個可能原因中，前 3 個不會引起興趣，因為那些只是出自幻覺（Halluzination），但後面的卻不一樣。這是因為考察影像和鬼魂現象時必然有的困惑，根本在於在這種注視中，主體與客體的界線變得有疑問了，不清晰了，並且的確是模糊了，而這一界線是一切認知的首要條件。「那到底是在我身體之外，還是在身體之內？」每個人都會產生這樣的疑問，就像馬克白看到一把匕首在眼前晃動的時候所產生的問題。我說的每個人，是指還沒有被這樣的幻影奪走了思考和判斷的人。如果只是一個人看到了鬼魂，那人們都會把這解釋為純粹的主觀臆想——無論這所見的鬼魂是多麼客觀地擺在眼前。但如果是 2 個或者 3 個人看到和聽到的話，那人們就會馬上認為所見、所聽應該屬於某一現實中的實體，因為如果幾個人在同一時間必然有著同一個直觀表象的話，那我們在經驗中就知道只是**一個**原因所致，這個原因就是同一個實體在向著各個方向反射光線的時候，影響到了所有這幾個目睹者的眼睛。不過，除了這一相當機械的原因以外，有可能還另有其他原因能夠在同一時間，在不同的人那裡給出同樣的直觀表象。正如有時候兩個人可以同時做同一個夢（見上面第 346 頁），

[356]

亦即透過做夢機能，在睡眠時看到同樣的東西，同樣，在**清醒**時做夢機能也可以在兩個人（或更多）那裡活動起來，這樣，被他們同時看到的鬼魂現象，就可以如一個實體一樣客觀地出現在他們面前。總而言之，

[357] 主觀和客觀的差別從根本上不是絕對的，而永遠只是相對的，因為客觀上的每一樣東西，只要是始終以某一主體為條件，並且的確是只存在於這一主體，那就仍然是主觀的。所以，歸根結柢，唯心論是對的。人們很多時候以為，證明了鬼魂現像是以主體為條件，也就推翻了鬼魂現象的現實性。但這樣的辯駁對一個了解康德學說的人，又有多大的分量呢？亦即當我們了解到在實體世界的現象中，主體條件占了多麼巨大的分額！這一實體世界連帶其所在的空間、其活動的時間，還有構成了物質本質的因果律，亦即根據其全部形式，不過就是透過感官神經所受的刺激而活動起大腦功能以後得到的產物。這樣，剩下的就只是針對自在之物的問題了。從外在作用於我們感官的物體，其**物質**真實性的鬼魂現象當然是沒有的，透過做夢機能讓我們看到這現象的夢也同樣沒有。因此，不管怎麼樣，人們都可以把鬼魂現象稱為清醒時做的夢（桑塔格，《鬼魂的論述》，奧特多夫，1716，第 11 頁）。儘管如此，鬼魂現象從根本上也沒有喪失其現實性，的確，鬼魂現象與夢一樣，都只是表象，並作為表象只存在於認識力的意識之中。對那現實的外在世界，我們也可以持同樣的說法，因為這一現實的外在世界對我們也首先和直接的只是表象，並且正如我已說過的，只是經由神經刺激而起，根據主體功能的規律（純粹感官和理解力所特有的形式）而產生的大腦現象而已。如果我們還要求某種別的現實性，這就變成了對自在之物的追問。這個追問由洛克提出並倉促地處理，然後由康德展示了這一問題的種種難以解答之處，並且也因為被康德認定為無法解答而放棄了；而我呢，

[358] 雖然是在某些侷限之下，但還是回答了這一問題。正如顯現為外在世界的現象的自在之物，無論如何從整個特性上是與現象有別的，所以，自在之物與顯現為鬼魂現象的東西也有可能是類似的關係；確實，顯現為

這兩種現象的或許歸根結柢就是同樣東西,即都是**意志**。與這一觀點相應,我們發現在客觀現實(如實體世界)和鬼魂現象方面,有唯物主義(Realismus)、唯心主義和懷疑主義(Skeptizismus),最後還有批判主義(Kritizismus)。明確證實我上面觀點的是最著名的遙視者(即《普利伏斯特的遙視者》,第1卷,第12頁)認真、謹慎地說出的話:那些鬼魂是否只有以這樣一種形態才能讓我們看見,或者我的眼睛也是否只能看見,我的感官也只能把握處於這樣形態的它們;抑或這些鬼魂在鬼魂的眼睛看來不再是鬼魂了——這些我都無法確切地說。但我幾乎感覺到是這樣的。這說法與康德的學說不是完全相似嗎?康德的學說就是「自在之物本身是怎樣的我們並不知道,我們也只能知道其表面現象」。

　　古代和中世紀的全部惡魔研究和鬼魂資訊,還有與這些相連的對魔法、巫術的觀點,其基礎是那時候並沒有爭議的**實在論**,而實在論的地位卻最終被笛卡兒撼動了。只有在新時期逐漸成熟的**觀念論**,才能引領我們達到這樣一個看的角度——從這個角度出發,我們才能對所有的事物,亦即對包括影像和鬼魂現象獲得一個正確的判斷。與此同時,另一方面,沿著動物磁性說(或說催眠術)這一現實的途徑進展,人們把之前藏在黑暗之中膽怯地躲起來的**魔法**、巫術帶到了光線之下,也讓鬼魂現象成為人們如實觀察、探究和不帶偏見地做出判斷的題材。探究所有的事情,最終都永遠要回歸到哲學。我希望正如我從唯一的現實出發, [359]
從在大自然中無所不能的**意志**出發的哲學,把魔法、巫術描述為起碼是可以想像的,並且如果魔法、巫術真的存在,是可以理解的,[7]那透過明確地把客體世界視為**觀念性**的存在,就為正確理解影像和鬼魂現象鋪平了道路。

　　每一個思考的人,在第一次聽說遙視的事實或者魔法和巫術的時候,都會斷然不予置信;也只有在稍後,在自己親身經歷或有了上百個

---

[7]　參見《論大自然的意志》中「動物磁性和魔法」。

可信的證詞、證明以後，這不相信才開始軟化。這都是因為這個唯一的原因：以上兩者遠距離看視（遙視）和遠距離發揮作用（魔法或說巫術）都違背了我們先驗意識到的時間、空間和因果律的法則，這些組合起來的時、空、因果律法則決定了我們可能的經驗過程。因此，聽到別人說起遙視或者魔法的事實時，人們並不只是說「這不是真的」，而會說「這是不可能的」，而對方的回應則是「但這是可能的」。這些觀點對立的根源在於（並且也再次提供了多一重的證據證明）我們先驗認識到的那套法則，絕對不是沒有條件的，並不是士林哲學的「永恆的真理」，並不是自在之物的法規和限定，而只是出自直觀和理解的特有形式，因此就是出自大腦的功能。由這些所構成的智力本身，只是幫助個體意志現象追求和達到其目標，而不是為了要幫助個體意志現象去明白自在之物本身的絕對內涵而設。所以，正如我在《作為意志和表象的世界》（第 2 卷，第 177、273、285-289 頁）所闡述的，智力只是很膚淺的能力，本質上都只涉及事物的外表，永遠不會涉及內在。讀者想要真正明白我在此想說的意思，就閱讀那些章節吧。但我們也會偶爾成功地繞開個體化原理，從完全另外一面，從一條完全不同的途徑，亦即直接從內在而不是外在的途徑走近事物，因為我們本身也屬於這世界的內在本質。這樣，我們就透過遙視中的所知和魔法中的作用而把握事物，就為我們的頭腦認知產生了一個結果。但如果運用大腦認知自身的途徑，那確實是不可能得到這一結果的；因此，對這一結果大腦一定是要堅持否定的，因為只有在形上的層面才能理解這個成果，從物理的層面是不可能理解的。據此，在另一方面，遙視證實了康德關於時間、空間和因果律的觀念性的學說，除此之外，魔法也證實了我的關於**意志**作為所有事物核心具有唯一現實性的學說。這樣，培根的這一句話也再一次得到了證實：魔法（巫術）就是實踐的形上學。

現在我們再一次回憶上文給出的分析和提出的有關生理學的假設。根據此假設，透過做夢器官所實施的直觀與平常清醒狀態下的看是

大不相同的。在後一種情況下,大腦受到了從外而至的刺激,經過了感官受到物理作用的過程;這樣大腦就在同一時間接收到了資料,並因應這些資料,透過運用其功能,亦即透過時間、空間和因果律而完成了現實直觀。相較之下,透過做夢器官進行的直觀,刺激則是從有機體的內部發出,並從立體神經系統傳至大腦,讓大腦做出了與平常直觀相似的直觀圖像。因為這方面的刺激來自相反的另一邊,因而是向著相反的方向發生,那就可以假設:腦髓纖維的振動或說總體內在的運動,也是循著相反的方向,並且是最終才擴展至感官神經。所以,感官神經在此是最後活動起來的,而不像平常直觀那樣是最先被刺激起來的。那麼,如果就像在夢見真實、預言性影像和鬼魂現象中所假設的,即如果這一類直觀涉及了某樣真實外在的、現實存在的東西,因此涉及了某樣完全獨立於主體的東西,某種也只有透過這類直觀才能認識到的東西,那這某種東西就必然與這有機體的內在有某種交流和連繫,因為直觀就是從這有機體的內在被刺激起來的。這樣的交流和連繫在現實中確實完全無法展示和證實。的確,因為這種交流和連繫預先就假定為並非是空間方面的,不會從外而至,所以,在現實中,亦即在物理方面根本是無法想像的。如果這樣的事情真的發生了,那就只能從形上的層面理解;因此,這種交流和連繫就得理解為獨立於現象及其所有的法則,是在自在之物那裡發生,之後則在現象中顯現,而自在之物作為事物的內在本質構成了現象的基礎。這樣一種交流和連繫就是我們所稱的魔法作用(magischen Einwirkung)。

[361]

假如有人問,這魔法以及類似的還有交感神經治療、催眠師相隔遙遠所施展的影響,其作用途徑是怎樣的呢?那我就會說,這一途徑就是昆蟲在這裡死了,但過冬以後從卵裡又重新充滿活力地爬出來。這一途徑就是某一族群或人群,在人口死亡異常增多了以後,人口出生也會隨之增加。這一途徑不會是由連接起時間、空間的因果律鏈條所牽引。這是透過自在之物的途徑。

大家從我的哲學知道了這自在之物，亦即人的內在本質，就是人的**意志**；每個人的整個有機體顯現在經驗中，就只是意志的客體化；更仔細地說，在人的腦髓中產生的有機體的圖像就是他的意志。但作為自在之物的意志卻是在個體化原理（時間和空間）之外，而透過個體化原理，個體之間**分離**了。所以，個體化原理所帶來的侷限對意志是不存在的。由此解釋了只要我們進入了這一領域，就我們的認識所及，那個體直接影響另一個體就是可能的——不管這些個體與個體之間在空間上的距離是遠還是近。這樣的影響在上面列出的 9 種情形（亦即在清醒時透過做夢功能進行直觀，也更經常地在睡眠狀態中進行直觀）中的一些情形裡表明就是事實。同樣，從這些直接的基於事物的自在本質的交流和溝通，也可以解釋真實夢見、在夢遊狀態中意識到周圍的環境、預視和遙視等可能性。在一個人的意志並沒有受到個體化的限制，因而也就是直接和遠距離地作用於其他人的意志時，他也在作用於其他人的有機體，因為這一有機體只是在空間中直觀到的意志本身。那麼，如果循此途徑傳至有機體內部的影響和作用，擴展至有機體的指揮者、領導者，即神經系統，並從這裡突破大腦周邊的隔絕而傳達給大腦，那大腦就始終以自己的方式處理傳達過來的影響和作用，亦即產生出直觀圖像，與因外在刺激而產生出來的直觀圖像是一模一樣的，亦即成了空間中的立體圖像，在時間中展開活動，遵循著因果法則等等，因為兩種直觀圖像都是直觀的大腦功能的產物，而大腦永遠只以自己特有的語言表達。但是，這樣的影響和作用也永遠帶著其源頭（亦即發出這影響和作用的人）的特性和印記，並把這印記打在了它幾經迂迴在大腦裡形成的形態上面——無論那影響和作用的發出者的自在本質與這個形態是多麼的不同。例如：如果一個垂死的人，透過強烈的渴望或者其他意志目的而作用於某一個身處遠方的人，當這個作用非常強勁有力時，垂死之人就會顯現在另一個人的腦海裡，亦即完全如現實世界的軀體一樣地顯現給那個人。很明顯，這樣經由有機體內部進行的對另一個陌生大腦的影響和

作用，如果陌生人是睡著的話，就會比他醒著時更加容易，因為在陌生人睡著的時候，其大腦纖維不會有與接受影響時的相反方向的振動，但在清醒時，他的大腦纖維的振動就向著與此時接受影響時的相反方向。因此，如果這種影響和作用在我們現正談論的例子裡比較弱小，那就只能在睡夢裡經由夢的刺激而顯現；在清醒的時候，充其量刺激起某些想法、感觸和不安，所有這些永遠都與其源頭相應和帶著源頭的印記。因此，例如：這一影響和作用可以產生出某一無法解釋的卻又是無法抗拒的渴望或者衝動，要去尋找發出這些影響和作用的人；反過來，也可以同樣透過不想見到某人的意願，把想要過來的某人嚇得往回走——就算此人已被喚至或者被指令來到屋子的門口（參見維吉爾的《伊尼特》）。那些影像、第二視覺和見到鬼魂的已認定為事實的傳染特性，就是基於這種影響和作用，其基礎就是所有現象背後的那同一個自在之物。這種傳染特性所產生的作用，其結果就類似於某一實體物品在同一時間作用於多個人的感官：由於這一作用，不止一人也就能在同一時間看到那同樣東西，而這也就是完全客觀的構成。我們經常注意到的人與人之間的直接思想交流，也是基於這種直接的作用。這是確鑿的事情，所以，我建議那些必須守住某一重要和危險祕密的人，千萬不要與不應知道此祕密的人談論與此有關聯的事情，因為談論這些事情時自己不可避免地會想到那事情的真實情況。這樣，對方就會突然靈光一現，因為產生了交流——對此種交流，無論是緘默還是偽裝都無法起到保護的作用。歌德在《西東合集》的說明中，在「鮮花交換」的題目下，講述了一對戀人出遊時，互相玩起了字謎遊戲，很快他們不僅馬上猜到那才剛剛說出的字謎，最後甚至一方才想到那個字，才想要弄出個謎面，對方就已經最直接地測知並說了出來。多年前，我在米蘭的漂亮女房東，在晚餐熱烈交談之際，問我她買彩券時選了一行哪 3 個數字。我不假思考地正確說出了第 1 個和第 2 個數字，隨後她的歡呼聲讓我起了疑心，我就好像被喚醒了一樣。這樣我就想了一下，然後給出了錯誤的第 3 個數

[364]

位。眾所周知，能最大程度發揮出這種影響和作用的是具有強遙視能力的夢遊者：他們能夠精細和準確地向詢問者描繪出他那遙遠的家鄉，他在那裡的住處，或者他去過的遙遠國度。自在之物在所有人的身上都是一樣的，而處於遙視狀態的人能夠借用我的大腦思考，而不是以他自己那正在沉睡的大腦思考。

現在，既然另一方面，我們確鑿無疑地認為，**意志**作為自在之物並不會因死亡而被毀壞和消滅，那就不能先驗地斷然否定上述那類魔法影響和作用也有可能來自死去的人。但這些是來自死去的人的可能性也同樣無法讓人清楚明白，也因此無法讓人宣稱這可能性是肯定的，因為這種事情雖然總而言之並非不可想像，但仔細考察一下，這裡面其實牽涉到太多的困難。現在我就在此簡短說一說。既然我們把死亡以後仍然保持無損的人的內在本質，只能想像為存在於時間和空間之外，那人的內在本質對我們這些活人要施加影響和作用的話，就只有透過許多可能都在我們這一邊的媒介，以致很難估計這裡面到底有多少影響是真正出自死去的人。這是因為這種影響和作用不僅要首先進入察覺到這些影響和作用的主體直觀形式，因此，必須表現為某一空間的、時間的、遵循因果律的、能產生物質作用的東西——而且，除此之外，這些影響和作用還必須與人們的抽象思維搭上關係，否則，人們就不知道如何理解這些影響和作用；那顯現給人們看的人不僅要被人們看到，而且還要被人們在某種程度上明白其目的及其與目的相符的作用。因此，這些顯現者還要順應和將就主體在涉及總體事物和世界方面的狹隘見解和偏見。而且還不止這些！根據我到此為止所做的整個闡述，鬼魂是透過做夢功能和由某一從內在出發，然後抵達大腦的作用而讓人們看到，而不是透過慣常的從外而至，經過感官的方式。但不僅僅只是這些。堅決認為現身的鬼魂有其客觀現實性的克爾納，也在他那經常重複的說法裡說出了與我同樣的意思，亦即「人們並不是以肉眼看到鬼魂，而是以精神之眼看到的」。因此，雖然鬼魂現象的形成是透過某一內在的、發自事物的自在

[365]

本質的，因而是某一魔法的作用對有機體發揮影響，藉助於神經系統而傳至大腦——雖然如此，但我們對鬼魂現象的理解，仍然是依照物體從外在經由光線、空氣、聲音、碰撞和香味而作用於我們的方式。某個死人根據假設所發揮的影響和作用，在這樣轉換時，得遭遇多麼厲害的變化啊！那簡直就是澈底的脫胎換骨！儘管如此，經過這樣的兜兜轉轉，現在又如何仍然能夠假設真發生這樣一來一往的對答，就像經常所報導的那樣？在此順便一說，宣稱曾經見過這一類現象的每一個說法，都或多或少帶有某種滑稽的、讓人戰慄的成分，也因為這樣，人們說起這情景時會有點猶豫。原因就在於敘述者就好像是在敘述某樣透過外在感官看到的東西，但這東西當時肯定並不在場，因為否則的話，當時所有在場的人就必然以同樣的方式看到和察覺到這一鬼魂了；因內在作用而起看起來是外在的東西，並且與純粹只是想像出來的東西截然不同——這樣的事情卻不是每個人都會碰上的。所以，提出真有鬼魂現象的話，這些就是看到鬼魂的主體所要面對的困難。在據說還能發揮作用的死人一邊，也會有其他的困難。根據我的學說，**意志**才是唯一具有形上的實質，所以，意志是不會因死亡而消失的；而智力作為一個身體器官的功能只是物理性（有形的方面）的，是隨死亡而消失的。因此，一個死者據說是從活人那裡了解了一些事情，以便據此對人發揮作用，其方式、方法是極有問題的。這種作用的特性本身也同樣如此，因為死人隨著失去了肉體，也一併失去了所有作用於其他人和這世界慣常的，亦即物理方面的手段。如果我們承認那許許多多的來自四面八方的關於這類事件（這些事件都毫不含糊地指明死者發揮了客觀影響）的明確敘述有其一定的真實性，那我們對這種事情就要做出這樣的解釋：在這種情形裡，死者的意志仍然始終狂熱地向著塵世的事情；現在在缺乏所有物理的手段影響塵世事務之時，意志就求助於其原初的，亦即形上的特性的，無論生死都會有的魔法力量。這在上文已經提及，另外，在我的《論大自然的意志》中的「論催眠與魔法」中，我詳細表述了這方面的思想。所

[366]

[367]

以，只有藉助於魔法的力量，意志才可以甚至是現在也做到在生之時有可能做到的事情，亦即在沒有某一身體幫助的情況下能夠真正「遠距離發揮作用」，因此，在沒有任何物理媒介的情況下對他人直接發揮作用，即以某種方式影響他們的有機體，讓他們的大腦裡直觀呈現出形態，一如平常只有在感官接受外在作用後才能形成的直觀形態。確實，既然這樣的作用只能設想爲魔法的作用，亦即透過一切事物的內在、同一的本質，因而是透過「創造性的自然」（natura naturans）以完成，那我們起碼可以大膽地走出這挺傷腦筋的一步，如果只有這樣做才能挽回那些值得尊重的報導記者的聲譽的話：不要把這種作用僅僅侷限於人的有機體，而是做出讓步，承認這種作用對沒有生命的，因此是非有機的物體並不是完全和澈底的不可能（這些物體因此也能受這種作用而移動），目的就是不要把一些值得高度信賴的報導一概直接指責爲謊言，例如：在《普利伏斯特的遙視者》中樞密顧問哈恩的敘述，因爲這類報導一點都不是孤立的和絕無僅有的，而在古老的文字中，甚至在新近的出版物裡，也有許多與這些報導完全相似的敘述。的確，這種事情是接近荒謬了，因爲就算魔法的作用方式經由催眠而取信於人，但到現在爲止，與下面的這一作用和效果相比，催眠也只是一個很弱的，仍然有疑問的類比，就是在《德勒斯登的奧古斯特・卡赫勒的睡眠生活報告》（1843，第115、318頁）中宣稱的事實：這一夢遊者不需用雙手，純粹只是透過其意志（意欲）就一再成功地使磁針改變方向。*

---

* 在後來的版本中增加了一段文字。內容是：恩莫瑟也報導了夢遊者卡赫勒做出的同樣事情（《梅斯梅爾催眠實踐指南》，1852，第109頁），遙視者卡赫勒移動磁針不僅以伸出的手指指向磁針，而且也用目視的方式。她把眼睛看著朝北極方向半尺的距離，幾秒後，指針就轉了偏西4度；一旦她縮回頭，把目光轉向別處，指針就又回復到之前的位置。在倫敦，夢遊者貝爾納也在公開的會議，在挑選出來的能幹的證人面前做出了同樣的事情。——譯者注

在此對本文的難題所提出的觀點，首先解釋了為何如果我們想要承認死去的人真有可能影響和作用於活人世界，這樣的事情也只能是極為稀有的，完全就是例外，因為發生這種事情的可能性與所有那些已經說過的，並不那麼容易同時具備的條件緊密相連。其次，如果我們不想把《普利伏斯特的遙視者》和克爾納與此相關的著作裡的那些事實，把現存的這些至為詳盡和至為可信的印刷報導，只是視為純粹主觀的、純粹的「病人的夢囈」；如果我們也不滿足於上面所說的「追溯性的第二視覺」的假想（遙視者在默劇的基礎上，自己加進了人物對白），而是把死者的影響和作用認定為這類問題事情的扎實基礎——如果是這樣，那麼，出自這些鬼魂的陳述和行為的極度荒謬、極其愚蠢的世界秩序，並沒有就此取得客觀現實的基礎；相反，這世界秩序是完全建立在一個遙視者的直觀和思維活動之上，雖然這些直觀和思維活動是透過來自大自然以外的某一影響和作用而變得活躍，但卻肯定是以忠實於自身的方式；並且這一遙視者還是一個極度無知，某些教義問答手冊就能讓其滿足的人。

　　無論如何，鬼魂現象首先和直接的就是看見鬼魂者的大腦中的一個影像，而不是其他別的。至於一個垂死之人可以從外在刺激起這一影像，得到了常見經歷的證明。至於一個大活人也能做到這一點，在多個情形裡也同樣得到了可靠證人的證明。現在的問題是：一個死去的人是否也能夠做到這些事情。

　　最後，在解釋鬼魂現象的時候，我們仍要涉及這一點：一個曾經活著的人與現在正活著的人之間的差別並不是絕對的，這兩者顯現的都是同樣的生存意志。這樣，一個人或許就能挖掘出追溯性的回憶，而這些就表現為死者通告的訊息。

　　文中討論的是這樣一個相當困難和有趣的問題，千百年來，對這一問題兩派人馬針鋒相對，一派信誓旦旦：「這事情是真的！」另一派則頑固重複：「這是不可能的！」對這一問題，如果我所有的這些考察，

[368]

[369]

能夠投射某一哪怕只是很微弱的光線，那我就已經做了我所承諾的，讀者也合理期待的事情。

人生的智慧

幸福不是容易的事：很難求之於自身，
但要想在別處得到則不可能。

——尚福爾

引言

在這篇文章裡，所謂「人生的智慧」，我採用的完全是形而下意義，亦即如何盡量稱心、愉快地度過一生這樣一門藝術。關於這方面的教誨在哲學上可稱為「幸福論」。因此，這本著作教導人們如何才能享有幸福的生存。而這樣的「幸福生存」，從客觀上審視，或者更確切地說，透過冷靜、縝密的思考（因為這裡涉及主觀的判斷），都可以定義為肯定要比非生存好。既然「幸福生存」是這樣的定義，我們就可以這樣說：我們依戀這一生存，就是因為這一生存本身的緣故，而不是出於對死亡的恐懼；並且我們渴望看到這一生存能夠永恆地延續。至於人生是否或者能否與如此定義的生存相吻合，這本身就是一個問題。對於這一問題，我的哲學已經清楚無誤地給予了否定的答案；但哲學上的幸福論對這一問題卻預設了肯定的答案。幸福論的這種肯定答案是基於人的一個與生俱來的錯誤，這個錯誤在我的主要著作第 2 卷第 49 章已遭到批判。但要完成諸如幸福論一類的著作，我就只能完全放棄更高的屬於形上和道德的審視角度——而我真正的哲學本來就是要引領人們進入這樣的審視角度。因此，我在這篇文章裡所作的議論只要是從平常、經驗的角度出發，並且保留著與此角度相關的謬誤時，那麼，這些議論

就確實經過了折中的處理。因此，它們的價值就只能是有條件的，因為 Eudamonologie（幸福論）這個詞本身就是一個委婉詞。另外，這些議論還不敢說是完整澈底，原因之一是我所討論的主題難以窮盡；原因之二是如果我要全面討論這個主題，那麼，我就只能重複別人已經說過的話。

[374] 　　就我的記憶所及，卡丹奴斯那本頗值一讀的《論逆境》，其目的與我這篇箴言大同小異。它可以作爲我這篇文章的補充。雖然亞里斯多德在《修辭學》第 1 部第 5 章裡，也摻進了簡短的幸福論方面的論述，但那些只是老生常談。我並沒有利用這些前輩的著作，因爲彙集別人的話語並不是我的工作；況且，如果我這樣做了，那我的觀點就不能一以貫之，而觀點的連貫性卻是這類著作的靈魂。當然，一般來說，各個時代的智者們都說過同樣的話，而愚人們——也就是各個時代數不勝數的大多數人——也做著恰恰相反的同樣事情。因此，伏爾泰說過：「當我們離開這個世界的時候，這個世界還是照樣愚蠢和邪惡，跟我們剛來到這個世界的時候所發現的並沒有兩樣。」

第 1 章　基本的劃分

　　亞里斯多德（《尼各馬可倫理學》，第 1 部分，8）把人生能夠得到的好處分爲 3 個方面：外在之物、人的靈魂和人的身體。現在我只保留他的三分法。我認爲決定凡人命運的根本差別在於 3 項內容，它們是：

　　(1) 人的**自身**，即在最廣泛意義上屬於人的個性的東西。因此，它包括人的健康、力量、外貌、氣質、道德品格、精神智力及其潛在發展。

　　(2) 人所擁有的**身外之物**，亦即財產和所有意義上的占有物。

　　(3) 人向其他人**所顯示的樣子**，這可以理解爲：人在**其他人眼中所**

呈現的樣子，亦即人們對他的看法。他人的看法又可分為名譽、地位和名聲。

人與人之間在第 (1) 項的差別是大自然確定下來的，由此正可推斷：這些差別比起第 (2)、(3) 項的差別，對於造成人們的幸福抑或不幸福，會產生更加根本和澈底的影響——因為後兩項內容的差別只是出自人為的劃分。人自身擁有的**真正優勢**，諸如偉大的頭腦思想或者偉大的心，與人的地位、出身（甚至王公、貴族的出身）、財富等諸優勢相比，就猶如真正的國王之於戲劇舞臺上假扮的國王一樣。伊比鳩魯的第一個門徒門采多羅斯，就曾在他的著作裡為一個篇章冠以這樣的題目，「使我們幸福的主要是我們自身之內的原因，而不是自身之外的原因」。確實，對於一個人的幸福，甚至對於他的整個生存方式，最明顯的就是這個人自身的內在素質，它直接決定了這個人是否能夠得到內心的幸福，因為人的內心快樂抑或內心痛苦首先是人的感覺、意願和思想的結果。而人自身之外的所有事物，對人的幸福都只是間接地發揮影響。因此，同樣外在的事物和同樣的境遇，對我們每一個人的影響都不盡相同；處在同樣環境的每一個人都生活在不同的世界之中。因為與一個人直接相關的是這個人對事物的看法、感覺以及他的意志活動。外在事物只有在刺激起他的上述東西時才能發揮作用。每個人到底生活於什麼樣的世界，首先取決於這個人對這個世界的理解，因各人頭腦的差異而相應不同：是貧瘠的、淺薄的和膚淺的，抑或豐富多彩的、趣味盎然的和充滿意義的。例如：不少人羨慕他人在生活中發現和遇到饒有趣味的事情，其實前者應該羨慕後者所具有的理解事物的稟賦才對，因為正是他們理解事物的稟賦，使他們經歷過的事情，在其描繪中都是那樣耐人尋味。這是因為在一個思想豐富的人看來是意味深長的事情，由一個頭腦膚淺、平庸的人去理解的話，那不過是平凡世界裡面的乏味一幕而已。這種情形尤其見之於歌德和拜倫創作的明顯取材於真實事件的許多詩篇。呆笨的讀者會羨慕詩人能有那些其樂無窮的經歷，而不是羨慕詩

[375]

[376]

人的偉大想像力——正是這想像力把一件相當平淡無奇的事情變得偉大和優美。同樣，具有憂鬱氣質的人所看到的悲慘一幕，在樂天派的眼裡只是一場有趣的衝突，而麻木不仁的人則把這視爲無關緊要的事情。所有這一切都是因爲現實生活，亦即當下經歷的時時刻刻都由兩個部分組成：主體和客體——雖然主體和客體彼此密切關聯、缺一不可，就像構成水的氧和氫。在面對完全一樣的客體時，不同的主體就意味著所構成的現實完全不同，反之亦然。最美、最好的客體與呆滯、低劣的主體互相結合只能產生出低劣的現實，情形就像惡劣天氣之下觀賞美麗的風景，又或者以糟糕模糊的照相機拍攝這些風景。或者我們用更淺顯的語言來說吧：每個人都囿於自己的意識，正如每個人都囿於自己的皮囊，並且只是直接活在自己的意識之中。因此，外在世界對他幫助不大。在舞臺上，某個演員扮演王公，另一個演員扮演參議員，第 3 個演員則扮演僕人，或者士兵，或者將軍等等。但是，這些角色之間的差別只在外在的一面，這些表面之下的裡子和核心都是一樣的：他們都是可憐的戲子，都有其痛苦和煩惱。在現實生活當中也是一樣的情形：各人不一樣的地位和財富賦予了每個人某一角色，但這一角色與這人的內在幸福並不相應。其實，隱藏在那角色裡面的也同樣是充滿痛苦和煩惱的可憐蟲。痛苦和煩惱的具體內容因人而異，但其形式，亦即其本質卻差不多是一樣的；儘管痛苦和煩惱會有程度上的差別，但這些差別卻一點都不是由人們的地位、財富的差別所決定，亦即不是由每個人扮演的角色所決定。也就是說，因爲一切對人來說是存在和發生的事情，都總是直接在人的**意識**裡存在和發生，所以，很明顯，人的意識的性質和構成本身就是首要的關鍵。在大多數情況下，意識的性質比呈現在這意識中的物象、形態更爲重要。一切豪華、壯觀、有趣的東西，反映在一個愚人呆滯的意識之中，那與塞凡提斯的意識相比就都是枯燥乏味的，因爲塞凡提斯在一個簡陋、不適的牢房裡寫出了他的《堂吉訶德》。構成現實的客體部分掌握在命運的手裡，因此是變化無常的；但主體部分就是我們

自身,所以就其本質而言是不變的。因此,在人的一生中,儘管外在不斷變化,但人的性格卻始終如一,這好比雖然有一連串的變奏,但主旋律卻維持不變。無人能夠脫離自身個性。正如那些動物,不管人們把它們放置在何種環境裡,它們仍然無法擺脫大自然為它們一次定下的狹隘侷限。這就是為什麼,例如:我們在想辦法讓自己寵愛的動物得到幸福和快活的時候,必須把這種努力控制在一個狹窄的範圍之內,這是因為動物的本性和意識有其界限。人也同樣如此:一個人可能得到多少快樂,從一開始就已經由這個人的個性所決定了。一個人精神能力的界限尤其決定性地限定了他領略高級快樂的能力(見《作為意志和表象的世界》,第2卷,第73頁)。如果這個人的精神能力相當有限,那麼,來自外在的一切努力,別人或者運氣所能為他做的一切,都無法讓他超越只能領略平庸無奇、半動物性的快樂的範圍。他就只能享受所規定了的感官的樂趣、舒適和愉快的家庭生活、低級的社交、庸俗的消遣娛樂。甚至教育,就大體而言,也無法在拓寬我們精神眼界方面給人帶來大的幫助——儘管教育也能做出一點點的事情。這是因為最高級、最豐富多彩、持續至為長久的樂趣是精神思想上的樂趣,儘管我們在年輕的時候,對這一點產生誤會;但是,能否領略這些精神思想的樂趣卻首先取決於一個人與生俱來的精神思想能力。由此可以清楚地看出,我們的幸福是多麼地取決於我們**自身**,即取決於我們的個性。但我們卻通常只是考慮運氣,只是考慮**所擁有的財產**,或者我們**在他人心目中的樣子**。其實,運氣會有變好的時候;再者,如果我們內在豐富的話,就不會對運氣有太多的要求。相較之下,一個頭腦呆滯的人終其一生都是頭腦呆滯,一個笨蛋至死仍是一個笨蛋,哪怕他身處天堂,為天堂美女所簇擁著。因此,歌德說:

[378]

大眾,不分貴賤,
都總是承認:

众生能够得到的最大幸运，
只有自身的个性。

—— 《西东合集》

对人的幸福快乐而言，主体远远比客体来得重要，任何一切都可以证实这一点：饥饿是最好的调味品，衰老之人对小伙子心目中的女神漠然视之，还有天才和圣人所过的生活等。人的健康尤其压倒了一切外在的好处，甚至一个健康的乞丐也的确比一个染病的君王幸福。出自完全健康和良好体魄的宁静和愉快脾性，清晰、活跃、深刻和正确的理解力，温和、节制有度的意志及由此产生的清白良心——所有这些好处，任何地位、财富都不能代替。这是因为一个人的自身，亦即伴随这人孤身独处的、别人对此不能予、夺的东西，其重要性明显胜于他所占有的财物或者他在他人眼中呈现的样子。一个精神丰富的人在完全孤身一人的时候，沉浸于自己的精神世界，自得其乐；但对于一个呆滞、麻木的人，接连不断变换着聚会、看戏、出游、消遣，都无法驱走那折磨人的无聊。一个善良、温和、节制的人在困境中不失其乐；但贪婪、妒忌、卑劣的人就算坐拥万千财富，也无法心满意足。如果一个人能够享有自[379]己卓越的、与众不同的精神个性所带来的乐趣，那么，普通大众所追求的大部分乐趣，对他来说都是纯属多余的，甚至只是烦恼和累赘。因此，贺拉斯在谈论自己时说：

象牙、大理石、图画、银盆、雕像、紫衣，
很多人渴望这些东西，
但是有的人对这些却漠不关心。

苏格拉底在看到摆卖的奢侈品时，说道：「我不需要的东西，可真不少啊！」

因此,對我們的生活幸福而言,我們的自身個性才是最首要和最重要的,因為我們的個性持久不變,在任何情況下都在發揮著作用;再者,它並不像我列出的第(2)和第(3)項好處那樣聽天由命,我們的自身個性是無法被剝奪的。與第(2)和第(3)項只具有相對價值的好處比較,我們自身的價值可以說是絕對的。由此可知,透過外在的手段去影響和對付一個人要比人們大概認為的困難得多。在此,只有威力無比的時間才可以行使它的權利:人的肉體和精神方面的優勢逐漸輸給了時間,也僅有人的道德氣質是不受時間影響的。在這一方面,後兩項的好處當然是似乎比第(1)項好處更有優勢了,因為時間並不會直接奪走這些好處。後兩項好處的另一個優勢是:因為這些好處都在客體一邊,其本質決定了任何人都可以得到它們,起碼人們都有占有這些好處的可能。相較之下,屬於主體的東西,我們卻是無法得到的,主體的東西是作為「神的權利」賦予了人們,終其一生都牢固不變。所以,歌德說:

在你降臨世上的那一天;
太陽接受了行星的問候,
你隨即永恆地遵循著,
讓你出世的法則茁壯成長,
你就是你,你無法逃脫你自己,
女預言家和先知已經這樣說過;
時間,力量都不能打碎,
那既成的、活著的形體。

我們在這方面唯一能夠做的,就是盡可能充分地利用我們既定的個性。因此,我們應該循著與我們個性相符的方向,努力爭取適合個性的發展,除此之外則一概避免。所以,我們必須選擇與我們個性相吻合的地位、職業和生活方式。

[380]

一個天生肌肉力量很強，大力神一樣的人，如果爲外在情勢所迫，需要從事某種坐著的職業，去做一些精細、煩瑣的手藝，或者從事學習研究和其他腦力工作：這些工作需要他運用的完全是另一種自身先天不足的能力，而他那出色的身體力量卻又無從發揮——那這個人終其一生都會感到不快樂。但如果一個人具有異常突出的智力，但其智力卻無從得到鍛鍊和發揮，從事的是一種根本不需要他的智力的平庸工作，或者從事的是他體力不足以應付的體力活，那這個人的不幸則更甚於第一個人。但在這方面，我們要避免高估自己的能力，尤其在我們年少氣盛的時候，這可是我們生活中的暗礁。

既然人的自身比起財產和他人對自己的看法具有壓倒性的優勢，那注重保持身體健康和發揮個人自身才能就比全力投入獲得財富更爲明智。但我們不應該把這一說法錯誤地理解爲：我們應該忽略賺取那必需的和適合的東西。但那眞正的財富，亦即過分的豐裕盈餘，對我們的幸福幫助不大。所以，很多有錢人感覺不快樂，因爲這些人沒有眞正的思想修養，沒有見識，也因此沒有對事物的某些客觀興趣——而只有這些才可以使他們具備能力，從事精神思想的活動。這是因爲財富在滿足人的眞正、自然的需求以外所能做的，對於我們眞正的愉快影響不大。相

[381] 反，爲了保管好偌大的財產，我們會有許多不可避免的煩憂，而這會打擾了我們的舒適和愉快。但是，常人追求財富比追求思想修養要起勁千百倍，而完全確切的是，人的**自身**對人的幸福而言比人**所擁有的財富**重要得多。因此，我們看到很多人像螞蟻似的不眠不休、辛勤勞動，從早到晚盤算著如何增加他們已有的財富。一旦脫離了那狹隘的賺錢領域，他們就一無所知。他們的精神是空虛的，因此，對賺錢以外的一切事物毫無感知。人生最高的樂趣，精神思想方面的樂趣是他們無法領略的。他們也就只能忙裡偷閒地尋求那些霎時的、感官方面的、費時很少但花很多錢的娛樂，徒勞地試圖以這類樂趣取代精神思想上的享受。在他們生命終結的時候，如果運氣好的話，他們眞的會賺到了一大堆的

錢，這是他們一生的成果。現在他們就把這錢留給自己的繼承人去繼續累積或者任意揮霍。這樣的一生，儘管他們都板著一副嚴肅、煞有介事的面孔，仍然是愚不可及的，與其他許多傻乎乎的人生沒有什麼兩樣，後者的標誌就是小丑戴的掛著小鈴鐺的帽子。

所以，人的**自身擁有**對於人的幸福才是最關鍵的。正因為在大多數情形下，人的自身內在相當地貧乏，所以，那些再也用不著與生活的匱乏作鬥爭的人，其中大多數從根本上還是感覺到不幸福，跟那些還在生活的困苦中搏鬥的人一般無異。他們內在空虛、感覺意識呆滯、思想貧乏，這驅使他們投入社交。但那些社交圈子的人也正是他們的這一類，因為「物以類聚」（荷馬，《奧德賽》，17，第 218 行）。這樣，他們就聚在一塊追逐娛樂，以感官歡娛、聲色享樂開始，以荒唐、無度而告終。眾多剛剛踏入生活的紈褲子弟窮奢極欲，經常是在令人難以置信的極短時間內就把大部分家產揮霍殆盡，其根源的確就只是無聊，而不是其他別的原因；而這無聊就是源自上述的精神思想的貧乏和空虛。一個外在富有，但內在貧乏的富家子弟來到這個世界，會徒勞地試圖用外在的財富去代替內在的財富，因為他想要從外部得到一切。這情形就好比衰老之人試圖以少女的氣味去強健自己的體魄。這樣，人自身內在的貧乏就導致了外在財富的貧乏。 [382]

至於另外兩項人生好處的重要性，不需要我特別強調。這是因為財產的價值在當今是人所公認的，用不著為其宣傳介紹。比起第 (2) 項的好處，第 (3) 項的好處具有某種相當縹緲的成分，因為名譽、名望、地位等全由他人的意見構成。每個人都可爭取名譽，亦即清白的名聲；但社會地位，則只有服務國家政府的人才能染指；至於顯赫的名聲就只有極少數人才會得到。然而，名譽是彌足珍貴的；顯赫的名聲則是人所希望得到的價值至昂的東西，那是天之驕子才能得到的金羊毛。也只有傻瓜才會把社會地位放置在財產之前。此外，人擁有的財產、物品和人的名譽、聲望這兩項好處是處於一種所謂的互為影響、促進的關係。彼德

尼斯說過：「一個人所擁有的財產決定了這個人在他人眼中的價值。」如果這句話是正確的話，那麼，反過來，他人對自己的良好評價，無論其形式為何，也經常能幫助自己獲得財產。

第 2 章　人的自身

一個人的自身比起這個人**所擁有的財產**，或者他所給予別人的**表象**都更能帶給他幸福——這一點我們已經大致上認識到了。一個人本身到底是什麼，也就是說，他自身所具備的東西才是最關鍵的，因為一個人的自身個性無論何時，無論何地都伴隨著他，他所體驗的一切都染上他個性的色彩。無論他經歷何種事情，他首要感受到的只是他自己。物質享受已是這樣，精神上的樂趣就更是如此。因此，英語的片語 to enjoy one's self（享樂）是一個相當生動的表述。例如：人們說「He enjoys himself in Paris.」（他在巴黎享樂），而不是說「他享受巴黎」。如果一個人的自身個性相當低劣，那麼所有的樂趣就像把價值不菲的美酒倒進被膽汁弄得苦澀難受的嘴裡一樣。因此，除了嚴重災禍以外，人們在生活中所遭遇到的事情，不論是好是壞，其重要性遠遠不及人們對這些事情的感受方式；也就是說，人們對事情的感受能力的本質特性和強弱程度才更為重要。一個人的自身是什麼，他的自身擁有到底為何，簡而言之，他的個性及其價值才唯一直接與他的幸福和快樂有關。除此之外，一切都只是間接發揮作用，這些作用因此是可以消除的。但個性發揮的作用卻永遠無法消除。這也是為何針對他人自身優點而產生的嫉妒是最難消除的，同時也是至為小心掩藏起來的。進一步而言，只有感覺意識的性質和構成才是恆久的，人的個性時時刻刻都持續地發揮著作用；相較而言，任何其他的東西都永遠只是暫時地、偶爾地、剎那間地產生作用，並且它們本身都受制於不斷發生的各種變化。所以，亞里斯多德說過：「我們能夠依靠的只是我們的本性，而不是金

[383]

錢。」正因為這樣，我們能夠咬緊牙根承受純粹從外而至的災禍，但由我們的自身所招致的不幸卻更難忍受，因為運氣會有變好的時候，但我們自身的本質卻永遠不會改變。因此，對人的幸福起著首要和關鍵作用的是主體的好處，諸如高貴的品格、良好的智力、快樂的性情、愉悅的感官和健康良好的體魄——一句話，「健康的身體加上健康的心靈」（尤維納利斯，第 5 部分，356）。所以我們應該多加注意保持和改善這一類的好處，而不是一門心思只想著占有那些外在的財產和外在的榮譽。

但在上述這些主體素質當中，最直接帶給我們幸福的就是輕鬆、愉快的感官感覺，因為這一美好的素質所帶來的好處是即時呈現的。一個愉快的人隨時都會有他高興愉快的原因，亦即他就是一個愉快的人。一個人的這種愉快氣質能夠取代一切別的內在素質，但任何其他好處都不可以替代它。一個人或許年輕、英俊、富有和備受人們的尊重，但如果要判斷這個人是否幸福，那我們就必須問一問自己：這個人是否快樂、喜悅？如果他快樂、喜悅，那麼，他是年輕抑或年老，腰桿挺直抑或彎腰駝背，家財萬貫抑或一貧如洗——這些對他而言都是無關緊要的：反正他就是幸福的。我在年輕的時候，有一次翻開了一本舊書，赫然入目的是這樣一句話：「誰經常笑，誰就是幸福的；誰經常哭，誰就是不幸的。」這是一句再普通不過的話了，但我卻一直無法把它忘記，因為這句話包含著樸素的真理，雖然這老生常談說得誇張了點。因此，當愉快心情到來之時，我們應該敞開大門歡迎，因為它的到來永遠不會不合時宜。但我們往往不是這樣做：我們經常會猶豫不決地接受愉快的心情，因為我們想先弄清楚我們的高興和滿足是否確有根據；或者因為我們擔心在嚴肅地盤算和在處理重要的事情之際，高興的心情會打擾了我們。其實，這種做法是否真有好處仍是一個未知數。相較之下，高興的心情直接就使我們獲益。它才是幸福的現金，而其他別的都只是兌現幸福的支票，因為高興的心情在當下就直接帶給人愉快。所以，對於我們的生

[384]

存，它是一種無與倫比的恩物，因為我們生存的真實性就體現在此時此刻——它無法割裂地連接無盡的過去和將來。據此，我們應把獲得和促進愉快的心情放在各種追求的首位。確實，對愉快心情貢獻最小的是盈餘的財富，而最能增進愉快心情的莫過於健康：那些低下的勞動階層，特別是耕作農地的人們，常常露出高興和滿足的表情，而煩惱則是富貴人家常有的事情。因此，我們應該首要爭取的是身體健康，而愉快的心情就是從健康的身體長出的花朵。讓身體健康的手段，眾所周知，無非就是避免一切縱慾放蕩的行為、一切令人不快和劇烈的情緒動盪，以及一切太過緊張和持續太過長時間的精神勞累；每天在戶外的空氣中進行兩個小時的身體快速運動；勤洗冷水浴，飲食有節制。如果一個人每天不進行一定的身體活動，那他就無法保持健康。如果要保持一切生命活動的程序運作正常的話，那麼，不管是生命活動程序所發生的部位還是那個整體都需要運動。因此，亞里斯多德說得很對：「生命在於運動，生命的本質在於運動。」在有機體的整個內在是永不停歇地快速運動，心臟在複雜的雙重收縮和舒張的過程中，強勁地、不知疲倦地跳動；心臟每跳動 28 次，就把身體的全部血液沿著身體的大小血脈傳送一遍；肺部一刻不停地抽氣，就像一臺蒸汽機；大腸則像蟲子一樣蠕動不已；體腺始終在吸收和排泄；伴隨著每一次脈搏跳動和每一次呼吸，大腦就完成了一次雙重運動。這樣，如果就像無數整天坐著不動的人那樣缺少外在運動，那他們身體外表的靜止就會與內在的騷動形成驚人的、有害的不協調。這是因為身體內部不停的運動也需要得到某種外在運動的支援。上述身體內外之間的不協調就類似於某種情緒，使我們的內在沸騰激動起來，但卻不得不竭力壓制這種情緒從我們的外表流露出來。甚至樹木的生長茂盛也必須借風而動。「每一運動的速度越快，那這一運動就越成其為運動」——這一句話以最簡潔的拉丁文表示，就是 omnis motus, quo celerior, eo magis motus——這一規則可以適用在這裡。我們的幸福取決於我們的愉快情緒，而愉快情緒又取決於我們身體的健康狀

況——關於這一點，只要互相對照一下我們在健康、強壯的日子裡和當 [386]
疾病降臨，我們被弄得苦惱焦慮的時候，外在情況和事件所留給我們的
不同的感覺印象，一切就都清楚了。讓我們幸福或者不幸福的事物，不
是那些客觀、真實的事物，而是我們對這些事物的理解和把握。這就是
愛比克泰德所說的「擾亂人們的不是事情，而是人們對事情的看法」。
總之，我們的幸福十之八九依賴於我們的健康。只要我們保持健康，一
切也就成了快樂的源泉；但缺少了健康，一切外在的好處，無論這些好
處是什麼，都不會給我們什麼樂趣，甚至那些屬於人的主體的好處，諸
如精神思想、情緒、氣質方面的素質等，仍會由於疾病的緣故而大打折
扣。由此看來，人們在相見時首要詢問對方的健康狀況，並祝福對方身
體健康的做法也就不是沒有根據的了，因為健康對於一個人的幸福的確
是頭等重要的事情。由此可以得出這樣的結論：最大的愚蠢就是獻出了
健康——無論這是為了諸如金錢、晉升、學問、名聲，甚至為了肉慾和
片刻的歡娛，我們更應該把健康放在第一位。

　　雖然健康能極大地增進我們的愉快心情，而這種愉快心情對於我們
的幸福又是頭等的重要，但愉快的心情卻不完全依賴於健康；因為即使
是完全健康的人也會有憂鬱的氣質和明顯的沮喪心境。在這裡，最根本
的原因無疑在於人最原初的因而也是不可改變的有機體組織的構成；甚
至大致上在於一個人的感覺能力與肌肉活動、興奮能力及有機體新陳代
謝能力之間構成的正常程度不一的比例。超常的感覺能力會引致情緒失
衡、週期性的超乎尋常的愉快和揮之不去的憂鬱。那麼，因為天才的條
件就是具備超乎常規的神經力量，亦即超常的感覺能力，所以，亞里斯
多德相當正確地認為所有傑出、優越的人都是憂鬱的：「所有那些無論 [387]
是哲學、政治學、文學或其他藝術方面表現出色的人，看起來都是憂鬱
的。」西塞羅在講述下面這句經常被人們引用的話時，他所指的肯定也
是上述那句話：「亞里斯多德說，所有的天才人物都是憂鬱的。」我在
這裡思考的人那與生俱來的各有不同的基本情緒，莎士比亞曾經異常優

美地描述：

> 大自然造就了奇特的人，
> 一些人總是瞇著眼睛，大聲笑著，
> 就像看見蘇格蘭風笛手的鸚鵡；
> 也有一些人陰沉著面孔，笑不露齒，
> 雖然奈斯特發誓那笑話的確值得一笑。
>
> ——《威尼斯商人》，第 1 景

柏拉圖用了「鬱悶」和「愉快」這樣的詞語來形容這兩種不同情緒，出現這些不同情緒是因為不同的人有著極為不同的感受愉快和不愉快印象的能力。所以，一件讓一個人發笑的事情，會讓另一個人近乎絕望。一般而言，一個人接受愉快印象的能力越弱，那他接受不愉快印象的能力也就越強，反之亦然。同一件事情有出現好或不好兩種結果的可能。「鬱悶」型的人會因為「不好」的結果而生氣或者煩惱，對好的結果也提不起高興的勁。「愉快」型的人卻不會為不幸的結果而生氣和煩惱，但對事物的好結果卻會深感高興。對「鬱悶」型的人來說，儘管他們實現了 10 個目標中的 9 個，他們仍然不會為已實現了的目標高興，而僅僅因為一個目標落空而生氣。「愉快」型的人如果遇到與此相反的情形，會因為成功實現了一個目標而得到安慰和愉快。不過，正如沒有一丁點好處的十足壞事並不容易找到，同樣，「鬱悶」型的人，亦即陰沉和憂心忡忡的人，雖然總體而言比無憂無慮、快樂的人承受更多只是想像出來的不幸和苦難，但卻因此而遭遇更少真實的不幸和苦難，因為把一切都看成漆黑一團的人，總是擔心最壞的結果並因此準備著防範措施，與那些總是賦予事情愉快色彩和大好前景的人相比，不會那麼經常地失算與栽跟頭。但如果一個天生鬱悶的人，再加上神經系統或者消化器官的疾病的折磨，那情況最終可以發展成由於持續的不幸而對生

[388]

活感到厭煩,並由此萌生了自殺的傾向。到了這時候,最微不足道的不便和煩惱都會引致自殺。的確,當情況變得最糟糕的時候,甚至連這點不便和煩惱也不需要了,一個人會純粹由於持續悶悶不樂的心情而決定自殺。這種人會以冷靜的思考和堅定的決心自殺,通常就算是在別人的監視之下,仍會隨時留意著利用每個不被監視的機會,迫不及待地抓住現在對他們來說求之不得的和最自然不過的解脫痛苦的手段,其中沒有猶豫、退縮和內心交戰。關於自殺方面的詳盡論述,可閱讀埃斯基羅爾的《精神疾病》一書。但除此之外,在某種情況下,就算是最健康的和或許是最愉快的人,也會想到過自殺。那就是當巨大的痛苦,或者步步逼近已是不可避免的不幸已經壓倒了對死亡的恐懼。不同之處只在於自殺所需的誘因的大小,而這誘因與人的不滿情緒成反比。不滿情緒越厲害,那自殺所需的誘因就越小,到最後,誘因可以減至為零。相較之下,愉快情緒越強烈,維持這一情緒的健康狀況越良好,自殺的誘因就必須越大。因此,導致自殺的原因大小不一,但這當中的兩個極端就是:與生俱來的憂鬱不滿的心理得到了病態的加劇;天性是健康、愉快的,完全就是客觀原因所致。

[389]

健康與美貌有著部分的關聯。雖然美貌這一屬於主體的好處並不會真的直接帶給我們幸福,而只是透過留給別人印象的方式間接地做到這一點,但美貌仍然是至為重要的,甚至對男人來說也是如此。良好的長相是一紙攤開的推薦書,從一開始就為我們贏得了他人的心。因此,荷馬這些詩句尤其適用於我在這裡所說的話:

> 神祇的神聖饋贈不容遭到蔑視,
> 這些饋贈只能經由神祇的賜予。
> 任何人都無法隨心所欲地獲得它們。

對生活稍作一般性的、大致上的認識,就可以知道人類幸福的兩

個死敵就是痛苦和無聊,對此我可以作這樣的補充:每當我們成功地遠離了上述其中一個死敵的時候,也就在同等程度上接近了另一個死敵,反之亦然。這樣,我們的生活確實就是在這兩者當中或強或弱地搖擺。這是因為痛苦與無聊處於雙重的對立關係。一重是外在的,或說客體的;另一重則是內在的,或說主體的。也就是說,外在的一重對立關係就是生活的艱辛和匱乏造成了痛苦,而豐裕和安定就產生了無聊。據此,我們看見低下的勞動階層與匱乏,亦即與痛苦進行著永恆的爭鬥,而有錢的上流社會卻經常持續地與無聊展開絕望的搏鬥。[1] 而內在的或說主體的痛苦與無聊之間的對立關係,則是因為一個人對痛苦的感受能力和對無聊的感受能力成反比,而這是由一個人的精神能力的大小所決定的。也就是說,一個人精神的遲鈍通常都是與感覺的遲鈍和不易興奮起來密切相關的,因此,精神遲鈍的人也就較少感受到各種各樣、強度不一的痛苦和憂傷。但是,精神遲鈍的後果就是內在的空虛:這種空虛就烙印在了無數人的臉上;並且人們也透過一刻不停地活躍地關注著外在世界發生的各種事情,甚至最微不足道的事情而暴露出了這種**內在的空虛**。這內在的空虛就是無聊的真正根源,這種人無時無刻不在向外面尋求刺激,試圖藉助某事某物使他們的精神和情緒活動起來。他們做出的選擇真可謂飢不擇食,這些人所沉迷的貧乏和單調的消遣就可證明這一點。還有那同樣性質的社交、談話,以及許許多多靠門站著的和從窗戶往外張望的人。正是由於內在的空虛,人們才追求社交、娛樂和五花八門的奢侈;而這些東西把許多人引入窮奢極欲,然後以淒涼、悲苦告終。能夠讓我們免於這種痛苦的可靠手段,莫過於擁有豐富的內在,即豐富的精神思想。因為人的精神思想的財富越優越和顯著,那留給無

---

[1] 遊牧(流浪)生活標示著最低級的文明,現在又在最高級的文明中重現了,那就是已成普遍的旅遊生活。遊牧生活是由於匱乏,但第 2 種旅遊生活卻是由無聊而起的。

聊的空間就越小。這些人頭腦裡面的思想活潑，奔湧不息，不斷更新；它們玩味和摸索著內在世界和外部世界的多種現象；還有把這些思想進行各種組合的衝動和能力——所有這些，除了精神鬆弛下來的個別時候，都使卓越的頭腦遠離了無聊。但在另一方面，突出的智力是以敏銳的感覺為直接前提，以激烈的意志，亦即強烈的衝動和激情為根基。這些素質結合在一起極大地提高了情感的強烈程度，提高了對精神，甚至肉體痛苦的敏感性。對任何不如意的事情，甚至細微的騷擾，都會更加感到不耐煩。所有這些都讓那出自強勁想像力的各種生動、活躍的表象更是得到了加強，包括拂逆人意的東西。我這裡所說的比較適用於從最呆笨的頭腦一直到最偉大的思想天才之間的各個級別。據此，無論從客體抑或從主體上說，如果一個人距離人生痛苦的其中一端越近，那他距離痛苦的另一端也就越遠。與此相應，每個人的天性都會指導自己在這 [391] 方面盡可能地調節客體以適應主體，因而更充足地做好準備以避免自己更加敏感的痛苦一端。一個精神富有的人會首要尋求沒有痛苦、沒有煩惱的狀態，追求寧靜和閒暇，亦即爭取過上一種安靜、簡樸和盡量不受騷擾的生活。因此，一旦對所謂的人有所了解，他就會選擇避世隱居的生活；如果他思想深邃、遠大的話，甚至會選擇獨處。這是因為一個人的自身擁有越豐富，他對身外之物的需求也就越少，別人對他來說就越不重要。所以，卓越的精神思想會導致一個人不喜與他人交往。的確，如果社會交往的數量真能代替品質，那就算生活在熙熙攘攘的世界都是值得的。但遺憾的是，一百個傻瓜聚在一起，也仍然產生不了一個聰明的人。相較之下，處於痛苦的另一極端的人，一旦匱乏和艱辛讓他稍稍得以喘息，他就不惜代價要尋找消遣和人群，輕易地將就一切麻煩，逃避自己更甚於一切。這是因為在獨處的時候，每個人都返回到自身，這個人的**自身**擁有就會暴露無遺：這個愚人無法擺脫其可憐的個性，現在就在這重負之下呻吟、嘆息。而有著優越精神思想稟賦的人，卻以其思想使所處的死氣沉沉的環境變得活潑和富有人氣。因此，塞內卡所說

的話是千眞萬確的：「愚蠢的人飽受無聊之苦。」（第 9 部分）同樣，耶穌・西拉克說：「愚人的生活比死亡還要糟糕。」因此，我們大致上可以發現，一個人對與人交往的熱衷程度，與他貧乏的思想和總體的平庸成正比。人們在這個世界上要麼選擇獨處，要麼選擇庸俗，除此以外，再沒有更多別的選擇了。最喜歡社交的人應該就是黑人，他們的智力也肯定是低的，根據相關的法文報導（《商業報》，1837 年 10 月 19 日），那些黑人、自由人和奴隸混在一起，一大堆地困在一個窄小的空間，因爲他們總是對那塌鼻子的黑面孔看不夠。

[392]　　人的大腦是人的整個有機體的寄生物或說住客，與此相應，人們辛苦爭來的閒暇，就是人的一生的果實和收穫，因爲這閒暇讓人能夠自由地享受自己的意識和個性所帶來的樂趣。除此閒暇以外，人的整個一生就只是辛苦和勞動而已。但閒暇爲大多數人帶來了什麼呢？如果不是聲色享受和胡鬧，就是無聊和渾噩。人們消磨閒暇的方式，顯示出閒暇對他們是何等的沒有價值。他們的閒暇也就是阿里奧斯托所說的「一無所知者的無聊」。常人考慮的只是如何打發時間，而略具才華的人卻考慮如何利用時間。頭腦思想狹隘的人容易受到無聊的侵襲，其原因就是他們的智力純粹服務於他們的意志，是發現動因的手段。如果暫時沒有什麼動因的話，那意志就休息了，智力也就放假了。因爲這些人的智力和意志差不多，都不會自動活動起來，結果就是整個人身上的所有力量都可怕地遲滯靜止，這也就是無聊。爲了應付無聊，人們就爲意志找出一些瑣碎、微小、隨意和暫時的動因，以圖刺激意志並以此刺激智力活動起來，因爲智力的任務就是要去發現、把握動因。但這類動因較之於那些眞正和自然的動因，就猶如紙幣之於銀元，因爲前者的作用是帶有隨意性的。這類動因就是諸如遊戲、玩紙牌等，發明這些遊戲也就是爲了上述目的。如果沒有了這些遊戲，缺乏思想的人就只能是敲擊隨便一件手頭上的物品了。對於這種人，雪茄也同樣是代替思考的好物品。因此，在各國打牌成了社交、聚會的主要娛樂。它反映了這種社交聚會

的價值,也宣告了思想已經破產。也就是說,正因為人們彼此之間沒 [393]
有可以交流的思想,所以,他們就交換紙牌,並試圖奪走對方的金錢。
可憐的人啊!但為了不失公正,我不想壓制這樣的想法:我們可以為玩
紙牌遊戲辯護說,玩紙牌不失為一種應付以後的世俗生活的練習——只
要我們透過玩牌能學習到如何巧妙地運用那聽任偶然的、不可更改的既
定形勢(牌局),使我們盡量得到我們所能得到的東西;為此目的,人
們必須養成習慣,保持沉著,即使牌勢惡劣的時候,仍能裝出一副高興
的外表。不過,正因為這樣,在另一方面,玩牌也就會有一種敗壞道德
的影響。也就是說,這種遊戲的精神就在於人們動用一切詭計和技巧,
不擇手段地去贏得他人的財物。這種在遊戲裡面的行事習慣,會在人的
實際生活裡生根、蔓延。這樣,人們逐漸在處理人與人之間的事務中,
也同樣如此行事,認為只要法律允許,就可以利用掌握在手的每一個優
勢。這方面的例證在日常生活中俯拾皆是。正如我已經說過的,正因為
閒暇就是每一個人的生命存在開出的花朵,或者毋寧說是果實,因為也
只有閒暇使人得以把握、支配自身,所以,那些自身具備某些價值的人
才可以稱得上是幸福的。而對於絕大多數的人,閒暇只會造就出無用的
傢伙,無所事事,無聊煩悶,其自身成了負擔。因此,我們應該慶倖:
「親愛的兄弟們,我們不是幹粗活女工的孩子,我們是自由的人。」
(《迦拉太書》,4:31)

　　進一步而言,正如一個不需要或只需要很少進口物品的國家才是最
幸運的國家,同樣,如果一個人有著足夠的內在財富,很少需要或者不
需要向外在尋求娛樂,那麼,這個人就是一個最幸運的人,因為進口物
品使國家花費不貲,依賴他人,同時又帶來危險,製造不滿。到頭來,
這些物品只能是我們本土產品的糟糕代替品。這是因為無論如何,我們
不應該從他人那裡,或者從自身之外在任何方面期望太多。他人對我們 [394]
所能做的只是極為有限。歸根結柢,每個人都孑然獨立,最關鍵的就是
他到底是個**什麼樣的人**。因此,歌德(《詩與真》,第3卷,第474頁)

的泛泛而談適用於這裡：無論經歷任何事情，每個人最終都得返回自身。或者就像奧立弗・高爾斯密的詩句說的：

無論身在何處，
我們只能在我們自身尋找或者獲得幸福。

——《旅行者》，v，431

因此，每個人都必須成為和做出最好的自己。一個人越能夠做到這一點，在自己的身上因此越能夠找到樂趣的源泉，那他也就越幸福。亞里斯多德無比正確地說過：幸福屬於那些自得其樂的人（《歐德謨倫理學》，7，2）。這是因為幸福和快樂的外在源泉，就其本質而言都是極其不保險、不確定、為時短暫和受制於偶然的。因此，甚至在形勢大好的情況下，這些外在源泉仍然會輕易終結。的確，只要這些外在源泉不在我們的控制之下，那這種情形就是不可避免的。人到老年，幾乎所有這些外在源泉都必然地乾枯了，因為談情說愛、戲謔玩笑、旅行的樂趣、對馬匹的喜好，以及應付社交的精力都捨我們而去了；甚至我們的朋友和親人也被死亡從我們的身邊一一帶走。此時此刻，一個人的自身擁有比起以往任何時候都更加重要，因為我們的自身擁有能夠保持得至為長久。不過，無論在任何年齡階段，一個人的自身擁有都是真正的和唯一持久的幸福源泉。我們這個世界乏善可陳，到處充斥著匱乏和痛苦，對那些僥倖逃過匱乏和痛苦的人們來說，無聊卻正在每個角落等待著他們。此外，在這個世界上，卑劣和惡毒普遍占據著統治地位，而愚蠢的嗓門叫喊得至為響亮，他們的話語也更有分量。命運是殘酷的，人類又是可憐可嘆的。生活在這樣一個世界裡，一個擁有豐富內在的人，就像在冬月的晚上，在漫天冰雪當中擁有一間明亮、溫暖、愉快的聖誕小屋。因此，能夠擁有了優越、豐富的個性，尤其是深邃的精神思想，無疑就是在這地球上得到的最大幸運，儘管命運的發展結果不一

[395]

定至爲輝煌燦爛。因此，年僅 19 歲的瑞典克里斯蒂娜女王在評論笛卡兒時，說了一句充滿睿智的話：「笛卡兒先生是我們所有人當中最幸福的一個；在我看來，他的狀況讓人羨慕。」（巴葉，《笛卡兒的一生》，第 7 部，第 10 章）而她只是透過笛卡兒的**一篇**論文以及一些口頭資料，了解到這位當時已經在荷蘭至爲孤獨地生活了 20 年的人。當然，就像笛卡兒的情形那樣，外部環境必須允許我們支配自身，並從中汲取快樂。所以《傳道書》（7：12）已經說過：「智慧再加上一筆遺產就美好了，這可讓我們享受陽光。」誰要是由於大自然和命運的恩賜而得到這一好運，那他就要小心謹慎地確保自己幸福的內在源泉暢通無阻。要達到這一目的的條件就是獨立和閒暇。因此，這種人會樂意以儉樸和節制換取獨立和閒暇。既然他們不像其他人那樣必須依賴快樂的外在源泉，他們就更應該這樣做。因此，對職位、金錢、世人的讚許和垂青等諸如此類的指望，終究不會把這種人誘入歧途，犧牲自己以迎合人們卑微的目的或者低下的趣味。眞出現情況的話，他就會像賀拉斯在寫給默斯那斯的信中（第 1 部，函件 7）所建議的那樣做。爲了**爭取外在之物**而失去了內在的東西，亦即爲了榮耀、地位、排場、頭銜和名聲而奉獻出自己全部或者大部分的寧靜、閒暇和獨立——這是極度愚蠢的行爲。而歌德就這樣做了。但我的守護神卻明確地指引我走向與此相反的方向。

我們在這裡討論的眞理，即幸福首要源自人的內在，爲亞里斯多德的眞知灼見所引印證（《尼各馬可倫理學》，第 1 部分，第 7；第 2 部分，第 13、14）。他說：「每一快樂都是以人從事某種活動，亦即以運用人的某種能力爲前提；沒有這一前提，快樂也就無從談起。」亞里斯多德的教導，即人的幸福就在於無拘束地發揮人的突出才能——與斯托拜阿斯對逍遙派倫理學的描述如出一轍，例如：斯托拜阿斯說：「幸福就是合乎美德地做事，並取得想要的結果。」（第 2 卷，第 7 章，第 268-278 頁）他特別說明，他所用的古希臘字詞指的是每一種需要運

[396]

用技巧和造詣的活動。大自然賦予人們力量和能力，其原初目的就是讓人得以與包圍著人們的匱乏作爭鬥。一旦這場爭鬥停了下來，那再也派不上用場的力量就會成了負擔。因此，人們必須**消遣**這些力量和能力，亦即不帶任何目的地運用這些力量和能力，因為如果不這樣做，人就會馬上陷入人生的另一個痛苦之中，亦即陷入無聊之中。因此，王公、富豪尤其受到這無聊的折磨。關於他們的痛苦，盧克萊修留給我們這樣一段描寫。當今我們在每個大城市，每天都有機會見到類似的例子：

他經常離開偌大的宮殿，匆匆走向室外露天——因為在屋子裡他感到厭煩——直到他突然返回為止，因為他感覺出門並沒有好得了多少。又或者，他策馬馳往鄉村莊園，就好像他的莊園失火，他必須匆忙趕去撲救一樣。但剛跨進鄉村莊園的門檻，他就無聊地呵欠連連，或者乾脆倒頭大睡。他要盡力去忘記自己，直到他想返回城市為止。

——《物性論》，第 3 部分，第 1073 行

這些先生們在年輕的時候，肌肉力量和生殖能力肯定旺盛十足。但隨著歲月的流逝，只有思想能力才可以繼續保持。那如果欠缺思想能力，或者思想能力沒有得到應有的鍛鍊，也沒有讓思想能力有所發揮的素材，那將遭遇到的悲慘情形就著實令人同情。因為**意志**是唯一無法枯竭的力量，所以，現在它透過情慾的激動而被刺激起來，例如：意志可以透過一擲千金的豪賭——這一真正低級趣味的罪惡——而被刺激起[397]來。一般來說，每個無事可做的人都會根據自己的強項能力而挑選一種能夠運用此能力的消遣，比如，打保齡球，或者下棋、狩獵，或者繪畫、賽跑，或者音樂、玩牌，或者寫詩、研究文章學或哲學等等。我們可以有條理地探究這個課題，追溯人的所有能力外現的根源，亦即追溯到人的 **3 種生理基本能力**。我們也就需要考察這 3 種能力那些不帶目的

的發揮和活動——在那些發揮和活動中，這3種能力就成了3類人可能快樂的源泉。每個人都會根據自己身上所突出的或這或那的能力而選擇相應的一類快樂。第1類是**有機體新陳代謝能力**所帶來的快樂，這包括吃喝、消化、休息和睡覺。在一些國家，這類活動甚至成為全民性的娛樂。第2類是發揮**肌肉力量**所帶來的快樂，這包括步行、跳躍、摔跤、跳舞、擊劍、騎馬等各種各樣的體育遊戲，還有狩獵，甚至打鬥和戰爭也包括在內。第3類是施展**感覺能力**方面的快樂，這包括觀察、思考、感覺、寫作、造型、學習、閱讀、默想、發明、演奏音樂和思考哲學等。關於這各種各樣的快樂的等級、價值，以及維持的時間會有諸多說法，讀者也盡可以做出補充。但大家應該清楚，我們感受的快樂（總是以運用、發揮我們的能力為前提）和幸福（由快樂的不斷重複所構成）越大的話，那作為前提的能力就要越高級。在這一方面感覺能力比人的另外兩種生理基本能力更為優越，這同樣沒有人會否認的，因為人在感覺方面的明顯優勢就是人優勝於動物之處，而人的另外兩種生理基本能力在動物身上也同樣存在，甚至勝過人類。感覺能力隸屬於人的**認知**能力，因此，卓越的感覺能力使我們有能力享受到屬於認知的，亦即所謂**精神思想**上的快樂。感覺能力越卓越，那麼，我們所享受到的這方面的快樂就越大。[2] 要讓一個普通、平庸的人對某事物產生熱切的關注，唯一

[398]

2　大自然持續不斷地演變發展。大自然首先是從無機王國的機械和化學活動發展至植物王國，以及植物的那些麻木的自我陶醉；從那又發展到了動物王國。在動物身上，智力和意識朦朧初開。這智力是從微弱的一級開始，逐級向上邁進，直到最後終於邁出了最終的和最偉大的一步，從而達到了人的級別。人所具備的智力就是大自然發展到了登峰造極階段的產物，大自然終於實現了它的創造目標。人的智力因此是大自然所能產生的最完美，同時又是難度最大的作品。就算在人類裡面，人與人之間在智力方面也表現出許多明顯的等級差別，只有極少數人能夠具備最高級的智力。因此，從狹隘和嚴格的意義上說，極少數人所具備的最高級的智力是大自然創造的難度最大、等級最高的作品；同時，也是這個世界所能有的至為罕有、價值至昂之物。擁有如此

只能透過刺激他的**意志**，因此也就是讓他對這事物有了切身的興趣。但是**意志**持久的興奮卻起碼是混雜的，亦即與痛苦緊密相連。在上流社會流行的紙牌遊戲，就是這樣一種旨在刺激意志的手段。更確切地說，透過激發起人們膚淺的興趣，造成的也只是暫時的、輕微的，而不是持久的和重大的苦痛。正因此，紙牌遊戲無論在哪裡都是「上流社會」的普遍玩意和活動。[3] 這只能被視為對意志的搔癢式的刺激。相較之下，具有

高度智力的人，頭腦有了至為清晰的意識，世界在這意識裡面得到了比任何別處都要更清晰、更完美的反映。因此，這種得天獨厚的人也就擁有了這世界上最高貴、最具價值之物，他們也就相應擁有了快樂的源泉。與他們的快樂相比，所有其他別的快樂簡直就是微不足道的。這樣，這種人除了向外在世界要求得到閒暇以外，別無其他。有了閒暇時間，他們就能在不受外界打擾的情況下，享受自己的這一份擁有，小心擦拭自己的寶物，所有其他的，亦即並不屬於思想智力方面的快樂都是更低級的：這些快樂只會引起意志的活動，亦即導致希冀、欲望、恐慌和爭鬥。不管意志朝著何種方向活動，它都不會不帶痛苦地全身而退。另外，一般來說，隨著意志達到了它的目的，我們的失望也就出現了。但伴隨著領略思想智力的快樂，我們體會到的只是更加清晰的真理。在思想智力的王國裡，痛苦並不是主宰，而是一切都是認知。要領略思想智力的快樂卻只能透過和根據自身的智力，因為「世上的精神思想對一個沒有精神思想的人來說，幾乎等於零」。不過，擁有卓越的精神思想所帶來的一個確切的不便之處，就是一個人感受痛苦的能力也伴隨著他的智慧而增強了；在那些智力優越的人身上所感受到的痛苦，也達到了最高級。

3　根本上，平庸就是由於在人的意識裡面，意志完全壓倒了認識力，以致達到了這樣的程度：認識力完全地服務於意志。當意志不再需要認識力的效勞時，亦即在沒有或大或小的動因時，認識力就完全停止發揮作用了，這樣，人的思想就呈現一片空白。但是，欠缺認識力的意志是至為普遍的情形。每個蠢人都是這種情況，並起碼在倒下時顯示了這一點。在平庸的狀態中，只有人的感覺器官和處理感覺材料所需要的微弱理解力才保持著活躍。因此，平庸的人時時刻刻都全方位地接收所有印象，也就是說，他會眼看耳聽所有發生在他身邊的事情，甚至最微弱的聲響和最微不足道的事情都會立即引起他的注意，就像動物的情形一樣。這種平庸狀態從他的臉上和整個身體外部都可以看得出來。通常，完全占據一個人的意識的意志越低級、自私和徹頭徹尾的卑劣，那這個人的外觀給人留下的印象就越令人反感。

卓越精神思想能力的人卻能夠，也需要最熱切地投入到只是**認知**的活動中去，這裡面不夾雜任何**意志**的成分。事實上，他們這樣做也是迫切的需要。這種興趣把他們置身於一個基本上沒有痛苦的領域，那就好比是神靈輕鬆自在生活的地方。所以，常人的生活引向渾噩、呆滯，因為他們的全部心力都是涉及他們個人安逸的那些渺小利益，並因此用於應付各種各樣的厄苦、困頓。所以，一旦他們停止為這些目標操勞，並且不得不返回他們的自身內在時，那難以忍受的無聊就向他們襲來。這時候也只有情慾的瘋狂火焰，才可以稍稍活動一下那呆滯和死氣沉沉的眾生生活。相較之下，有著卓越精神思想力的人卻過著思想豐富、生氣勃勃和意味深長的生活：有價值和有興趣的事物吸引著他們的興趣——一旦他們可以抽身投入其中；最高貴的快樂的源泉就在他們的自身。能夠刺激他們的外在事物就是大自然的作品和他們所觀察的人類事務，還有那各個時代和各個地方的天才人物所創造的千姿百態的傑作。只有這種人才可以真正完全地享受到這些傑作，因為只有他們才充分理解和感受到它們。因此，那些歷史上的傑出人物才算是真正為他們活著，前者其實在向這些人求助了。而其他的人則只是偶然的過客，他們只是部分地明白個中的東鱗西爪。當然，具有卓越精神思想的人比常人多了一樣需求，那就是學習、觀察、研究、默想和實踐的需求。因此，這也是對閒暇的需求。但是，正如伏爾泰所正確無誤地說過的：「只要有真正的需求，才會有真正的快樂。」所以，有這樣的需求就是這些人能夠得到其他人所沒有的快樂的條件。而對其他人來說，就算他們的周圍存在各種各樣大自然的美、藝術的美，以及思想方面的傑作，但是這些東西從根本上對於他們就像豔妓之於年老體衰的人。因此，一個具有思想天賦的人除了個人生活之外，還過著另一種精神生活，精神生活逐漸成為了他的唯一目標，而個人生活只是作為實現自己目標的一種手段而已。但對芸芸眾生來說，只有這一淺薄、空虛和充滿煩惱的存在才必然是生活的目標。精神卓越的人首要關注的是精神生活。隨著他們對事物的洞察和

[400]

認識持續地加深和增長，他們那精神生活獲得了某種連貫性和持續的提升，越來越完整和完美，就像一件逐步變得完美的藝術品。與這種精神生活相比，那種純粹以追求個人自身安逸為目標的實際生活則顯得可悲——這種生活增加的只是長度而不是深度。正如我已經說過的，這種現實生活對大眾就是目的，但對精神卓越者而言，那只是手段而已。

[401] 　　也就是說，我們的現實生活在沒有受到情慾的驅動時會變得無聊和乏味，但一旦受到情慾的驅動，很快就會變得痛苦。這就是為什麼只有那些獲得了超出為意志服務所需分額的智力的人才是幸運的。只有這種人才能夠在現實生活的同時，還過著一種精神生活。這種精神生活沒有痛苦，能讓他們持續地、熱切地投入其中，樂此不疲。僅僅擁有**閒暇**，即智力不需要為意志服務，並不足以使人們享有精神生活，人們還必須具備某種真正充裕有餘的**能力**，因為只有具備了這充裕的能力，才可以投入到某種並非為意志服務的、純粹的精神思想活動中去。相較之下，「沒有精神思想消遣的閒暇就是死亡，它就像要把人活生生地埋葬」（塞內卡，《書信集》，82）。根據各人充裕程度不一的精神思想能力而相應在現實生活的同時，有著無數等級的精神生活：從僅僅只是收集和描繪昆蟲、鳥類、礦物、錢幣之類，一直到創做出最傑出的文學和哲學作品。類似的精神生活不僅抵禦了無聊，而且還避免了無聊的種種惡果。也就是說，這種精神生活使我們得以避免低劣的社交，以及許許多多的危險、不幸、損失和縱慾——如果人們完全是在現實生活裡追求幸福，這些就是很難避免的。所以，例如：雖然我的哲學並沒有帶給我什麼實惠，但它卻使我避免了許多損失。

　　但是，常人在獲得生活快樂方面卻是寄望於**身外**之物，寄望於財產、地位、妻子、兒女、朋友、社交等等；他把自己一生的幸福就寄託在這上面。這就是為什麼一旦他失去了這些東西，或者對這些東西的幻想破滅，他的幸福也就煙消雲散了。為把這種情形表達清楚，我們可以這樣說：這個人的重心在他的**自身之外**。正因為這樣，常人的願望和念

頭總是不停地轉換。如果能力允許他這樣做，他就會變換著花樣，購買鄉村別墅或者良種馬匹；一會兒舉行晚會，一會兒又出外旅遊。總之，他要極盡奢華，這是因爲無論什麼他都只能從外在尋找滿足，這就像重病病人一樣，冀望透過湯水和藥物重獲身體的健康和力量。其實，一個人自身的生命力才是身體力量和健康的源泉。我們並不馬上轉移到對應的另一極端的人，而是首先看看那些精神思想力量並不那麼顯著突出，但卻又超越了泛泛之輩的人吧。我們可以看到這一類人會業餘學習和練習某一門優美藝術，或者研究某一門自然科學，例如：植物學、礦物學、物理學、天文學、歷史學等等；而一旦缺少外在的快樂源泉，又或者當那些外在的快樂管道再也無法滿足他們的時候，就會主要從其學問研究中得到消遣和樂趣。對於這樣的人，我們才可以說他們的重心是部分地**在其自身**。但是，因爲這些人對藝術的業餘愛好與那種自發的藝術創造力之間，仍然存在一段很遠的距離；又因爲單純的自然科學知識只停留在事物表面現象之間的相互關係，所以，這些人無法全副身心投入其中，被它們所完全占據，並因此整個的生命存在與這些東西緊密地糾纏在一起，以至於對除此之外的任何事物都失去了興趣。只有那些具有最高等的精神稟賦，我們稱爲「天才」的一類人才會有這樣的情況，因爲只有這些人才會把存在和事物的本質，完全而又絕對地定爲他們的課題。在這以後，他們就盡力把自己的深刻見解，根據自己的個性傾向，或透過藝術，或透過哲學表達出來。因此，對這一類人來說，不受外界的打擾，以便忙於自己的思想和作品，實在已經成爲迫切的需要。孤身獨處正是他們求之不得的，閒暇則是至高的禮物，其他別的一切好處都是可有可無的——如果眞有其他別的好處的話，那通常只會變成某種負擔。只有這種人我們才可以說：他們的重心**完全就在其自身中**。由此可以解釋爲何這類極其稀罕的人物，就算有著最良好的性格脾性，也不會對朋友、家庭和集體表現出其他人都會有的那種強烈的休戚與共的關切，因爲他們只要擁有自身內在，那儘管失去了其他一切也能得到安

[402]

[403]

慰。因此，在他們身上有一種孤獨的特質；尤其在別人從來沒有真正完全地滿足過他們的時候，這種特質就更加明顯。他們因而無法視別人為自己的同類。的確，當彼此的差異無處不在的時候，他們也就慢慢地習慣了作為另類的人生活在人群當中。在稱呼人群時，他們腦子裡想到的是第三人稱的「他們」，而不是第一人稱的「我們」。我們的美德素質主要是為他人帶來好處，而優秀智力素質則首先是讓我們自己受益，所以，美德素質讓我們受到人們普遍的喜愛，但智力素質則招來別人的討厭。

由此看來，那些在精神思想方面得到了大自然非常充裕的裝備的人，就是最幸運的人了。確實，屬於主體的東西比起屬於客體的東西距離我們更近；客體事物的作用和效果，無論這作用和效果是什麼，都永遠是首先透過主體才能發揮作用。因此，客觀事物只是第二性的。以下這些優美的詩句可以作證：

真正的財富只能是靈魂的內在財富；
其他別的東西帶來的煩惱多於好處。

——盧奇安，第 1 卷，67

一個內在豐富的人對外在世界確實別無他求，除了這一否定特性的禮物——閒暇。他需要閒暇去培養和發展自己的精神才能，享受自己的內在財富。這樣，他的要求就只是在自己的一生中，每天每時都可以成為自己。當一個人註定要把自己的精神印記留給全體人類，那麼，對這個人就只有一種幸福或者一種不幸可言：那就是能夠完美發掘、培養自己的才能，得以完成自己的傑作，或者受到阻撓而不能這樣做。除此之外，所有其他別的，對他來說都是無關重要的。因此，我們看到各個時代的偉大精神人物都把閒暇視為最可寶貴的東西；因為閒暇之於每個人的價值是和這個人自身的價值對等的。「幸福好像就等同於閒暇」，亞

里斯多德(《尼各馬可倫理學》，第 10 部分，第 7) 這樣說過。第歐根尼·拉爾修告訴我們：「蘇格拉底珍視閒暇甚於一切。」（第 2 部分，第 5 章，31）與這些說法不謀而合的是，亞里斯多德(《尼各馬可倫理學》，第 10 部分，7、8、9) 把探究哲學的生活稱為最幸福的生活。[404] 他在《政治學》（第 4 部分，11）裡所說的話也與我們的討論相關。他說：「能夠不受阻礙地培養、發揮一個人的突出才能，不管這種才能是什麼，就是真正的幸福。」歌德在《威廉·邁斯特》（第 1 卷，第 14 部）中的說法也與此相同：「誰要是生來就具備、生來就註定要發揮某種才能，那他就會在發揮這種才能中找到最美好的人生。」但擁有閒暇不僅對人們的慣常命運是陌生的，對人們的慣常天性而言也是如此，因為人的天然使命就是必須花費時間去獲得他本人以及他的家人賴以生存的東西。人是匱乏的兒子，他並不是可以自由發揮智力的人。因此，閒暇很快就成了普通大眾的包袱。的確，如果人們不能透過各種幻想的、虛假的目標，以各式遊戲消遣和愛好來填塞時間，到最後，閒暇就會變成了痛苦。基於同樣的原因，閒暇還會給人們帶來危險，因為「當一個人無所事事的時候難以保持安靜」是相當正確的。但是，在另一方面，一個人擁有超出常規配備的智力也同樣是反常的，亦即違反自然的。如果真的出現這樣一個稟賦超常的人，那麼，閒暇對這一個人的幸福就是必不可少的，儘管閒暇對他人來說時而是一種負擔，時而又是有害的。因為缺少了閒暇，這種人就猶如被套上馬軛的柏加索斯（飛馬）那樣悶悶不樂。但如果上述兩種特殊反常的情形碰巧結合在一起——擁有閒暇屬於外在的特殊情形，而具有超常稟賦則是內在的反常情形——那就是一個人的一大幸運：因為現在，那個得天獨厚的人就可以過上一種更加高級的生活，也就是說，這樣的生活免除了人生兩個對立的痛苦根源：匱乏和無聊。換句話說，他不用再為生存而憂心忡忡地奔忙，也不會無力忍受閒暇（閒暇也就是自由的生存本身）。人生這兩種痛苦匱乏和無聊，也只有透過彼此抵消和中和，才使常人得以逃脫它們的困擾。

[405] 雖然如此，我們卻要考慮到一個具有優異思想稟賦的人，由於頭腦超常的神經活動，對形形色色的痛苦的感受力被大大加強了。另外，他擁有這些思想稟賦的前提條件，亦即他那激烈的氣質，以及與此密不可分的頭腦中的那些更加生動、更加完美的表象，都會使透過這些而刺激起來的激動情緒更增加了強度。總而言之，這些激動情緒是痛苦多於愉快。最後，巨大的精神思想稟賦使擁有這些稟賦的人疏遠了其他人及其追求。因為自身的擁有越豐富，他在別人身上所能發現得到的就越少。其他人引以為樂的、花樣繁多的事情，在他眼裡既乏味又淺薄。那無處不在的事物均衡互補法則，或許在這裡也發揮著作用。確實，人們經常掛在嘴邊的，並且似乎不無道理的說法就是：頭腦至為狹隘、侷促的人根本上就是最幸福的，雖然並沒有人會羨慕他們的這一運氣。我不想在這一問題上給予明確的說法，以免讓讀者先入為主，尤其是索福克里斯本人在這一問題上就表達過兩種互相矛盾的意見：

頭腦聰明對一個人的幸福是主要的。

——《安提戈涅》，1328

又

要過最輕鬆愉快的生活莫過於什麼都不懂。

——《埃阿斯》，550

在《舊約》裡，賢哲們的說法同樣令人莫衷一是：

愚人的生活比死亡還要糟糕。

——耶穌·西拉克，22：12

和

越有智慧就越煩惱。

——《傳道書》，1：18

在這裡，我不會不提及這樣一類人：他們由於僅僅具備了那常規的、有限的智力配給，所以，他們**並沒有精神思想上的需求**，也就是德語裡所說的**菲利斯特人**（Philister）。這是德語特有的詞語，源自德國的大學生生活。後來，這一名稱有了更高一層的含義，雖然它和原來的意思依然相似。「菲利斯特人」指的是和「繆斯的孩子」恰恰相反的意思，那就是「被文藝女神拋棄的人」。我雖然可以從更高的角度審視，把菲利斯特人的定義確定為所有那些總是嚴肅古板地關注著那並非現實之現實的人，但是，這樣一個超驗的定義卻與我在這篇東西裡面所採用的大眾視角不相吻合。所以，這樣的定義或許不會被每一個讀者所透徹理解。相較之下，這名稱的第一個定義更加容易解釋清楚，它也詳細表現了**菲利斯特人**的本質及其所有特質的根源。因此，菲利斯特人就是**一個沒有精神需求的人**。由此可以做出好幾個推論：首先，在**他們的自身方面**，菲利斯特人並沒有什麼精神上的**快樂**。這是根據我已提到過的基本原則，「沒有真正的需求，就沒有真正的快樂」。他們的存在並沒有受到任何對知識、真理的追求這一強烈欲望的驅動（這種追求純粹只是為了知識和真理的緣故），也沒有要享受真正的美的熱切願望，而美的享受與對知識、真理的追求密切相關。但如果時尚或者權威把這一類快樂強加給他們，那他們就會像應付強制性苦役般地盡快把它們打發了事。對這種人來說，真正的快樂只能是感官上的快樂，他們就透過這些補償自己。因此，牡蠣和香檳就是他們生存的最高境界，設法獲得所有能為他們帶來身體上安逸和舒適的東西，就是他們生活的目標。如果這些事情把他們忙得暈頭轉向，那他們就的確快樂了！因為如果從一開

[406]

始就把這些好東西強加給他們，那他們就會不可避免地陷入無聊之中，而為了對抗無聊，所有能夠想像出來的手段都會用上：舞會、社交、看戲、玩牌、賭博、飲酒、旅行、馬匹、女人等等，等等。但所有這些都不足以趕走無聊，因為缺少了精神需求，精神快樂也就是不可能的。因此，菲利斯特人都有一個奇異的特徵，那就是一副呆滯、乾巴巴的、類似於動物的一本正經和嚴肅表情。沒有什麼能讓他們愉快，讓他們激動，沒有什麼能提得起他們的興趣。感官的快感很快就會耗盡。由同樣的菲利斯特人所組成的社交聚會，很快就變得乏味無聊，紙牌遊戲到最後也變得令人厭倦。不管怎樣，這種人最後還剩下虛榮心給予他們的快感。那就是盡力在財富，或者社會地位，或者權力和影響力方面勝人一籌，並藉此獲得他人對自己的尊崇。又或者他們至少可以追隨那些在這些方面出人頭地的人，以便沾上這些人的輝煌。從我們提到的這些菲利斯特人的基本特質可以推論出**第 2 點，在涉及他人方面**，由於菲利斯特人沒有精神上的需求，而只有生理上的需要，所以，他們在與他人的交往中，會尋求那些能夠滿足自己生理上的需要而不是精神上的需要的人。因此，在他們對別人的諸多要求當中，最不重要的就是別人必須具備一定的頭腦思想。當他看見別人具有突出的頭腦思想時，那反而只會引起菲利斯特人的反感，甚至憎恨。因為他們有著某種難以忍受的自卑感，以及某種隱蔽的嫉妒——這種嫉妒，他們會小心翼翼地掩藏起來，甚至對自己也是這樣。但這樣一來，這種嫉妒有時候就會變成某種私下裡的苦澀和憤怒。因此，他們永遠也不會想到要對卓越的精神思想給予恰如其分的尊崇和敬意，而是只把這些留給擁有地位和財富、權力和影響力的人，因為在他們的眼中，這些東西才是真正的優勢。在這些方面出人頭地也就是他們的願望。所有這一切都是因為他們是**沒有精神需求**的人。菲利斯特人的巨大痛苦就在於任何**觀念性**的東西都無法帶給他們愉快。他們為了逃避無聊，不斷地需要現實性的東西。但由於現實性的東西一來很快就會被窮盡，一旦這樣，它們就不但不再提供快樂，反而

會使人厭煩；二來還會帶來各種禍殃。相較而言，觀念性的東西卻是不可窮盡的；它們本身既無邪也無害。

在關於個人素質、稟賦能給人帶來幸福的所有這些討論中，我考慮的主要是人的體質和智力上的素質。至於人的傑出道德素質以何種方式直接地給人幸福——這問題我在我的《論道德的基礎》獲獎論文（第22節，第275頁）中已經談論過了。因此，我推薦讀者閱讀那篇論文。 [408]

第3章　人所擁有的財產

偉大的幸福教育家伊比鳩魯正確而美妙地把人的需要劃分成為3類。第1類屬於人的天然的和迫切的需要。這類需要如果得不到滿足，就會讓人痛苦。這類需要也就是食品和衣物，它們比較容易得到滿足。第2類是天然的，但卻不是迫切的。那就是滿足性慾的需要，儘管伊比鳩魯在《拉爾修的報導》（第10卷，第27章，第149、127節）中沒有把它說出來（在這裡我把他的學說複述得更清楚、更完整）。要滿足這類需要就已經困難一些了。第3類則既不是天然的，也不是迫切的，那就是對奢侈、排場、鋪張和輝煌的追求。這些需要沒有止境，要滿足這些需要也是非常困難的（同上書，第1卷，第13章）。

在擁有財產的問題上，要為我們合乎理智的願望界定一個限度，如果不是不可能，那也是一件很困難的事情，因為一個人在擁有財產方面能否得到滿足，並不由某一絕對數量的財產所決定，而是取決於某一相對的數量，亦即由這個人所期待得到的財產和他已經實際擁有的財產之間的關係所決定。因此，只是唯一考察一個人的實際擁有並沒有意義，就猶如在計算一個分數時，只計算分子而忽略了分母同樣沒有意義。當對某一樣東西的要求還沒有進入一個人的意識的時候，這個人是完全不會想念這東西的。沒有這樣東西，他照樣心安理得。但一個擁有百倍以上財產的人，只要他期望得到某樣東西而又無法如願，那他就 [409]

會感到怏怏不樂。在這一方面，對於我們認爲可能得到的東西，我們每個人都有各自的視野。我們的期望會緊隨這一視野。這一視野範圍內的某一樣東西一旦出現，我們又有信心可以得到它，那我們就會感到幸福。但是如果要得到這東西存在重重困難，以致他沒有得到它的希望和可能，那他就會感覺不幸福。在他的視野以外的東西，不會對他產生任何影響。因此，窮人不會因爲得不到富人的巨大財富而焦慮不安，但富人在目標和計畫落空以後，並不會考慮到自己已經擁有相當可觀的財富而有所安慰。財富猶如海水，喝得越多就越口渴。這一道理同樣適用於名聲。在失去了財富或者小康以後，當我們挺住了最初的陣痛，我們慣常的心境與當初相比，並沒有發生很大的改變，其中的原因就在於當命運減少了我們的財富量以後，我們自己也就馬上大大降低了我們的期望和要求。在遭遇不幸時，這一過程的確是痛苦萬分的；但這個過程完成以後，痛苦也就減少了許多，到最後甚至感覺不到了，因爲傷口已經癒合了。反過來，如果交到好運，我們的期望的壓縮機就會膨脹起期望，我們在這過程中就感受到了歡樂。但是，這一歡樂只能維持到整個過程全部完成，因爲我們已經習慣了那擴大了的期望得到的範圍，獲得在此範圍內的東西已被視爲理所當然了。荷馬在《奧德賽》（第18節，第130-137行）中表達了我這裡所說的意思。這一節最後的兩行是這樣的：

凡夫俗子的情緒飄忽不定，
就像神、人之父所賜予的日子。

我們感到不滿足的根源就在於我們不斷試圖推高我們的期望，但同時，其他妨礙我們達成期望的條件因素卻保持不變。

[410]　　對於像人類這樣一個貧乏不堪、充滿需求的物種，**財富**比起任何其他別的東西都得到人們更多的和更眞誠的尊重，甚至崇拜，這是毫不奇

怪的。甚至權力本身也只是獲得財富的工具。不足為奇的還有：為了達到獲得財富這一目的，一切盡可以拋開，一切都可以推翻。例如：在哲學教授手中的哲學就落得這樣的下場。人們經常受到這樣的指責：心中老是想著金錢，熱愛金錢甚於一切。其實，人們熱愛金錢卻是自然的，甚至是不可避免的。金錢就像永遠不知疲倦的普魯特斯，時時刻刻都準備著變成我們那飄忽不定的願望和變化多端的需要所要求的物品。也就是說，任何其他物品只能滿足**一個**願望、**一個**需要，諸如食物之於飢餓的人，醇酒之於健康者，藥物之於病人，皮毛之於冬季，女人之於男人等等。所以，它們都只是「服務於某一特定目的的東西」，亦即只有相對的好處。唯獨金錢才具備絕對的好處。因為它並不只是滿足某一具體的需要，而是滿足在抽象中的總體的需要。

我們應把**現有的財富**視為能夠抵禦眾多可能發生的不幸和災禍的城牆，而不是一紙任由我們尋歡作樂的許可證，也不是某種不花天酒地就是對不起自己似的義務。如果一個人憑藉自己的某種才能——不管這種才能是什麼——從最初的一文不名到最終賺到可觀的金錢，那他十有八九就會誤認為自己的才能是恆久不變的本金，他以此賺取的金錢只是本金的利息而已。這樣，他就不會把賺來的一部分金錢累積成為固定長久的本金，而是把賺來的錢隨手花掉。這樣，他們通常最終就會陷入貧困，因為如果他們的才能只能維持短暫的時間，例如：幾乎所有從事優美藝術的人都屬於這一類情況，那麼，他們就有江郎才盡的時候；又或者因為他們賺錢的本事依賴某種環境和某種風氣，而這種環境、風氣隨後消失了——這樣，他們的錢財收入也就停止了。手工製作者盡可以像我上面所說的那樣花錢大手大腳，財來財去，因為他們不會輕易失去製作才能，他們也不會被助手、幫傭的力氣所替代。並且他們的產品是大眾需求的對象，所以不愁找不到銷路。因此，這一說法是正確的：「掌握一門手藝，就是拿到了一個金飯碗。」各種類型的藝人和藝術家遭遇的情形卻不一樣。正因為這樣，他們獲得的報酬是如此的優渥。他們所

[411]

賺得的金錢因此應該變成他們的本金。但他們卻放肆地把賺來的金錢只當作利息。這樣，他們就走向了貧窮的結局。相較之下，繼承了財產的人起碼立刻就正確地認識到何為本金、何為利息。所以，他們之中的大多數人會盡力穩妥地維護自己的本金，在任何情況下都不會動用本金。事實上，如果可能的話，他們至少會把利息的 1/8 存起來以應付將來沒有入息的時候。因此，他們大多數人都生活得充裕、小康。我這裡所說的並不適用於商人，因為對商人來說金錢本身就是賺取更多金錢的手段，是他們的營生工具。因此，儘管金錢是他們自己賺來的，但他們仍然會試圖透過運用這些金錢以保存和增加其資本。因此，這些人比起任何別的階層的人都更懂得巧妙、適宜地運用金錢。

總而言之，那些經歷過匱乏和貧窮的人，比起那些只是聽說過貧困的人，更加不害怕貧困，因此更加傾向於奢侈豪華。前者包括那些交上了某種好運，或者得益於自己擁有的某一專門的特長——不論這特長是什麼——從當初的貧困迅速達到了小康生活的人；而只是聽說過貧困的人則包括出生並成長於良好家境的人。這後一類人更加著眼於未來，因[412]此他們比起前者過著更加節儉的生活。由此，我們可以得出結論：貧窮並不像我們遠距離看到的那樣糟糕。不過，真正的原因或許是那些出生於富有家庭的人已把財富視為必不可少的，是構成生活的唯一可能的元素，就像空氣般的不可或缺。因此，他們警覺地保護自己的財產就像保護自己的生命一樣。所以他們通常都有規有矩、小心謹慎、勤儉節約。相較之下，出生於世代貧困之家的人卻把貧窮視為本來如此的事情。他們以某種方式意外獲得的財富，對他們來說只是一種多餘的東西，把財富用作享受或揮霍才是理所當然的！一旦把錢財耗盡，他們仍然像以前沒錢的時候那樣生活下去，並且還免除了一樣煩惱哩！這就像莎士比亞說的那樣：

這一諺語需要得到證實：

乞丐一旦跨上了坐騎,就非得把馬跑死為止。

——《亨利五世》,第 3 幕,第 1 景

　　當然,這種人對運氣和自己的能力都抱有堅定的和過分的信心,因為這兩者都幫助他們脫離了貧困的境地。不過,他們的信心更多的是在他們的心裡,而不是在他們的頭腦裡。因為他們和那些出身富裕的人並不一樣,他們並沒有把一般的貧困視為無底深潭,而是認為只要腳踏實地用力蹬上幾腳,就能重新浮上水面。這一人性的特徵可以解釋為何出身貧窮的女子,比起為夫家帶來豐厚嫁妝的富家女,通常有更多的要求,用錢更大手大腳,因為在大多數情況下,富家出身的女子不僅僅帶來了錢財,她們比起窮家女還有一種更為熱切的得之於遺傳的保護財產的願望。不過,誰要是對此持相反的意見,那他可以在阿里奧斯圖的第一首諷刺作品裡找到支持他的觀點的權威說法。但詹森博士卻贊同我的意見:「一個習慣於處理錢財的有錢女人,會小心翼翼地花錢。但一個在結婚以後才首次獲得支配金錢權力的女人,會在用錢的時候大膽妄為,她簡直就是大肆揮霍。」(博斯威爾,《詹森的一生》,1776,第 67 部分)不管怎麼樣,我都要奉勸那些娶貧窮女子為妻的人不要讓她們繼承本金,而只是領取一份年金。他們尤其需要注意,不要把孩子的財產交到她們手上。[413]

　　我在這裡提醒人們謹慎保存賺來的或者繼承下來的財產。我相信這樣做並沒有用我的筆寫了些毫無價值的東西。這是因為如果一個人從一開始就擁有足夠的財產,能夠享有真正的獨立自足,也就是說,可以不用操勞就能維持舒適的生活,並且就算那只夠維持本人而不包括他的家人的生活,那就是一個價值無法估量的優越條件,因為這就得以擺脫與人生相連的匱乏和操勞,因此也就是從大眾的強制苦役中獲得了解放,而這苦役本是凡夫俗子的天然命運。只有得到命運如此垂青和眷顧的人,才可以是真正自由的人,是「自己的主人」,因為只有這樣,這

人才可以是自己的時間和自己的力量的主宰。每天早晨他就可以說上一句：「今天是屬於我的。」因此，一個擁有 1000 塔勒年金的人與一個擁有 10 萬塔勒年金的人相比，兩者之間的差別遠遠少於一個擁有 1000 塔勒年金與一個一無所有的人之間的差別。如果祖傳的家產落到一個具備高級精神稟賦的人手裡，而這個人所要從事的事業跟埋頭賺錢並不怎麼匹配，那麼，這筆遺產就能發揮出它的最高價值，因為現在這個人受到了命運的雙重饋贈，他盡可以為自己的天才而生活了。他能夠從事別人無法從事的事情，創造出對大眾都有益處，且又能為自己帶來榮耀的東西。他以這種方式百倍地償還了自己欠下世人的債務。處於同樣優越生活條件的其他人，則可以透過從事慈善活動為人類做出貢獻。相較之下，如果一個人繼承了遺產，但卻又不曾做出任何上述事情——哪怕他只是嘗試這樣做，或者只是做出了點滴的成績——或者他甚至不曾細緻地研究某一門學問，以盡可能地推動這門學問的發展，那這樣的人就只是一個可恥的無所事事者。這種人也不會感到幸福，因為免除了貧窮只會把他引至人生的另一個痛苦極端——無聊，而無聊又是如此厲害地折磨著他，假如貧窮的處境使他有事可做的話，他反倒會生活得更加幸福。這樣的百無聊賴、無所事事很快就會把他誘向奢侈，從而揮霍掉了他那不配享受的優越條件。無數這樣的人淪為貧困，就是因為有錢就大肆揮霍，目的不過就是在無聊的壓迫之下謀求片刻的緩解。

[414]

但如果我們的目標是要在公職服務中得到高位，那就完全是另一回事了，因為為此目標我們必須獲得青睞、贏得朋友、搞好關係，以便逐級晉升直至最高職位。如果是這樣的情況，那一文不名地來到這個世界從根本上反而更好。尤其是一個人沒有顯赫高貴的出身，但卻具備了某些才能，那假如這個人是一個一無所有的窮光蛋，那反倒是一個真正的優勢，也可得到別人的提攜。這是因為每個人最喜歡的也最想找的就是別人不如自己的地方——這在人與人之間的交談已經如此，在國家公務事業方面情況就更是這樣。只有一個窮鬼才會深信自己絕對的、澈底

的、全方位的劣勢,並且達到了在這種情況下所需要的程度,也才會認識清楚自己的無足輕重和毫無價值。因此,也只有這種人才會習以為常地向人點頭哈腰,只有他們的鞠躬才會深至90度;只有這種人才能忍受一切,且一直報以微笑;只有他們才知道自己的優點是完全沒有價值的;只有他們才會扯高嗓門,或者用醒目的黑體字,把拙劣的文字作品公開捧為巨著,因為那些作者不是高高在他們之上,就是極有影響力;也只有這種人才懂得如何搖尾乞憐。因此,只有他們才會在青年時期就已宣導下面這一不為人知的真理——這一真理由歌德透過這些字句向我們展示了出來:

任何人都不要抱怨卑鄙和下流,因為 [415]
在這世上只有卑鄙和下流才是威力無比的。

——《西東合集》

相較之下,從一開始就生活無憂的人,卻大多難以管束。他們習慣於高視闊步,並不曾學會上述為人處世的藝術。或許他們具有某些才能,但他們應該認識到這些才能與平凡庸俗、低三下四根本無法匹敵。最終,他們會看到身居比自己更高位置的人的平庸和低劣之處。此外,如果他們還遭受別人的侮辱和種種令人憤慨的事情,他們就會變得倔強、難以駕馭,或者害怕、茫然。這可不是在這個世界上生存的辦法。相反,到最後,他們應該和勇敢的伏爾泰一起說出這樣的話:「我們在這世上時日不多,不值得在可鄙的壞蛋的腳下爬行。」(《伏爾泰全集》,貝索出版社,第26卷,第116頁)隨便說上一句,令人遺憾的是,「可鄙的壞蛋」一詞可適用於這世上的很多人。因此,我們可以看到尤維納利斯的詩句:

在侷促狹窄的屋子裡,無從施展力量,

要站起身子已經非常困難。

更適用藝術表演的職業，而不大適用其他世俗、鑽營的人們。

在〈**人所擁有的財產**〉這一章裡，我並沒有把妻子和兒女包括其中，因為與其說一個人擁有妻子、兒女，還不如說妻子、兒女擁有他。朋友反倒更應該被劃入一個人的擁有物裡面，但甚至在這個問題上，擁有者也還是在同等程度上成為別人的擁有物。

第 4 章　人所展現的表象

我們所展現的表象，也就是我們的存在在他人心目中的樣子；這通常都被我們過分看重，這是我們人性的一個特殊弱點所致，雖然稍作簡單的思考我們就可以知道，他人的看法就其本身來說，對我們的幸福並非至關重要。因此，很難解釋清楚為什麼每當一個人察覺到別人對自己似乎有好的看法，每當他的虛榮心受到了某種安慰，他的內心就很高興。正如貓兒受到愛撫時就會發出高興的聲音，同樣，當一個人受到他人的稱讚時，就不禁喜形於色。只要某種讚揚在一個人所自許的範圍之內，那麼，就算他人的讚揚明顯是虛假的，他仍然會很高興。這種人儘管遭遇真正的不幸，或者就算那在前文已經討論過的幸福的兩個主要來源相當貧乏枯竭，但他人讚許的跡象就通常仍然會給他們安慰。反過來，令人驚訝的是，無論在何種情況下，如果他們的虛榮心受到任何意義上和程度上的傷害，或者當他們受到別人輕視、冷落、怠慢時，都肯定會難過、傷心，很多時候還會感受到深刻的創痛。只要榮譽感是建築在這一人性之上，那麼，它就是道德的代替品，就會有效有益地促使很多人做出良好的行為。但是，對人自身的**幸福**而言，首要對與幸福至關重要的平和心境和獨立自主而言，這種榮譽感更多地產生出擾亂和不良的作用，而不是有益的效果。因此，從我們的角度出發，應該要抑制這

[416]

一人性的弱點，透過細緻考慮和正確評估其帶來的好處，盡量減低我們對待別人意見的敏感程度，無論我們是受到這些意見的奉承還是傷害，都應如此：因為這兩者其實是懸掛在同一根線上。否則，人們就只能成為別人的看法和意見的奴隸：

使一個渴求讚語的人悶悶不樂或者興高采烈的話語，
卻是多麼的無足輕重！

據此，正確評估**自身**的價值和看待**別人**對自己的看法，對我們的幸福大有裨益。這所說的自身包括了我們生存時間所包含的全部內容，我們生存的內在成分，以及我們在〈人的自身〉和〈人所擁有的財產〉這兩章裡所討論過的各種好處。這是因為所有這一切的作用場所，就是我們自身的頭腦意識。而**別人**對我們的看法，則只在別人的頭腦意識中產生作用，那些是呈現在別人頭腦中的表象而已，附帶著種種的概念。[4] 所以，別人的看法對於我們的確並非直接存在，而只是間接地存在，亦即只要是別人對我們的行為受到了這些看法的影響和支配的話。只有當別人的看法對某事某物產生了影響，並因此會使我們的**自身**改變的時候，別人的這些看法才是值得我們考慮的。除此之外，在別人的頭腦意識裡面所發生的事情，僅此而已的話，那對於我們並不重要。並且當我們終於充分了解到在大多數人的頭腦裡面，都是些膚淺、表皮的思想，思維狹隘，情操低下，見解謬誤百出、是非顛倒，那我們就會逐漸對他人的評論淡然處之了。此外，從我們的自身經歷就可以知道，一旦一個人不必懼怕別人，或者當一個人相信自己說的話不會傳到被議論的對象的耳朵時，他就會不時以輕蔑的方式議論別人。只要我們聽一聽一群蠢人是如

[417]

---

4 在極盡豪華、鋪張和炫耀的同時，最上流階層的人盡可以說：我們的幸福完全就在自身之外，其棲身之處就是別人的腦袋。

何帶著輕蔑的口吻議論最卓越、偉大的人物,我們就更加不會對他人的看法耿耿於懷了。我們也就會知道,要是太過於看重別人的看法,那就是抬舉他們了。

不管怎麼樣,如果一個人並不曾透過我已經討論過的前兩項內在和外在財富獲得幸福,而只是在這第 (3) 項的好處裡面尋找快樂,亦即他並不從自己的真正自我,而是要從自己在他人頭腦中的表象那裡得到滿足和快感,那他所指望的資源實屬少得可憐。因為總而言之,我們的本質基礎,因此也就是我們幸福的基礎,是我們的動物本性。因此,健康對於我們的舒適是最重要的,其次就是維持生存的手段,亦即不帶操勞的收入。榮譽、地位、名聲,儘管這些被很多人視為價值非凡,卻不可以與關鍵性的好處相提並論,或者取代它們;在必要的時候,為了前兩項的好處,我們應該不容置疑地放棄這第 (3) 項好處。因此,及時認清下面這一樸素道理,會對增進我們的幸福大有益處:每一個人首要是並且確實是活在自身的皮囊裡,而不是活在他人的見解之中;因此,我們現實的和個人的狀況對於我們的幸福,其重要性是百倍於別人對我們的隨心所欲的看法,而這狀況會受到健康、性情、能力、收入、女人、孩子、朋友、居住地點等諸因素的決定性影響。與此相反的錯誤見解,只會讓我們不幸福。如果有人大聲疾呼「名譽高於生命」,那其實就等於說「人的生存和安適是無足輕重的,他人如何看待我們才是首要的問題」。這無論如何都是一個誇張的說法,這一說法所依據的是這樣一個簡單的道理:要在這人世間安身立命,名譽,亦即他人對我們的看法,對於我們經常是絕對必需的。關於這一點我會回頭作進一步的討論。但我們看到人們畢生不息奮鬥,歷經千難萬險所爭取的幾乎一切,其最終目標就是以此讓別人對自己刮目相看。也就是說,不光是官位、頭銜、勳章,而且還有財富,甚至人們在科學[5]、藝術上所爭取的,從根本上和

---

[5] 你所知道的並沒有價值,除非別人也知道你知道那些東西。

首要的也是出於同樣的目的,其最終目標就是獲得別人對自己更大的敬意。所有這些都不過是令人遺憾地向我們顯示了人類的愚蠢程度。把別人的意見和看法看得太過重要,是人們普遍犯下的錯誤。這一錯誤或許根植於我們的本性,或者伴隨著社會和文明而產生。不管怎麼樣,這一錯誤對我們的行為和事業都產生了超乎常規的有損我們幸福的影響。這可以是驚恐地、奴性地顧忌「別人將會怎麼說呢」,一直到古羅馬護民官維吉尼斯劍插女兒的心臟這一極端的例子。或者一些人為了身後的榮譽,不惜犧牲個人的財富、安寧、健康,甚至生命。這一錯誤當然就為那些要統治人或者駕馭人的人提供了一個便利手段。所以,在各種訓練人的手法當中,加強和培養榮譽感的做法占據了首位。但對於增進我們的幸福這一目的,榮譽感卻是完全另一回事。我反倒要提醒人們不要太過於看重別人對自己的看法。但日常經驗告訴我們,大多數人還是把別人對自己的看法視為頭等的重要,他們關注別人的看法更甚於關注在自己意識裡面發生的、對自己而言是直接存在的東西。這樣,他們就把自然的秩序顛倒了過來,別人的看法似乎就是他們存在的現實部分,而自己意識裡所發生的則反倒成了自己存在的觀念部分。他們把衍生的和次要的東西看成了首要的事情。他們在別人頭腦中的形象比起自己的本質存在更令他們牽腸掛肚。對我們而言,所有這些直接看重並非是直接存在的東西,這些愚蠢的做法人們稱為**虛榮**,以說明這種努力和追求所具有的虛幻和空洞本質。從上面的論述也可以輕易看出:這種虛榮為了手段而忘記了目的,與貪婪同屬一類性質。 [419]

事實上,我們對他人的看法的注重,以及我們在這一方面沒完沒了的擔憂,一般都超出了任何理性的目的,甚至可把這視為一種普遍流行的,或者毋寧說是人類與生俱來的瘋狂。我們無論要做什麼或者不做什麼,首先考慮的幾乎就是別人的看法。只要我們仔細觀察就可以看出,我們所經歷過的擔憂和害怕,半數以上是來自這方面的憂慮。 [420]
因為這是我們那容易受傷(因為那有著病態般的敏感)的自尊心以及我

們所有的那些虛榮、自負、炫耀、排場的根源。一旦不再擔憂和指望別人的看法，那奢侈、排場十之八九就馬上銷聲匿跡。各種各樣的榮譽、驕傲，雖然內容和範圍各有各的不同，但卻都建立在別人的看法這一基礎之上。人們爲了別人的看法經常得付出多大的犧牲！在孩童時期，榮譽感就初露端倪；在接下來的青年期和中年期，名譽、驕傲等變得更加明顯；而到了老年，這方面的欲望卻至爲強烈，因爲到了老年，享受感官樂趣的能力已大爲減弱，虛榮和自大就與貪婪一起瓜分了統治。虛榮心在法國人的身上表現得至爲明顯，因爲法國人的虛榮心帶有他們特定的地方色彩，通常會演變成爲離譜的野心、可笑的民族虛榮和恬不知恥的大吹大擂。但這樣的做法適得其反，因爲法國人成了其他民族的笑柄，並獲得了「偉大的民族」這一綽號。我這裡有一個突出的例子，可以特別說明那種關注別人看法的行爲所具有的反常本質。在這裡，適當的人物和情境互相結合成爲一個絕妙的例子，以反映這種根植於人性的愚蠢，因爲它讓我們測量出這種異常奇特的行爲動機所具有的強度。下面這一段文字摘自 1846 年 3 月 31 日《泰晤士報》上一篇關於對湯瑪斯・韋斯執行死刑的報導。湯瑪斯・韋斯是一個手工製作學徒，他報復謀殺了自己的師傅。「在執行死刑的那天早上，監獄牧師很早就來到犯人的身邊準備爲他服務。韋斯舉止安靜，對牧師的勸告沒有一丁點的興趣，相反，他心裡唯一惦記著的事情，就是在那些目睹他結束自己可恥

[421] 的一生的群眾面前，能夠壯起膽子，表現出勇氣……他成功地做到了這一點。在韋斯步行穿過庭院向在監獄裡搭起的絞刑架走過去的時候，他高聲發話——以便讓旁邊的人能夠聽見：『啊！正如多德博士所說的，我很快就要知道那一個巨大的祕密了！』當時，雖然他被綁著臂膀，但他不用別人的攙扶就邁上了絞刑架的梯子。走上梯子以後，他向左、右兩邊方向朝觀望者鞠躬。聚集在下面的人群對此舉立即報以雷鳴般的讚許聲。」這可眞是說明沽名釣譽的一個絕妙的例子：一個人已經可以看見那令人毛骨悚然的死亡了，此身之後，將是那漫漫無涯的永恆。但此

時此刻,他並不關心別的,而只是專心一意地要留下一個好的印象和看法給那群湊熱鬧的烏合之眾!在同一年的法國,一個伯爵因為試圖謀殺國王而被判處死刑。在審判過程中,他主要是因為不能穿戴體面地出現在元老院而煩惱。甚至到了執行死刑的時候,他最為惱怒的是人們不准他在受刑前刮掉鬍子。在從前,情況並沒有什麼兩樣,這點我們可以看看馬迪奧・阿萊曼為他的著名小說《古斯曼・德・阿爾法拉契》所寫的引言。這本書的引言告訴我們:許多受到迷惑的罪犯把應該完全用於拯救自己靈魂的最後時間,用於撰寫和默記一篇他們將在絞刑架的梯子上說出的簡短演說辭。從這些特徵我們可以看到自身的影子,因為極端的例子往往最清晰地說明了事情。或許在大多數情況下,我們的憂心、煩惱、操勞、憤怒、恐懼、努力等其實是與別人對我們的看法有關,與上述那些可憐的罪人的所作所為同樣荒謬。我們的嫉妒和憎恨也大都出自那同一根源。

很明顯,既然我們的幸福主要依賴我們平和與滿足的心情,那要增進我們的幸福,就再沒有比限制和減弱人的這種本能欲望更好的辦法了。我們要把這種欲望限制在一個理智的可以說得過去的程度,而這或許只是現在程度的 1/50 而已。這樣,我們也就把這永遠作痛的荊刺從我們的肉裡拔了出來。不過要做到這一點是很困難的,因為這與我們某種天然的、與生俱來的反常本性有關。「名聲是智者們最後才放棄的東西」——塔西佗如是說(《歷史》,第 4 卷,6)。要杜絕這種普遍的愚蠢做法,唯一的辦法就是明確認識到這種做法的愚蠢。為此目的,我們必須清楚:人們頭腦裡面的認識和見解,絕大部分都是虛假荒唐和黑白顛倒的。因此,這些見解本身並不值得我們重視。此外,在大多數情況下,別人的看法對我們不會造成真正的影響。再進一步說,別人的意見一般都不是悅耳動聽的,誰要是聽到別人背後說他的話,還有說話的那種語氣,幾乎每個人都會非常氣憤。最後,我們要知道,甚至名譽本身所具有的價值也只是間接而非直接的。當我們終於成功地摒棄了這一普

[422]

遍的愚蠢做法，那我們就會令人難以置信地增加了內心的安寧和愉快。同樣，我們的舉止和態度會變得更加自信、踏實，更加真實和自然。隱居生活之所以對我們的心緒寧靜有一種特別良好的影響，其主要原因就在於我們不用生活在別人的視線裡。這樣，我們就用不著時刻擔心別人對我們會有這樣或者那樣的看法，我們也就得以恢復真我。同樣，我們就可以躲過許許多多真實的不幸；因為拚力追求純粹觀念性的東西，更準確地說，應該是那不可救藥的愚蠢做法，會把我們引入不幸。我們就會更加地關注我們擁有的那些實在的好處，不受干擾地享受它們。不過，正如這一句希臘文所說的那樣：「高貴的也就是很難的。」

[423]　　我在這裡談論的我們這本性的愚蠢，產生了3個主要分支：好勝、虛榮和驕傲。虛榮和驕傲之間的差別在於：驕傲就是確信自己擁有某一方面的突出價值；而**虛榮**則渴望讓別人確信自己擁有某一方面的突出價值，並且大多數都伴隨著這樣一個隱藏的希望：在讓別人確信這一點以後，自己也就終於可以對此信以為真。所以，驕傲是發自內在的，因此是直接的自我敬重；而虛榮則是從外在，因此是間接地努力獲得這一自我敬重。與此相應，虛榮使人健談，但驕傲卻讓人沉默。但是，虛榮的人應該知道，要獲得自己想要的別人高度的評價，如果他保持沉默，而不是誇誇其談，那他達到目的就將容易得多和有把握得多——哪怕他的嘴裡可以說出最美妙、最動聽的話語。不是任何人想驕傲就能驕傲得起來，他頂多只能裝扮成一副驕傲的樣子。不過，他很快就會露餡，正如任何扮演某一虛假角色的人很快都會露出原形一樣。因為只有在內心裡對自己的突出長處和非凡價值有一種堅定的和不可動搖的確信的人，才可以真正驕傲得起來。他的這一確信或許是錯誤的，或者只是基於一些外在的和泛泛的優點，但這對於他的驕傲是無關重要的，如果他是真正和的確確信自己這些優點的話。正因為驕傲根植於**確信**，所以，驕傲就和一切知識一樣，並不就在我們的**主觀隨意**之中。產生驕傲的大敵，或說最大的障礙就是虛榮，因為虛榮就是想要得到他人的讚許，以便在這

一基礎上建立起對自己的良好評價,但對自己有一堅實的良好評價卻已經是驕傲的前提條件了。

驕傲一般都受到人們的抨擊和詆毀,我認為這些抨擊和詆毀主要來自那些並沒有什麼值得自己驕傲的人。面對大多數人的恬不知恥和傲慢無知,無論哪一個人,只要他擁有某一方面的優點,都要牢記自己的優點,不要把它完全忘了,因為如果我們善意地忽略自己的優點,在與他人的交往時也與他人一起錯誤地視自己與他人是一個樣,那麼,他人就會真心、坦率地把我們認定為就是這個樣子。我把上述這點意見特別推薦給那些具備最高級優點的人,也就是說,具備真正的、純粹個人優點的人,因為這些優點並不像勳章和頭銜那樣時時刻刻地作用於感官,從而使人們記住它。否則,「蠢豬反過來教導智慧女神」就會活生生地上演。「跟奴隸開玩笑,很快奴隸就會對你不屑」——這是一句了不起的阿拉伯諺語。並且,不要拋棄賀拉斯的這一句話:「你必須強迫自己接受應有的驕傲。」謙虛是美德——這句話是蠢人的一項聰明的發明;因為根據這一說法每個人都要把自己說成像一個傻瓜似的,這就巧妙地把所有人都拉到同一個水準上。這樣做的結果就是在這世界上,似乎除了傻瓜之外,再沒別種人了。

[424]

最廉價的驕傲就是民族自豪感。這是因為沾染上民族自豪感的人暴露出這個人缺乏**個人**的、能夠引以為傲的素質,因為如果情況不是這樣的話,他也就不至於抓住那些他和數百萬人所共有的東西為榮了。擁有突出個人素質的人會更加清晰地看到自己民族的缺點,因為這些缺點無時無刻就在自己的眼前。但每一個可憐兮兮的笨蛋,在這世上沒有一樣自己能為之感到驕傲的東西,他就只有最後一招:為自己所屬的民族而驕傲了。由此他獲得了補償。所以,他充滿感激之情,準備不惜以「牙齒和指甲」去捍衛自己民族所特有的一切缺點和愚蠢。因此,當人們以應有的輕蔑口吻說起英國人那愚蠢和低級的迷信時,50個英國人當中不會超過一個會表示贊同,但這贊同的人一般都是個有頭腦的人。德國

人沒有民族自豪感,這為他們那為人讚賞的誠實提供了一份證明。但是,其中那些滑稽可笑地假裝為德國民族感到驕傲的人卻是不誠實的,這主要是那些「德意志兄弟」和民主黨人幹的好事。他們奉承恭維德國人民,以便把他們引入歧途。他們甚至說是德國人發明了火藥,我可不同意這種觀點。利希騰貝格提出過這樣一個問題:「為什麼並非德國人的人不會去冒充德國人?如果一個人想抬高身分,一般會寧願冒充法國人或者英國人。這是為什麼?」此外,個性遠遠優於民族性,在一個人的身上所顯現的獨特個性比起國民性更應受到多一千倍的重視。因為國民性涉及的是大眾,所以,沒有多少可以坦率稱道的東西。在每一個國家,人們的狹隘、反常和卑劣都以另一種形式表現出來,而這就是所謂的國民性。我們對某一民族的國民性感到厭惡以後,就轉而稱道另一民族的國民性,直到我們同樣厭惡它為止。每一個民族都取笑別的民族,他們都是對的。

我們在這一章所討論的話題,亦即我們在這世上在他人眼中的**表象**,正如上面已經說過的,可分為**名譽**、**地位**和**名聲**。

儘管在大眾和菲利斯特人眼中,**地位**(或說等級)是相當重要的,在國家機器的運轉中發揮著巨大的作用,但對於我們增進幸福的目的而言,寥寥數語即可打發掉。地位的價值是世俗常規的,亦即虛假不實的,其效果就是某種虛假的尊敬,這完全是為大眾而上演的一齣搞笑劇。勛章就是匯票,所提取的是大眾的看法:其價值由匯票簽發者的信譽而定。勛章的頒發除了頂替金錢酬勞、為國家節省大量財政開支以外,同時還是一種相當實用的安排——前提是勛章的頒發必須公正和有識見。也就是說,大眾長著眼睛和耳朵,此外就再別無其他。他們尤其缺乏判斷力,記憶力也不強。人們做出的很多成績和貢獻完全超出了他們的理解範圍,某些成績和貢獻在當下瞬間會被他們理解並獲得他們的喝采聲,但時間過後不久,就會被他們忘記。我覺得這一做法非常適宜,那就是透過十字或者星形勛章時時處處向著大眾喊話,「佩戴這些

勛章的人跟你們是不一樣的，他們是做出過貢獻和成績的！」但是由於泛濫、不合理和判斷失準地頒發勛章，勛章也就由此失去其價值。因此，勛章的頒發應該謹慎，小心翼翼地進行，猶如商人在匯票上簽名一樣。十字勛章上所刻的 pour le mérite（獎勵功績）是畫蛇添足的一句話。每個勛章都應該是獎勵功績的，這是不言而喻的。

討論**名譽**要比討論地位複雜和困難得多。首先，我們需要為名譽下一個定義。為此目的，如果我說名譽就是外在的良心，而良心就是內在的名譽，那這個說法或許能夠滿足很多人。但這種解釋華麗、花俏多於清晰、透澈。因此，我認為名譽在客觀上是他人對我們的價值的看法，在主觀上則是我們對他人看法的顧忌。由於名譽的這一主觀特質，它常常會給注重名譽的人帶來某種有益的影響，雖然這種影響絕對不是純粹道德方面的。

只要一個人不是澈底墮落，那麼，他就會有名譽感和羞恥感，就會珍視前者。名譽感和羞恥感的根源如下。單獨的個人能夠做的事情寥寥可數，他只是一個被拋棄了的魯賓遜。只有當他生活在與其他人所組成的團體裡，他才能有所作為。一旦人的意識有了提高，就會認識到自己的這種處境，就會想要爭取成為人類社會中一個有用的成員，一個有能力履行自己男人角色的人，並以此能正當、合理地分享社會所帶來的好處。要成為這樣的人，他首先必須做好每一個人都需要做好的事情；其次，他需要完成在他所占據的獨特位置上，人們所要求他和期望他做好的事情。但他同樣很快就認識到問題的關鍵並不在於他認為自己是這樣一個有用的人，而在於別人是否也這樣認為。由此就產生了要得到別人良好看法的熱切願望，也造成了他珍視別人的這些看法。這兩者都是源自人的某種內在感覺——人們名之為「名譽感」，或者「羞恥感」，這根據情況而定。當一個人知道自己馬上就要失去他人的好評時，儘管他清楚自己是清白無辜的，或者儘管那被揭發出來的缺失只是相對的，亦即只是涉及某種主觀任意承擔下來的義務，但他還是臉紅了，這正是名

[427]

譽感或者羞恥感使然。在另一方面，沒有什麼比確信得到了別人的好評更能增強一個人的生活勇氣，因為別人的好評向他允諾：眾人會聯合力量給予他保護和幫助，而要對抗生活中的災禍，這是一道比他自身力量強大得多的防護牆。

一個人與他人之間存在著各種各樣的關係，在這些方面，他人需要信任這人，亦即對這人有某一好的看法，由此就產生了**多種多樣的名譽**。這些關係中首先就是你、我之間的關係，然後就是履行承諾，最後就是男女兩性間的關係。與這些關係相對應的就是公民名譽、政府官員的名譽、男性名譽和女性名譽。每種名譽又可再分成更細的條目。

公民名譽涵蓋最廣泛的範圍，其構成是這樣一個假定：我們必須無條件地尊重每個人的權利，因此，我們不可以運用不公正和法律不許可的手段謀取自己的利益。這是人與人之間進行和睦交往的條件。一旦我們做出某一明顯嚴重違背上述前提的行為和因此遭受了刑事處罰——當然，前提是這處罰必須是公正的——那公民名譽就離我們而去了。之所以有名譽，歸根結柢就是因為人們確信一個人的道德性格是不會改變的，所以，僅僅做出一次卑劣行徑就可以保證以後一旦同樣的情況再度出現，那這個人隨後的所有行為也會是同樣的道德性質。這點可從英語的 character（性格）一詞得到證明，因為「性格」一詞也表示名譽、名聲的意思。正因為這樣，名譽一旦失去就不可以復得，除非這名譽的失去是因為某種誤會，例如：因為他人的誹謗或者人們只是基於假象做出了判斷。正因為這樣，才有了對付誹謗、侮辱、匿名汙蔑文章的法律，因為侮辱性的謾罵是一種馬虎草率、沒有陳述根據的誹謗。這一句希臘話很好地表達了這一含義：「謾罵就是隨意草率的誹謗」——也就是說，謾罵的內容都是子虛烏有的東西。當然，謾罵他人的人以其謾罵表明了自己無法拿出被謾罵者的真正、確實的過錯，否則，他就會把這些作為前提交代出來，然後充滿信心地把結論留給他的聽眾去完成。但他卻不是這樣做。他提供了結論，但卻說不出前提。他就只能托詞說這樣

[428]

做只是為了簡便。雖然公民名譽中的「公民」，亦即「中產階級」，但這種名譽無一例外地適用社會中的各個階層，甚至最高階層。任何人都不可以放棄這種名譽。公民名譽是非常嚴肅的，每一個人都不應該對此掉以輕心。不管一個人是誰，他的職業是什麼，只要他破壞了誠和信，他也就永遠失去了誠和信，隨之而來的苦果肯定在所難免。

名譽，其特性在某種意義上是**否定**的，亦即與**聲望**相比，因為聲望具有某種**肯定**的性質。因為名譽並不意味著別人認為這某某人具有某種特別的、為他的主體所獨有的品質，而只是這某某人並沒有欠缺每一個人根據規則都必須具備的品質。因此，名譽只是表明這一個人不是一個例外。但聲望卻表明這個人是一個例外。因此，聲望是首先要去爭取的，而名譽只需要保有就行了。與此相應，缺乏聲望就是默默無聞，它是否定的；但缺乏名譽則是恥辱，它是肯定的。我們可不能把名譽的否定性質與被動性質相混淆。恰恰相反，名譽具有一種完全主動的特徵；它唯獨從人的**主體**出發，以**主體**的所為和所不為為基礎，而不是根據別人的所為以及外在的遭遇所決定，這也就是斯多噶派所說的「有賴於我們的事情」。這一點，正是真正的名譽與騎士名譽或虛假名譽的區別標誌，我們在下文很快就可以看到。只有透過誹謗才有可能從外面對名譽實施攻擊。對付這種攻擊的唯一對策就是相應公開地反駁這種誹謗，把誹謗者公之於眾。

[429]

老年人得到別人的尊重似乎是因為年輕人雖然也是假定享有名譽的，但那名譽還未經過考驗，所以，他們的名譽是信用貸款。但對老年人來說，在他們的一生中已經透過自己的生活行為證明了自己是否仍然保有名譽。這是因為單就年齡和經驗而言，這兩者都不足以成為要求年輕人向老者表示敬意的充足理由，因為動物也可以達到一定的歲數，甚至一些動物的壽命遠遠超過人類的壽命；而經驗也不過是對世事的發展有了更加深入的了解而已。但無論在哪裡，人們都要求青年人向老年人表示尊重。只是高齡所帶來的衰弱要求人們給予老人更多的照顧和體

貼，而不是敬意。但值得注意的是，人們對於花白的頭髮有一種天生的因此確實是本能的敬意。皺紋是人到老年的一個更加確切的跡象，但皺紋卻一點也不會引起人們的敬意。人們不會說令人肅然起敬的皺紋，而總是說令人肅然起敬的白髮。

名譽的價值只是間接的。這是因爲正如這一章的開頭已經分析過的，只有當他人對我們的看法可以決定或者有時候可以決定他們對我們的行爲的時候，他人的看法才有其價值。但是，只要我們和他人生活在一起，他人對我們的看法就會影響到他們對我們的行爲。這是因爲既然在一個文明的國度，我們的財產和安全只能有賴於社會，而且我們無論做什麼事情都需要得到別人的幫助，而別人也只有信任我們以後才會跟我們打交道，那別人對我們的看法對我們就有較高的價值，雖然這一價值總是間接而非直接的。但我始終認爲別人的看法不具有直接價值。西塞羅的說法與我這裡說的不謀而合，他說：「克里斯玻斯和第歐根尼談起好的名聲時說：美名自有它的用處，但除了這些好處以外，我們根本不值得花費哪怕一丁點的力氣獲得美名。我完全同意他們的說法。」（第 3 部分，17）同樣，愛爾維修在他的巨著《論精神》（第 3 部分，第 13 章）裡面詳盡地討論了這一真理，他得出結論：「我們喜愛別人的敬重並非因爲敬重本身，而只是因爲人們的敬重所帶給我們的好處。」既然手段並非比目的更重要，那麼「名譽比生命還要寶貴」這一被人們大肆渲染的格言，正如我已經說過的，就是一種言過其實的說法。

關於公民名譽我就談這些。**公職名譽**就是人們普遍認爲，擔任公職的那個人的確具備了所要求的素質，他在任何情況下都能一絲不苟地履行他的公務員職責。一個人在國家事務中越發揮重要的作用，亦即他的職位越高，產生的影響越大，大眾對他的與其職位相適應的智力素質和道德品質的要求就越高；他也就擁有更高一級的榮譽，他的頭銜、勳章等就顯現了這種榮譽，還有他人對他畢恭畢敬的態度。根據這同樣的標

準,一個人的社會地位也通常決定了相應特殊一級的榮譽,雖然這榮譽會有走樣的時候,因爲大眾在判斷社會地位的重要性這一問題上存在能力的問題。正因爲這樣,地位在顯現榮譽方面被打了折扣。但人們總是把更高的榮譽給予承擔和履行特別責任的人,而非普通市民。後者的榮譽主要是由否定特性的素質所構成。

公職榮譽還進一步要求擔任公務職責的人,對其所擔任的職位保持尊敬。這是出於對他的同僚和他的繼任者的考慮。這樣,他就必須嚴格履行自己的職責。只要他還在任,他也不可以對一切針對他個人或者他所擔任職務的攻擊聽之任之,亦即不能對諸如他沒有嚴格執行其官員職責,或者他那職位對公眾的福祉無所建樹等言論無動於衷,而是要用法律懲罰來證明這些攻擊是不公正的。

[431]

擁有公職榮譽的人還包括爲國家效力的人、醫生、律師、公立學校教師,甚至公立學校的畢業生,亦即每一個被官方宣布爲具備資格從事某一精神思想方面的工作,而自己又自願在這些方面做出貢獻的人。一句話,所有這一類自願爲國家服務的人亦都享有公職榮譽。所以,真正的**軍人榮譽**也屬於公職榮譽一類,因爲每一個自願保衛那共同的國家的人的確具備了爲此所必需的素質,亦即首要具備了勇氣、膽量、力量,並且準備誓死保衛自己的國家,不會爲了這世上的任何東西而拋棄已經宣誓效忠的旗幟。在此,**公職榮譽**一詞我採用了比常規更廣泛的含義,因爲這詞的常規含義只是公民對一般公職給予的敬意而已。

至於**性別名譽**,在我看來,則需要我們進行更爲仔細的考察,並應對其原則下一番究本尋源的功夫。這同時也將證實:所有的名譽畢竟都是基於實用利益的考慮。

就其本質而言,性別名譽可分爲女性名譽和男性名譽。從男、女雙方各自的角度看,都可以把這種名譽完全地理解爲「團隊精神」。女性名譽遠比男性名譽重要,因爲女性與異性之間的關係在女性生活當中是頭等大事。因此,**女性名譽**就是人們對一個女孩這樣的看法:她還從

沒有把自己獻給過哪一個男人；如果那是個妻子，那就是她只把自己獻給她嫁的男人。人們這樣的看法的重要性是由下面的道理所決定的。女性從男性那裡要求和期待一切東西，也就是說，一切她們想要和需要的東西。男性則從女性那裡首要和直接地只要求得到一樣東西。因此，雙方必須做出這樣的安排：男方可以從女方那裡得到他要的那一樣東西，

[432] 但條件是他必須承擔照顧女方一切的任務，以及雙方的結合所生下的子女。所有女性的福祉都有賴於這一安排。要實施這一安排，女性就有必要團結起來，顯示「團隊精神」。這樣，女性就要形成一個整體，緊密團結以對抗她們共同的敵人——男性，因為男性透過得之於自然的身體和思想力量的優勢，占有了人間所有的好處。女性必須征服他們和俘虜他們，只有透過占有他們，女性才可以占有那些人間的好處。為達到這一目的，全體女性的名譽訓誡格言就是：絕對不能和男人發生非婚姻關係的性行為。只有這樣，才能夠強迫男性結婚——這是他們的一種投降；只有透過這樣女性才能得到保障。但要完美地達到這一目的，就只能透過嚴格執行上述的訓誡規定。所以，全體女性都以一種真正的團隊精神密切留意著女性成員是否恪守這一訓誡。因此，每一個由於進行非婚姻的性行為而背叛了全體女性的女孩子，都遭到她的同一性別的人的排斥、驅逐，並被打上恥辱的印記，因為一旦這種行為成為普遍，女性的福祉就會受到破壞。這個女人也就此失去了她的名譽。女人們再也不可以跟她交往，人們躲避她就像躲避一個有臭味的人。與此相同的命運也降臨在一個與男人通姦的女人頭上，因為對這個女人的丈夫來說，她沒有遵守她與丈夫所簽下的投降合約。由於出現這樣的事情，男性會害怕得不敢再簽訂這樣的合約了，而女性的解救卻全賴男性簽訂合約。除此之外，因為通姦的女人粗暴地破壞了自己的承諾，她的所為也是欺騙，所以，她失去了女性名譽的同時，也失去了公民名譽。因此，人們會有這種帶原諒的說法，「一個失足的女孩子」，但卻不會說「一

[433] 個失足的女人」。在前一種情況下，誘姦者可以透過以與那女孩結婚的

方式使她重獲名譽；但在後一種情況下，儘管通姦婦人離婚以後，那個通姦的男人也無法讓她重獲清白之身。在得到這一清晰的見解以後，我們看到女性名譽原則的基石就是這樣一種集體精神：雖然是有益的和必需的，但卻是經過精打細算，建築於利益之上的。這樣，我們就能知道這種女性名譽雖然對女性的存在是異常的重要，並因此具有很大的相對價值，但那可不是絕對價值，不是那種超越了生命及其目的，因而也只能以生命為代價去取得的價值。因此，我們無法為盧克利斯和維吉尼斯那些誇張的、流於鬧劇的所為喝采。所以，愛彌尼亞·加洛蒂的結局有著某些令人反感的成分，以致我們離開劇場的時候相當地掃興。在另一方面，雖然有女性名譽，但我們卻忍不住要同情《艾格蒙特》中的克拉森。把女性名譽的原則推至極端就會像很多事情那樣，為了手段而忘記了目的，因為把女性名譽如此誇大也就是賦予了這種名譽一種絕對的價值，但女性名譽比起所有其他名譽都更只有相對價值。我們甚至可以說，女性名譽的價值只是一種習俗的常規意義上的價值。關於這一點，從托馬修斯的《論情婦》一書中可以看到：在過去幾乎所有的國家和時期，直至馬丁·路德的宗教改革，納妾在法律上是被允許和承認的。根據這一法律，小妾可以維持她的名譽；古巴比倫的米利泰廟就更不用說了（希羅多德，《歷史》，第 1 卷，199）。當然，也有一些民情使婚姻的外在形式成為不可能，特別是在一些天主教國家。在那裡是沒有離婚的。在我看來，對統治者來說，如果他們擁有情婦，而不是與她們締結不相匹配的婚姻，那這樣的做法會更加合乎道德。因為出自這不匹配的婚姻的子女，在合法的繼承者死了以後，就會提出繼承的要求。因此，這種婚姻引起內戰的可能性總會存在，儘管這種可能性很小。並且這樣一種不般配的婚姻，亦即把所有外在情況置之度外而締結的婚姻，從根本上就是對女人和教士做出的妥協，而對這兩類人我們都要小心，盡可能不要做出讓步。再者，我們要考慮到國家裡面每個男人都可以娶到自己心儀的女人，只有一個男人被剝奪了這一自然的權利。這個可憐

[434]

的男人就是一國之君。他求婚的手屬於他的國家，這隻手只能爲著國家的理由，亦即爲著國家的利益交付出去。並且他是一個凡人，他也渴望能夠隨心所欲一回。因此，阻止或責備君王試圖擁有一個情婦是既不公正也不感恩的行爲，同時也是很小市民的。當然，這個情婦可不能給國家統治施加任何影響。從這個情婦的角度看，在遵守女性名譽方面，在某種程度上是一個普遍規則之外的人，因爲她把自己給予了一個愛她而她又愛的男人，但這個男人卻永遠不可能對她明媒正娶。總而言之，女性名譽所帶來的眾多血腥犧牲，例如：嬰兒慘遭殺戮、母親自殺，都顯示出女性名譽原則並不純粹出自天然。當然，一個女孩子違反法律把自己交給了男人，這樣做是對她所屬的整個女性性別的人犯下的失信行爲，但這種信約只是一種心照不宣、沒有經過鄭重宣誓所定下的。在一般情況下，這個女孩子的利益會受到自己行爲的最直接的損害，因此，在這件事情上，她是愚蠢更甚於卑劣。

　　男性名譽是由女性名譽引出的。這對立的另一方的團隊精神，要求每一個締結婚姻，亦即簽訂了對對立一方有利的投降盟約的男性，密切留意這一協定是否得以執行，以防止由於執行盟約的馬虎、鬆懈，使此協定失去其堅固性。而男人既然爲這椿交易付出了一切，人們會確保達到他進行這椿交易的目的，亦即他能獨自占有這個女人。因此，男性名譽要求男性必須懲罰其妻子破壞婚姻的行爲，至少要透過與她分手實施處罰。如果他睜著眼睛容忍妻子的所爲，他就將被整個男性社會打上恥辱的印記。不過，這種恥辱並不如蒙受失去女性名譽的恥辱那麼嚴重，而只是蒙受了小小的汙跡，因爲對男性而言，他有眾多其他更重要的社會關係，與女性關係的重要性只是次一級的。新時代兩個偉大的戲劇詩人分別兩次把男性名譽作爲其作品的主題：莎士比亞的《奧賽羅》和《冬天的故事》及卡爾德隆的《醫生的榮譽》和《祕密的侮辱，祕密的報復》。除此之外，男性名譽只是要求對女人，而不是對這個女人的姦夫做出懲罰，對後者的懲罰則超出了需要。這一點證實了男性名譽出自

男性的團隊精神。

至此為止,我所考察的種種不同形式和原理根據的名譽,普遍存在於各個民族和各個時代,雖然女性名譽的原則根據經證實有過區域性的、短時間的些微改變。相較之下,有一種榮譽卻是完全有別於上述各處普遍存在和有效的種種榮譽。關於這種榮譽,希臘人、羅馬人都沒有絲毫的概念。直至今天,中國人、印度人和穆斯林對它也都同樣知之甚少。這種榮譽最初產生於中世紀,並只在基督教的歐洲扎根落戶。它現在只在極小部分人,即在社會上等階層及攀附他們的人當中發揮作用。這就是**騎士榮譽**。因為它的原則與我們到此為止所討論過的榮譽的原則截然不同,部分甚至完全相反,因為至今所討論的榮譽培養出**有榮譽感的**人,而騎士榮譽卻要人們**守住榮譽的空名**,所以,我特地把騎士榮譽的原則一一列舉出來,這些原則是騎士榮譽的行為準則,也是反映這種榮譽的鏡子。

(1) 騎士榮譽**並不是**他人對我們的價值的看法,這種榮譽純粹取決於他人是否表示出他們的看法。至於他人所表示出來的看法是否出自真心則無關緊要,更不用說這種看法是否確有根據了。因此,儘管他人對我們的生活方式會有不好的看法,他們也盡可以蔑視我們,但只要他們不敢把自己的看法大聲說出來,那麼,我們的榮譽也就毫髮無損。反過來,儘管我們自己的品質和行為強取他人對我們的高度尊重(因為這並不取決於他人的主觀隨意),但假如隨便一個人表示出對我們的蔑視,儘管這個人是多麼的卑劣和愚蠢,那我們的榮譽就受到了破壞;如果不做出補救,那我們就會永遠地失去這種榮譽了。最關鍵的一點都不是他人對我們的**看法**,而只是他人是否**說出**他們的看法。證明我這一說法的充足根據就是他人可以**收回**自己說出的誹謗和侮辱的話語,在必要的情況下,他們請求對方原諒自己的話語,這樣,一切事情就好像根本不曾發生過似的。至於他人是否就此改變了那對別人是侮辱的看法,或者為什麼改變了看法,這些對整件事情一點都不重要。只要宣布當初所說的

[436]

無效，那麼，一切都會完好如初。因此，當之無愧地獲得別人的尊敬不是騎士榮譽的目的，它採用威嚇手段來強求得到它。

(2) 騎士榮譽並不取決於一個人**做**了些什麼，而是取決於別人對他做了些什麼。此前我所討論的種種榮譽，根據其原則，取決於我們說了些什麼和做了些什麼，但騎士榮譽卻與此相反：它取決於隨便任何某個人的所說和所做。騎士榮譽掌握在他人之手，或者更應該說掌握在他人之口。只要隨便任何一個人抓住機會攻擊，那榮譽隨時都會一去不復返——除非受到攻擊的人，透過我馬上就要講到的方式程序重新把這榮譽奪回來。但他這樣做卻冒著失去生命、健康、自由、財產和內心安寧的風險。據此，儘管一個人的所作所為至為正直、誠實和高貴，情感至為純淨，頭腦也卓越不凡，但只要隨便任何一個人願意去侮辱他，他就隨時有可能失去他的榮譽。這個中傷者可能只是一個毫無價值的惡棍，一個愚蠢到極點的嚼舌者，一個百無聊賴的浪蕩子，一個賭徒——一句話，一個不值得我們去理會和計較的人。但他在中傷別人的時候，卻未必違反了騎士榮譽的法則。在大多數情況下，**正是**這一類人喜歡做侮辱別人的事情，因為正如塞內卡正確指出的：「**一個人**越可鄙越可笑，他就越喜歡嚼舌中傷。」（《論智者的堅定》，11）**這種人**最容易被上文所描繪的那種人所激怒，因為相反對立的兩類人都**各自**憎恨對方，看到別人有著明顯的優勢也只會引起毫無價值的人的**無聲**怨恨。因此，歌德說：

[437]

> 你有什麼好抱怨你的敵人呢？
> 這些人能夠成為你的朋友嗎？
> 你的本性，
> 就是對他們默默和永恆的指責。

—— 《西東合集》

我們可以看出：卑鄙拙劣的人會是多麼地感激這種騎士原則！因為這騎士原則把他們和優秀的一類人拉至同一水準上。沒有了騎士原則的話，他們將在任何方面都無法企及那些優秀的人。一旦有人詆毀這些優越的人，亦即硬說他們有某一卑劣的品質，那麼，這個人的詆毀暫時就是客觀真實的、有根據的評判，就是具有確定效力的法令。事實上，這在以後也永遠都會是真實的和有效的，除非人們旋即用鮮血把這種詆毀和侮辱抹掉，亦即被侮辱者就是（在所有的「榮譽之士」的眼裡）侮辱者（儘管這或許是一個最低劣的人）所說的那個樣子了，因為被侮辱者容忍這一侮辱「扣在自己的頭上」（這是專門的技術術語）。這樣的話，他就會遭到「榮譽之士」的徹底鄙視。人們躲避他如同躲避一個發臭的人，例如：人們會大聲和公開拒絕參加他到場的一切社交場合等等。我相信我能夠確切地把這種智慧觀點的源頭清理出來。從中世紀開始一直到 15 世紀（根據 C. G. 馮・韋斯特的《德國刑法、德國歷史文集》，1845），在進行刑事訴訟的程序時，並不是由原告去證明被告的罪責，而是由被告去證明自己的清白。履行的程序就是在他人擔保的情況下做出一番洗清罪責的宣誓。為此目的他需要擔保的人。這些人必須發誓確信被告不會發假誓。如果被告沒有這些人幫忙，或者原告不承認這些擔保人，那麼，事情就交由上帝做出判決。在一般情況下，這都是以決鬥的方式進行。因為現在被告是「帶著恥辱的人」，他必須為自己洗清恥辱。從這裡我們可以看出這蒙恥的概念、決鬥的整個程序的源頭。甚至時至今日，這樣的事情還在「榮譽之士」之間進行，只是去掉了宣誓的環節。這就解釋了為什麼「榮譽之士」對說謊的指責會不可避免地極度憤怒，並會因此尋求血腥的報復。這種反應看起來是相當奇怪的，因為說謊本是每天司空見慣的事情。但這種反應已經成為根深蒂固的了，尤其在英格蘭。的確，如果一旦受到別人指責撒謊就以死亡相威脅，那這個人就必須在一生中從未撒過謊。也就是說，在中世紀的犯罪訴訟中，形式變得更加簡短，被告只要回應原告一句：「你在說謊。」事情就可

[438]

馬上交由上帝做出判決了。據記載，騎士榮譽有這一規矩：對於撒謊的指責必須馬上訴諸武力解決。關於言詞侮辱，我就寫到這裡。但是，還有比言詞侮辱更為糟糕的事情，甚至提及騎士規矩中這樣的侮辱事情，我也必須請求所有信奉騎士榮譽的人的原諒，因為我知道僅僅想想這樣的侮辱就足以讓這些人毛髮直豎，因為這種侮辱是地球上至為凶惡的東[439]西，簡直比死亡和詛咒還要糟糕。那就是一個人打了另一個人一巴掌或者一拳，這一可怕的事情會徹底摧毀被打者的榮譽。其他對榮譽的破壞可以用流血來癒合，但回應這一出手行為就只能給對方以徹底的致命一擊，才能讓榮譽完全復原。

(3) 騎士榮譽跟一個人的自身到底是什麼，或者跟他的道德本性是否會改變等諸如此類的學究氣問題統統無關；只要在一個人暫時失去了榮譽或者當榮譽受到損害的時候，能夠迅速採取行動，透過決鬥這一萬應靈丹，他就可以迅速和完全地恢復榮譽。但如果冒犯者出自非信奉騎士榮譽的階層，或者如果他已經冒犯過一次別人的榮譽，那麼，人們就可以採用一種安全妥當的方式。如果人們手頭有現成武器的話，那可以在他冒犯自己的當下把他擊倒，或者在 1 小時以後也可以，尤其是對方以動手的方式破壞別人的榮譽。不過就算他對我們的冒犯只停留在言語上，情況也還是一樣的。只有透過這樣的還擊，榮譽才能挽回。但假如人們不想走出這一步，以避免這一步行動所帶來的不良後果；或者假如人們並不確定冒犯者是否受到騎士榮譽法則的約束，那麼人們還有更妙的「止痛藥」式的一招。那就是如果冒犯者表現粗魯的話，就以明顯更加粗魯的方式予以迎擊；如果口頭侮辱已經無濟於事了，那我們就要拳腳相向。確切地說，這是挽救榮譽的最極端的手段：臉上挨了對方一個耳光，就只能以棍子回應；而對付棍子的攻擊則只能報以抽打畜生的鞭子做補救；對付抽打畜生的鞭子，有人建議不妨採用向其吐口水作為最絕的一招。只有當這些都無濟於事的時候，我們才不得不採取流血的行動。採取這種「止痛藥」式解決辦法的根據是以下的騎士榮譽的格言。

(4) 正如蒙受別人侮辱是一種恥辱，那發出侮辱則是一種榮耀。例如：眞理、公正和理性是站在我對手的一邊，但如果我出言侮辱他，那麼所有這些眞理、公正和理性就得捲起包袱滾蛋，而道理和榮譽也就站到我這邊來了。與此同時，對方也就失去了榮譽，直至他用槍擊、劍砍，而不是用公正和理性去重獲他的榮譽爲止。因此，在榮譽這一問題上，粗野無能可以取代並且優於一切其他素質，道理站在至爲粗野無禮的行爲一邊。幹麼還需要多種多樣其他別的？一個人儘管很愚蠢、很卑劣、有失教養，但粗野無禮的行爲可以一舉抹去這一切，並即時使一切合法化。當我們交談或者討論問題的時候，如果某一個人向我們顯示出他比我們對所談論的話題有著更精確的認識，比我們更熱愛眞理，其判斷力更加健全，理解力也更強。或者總體來說，他讓人看到了精神思想的優勢，讓我們相形見絀，那我們可以立刻一舉消除他的所有優勢，以及因爲他的優勢的緣故，我們所暴露出來的劣勢和不足。我們甚至可以反過來變得優於這個人──只要我們撒野和動粗。這是因爲粗野蠻橫更勝辯論一籌，掩蓋了一切思想，所以，要是我們的對手不加入其中，不是採用更加粗魯的方式做出回應，以此我們就捲進一場高貴的決鬥，那我們就可以成爲勝利者，榮譽就歸我們了：眞理、知識、思想、理解和機智就都退避三舍，被神一樣的粗野蠻橫逐離了戰場。所以，一旦有人表示出不同的見解，或者顯示出更勝一籌的智力，這些「榮譽之士」就打算隨時跨上戰馬；如果在爭論問題時缺乏論辯，他們就會搜索尋找粗野的話語，因爲這同樣可以幫助他們取勝，並且尋找粗野的話語也更加輕鬆容易。這樣，他們就得勝凱旋了。由此看出，人們稱讚這種榮譽原則可以使社會格調變得高尚，他們是多麼的正確。這一條準則是以下面的準則爲根據的──它是整個榮譽規則的根本和靈魂。

(5) 在裁決人們之間所有的爭議時，只要涉及榮譽方面，那我們所能尋求的最高裁判庭就是我們的身體力量，亦即我們的動物性。這是因爲每一粗暴的行爲其實就是人們訴諸了動物性，因爲做出粗暴的行爲也

就宣布了精神力量和道德正義的交鋒已經無力解決問題，取而代之的就是人的身體力量進行一番較量。而人被富蘭克林定義為「會製造工具的動物」，所以，人的身體力量的交鋒就由人帶著只有人才會製作的武器來進行，這也就是決鬥。透過決鬥，人們得到了一個無法挽回的判決。「榮譽之士」的基本準則，眾所周知，可由**拳頭公理**（Faustrecht）一詞來表達；這種表達法與**愚笨**、**瘋狂**（Aberwitz）類似，同樣具有諷刺意味。所以，騎士榮譽應被稱作「拳頭的榮譽」。

(6) 在上文我們已經發現公民榮譽在對待人與我的關係，在承擔責任和履行諾言的問題上相當小心謹慎，那麼，相較之下，我們現在所討論的騎士榮譽規則，在處理上述人際關係時，則顯示了最高貴的寬鬆。也就是說，只有一個承諾是不能打破的，那就是以榮譽的名義所給出的承諾，亦即人們在說了「以榮譽擔保」之後所給予的承諾。由此就產生了這樣的假設：其他的承諾都可以不必履行。在迫不得已的情況下，我們甚至可以打破以榮譽的名義許下的承諾。只要透過決鬥這一萬應靈藥，就能夠挽回我們的榮譽，而決鬥的對手就是那些宣稱我們是以榮譽的名義許下了承諾的人。另外，只有一種債務是我們務必償還的，那就是賭債，因此賭債被稱為「榮譽債」。至於其他債務，人們盡可以欺騙猶太人，也可以欺騙基督徒，而不會有損我們騎士榮譽分毫。*

---

* 在後來的版本中增加了注釋。內容是：這些就是騎士榮譽的規矩。一旦明白地說出來，並把它們整理為清晰之概念以後，這些騎士榮譽原則顯得多麼荒誕和滑稽。甚至時至今日，在基督教的歐洲，不少人都普遍敬仰騎士榮譽，而這些人都是屬於所謂的上流社會，屬於所謂有品位的人。的確，這些人當中許多人從小就受到騎士榮譽的言傳身教，他們相信這些原則更甚於基督教教義的問答手冊。他們對這些原則懷有最深切的和最真誠的敬畏，並且隨時準備著為它們奉獻出自己的幸福、安寧、健康和生命。他們認為這些原則扎根於人性，因此是人們與生俱來的，是有其先驗的基礎的。所以，這些原則超乎調查、探究。我不想傷害這些人的心，但他們的頭腦確實讓人不敢恭維。所以，對於註定要代表這世上的智識，成為泥土中的鹽巴，並且做好準備承擔

這一奇怪、野蠻、可笑的榮譽規則並非源自人類的天性，也不是得之於對人際關係的健康理解，這是不懷偏見的讀者一眼就可以看出的。此外，騎士榮譽只在不多的地區適用和有效也證實了這一點。也就是說，它唯一只在歐洲流行，並且那也只是從中世紀才開始的。在歐[442]洲，騎士榮譽也只在貴族、軍人和仿效他們的人當中流行。希臘人、羅馬人，甚至古今高度發達的亞細亞民族都不知曉這種榮譽及其原則。他們都只知道我本章開頭所分析的那些榮譽。因此，對這些民族來說，一個人是個什麼樣的人，全由這個人的所作所為來決定，而不是聽任隨便某一個嚼舌者隨意所說而定奪。他們都認為，一個人說的話或者做出的行為，只能貶損他**自己本人**的榮譽，而不會對別人的榮譽構成損害。被打了一下，對於他們也就只是被打了一下而已，一匹馬或者一頭驢子，甚至能夠踢出更加危險的一腳呢。出手打人會刺激起挨打者的憤怒，這視當時的情形而定，並很有可能當場就由此招來回擊。但這些跟榮譽並沒有關係。人們肯定不會準備一本帳簿，記錄挨了別人的某一攻擊或者

這天降之大任的團體——亦即對於我們的青年學子，這些原則尤其不適應。但不幸的是，在德國，這些青年學子敬仰這些原則更甚於任何其他階層。這些學生從希臘、羅馬的著作中受到教育（當我還是學生中的一員時，那個毫無價值的冒牌哲學家、至今仍被德國學術界尊為哲學家的約翰‧費希特擔任這些教學工作）。現在，我並不想向你們強調由這些原則導致的惡劣的、違反道德的後果。我只想向你們說出下面這些話：年輕的時候就接受希臘、羅馬語言和智慧的福音的你們——從早年起，人們就不遺餘力地讓你們年輕的頭腦受到優美、古老的尊貴和智慧之光的照耀——你們願意接受這套愚蠢和野蠻的東西，作為你們的行為準則嗎？想一想吧，我已把這些原則的種種可憐的狹隘、缺陷以最清晰的方式呈現在你們的眼前，就讓它們成為檢驗你們的腦，而不是你們的心的試驗石好了。如果你們的頭腦不把它們拋棄，那你們的頭腦就不適宜在這些領域發揮：在這些領域需要具備輕鬆打破偏見枷鎖的敏銳判斷力和明辨真假的透澈理解力——甚至在真假之分深藏不露，並不像在這裡那麼容易把握的時候。既然這樣，我的小伙子們，就嘗試其他誠實的方式獲得名譽吧，參軍或者學習一門金飯碗一般的手藝都行。——譯者注

遭受了某些侮辱性的言詞，以及爲此已經得到的或者還不曾得到的報復「滿足」。這些民族的英勇氣概和視死如歸的氣節，並不遜色於歐洲的基督徒。希臘人和羅馬人是眞正的英雄，但他們對「騎士榮譽」卻一無所知。對他們來說，決鬥並不是高貴的人所做的事情，只有標價出售的角鬥士、被遺棄的奴隸、判了刑的罪犯才會去做這樣的事情——他們交替和野獸搏鬥，以博大眾一樂。隨著基督教的傳入，角鬥士的表演遭到了禁止，在這基督教的時代，取而代之的是人與人之間的決鬥，決鬥的結果就成了上帝的判決。如果角鬥士的搏鬥表演是爲了取悅大眾而做出的殘忍犧牲，那麼，這種決鬥則是由於大眾的謬見而付出的殘忍犧牲，並且做出犧牲的不是罪犯、奴隸和囚徒，而是自由人和貴族。

大量得以保存下來的證據表明，騎士榮譽的謬見對古人來說是全然陌生的，例如：一個條頓族首領向馬略發出挑戰，要與他進行決鬥，但這個英雄卻捎話給這個首領：「如果他（這個首領）厭倦了生活，他盡可以上吊了結此生。」但馬略也主動提出向這個首領提供一個退了役的角鬥士，這樣他就可以與這個角鬥士較量一番（圖書總集，第 68 卷，第 12 章）。在普盧塔克（第 2 部分）的書裡，我們讀到艦隊統帥歐里比亞德斯在跟特米斯托克利爭論時舉起了棍子要打他。但特米斯托克利並沒有拔出佩劍，他只是說道：「你打我吧，但你要聽我把話說完。」雅典的士官團並沒有立即宣布不再願意在特米斯托克利的手下賣力。讀到這種事情，信奉騎士榮譽的讀者該是多麼的憤憤不平！因此，一個當代法國作家說得很正確，「如果竟然有人宣稱，德謨斯芬尼是個執著於騎士榮譽的人，人們只能給予同情的一笑；同樣，西塞羅也不是執著於這種榮譽的人」（C. 杜朗，《文學之夜》，1828，第 2 卷，第 300 頁）。另外，柏拉圖著作中一段討論虐待的文字已經足夠清楚地顯示，古人對待類似事情並沒有騎士榮譽的概念。蘇格拉底因爲經常與人辯論而常常受到別人粗野的對待，但他卻處之泰然。有一次他被人踢了一腳，他默默地忍受，並對露出驚訝神情的人說：「如果一頭驢子踢了

我，我也要生氣報復嗎？」（《第歐根尼·拉爾修》，2，21）還有一次，有人問他：「那個人不是在羞辱你嗎？」「不，」他回答說：「因為他所說的人可不是我。」（同上書，36）斯托拜阿斯（《選集》，蓋思福版，第1卷，第327-330頁）為我們留下《穆索尼斯》的一大段文字，從這段文字我們可以看到古人如何看待遭到別人的侮辱。除了訴諸法律以外，他們並不知道還會有另外別的解決辦法，有智慧的人甚至不屑於採用這一解決辦法。古人挨了別人的一記耳光，只會採用法律途徑尋回公道——這點見於柏拉圖的《高爾吉亞篇》（第86頁）。在這一章裡，還可以讀到蘇格拉底對此發表的意見（第133頁）。類似的事實還見於吉里斯的報導（《雅典的夜晚》，20，1）：有個叫盧西斯·維拉圖斯的人，在沒有受到挑釁的情況下，出於一時的惡意將在路上遇見的羅馬市民都打了一記耳光。事後出於避免把事情複雜化的考慮，他帶著一個奴隸，手拿一袋錢幣，把相應的25阿斯的賠償金馬上支付給那些詫異莫名的人。大名鼎鼎的犬儒學派大師克拉特斯就挨過音樂家尼克德洛姆斯重重的一記耳光。他整個臉都帶著血印腫脹了起來。克拉特斯就把一張寫著「這是尼克德洛姆斯所為」的字條貼在額頭上，藉以羞辱這個笛子演奏家，因為他竟然野蠻地對待這個被整個雅典奉若神明（阿普萊伊斯，《弗洛利達》，第126頁）的人（《第歐根尼·拉爾修》，6，89）。在色諾彼的第歐根尼致梅里斯玻斯的一封信中，他說一群喝醉酒的雅典青年用鞭子抽打了他一頓，不過，他說這對於他並不是什麼大不了的事情（《卡素波尼所記錄的第歐根尼·拉爾修》，6，33）。塞內卡在他的《論智者的堅定》中從第10章直到最後，詳盡討論了如何對待別人的侮辱這一論題。他得出這樣的結論：一個智者用不著理會這些東西。他在第14章寫道：「一個智者挨了拳頭，他應該怎樣做？卡圖臉上挨了一擊以後，並沒有激動，沒有去報復，也沒有表示原諒。他只是宣稱並沒有發生過挨打的事情。」

「是啊，」你們說：「那些人可是智者啊！」——那你們就是愚人

了？的確如此。

　　所以，我們可以看出，古人根本不知騎士榮譽原則為何物。這是因為古人在各個方面都忠實於對事物那自然、不帶偏見的觀點。他們不會輕信這些不吉祥、不可救藥的醜陋東西。他們臉上受到的一擊就只看作是對臉上的一擊，看作是對身體的輕微損傷。但對當代人來說，挨了別人的一下就將是重大的災難，足以構成一部悲劇的主題，例如：高乃依的《熙德》。還有最近一部描寫市民生活的德國悲劇，名叫《環境的力量》（作者是路德維希・羅伯特），但它應該叫做《謬見的力量》才對。如果一個人在巴黎國民議會廳挨了一記耳光，那麼這個耳光的聲音就會在整個歐洲迴響。那些執著於騎士榮譽的人，看到我引據的那些古老的經典事例肯定會掃興和生氣。為了對症下藥，我建議他們閱讀狄德羅的名著《命運主義者雅克》裡面關於德格朗先生的故事。這是描述現代騎士榮譽的一部出類拔萃的代表作。他們讀完精神會為之一振，並從中獲得啟發。**

[445]

** 在後來的版本中增加了註釋。內容是：兩個信奉騎士榮譽的人追求同一個女子，其中一人的名字是德格朗。這兩個人並排坐在桌子旁邊，面向這個女人。德格朗談吐活潑，試圖吸引這個女子的注意。但這個女子心不在焉，好像並沒有聽德格朗說的話，而是不時地瞄著德格朗的情敵。當時，德格朗手裡正握著一個雞蛋。一股病態的嫉妒驅使他捏碎了這個雞蛋。雞蛋弄破了，並且濺在了他的情敵的臉上。他的情敵的手動了一下，但德格朗握住了他的手，小聲地在他耳邊說了一句：「我接受你的挑戰。」在座的人陷入了一片靜默。第2天，德格朗的右顴骨上敷上了一塊厚厚的黑石膏，他們決鬥了。德格朗的對手遭到了重創，但傷勢還不致命。德格朗的右顴骨上的石膏減小了少許。他的對手復原以後，他們又進行了第2次決鬥。德格朗弄傷了對手，他把石膏又弄去了一小塊。如此發生了5、6次。每次決鬥以後，德格朗就把石膏弄掉一點點，直到敵手終於被殺死為止。啊！這舊時代的高貴騎士精神！不過，認真說來，誰要把這一典型故事跟以往發生的這類事情對比一下，就一定會說，一如在其他事情上古人多麼偉大，現代人又多麼渺小！——譯者注

從上面的討論我們已經足夠清楚地看到，騎士榮譽的原則一點都不是原初的建立在人性基礎之上的。這因此是人爲的產物，其起源並不難找到。騎士榮譽所誕生的年代，人們運用更多的是拳頭，而不是大腦；人們的理性被教士們用鐵鍊禁錮了。所以，騎士榮譽是受頌揚的中世紀及其騎士制度的產兒。那時候，人們不僅需要上帝關懷他們，而且還要上帝爲他們評判事物。因此，困難的法律案件就交由神意裁判或者上帝的判決來做出決定。這幾乎無一例外地演變爲雙方的決鬥。決鬥並不只是在騎士之間進行，而且還在市民之間進行。莎士比亞的《亨利六世》（第2部分，第2幕，第3景）裡面就有一個絕佳的例子。獲得法律判決以後還可以上訴，亦即求助於決鬥，因爲這是更高一級的法庭，是由上帝做出的判決。這樣一來，身體的敏捷和力量，亦即動物本性就取代理性坐在了法官席上；不是根據一個人所做的事情，而是他最後遭遇運氣的結果來做出是或非的判決——這種情形與今天仍在流行的騎士榮譽原則相吻合。誰要是對決鬥的這一根源還有所懷疑，那他就閱讀 J. G. 梅林根的那本出色的《決鬥的歷史》（1849）吧。事實上在今天，在那些遵循這種榮譽原則生活的人當中，在那些通常都沒怎麼受過教育，對事情不作深思的人當中，確實還有一些人把決鬥的結局看作是這所爭執事情背後上帝的判決。當然，他們這樣的看法是根據傳統流傳下來的觀點形成的。

騎士榮譽原則除了這一根源以外，其傾向首先就是透過身體力量 [446] 的威脅，強行得到他人表面的尊重，因爲眞正下功夫去爭取別人的尊重，會被認爲是一件既困難又多餘的事情。這就好像是用手握著溫度計的水銀球，希望隨著水銀的上升，他的房間也就會暖和起來。深入考察一番，就可以知道問題的關鍵在於：正如公民名譽的目的是與他人進行友好交往，其實就是別人對我們這樣的看法：我們是值得人們完全信任的，因爲我們絕對尊重別人的權利。但騎士榮譽卻是別人對我們這樣的看法：我們是**令人生畏**的，因爲我們會絕對地、無條件地保護我們的權

利。這一條原則,即令別人生畏比享有別人的信任更加重要,因為我們是不能信賴人類的正義的,本來並沒有什麼大錯,因為如果我們生活在自然狀態之中,那每一個人都必須保護自己的安全和直接捍衛自己的權利。但在文明時期,國家承擔了保衛我們人身和財產的任務,那麼,上述的原則就沒有用武之地了,就像坐落在別致的農田、熱鬧的公路,甚至鐵路之間的城堡和瞭望塔:這些都是從拳頭即公理的年代所遺留下來的棄置無用的東西。據此,固守這一原則的騎士榮譽對付的只是人們做出的一些輕微的越軌行為,而對於這些行為,國家只是實施輕微的處罰,或者根據「法律不理會微不足道的事情」的原則,根本就置之不理,因為這些都只是芝麻綠豆性質的侮辱,有時只是純粹的取笑打鬧。但在處理這些事情方面,騎士榮譽卻誇大了人的價值,達到了一種與人的本性、構造和命運都完全不相稱的程度;人的價值被拉高至神聖不可侵犯的地步。這樣,人們就會認為國家對那些小小的冒犯所給予的懲罰

[447] 根本不夠;被冒犯者就要自己執行懲罰的任務,目標指向了冒犯者的身體性命。很明顯,這樣做的根本原因是人的極度自大、盛氣凌人到了讓人反感的地步,已經完全忘記了人到底是什麼,以致竟然苛求人們不犯任何過錯,也絕不接受別人的任何傷害。不過,誰要是準備用武力執行這種見解,並且宣告這一準則:「凡是侮辱過我或者動手打我的人一定要滅亡」,那他倒的確應該被人們驅逐出他的國家。[6]為了美化這一膽大

---

[6] 騎士榮譽是自大和愚蠢的產兒(與騎士榮譽針鋒相對的真理則由卡爾德隆的《永恆的原則》裡的一句臺詞表達出來:「貧乏就是亞當的命運。」)。相當值得注意的是,這種極端的自大傲慢竟然獨一無二地出現在信奉如此宗教的人們當中——這一宗教要求它的信徒們表現出最大的謙卑;因為無論是在這之前的世紀,還是在其他各大洲,都不曾聽說過這種騎士榮譽的原則。但我們卻不能把它歸之於宗教的原因,而應該把它歸於封建制度。在這種制度下,每個貴族都自視為小皇帝,不承認在他之上還會有由人擔任的裁判者。所以,他把自己視為神聖不可侵犯。因此,每一針對他的侮辱言詞和攻擊行為就猶如十惡不赦的死罪。因此,騎士榮譽和決鬥本來就是屬於貴族的事情。

妄為的自負態度,所有藉口都提了出來。如果兩個不怕死的人相遇,不肯主動為對方讓路,那麼,從輕輕地推碰就會演變成惡言相向,然後就是動起拳腳,最後就以某一方受到致命的一擊而告終。其實,礙於面子,乾脆跳過中間的環節,馬上就動用武器反倒更好。這裡面專門的程序由人們發展成了一整套僵硬、死板的制度,有自己的律令和規則——這的確是在這人世間以最嚴肅、最認真的態度弄出來的一齣鬧劇,是對愚昧的尊崇和膜拜。只不過這騎士榮譽的根本原則卻是錯誤的,因為在處理其他無關重要的事情時(因為重要的事情由法庭處理),兩個同樣都是無所畏懼的人,其中一個,亦即那更明智的一個會做出讓步,純粹的看法就存而不論吧。那些不認同騎士榮譽原則的普通大眾,或者不計其數的來自各種階層的人士的做法,可以提供這方面的明證。他們讓爭執和摩擦順其自然地得到解決。在這些人當中,比起那或許總計只占整個社會人口的千分之一的信奉騎士榮譽的階層,置人於死地的一擊要稀有一百倍,打架也是少有發生的事情。不過,會有人說良好的禮儀和習慣,歸根結柢是建築在騎士榮譽原則這一基礎及由此而來的決鬥之上,因為這些都是抵禦人們不良舉止和粗野行為的利器。但是,在雅典、哥林斯、羅馬我們都的確見到良好甚至一流的社交氛圍,以及優雅的禮貌和習慣,而在這些背後卻並沒有暗藏著騎士榮譽這一鬼怪。當然,在古時候,女人還沒有在社交場合占據顯要的位置,一如我們現在的情形;現在,人們的交談多了一種輕浮、幼稚的東西,內容豐富的交談消失不見了。這也確實在很大程度上造成了在我們的上流社交裡個人勇氣優於所有其他的品德。但是,個人勇氣根本上只是次一級的品德,它只是士

[448]

後來,士官階層的人也仿效了這種風氣。士官們不時地和上層社會交往,以避免自己顯得太不重要。當決鬥從神裁那裡發展出來時,決鬥可不是原因,而是應用騎士榮譽的結果。不承認任何由人擔任的判決者的人,會尋求上帝的裁決。不過,神裁本身可不是基督教所特有的,它在印度教也有很大影響力,尤其在古老時代。它的痕跡至今猶在。

官的優點，在這方面甚至動物都超過我們，例如：人們說：「像獅子一般勇敢。」與上述說法相反，騎士榮譽的原則通常都為人們在大事上的不誠實和卑鄙的行為，在小事上的野蠻、欠缺考慮、不禮貌和粗野的做法提供了可靠的庇護所，因為人們會默默忍受許多的粗野行為，僅僅是

[449] 因為沒有人願意冒著失去生命的危險去批評別人那眾多擾人的不良行為。與我這裡的說法相吻合，我們可看到決鬥至為盛行，到了至為血腥的地步的，恰恰就是那些在政治事務和財產金融事務中欠缺真正信譽的國家。至於這個國家的民間私下交往的情況，則可以向那些有個中經驗的人詢問。但這樣的國家在教養和社交禮儀方面乏善可陳，則是出了名的。

所有的那些藉口都是經受不住檢驗的。但如果有人說正如一條狗面對另一條狗的吠叫時，會以吠叫回應；但受到愛撫時就會表示親熱；同樣，人的本性就是對敵意報以敵意，在別人表現出蔑視或者憎恨時，會內心難受和憤怒——那麼，他的這番說詞還會有點道理。因此，西塞羅說：「別人的辱罵所留下的疼痛，甚至謙遜和正直的人也難以承受。」無論在世界各地（除了信奉某些教派的人），人們都不會對別人的侮辱甚至拳頭安之若素。儘管如此，人的天性只會驅使我們做出與我們所受到的冒犯相稱的報復，而不會比這走得更遠；更加不會因為別人指責我們說謊、愚蠢和怯懦就要置人於死地。古老的德國原則「耳光要以匕首償還」表達的是令人反感的騎士觀點。對遭受侮辱而做出反應或報復是因為憤怒的緣故，並不就像騎士榮譽所論定的那樣：這關乎我們的榮譽和道義。其實，指責的話語所造成的傷害程度是由這些話語擊中目標的程度而定。這一點可以由此清楚地看出，只要別人說中了我們，那麼，一個輕微的暗示所造成的傷害都更甚於一個嚴厲的，但卻沒有事實根據的指責。所以，誰要是的確知道自己不配受到那樣的指責，那他就應該並且也會自信地對此指責不屑一顧。但是，騎士榮譽的原則卻要

[450] 求我們顯示承受了我們其實並不應該承受的指責，並且針對這個並沒有

對自己造成傷害的侮辱採取血腥的報復。但如果一個人急急忙忙地要壓制每一句冒犯的話語，生怕這些話語被別人聽見，那麼，這個人對自己的價值評價肯定不高。因此，一個真正珍視自己價值的人面對侮辱、詆毀會淡然處之；而如果因這方面的不足而做不到淡然處之，那機智和修養將幫助他做出淡然處之的樣子和掩藏起怒氣。因此，如果我們首先擺脫掉騎士榮譽原則的成見，不再誤以為透過侮辱他人就可以奪取他人的榮譽或者挽回自己的榮譽；也不要隨時報復，以洩心頭之憤，亦即動用拳腳對付遭受到的各種各樣的不公正、粗野蠻橫的行為，因為這種回應馬上就等於宣布這些不公正、粗野蠻橫的行為是有理由的——如果真的是這樣，那麼，人們很快就會普遍接受這一觀念：如果出現了惡語侮辱的事情，那失敗方就是勝利者，也像文聖佐‧蒙蒂所說的：惡言穢語就像教堂的遊行隊伍，永遠返回它們的出發點。此外，人們就再不用像現在那樣必須以牙還牙對付侮辱才是做對了。這樣，理解和思想才有機會發話，而不是像現在那樣：說話前永遠是首先顧慮此話是否會與狹隘和愚昧之人的看法相左，因為有思想的人露面就已經引起愚昧的人的驚慌和怨恨，由此也就導致有思想、有頭腦的人與皮囊之中充塞著膚淺、狹隘、愚昧的人以擲骰子定生死。這樣，在人們的聚會中，思想的優勢才會得到它所應得的優先權。但現在，這種優先權卻給予了那些僅有一身蠻力和匹夫之勇的人，雖然這一點被隱藏了起來。這樣，出類拔萃的人起碼就減少了一條逃避社交的理由。這樣一種改變為真正的良好氣氛和優秀的社交聚會鋪平了道路，就像雅典、哥林斯和羅馬無疑曾經有過的聚會。誰願意得到這方面的證據，那我就推薦他閱讀色諾芬的《會飲篇》。 [451]

不過，對騎士榮譽的最後辯護無疑是這樣：「但，上帝啊，如果真的這樣，那每一個人不就都可以隨便對他人動粗了嗎？」——對此我能簡略作答：這種情形如發生在占社會人數 999/1000 並不奉行騎士榮譽的人群，那最常有的情形就是不會有一個人因動粗而喪生。但在信守

騎士原則的人群當中，一般來說一次動粗就會釀成致命的結果。我還要深入地談論這一問題。為了解釋人類社會的一部分人所持有的這一根深蒂固的觀點，即遭受別人的一巴掌是一件可怕至極的事，我曾努力試圖找出存在於人類的動物性或理性的一些扎實、站得住腳，或者起碼是說得過去的理由，一些不是純粹漂亮、花巧的言詞，而是能被精練為清晰概念的理由，但我沒有成功。動手打人一巴掌只是，並且永遠是一個人對另一個人做出的小小的肉體傷害行為，它除了表明出手打人的人身體更強壯或者動作更加敏捷，或者挨打的一方當時並沒有留神等以外，再沒有別的其他。對此分析無法提供更多的東西。把遭受別人一記耳光視為一件最悲慘的事情的騎士，卻挨過他的馬匹比這一巴掌厲害10倍的踢打。但他一瘸一拐，強忍疼痛，一再安慰旁人那沒有什麼。這樣，我想原因出在人手了。不過，我看到我們的騎士在戰鬥中受到了同樣出自人手的劍刺、刀砍，他卻向我們保證這些都是小菜一碟，不值一提。然後我又聽人家說，就算被人用馬刀的平面拍打也遠遠沒有挨別人的棍打那麼嚴重。因此，不久前，軍校的學生寧願接受前者的懲罰而不接受

[452] 後者。而時至今日，被刀刃輕拍以獲授騎士稱號，已成了一項至高的榮譽。我能給出的心理和道德的根據也就這些了，剩下的就只能是把騎士榮譽的原則看作是某一古老、根深蒂固的謬見，是許許多多說明人類輕信特性的例子中再多一個例子而已。另外，證實我的觀點的還有這樣一個眾人皆知的事實：在中國，用竹鞭抽打是司空見慣的一種懲罰公民的手段，甚至對各級官吏也是如此——因為這告訴我們，在中國，人性甚至那經過高度文明教化的人性，也不贊同類似騎士榮譽的東西。[7] 只要不帶偏見地看一看人類的本性，就可以知道人與人打架是最自然不過的事

---

[7] 在背上接受 20 或 30 竹鞭的抽打，可以說是中國人的家常便飯。這是中國人教育子女的方式，那並不是一件什麼大不了的事情，被罰者亦以感謝的態度接受它們（《教育和奇妙書信集》，1819，第 2 卷，第 454 頁）。

情，這就猶如野獸間的廝咬和帶角動物的角相撞；人不過就是會用鞭子打人的動物。因此，當我們偶爾聽到一個人用嘴咬了另一個人，我們就會感到震驚，相較之下，動手動腳打架卻是一件完全自然的事情。人們提高了修養以後，就會透過彼此的自我克制而願意摒棄打鬥的行為，這是很容易解釋的事情。但是如果誆騙一個國家或者只是誆騙一個階層的人們：挨了別人一巴掌就是一件天大的不幸，那就必然導致致命一擊和謀殺。這是一件慘無人道的事情。在這世界上貨真價實的禍害已經太多，人們不應該再增添些虛幻不實的，因為這些會帶來真正的禍害。但這正是那愚蠢和陰險的迷信正在做的事情。為此原因，我們必須反對政府和立法機關為此鳴笛開道，因為他們熱切和堅決地要求廢除民間和軍隊中的體罰。政府等相信這樣做維護了人性，但實情卻恰恰相反。這種做法只會鞏固那違反自然的、無可救藥的妄想。人們已為此付出了太多的犧牲。對於除了最嚴重的罪行以外的一般違法過失，給犯事者一頓痛 [453] 打是人們首先想到的，因此這種懲罰就是合乎自然的。誰要是聽不進道理，那就將感受到棍棒。如果一個人既沒有財產可供交付罰金，同時，剝奪他的自由也不無害處，因為人們需要他的工作效勞，那對這個人施以適量的體罰，則既合理又合乎自然。我們對此並沒有反對的理由，除了諸如「人的尊嚴和價值」一類的說辭。但支撐這些說辭的並不是清晰的概念，而只是上文所討論過的那種有害的謬見。那是問題的根源，這可以從下面一個近乎可笑的例子得到證實：最近，在很多國家的軍隊裡，體罰被睡窄長的板條床取代，後者和前者一樣都給身體帶來痛苦，但後一種處罰卻不被認為侮辱受懲罰者的人格。

人們如此鼓勵上述謬見，只會助騎士榮譽一臂之力，也因此助長了決鬥的行為；但與此同時，人們卻又試圖透過法律禁止決鬥，或者聲稱在這樣做。[8]結果就是從最野蠻的中世紀流傳下來的「拳頭即公理」的殘 [454]

8 　政府似乎正在盡力消除決鬥。雖然這是一件明顯容易的事情，特別是在大

餘還遊蕩在 19 世紀。這實在是公眾社會的醜聞。現在實在是到了把它羞辱一番，然後掃地出門的時候了。當今已不允許人們鬥狗或者鬥雞了（至少在英國類似的娛樂遭到處罰），但人們卻違反意願地互相搏鬥，要互致對方於死地。這都是因為荒謬的騎士原則及其思想偏執的代表和監察者，強迫人們為了一些雞毛蒜皮的事情，就要履行義務一樣地、像角鬥士一樣地拚命。因此，我向德語語言學者進言：「決鬥」（Duell）這個詞應由「騎士獵殺」（Ritterhetze）這個詞代替。「決鬥」這個詞或許並非源自拉丁語 duellam，而是出自西班牙語的 duelo，意思是痛苦、艱難。這種愚蠢行為以一本正經的方式進行，這當然為人們提供了笑料。但讓人憤慨的是，騎士榮譽原則及其荒謬的行為規定就在國中另立了一國，除了拳頭即公理，其他一概不承認；屈服在騎士榮譽權威之下的各個階層的人士都受其折磨，具體方式就是在所設置的神聖宗教裁判庭面前，每個人都可以抓住一些很容易就會有的機會和藉口而傳訊另一個人，讓其接受或生或死的判決。當然，它為惡棍們提供了庇護和藏匿之所。只要他們信奉騎士榮譽，就可以威脅甚至除掉那些高貴、卓越的人。那些人因為自身的高貴和卓越必然會惹來這些惡棍的憎恨。時至今日，警察和法律已經使惡棍們不可能在大街上衝著我們喊道：「要

學，但政府給人的印象是它並不想取得成功。其中的真正原因，據我看來是這樣的：國家無法以足夠現金支付它的官員和民政官員；因此，政府就把該支付的另一半工資轉化為頒發榮譽，而榮譽則透過頭銜、制服、勳章等表示。為了更好地維護這一理想的支付服務方式，政府就必須以各種可能的方式培養、加強人們的榮譽感，無論如何都要把榮譽感變成某一偏激、乖張的東西。公民榮譽不足以滿足政府的這一目的，因為大眾都享有這種榮譽。因此，政府只能求助於騎士榮譽，並且以我所說的方式對它加以維護。在英國，因為政府對軍隊和民政服務的報酬比在歐洲大陸要高出許多，所以上面所說的補償就不需要了。因此，在英國，尤其是在最近的 20 年，決鬥幾乎全然被根除了。決鬥事件只是極為個別稀有的事情，並且是作為愚蠢的事情受人嘲笑。確實，「反對決鬥團體」（這團體由許多的爵士、將軍和司令組成）對這一結果貢獻良多，莫洛赫神再也得不到祭品了。

錢還是要命？」同樣，我們健康的理智也應該不再讓惡棍破壞我們的平靜，衝著我們喊叫：「要榮譽還是要性命？」上流階層的人士應該解除負擔，不要以為應該隨時為隨便某一個人興之所至對他們發洩的野蠻、愚蠢、惡毒而負責，賠上自己的身體和生命。兩個少不更事的青年人，相互間一旦出言不遜，就頭腦發熱，不惜付出鮮血、健康或者生命，這是駭人聽聞和令人羞愧的。很多時候，被侮辱者無法恢復受到損害的榮譽，因為太高或者太低的社會等級，或者因為冒犯者的某些特殊之處，這樣，他們就在絕望中自己結束生命，落得個既悲哀又滑稽的下場。這個國中之國的暴虐和騎士榮譽這一謬見的威力，由此可見一斑。如果事情最終發展至相互矛盾的頂點，那麼，它的虛假和荒謬也就暴露出來了。這一例子就是明顯的自相矛盾：官員被禁止參加決鬥，但如果有人向他提出決鬥而他又置之不理的話，他就會受到被解職的處罰。

[455]

　　談起這個話題，我就要老實不客氣地說下去。只要我們不帶成見地、清楚地審視這一問題就可發現，我們手持與對手相同的武器，在光明正大的搏鬥中把對方殺死，抑或從背後暗襲得手——這兩者之間之所以存在重要的差別，並且人們如此高度地重視這一差別，原因只在於在這國中之國，正如我已經說過的，人們只承認強者的權利，亦即只承認拳頭即公理，尊奉拳頭公理為上帝的裁決，是騎士榮譽行為規定的基礎。這是因為在公開的搏鬥中殺死我們的敵人，除了證明比我們更強壯，或者更具搏鬥的技巧以外，別無其他。因為那是公開決鬥，所以殺死對手就是合理的說法，其實也就假設了這樣的前提：強力的公理就是真的公理了。但事實上，我的對手並不懂得自我防衛，雖然只為我提供了殺死他的可能，但卻絕沒有提供殺死他的正當理由。我殺死對手的道義上的理由只能取決於我要殺死他的**動機**。假設我殺死對手在道義上是足夠合理的，那麼，讓殺死他的這件事**取決於**他抑或我在射術或者擊劍上更優勝於對方，是完全沒有理由的。相反，我到底採用何種方式奪取他的生命，從後面抑或從前面襲擊他，是無關宏旨的。這是因為在道

[456]

義上,強力即公理並不會比狡猾即公理更有分量,而要對某人實施卑鄙的謀殺,那狡猾就派上了用場。在此,強力即公理和狡猾即公理並沒有兩樣。需要注意的是,在決鬥中強力和詭計都在發揮作用,因為擊劍中的花招都是陰招。如果我認為在道德上有正當理由殺死一個人,那麼,殺死他這樣的事情由他和我到底是誰更精於射擊、擊劍來作決定,則是愚蠢的;因為那樣的話,那已經傷害過我的對手就會除此之外還奪去我的性命。報復別人的侮辱不應該採用決鬥的方式,而應該運用暗殺的手段——這是盧梭的看法。他在《愛彌兒》(第 173 頁)第 4 部分相當神祕的第 21 條注釋裡面,小心翼翼地暗示了這一看法。但他深受騎士榮譽的影響,竟然認為如果被人指責說謊,那自己就有了正當的理由暗殺這個人。但盧梭應該知道,每一個人都無數次說過謊,都配受到這一責備,盧梭自己本人就更是如此。一個人只要是光明正大地以相同的武器和對手較量,那殺死他的對手就是正當合法的——這一謬見明顯把強力當成真的公理了,而決鬥就被認為是上帝的判決了。相較之下,一個怒不可遏的義大利人見到自己的仇人,二話不說就會撲上去用匕首襲擊敵人。這一做法起碼是連貫一致、合乎自然的。這義大利人更聰明,但卻不會比參加決鬥者更卑劣。但有人會說在決鬥中,當我殺死我的對手時,他其實也在試圖置我於死地,這足以為我開脫責任。但對此的駁斥

[457] 是:當我向他發出挑戰時,我也就已經把他置於不得不正當護衛自己的境地。這種故意將對方置於如此境地的做法,決鬥者從根本上就只是在為謀殺對方尋找一個說得過去的藉口而已。如果雙方同意把生命押在決鬥上面,那用「自願的行為屬於咎由自取」這一原則作為開脫則更說得過去。但對此的反駁是:「自願」一說並不正確,因為暴虐的騎士榮譽原則及其荒謬的行為規則是殺人的幫兇。它把兩個決鬥者,或者至少其中一個拉到了這血腥的私設刑堂的前面。

我對騎士榮譽的討論扯得太長了,但我這樣做是用心良苦,因為要對付這世界上在道德和智力範疇的龐然大物,唯一的大力神就是哲

學。兩樣主要的東西把新時代的社會狀態與古老的社會狀態欄別開來，並把新時代比了下去，因爲這兩樣東西使新時代的社會帶上某種陰沉、嚴肅和不祥的色彩。在古老的時候，人們可沒有這一弊病，那個時期就猶如生命中的早晨，快樂和不受拘束。這兩樣東西就是騎士榮譽和性病，這「高貴的一對」（賀拉斯，213，243）。它們攜手毒害了生活中的「辯論和愛情」。也就是說，性病發揮的影響要比第一眼看上去深遠得多，因爲它的影響並不純粹是生理上的，而且還是道德上的。既然在愛神的箭袋裡也帶著有毒的箭，那麼，男女兩性之間的關係也就摻進了某種陌生的、敵視的，甚至是魔鬼般的成分，某種陰暗、可怕的不信任就隨之貫穿於兩性間的關係。構成所有人類社會的基礎如今發生了這種變化，這也會或多或少間接影響到其他社會關係。但深入分析這一問題則會太過偏離我們的題目。與性病的影響相類似的是騎士榮譽原則的影響，雖然其性質有所不同。這一嚴肅認眞的滑稽劇是古人並不知曉的，但卻讓社會變得僵硬、嚴肅和緊張，因爲人們對刹那間表示的每個態度和每個意思都必須煞費思量。但這些還不是事情的全部！騎士榮譽原則是公衆供奉的米諾陶洛斯，每年供奉給他的祭品是許多出自高貴名門的男兒。這情形並不像過去那樣，只發生在歐洲某一國家，它已經遍及整個歐洲。因此，現在是到了勇敢剿滅這個妖魔的時候了，就像我在這裡所做的那樣。就讓這兩隻怪物在19世紀的新時代壽終正寢吧！醫生最終會透過預防藥物成功醫治性病，對此我們不會放棄希望；但要消除騎士榮譽這個妖魔卻是哲學家的任務，他們必須糾正人們的觀念，因爲政府所運用的立法手段至今爲止已告失敗。並且也只有透過哲學的手段才能剷除這種禍害的根苗。如果政府眞心實意要杜絕決鬥這一禍害，而收效甚微的原因的確只是因爲政府無能爲力，那我將向政府建議一條法律，我保證它會獲得成功。我們用不著採用血腥的手段，也不必求助於斷頭臺、絞刑架和終身監禁等方法。那其實簡單易行，是一種「順勢療法」：如果有人向別人發出決鬥的挑戰，或者接受別人的挑戰，那就

[458]

讓他在光天化日之下，在士官長之前，像中國人那樣接受執罰者12杖體罰。爲決鬥者傳遞挑戰書的人和公證人則每人承受6杖處罰。對決鬥所造成的後果，則循慣常的刑事訴訟法追究責任。或許一個腦子裡充滿騎士思想的人會反駁說：經此體罰，許多「榮譽之士」就會開槍了斷自己。對此說法，我的回答是：這樣一個傻瓜殺死自己總比殺死別人要好。根本上我就知道得很清楚，政府並沒有真心實意要杜絕決鬥。民政

[459] 官員，尤其是一般的官員（最高職位的官員除外）的收入遠遠低於他們的工作價值。因此，他們的另一半收入就以榮譽支付了。榮譽首先透過頭銜和勛章來表示，其次，在更廣泛的意義上，以社會階層的榮譽爲代表。決鬥對社會階層的榮譽是拉曳馬車的一匹得力副馬。因此，在大學裡人們就已經接受決鬥的初步訓練了。所以，決鬥的受害者其實是以自己的鮮血彌補了工資收入的不足。

爲使我的討論更加完整，我還要提及**民族榮譽**。這榮譽涉及整個民族，而這民族又是民族共同體中的一分子。在民族榮譽的問題上，力量是唯一的裁決者，捨此之外，別無其他。因此，民族的每一個成員都必須自覺捍衛他那民族的權利。所以，民族榮譽並不只是得到別人認同這一民族是值得信賴的，而且還要讓人們知道：這個民族是令人生畏的。因此，民族榮譽不容許聽任外族人侵犯本民族的權利而置之不理。這樣，民族榮譽就結合了公民榮譽和騎士榮譽。

我所討論的人們給予的**表象**，亦即人們在他人眼中的樣子，在上文的最後**名聲**也列入了其中。因此，我們必須繼續對名聲作一番考察。名聲和名聲是一對孿生兄弟，但就像第奧斯科所生的孿生子一樣：一個（波魯斯）長生不老，另一個（卡斯圖）則終究要死亡，名聲是可朽的，名聲就是名聲那不朽的兄弟。當然，我這裡所說的名聲指的是級別最高、貨真價實的那一種，因爲也有太多的名聲只是過眼雲煙而已。再者，名聲只包含人們在那同樣的處境下必須具備的素質，但名聲所涉及的素質，則是我們不可能要求人們一定具備的；名聲所要求的素質

是每一個人都應公開視為擁有,但名聲所涉及的素質,沒有人可以說自己也有。名譽尾隨著別人對我們的了解,但名聲卻與此相反:它匆匆走在別人對我們的了解之前,並把名譽也帶到了名聲所抵達之處。每一個人都可主張擁有名譽,但只有少數例外的人才能獲得名聲,因為要獲得名聲只能透過做出一番不一般的成就。這可以是**行動業績**或者**思想作品**。據此,這是獲得名聲的兩條途徑。要成就**行動業績**,就特別需要具備偉大的心,但創作思想作品則需要擁有非凡的頭腦。這兩條成名之路都有各自的優點和缺陷,但兩者的主要差別在於行動業績會消逝,但思想作品卻可以永存。行動業績留給人們的是記憶,並且除非歷史把行動業績記錄下來,像化石一樣地傳給後世,否則,這一記憶就會永遠不斷地減弱、變形,最終變得模糊以至湮沒。但思想作品自身卻是不朽的,能夠世代相傳,尤其是文學著作。最高貴的行動業績也只具有暫時性的影響,但天才的作品卻能傳之久遠,給人愉快和提升。關於亞歷山大大帝,現在僅存的是他的名字和對他的記憶,但柏拉圖、亞里斯多德、荷馬、賀拉斯卻仍然活生生地存在著,仍然在直接地產生著影響。《吠陀經》及《奧義書》仍然存在,但對那個時候所發生的所有行動業績我們卻已經一無所知了。[9] 行動業績的另一個不便之處就是它們有賴於機會,

[460]

9　因此,人們以為將作品冠以行動業績之名就可以使作品享譽——這是人們今天的時尚做法。其實,這一恭維方式糟糕至極,因為作品從本質上而言就是高於行動業績的。行動業績永遠都是跟隨動因而做出的行為,因此是零星的、個別的、匆匆即逝的,屬於這個世界的普遍、原始的成分,亦即隸屬於意志。但一件偉大或者優美的作品卻是永存的,因為它包含廣泛、普遍的意義,發自智慧、純粹、無瑕,就猶如從這一意志世界昇華起來的一縷芬芳氣息。

由行動業績所帶來的名聲自有其優勢。這種名聲一般都馬上伴隨著強烈的轟動。很多時候,這種轟動、雷鳴足以傳遍整個歐洲。但透過作品獲致的名聲,其到來卻是逐步和緩慢的。在開始的時候,它的聲音是微弱的,然後才逐漸響亮起來。這種名聲通常必須經歷一個世紀之久,才能達到它最顯赫的

因爲機會首先爲行動業績的發生提供了可能。這樣，透過行動業績獲得的名聲就並不唯一根據這行動業績的自身價值，而是依賴當時的情勢，

[461] 因爲當時的情勢使行動業績具有了重要性和得到了榮耀。此外，如果行動業績全憑爲數不多的目擊證人的描述，如果就像在戰爭中那樣，行動業績是純粹個人的行爲，那目擊證人也不總是存在的，也並不是公正無私、不帶偏見的。不過，行動業績也有其優勢，那就是行動業績是實際的事情，普通大衆還算有能力對其評判。因此，只要掌握了有關行動業績的精確資料，人們馬上就會承認這些行動業績——除非人們只是在以後才正確認識和理解做出行動業績背後的動機，因爲只有認識了其背後的動機以後，才會理解每一個行爲和行動。對於創作作品，情形則相反。作品的產生並不依賴機會，而唯一只是有賴於這作品的創作者本人。只要這些作品存留下來，那作品本身是什麼樣子，就會繼續一直保持這樣子。不過，評判作品存在一定的困難。作品的級別越高，評判這些作品的難度就越大，而有能力、不帶偏見和誠實正直的裁判經常都是缺乏的。但作品的名聲卻不會是一錘定音，而是可以上訴。這是因爲就像我已經說過的，行動業績只是透過記憶傳遞給後世，並且是以其同時代的人的記憶傳遞下去，但作品除非缺失了某些部分，否則，就會以自身原來的樣子留存下來。這樣，作品就不會受歪曲，作品在當初問世時所遭遇的不利情勢環境，也會在稍後消失。另外，時間還慢慢地帶來了爲數不多的眞正具備能力的裁判。他們本身就是特殊、少有的人物，現在他們評判的是比自己更加特殊、少有的作品。他們相繼給出了有相當分量的意見。當然，有時候要經歷數個世紀以後，才會有完全公正、不

時候。不過，因爲作品維持長久，所以，這種名聲有時維持上千年之久。相較之下，行動業績所帶來的名聲，在經過最初的震耳欲聾的鳴響以後，聲音就逐漸減弱，少爲人知，逝去不返了。到最後，只能像幽靈一般地存在於歷史之中。

會被將來推翻的評判結果。作品所帶來的名聲是牢固和勢所必然的。但作品的作者能否活著看到自己的作品獲得名聲,卻取決於外在情勢和偶然。作品越高貴越有深度,這種情況就越少發生。塞內卡(《書信集》,79)曾經很美妙地說過這一點:名聲跟隨成就如影隨形,但當然,就像影子那樣忽而在前,忽而在後。他說清楚這點以後,又加上了這麼一句:「雖然嫉妒讓你的同時代人沉默,但以後總會有人不帶惡意,也不帶恭維地做出判斷。」順便一提,從這裡我們可以看到在塞內卡的時代,無賴們就已經施展技巧捂住和壓制別人的成就了,其熟練程度絲毫不亞於我們的當代人,那就是對別人的成就惡意沉默和視而不見,目的就是向公眾掩藏起優秀的東西,以利於那些拙劣之品;還有,**嫉妒**使這兩個時代的無賴們都**閉上了嘴巴**。一般來說,名聲將要維持的時間越是長久就越遲到來,正如所有優秀的東西都是慢慢地成熟。流芳後世的名聲就好比一株慢慢成長起來的橡樹。那得來全不費功夫但卻只是曇花一現的名聲,只是壽命不過 1 年的快速長成的植物;而虛假的名聲則是迅速冒起,但卻飛快地就被連根拔掉的雜草。這其實都是因為一個人越是屬於後世,亦即屬於全體人類,那他就越不為自己的時代所了解,因為他所創造的並不是特定為了他那時代。他的創造也屬於他那時代,只是因為他那時代也是人類的一部分而已。因此,他創作的作品並不會沾上自己時代的侷限性色彩。由於這一原因,常見的情形就是他成了他那時代匆匆和陌生的過客。而那些只為短促一生中的事務效勞的人,只服務於刹那瞬間,並因此屬於他們的時代,與這個時代同生共死。這些人反而會得到他們的時代的賞識。所以,藝術史和文學史都告訴我們:人類精神思想最高級的產物一般都不受歡迎,這種情況一直維持到具有更高思想水準的人出現。這些人聽到了這些作品的發話,並使這些作品獲得了聲望。在這之後,憑藉如此得來的權威,這些作品也就得以繼續保有其聲望了。之所以出現這種情形,根本原因就是每一個人只能真正理解和欣賞與自己同類、同質的東西。一個呆板的人只能理解

呆板的事物，一個庸俗的人只會欣賞平庸和俗套，頭腦不清者喜歡模糊混亂的東西，沒有思想的人則和胡言亂語氣味相投。每個人最喜歡的是自己的作品，因為這作品與整個人是完全同質、同類的。因此，古老的、寓言式的人物伊壁查姆斯唱道（為讓所有人都明白，我把它翻譯如下）：

毫不奇怪的是，我說出的是我自己的看法；
而對自己沾沾自喜的他們，自以為
他們的話才是值得稱道的。狗對狗來說，
當然才是漂亮的生物。牛對牛也是這樣，
豬對豬、驢子對驢子，莫不如此。

就算是最強有力的手臂，如果甩出的是一件很輕的物體，那也無法給予這輕物足夠的運動讓其飛得很遠，並且有力地擊中目標。這輕物很快就會墜落地面，因為這輕物本身沒有物質性的實體以接收外力。美妙和偉大的思想、天才創作的巨作也會遭遇同樣的情形，如果接受這些思想的都只是弱小、扭曲的頭腦。各個時代的智者們都曾為此齊聲哀嘆。例如：耶穌・西拉克（22，8-9）說：「對一個愚人說故事，就像跟一個睡著的人說話一樣。故事講完了，他會問，你說的是什麼？」哈姆雷特說：「滑稽可笑的話語在傻瓜的耳朵裡面睡覺。」歌德說過：

最妙的話語，被笨蛋的耳朵聽了，
也會招來諷刺。

又

你的話沒有任何結果，眾人都呆滯無言，

保持良好的心情吧！
石頭扔進泥沼，
是不會弄出漣漪的。

　　利希騰貝格說道：「當一個腦袋和一本書互相碰撞，而只發出空響，這空響難道就總出自書本？」（D396 和 F II）他還說：「這樣的著作就是一面鏡子：一隻猴子照鏡子的時候，鏡中不會出現福音聖徒。」的確，吉拉特神父對此優美和感人的哀怨值得讓人回味： [464]

最好的禮物通常
最不被人讚嘆；
世上的大部分人，
把最壞的視為最好。
這一糟糕的狀況司空見慣，
但人們如何避免這種不幸？
我懷疑能否從我們的世界根除這一不幸。

世上只有唯一的補救之法，
但它卻是無比困難：
愚人必須獲得智慧，
但這是他們永遠無法做到的，
他們也不會懂得事物的價值。
做出判斷的只是他們的眼睛，而不是腦袋，
他們讚揚微不足道的東西，
只是因為他們從來不曾懂得什麼才是好的。

　　　　　　　　　　　　　　—— 《兩隻狗》

由於人們的思想水準低下，所以，正如歌德所說的，優秀人物很少被人發現，他們能夠獲得人們的承認和賞識就更是稀奇的事情。人們除了智力不足，還有一種道德上的劣性——嫉妒。也就是說，一個人由於獲得了名聲，就會高高在上，而所有其他人也就因此受到了同等程度的貶低。所以，每一個做出非凡成績和貢獻的人所得到的名聲都是以那些並不曾得到名聲的人為代價的。

> 我們給予別人榮譽的同時，
> 也就必然降低了我們自己。
>
> ——歌德，《西東合集》

由此解釋了為何優秀出色的東西甫一露面，不論它們屬於什麼種類，就會受到數不勝數的平庸之輩的攻擊。他們聯合起來，誓要阻止這些東西的出現；甚至盡其所能，必除去之而後快。這群大眾的口號就是「打倒成就和貢獻」。甚至那些做出了成績並以此得到了名聲的人，也不願看到其他人享有新的名聲，因為其他名聲所發出的光彩會令他們失色。因此，歌德寫道：

[465]

> 在得到生命之前，
> 倘若我躊躇一番，
> 我就不會活在這世上了。
> 正如你們看到了，
> 那些趾高氣揚的人，為了炫耀自己，
> 就要忽視我的存在。

一般來說，**名譽**會得到人們公正的評判，它也不會受到嫉妒的攻擊，事實上名譽都是預先作為信用給予每一個人的；但獲得名聲只能是頂住嫉

妒，經過一番爭取而得來的，並且頒發出桂冠花環的裁判庭，其成員絕對是不懷好意的裁判。這是因爲人們能夠而且願意與每個人一起享有名譽，但獲得了名聲的人卻會淡化名聲，或者讓其他人更難以得到它。此外，透過創作作品而獲得名聲的難度與這一作品的讀者群的數目成反比，個中的理由顯而易見。因此，教導人的作品比起供人們娛樂消遣的作品更難獲得名聲。透過哲學著作以獲得名聲是最困難的，因爲這些著作一來給人們的教導並不確定，二來也沒有實質上的用處。所以，哲學著作首要面對的讀者群是由從事哲學的同行所組成。從上述獲得名聲的困難可以想見，那些寫作了配享名聲的作品的作者，假如不是出於對自己這些作品的熱愛，並且在寫作的時候能夠自得其樂，而是受著要獲得名聲的激勵去寫作，那麼，人類就不會有或者只會有很少不朽的著作。的確，要創做出優秀的著作，並且避免寫出低劣的作品，創作者就必須抵制和鄙視大衆及其代言人的批判。據此，奧索里亞斯尤其強調的這一 [466]說法相當正確：名聲總是逃離追逐它的人，但卻會尾隨對它毫不在意的人，因爲追逐名聲的人只迎合自己同時代人的口味，但不在意名聲的人卻抗拒這種口味。

因此，獲得名聲雖然是困難的，但保持名聲卻是容易的。在這一方面，名聲和名譽恰成對照。名譽是預支給每一個人的，每一個人只需小心呵護它就是了。但問題是，一個人只要做出某一不正的行爲，他的名譽就一去不復返了。相較之下，名聲是不會眞正失去的，因爲一個人賴以取得名聲的行動業績或思想作品總是擺在那裡，其名聲總是屬於這些作者，哪怕那作者不再有新的創作了。但如果名聲眞的減弱、消失，變成了明日黃花，那這一名聲就不是眞的，亦即不是實至名歸的，只是由於暫時獲得了過高的評價所致；要麼，它乾脆就類似黑格爾所取得的那種名聲——利希騰貝格對此有過描述：「它由那些好友集團齊聲宣揚，然後得到了空洞腦袋的回應⋯⋯但將來有朝一日，後人面對那些花花綠綠的詞語大樓，還有逝去的時髦所留下的漂亮空殼，以及約定俗成已經

不再的框架,當他們敲門時竟發現一切全是空的,裡面甚至沒有點滴的思想能夠有信心地喊出:請**進來**吧!——這將淪爲怎樣的笑柄啊!」(《雜作》,4,第15頁)

名聲建立在一個人與眾不同的地方。因此,名聲本質上就是相對比較而言的,它也只具備相對的價值。一旦其他人和享有名聲者都是同一個樣子,那名聲也就不復存在了。只有那些在任何情況下都能保有其價值的,才具備絕對價值,在此那就是一個人所直接擁有的自身。所以,偉大的心和偉大的頭腦之所以是有價值的和幸運的,道理必然就在這裡。因此,有價值的不是名聲,而是藉以獲得名聲的東西。這是因爲那能夠獲得名聲的東西就好比是實在之物,而名聲則只是一種偶然、意外而已。的確,名聲首要是某種外在顯示,名人以此證明了對自己的高度評價並沒有錯。因此,人們就可以說正如光是無法看見的,除非是經過物體的折射,同樣,一個人出類拔萃之處只是透過獲得名聲才變得無可爭議。不過,名聲這種外部顯示可不是萬無一失的,因爲盛名之下,其實可能名不符實;同時也有出類拔萃的人沒有名聲。所以萊辛的話說得很聰明:「一些人聲名顯赫,另外一些人卻理應聲名顯赫。」另外,如果一個人是否具備價值只能取決於這個人在別人眼中的形象,那這樣的生存將是悲慘的。假如一個英雄或者天才所具有的價值真的只在於他所擁有的名聲,亦即只在於他人對他的首肯,那麼,他的一生就確實是悲慘的。但事實卻是每個人都根據其自身本性而生存,因此,每個人是首先以其自身和爲其自身而活。一個人到底是什麼,其自身爲何,對這個人是最重要的東西——無論這自身的性質和存在方式具體是什麼。如果這個人的自身欠缺價值,那他這個人也就欠缺價值。相較之下,他在別人頭腦中的形象卻是次要和枝節的東西,受制於偶然,對他的自身也只有非常間接的關係。除此之外,大眾的頭腦是可憐、淒涼的舞臺,這裡不可能有真正的幸福;在那裡所謂幸福只能是虛幻不實的。在名聲的殿堂裡,我們可以看到多麼混雜的各色人等啊:統帥、大臣、舞伎、歌

手、伶人、富豪、庸醫、猶太人、雜耍藝人等等！是的，在這裡，所有這些人的過人之處比起特別的精神思想素質——尤其是高級的一類——都更受到人們真誠的賞識和由衷的敬意。對於傑出的精神思想素質，絕大部分人只是在口頭上表示敬意而已。從幸福學的角度看，名聲只是餵養我們的驕傲和虛榮心的異常稀罕、昂貴的食物；除此之外，它就什麼都不是了。但大多數人都有過度的驕傲和虛榮，雖然他們會把它掩飾起來。或許那一類不管怎麼說都理應獲得名聲的人，其驕傲和虛榮才是最強烈的。這些人肯定是長時間以來模模糊糊地意識到自己那優於常人的價值，直到終於有了檢驗的機會並在這之後得到了人們的承認。但在這之前，他們必須在漫長的時間裡，在不確切之中等待。[10] 他們覺得遭受了某種不為人知的、不公正的對待。不過，總而言之，正如我在這一章開始的時候已經說過的，人們重視別人對自己的看法的程度，是完全失去比例和不合理智的。所以，霍布斯的言詞雖然表達得相當強烈，但或許是正確的：「我們心情愉快就在於有可供與我們比較並使我們可以看重自己的人。」（《論公民》，1，5）由此可以明白為什麼人們如此看重名聲，並且為了最終得到名聲而付出種種犧牲：

[468]

名聲（這是高貴的心靈最後的弱點）
促使清晰的頭腦鄙視歡愉，
過著辛勞艱苦的日子。

另外，

---

[10] 既然我們最大的樂趣就在於得到別人的讚賞，而讚賞者儘管有著充分的理由去讚賞別人，也不願意表露自己的讚賞，那麼，最幸福的人就是能夠做到真正讚賞自己的人，不管他以何種方式做到這一點。只要別人不讓他對自己產生懷疑就行了。

高傲的名聲殿堂閃耀在

陡峭的山上，

要爬上去是多麼的艱難！

最後，由此也可解釋爲何最虛榮的國家總把榮耀掛在嘴上，並毫不遲疑地把它視爲激勵人們做出偉大實事和創做出偉大著作的主要原動力。但無可爭辯的事實卻是：名聲只是一種次要之物，它只不過是人的優點和價值的映像、表徵、回音。並且能夠獲得讚嘆之物比讚嘆更有價值。所以，讓人們得到幸福的並不是名聲，而是藉以獲得名聲的東西；因而，它在於優點、貢獻本身，或者更準確地說，讓人得到幸福的是產生出這些優點和貢獻的思想與能力，不管這兩者的性質屬於道德方面抑或智力方面。因爲每個人爲著自己的緣故都有必要做到自己的最好。他反映在別人頭腦中的樣子，以及別人對他的評價，其重要性都是次一級的。因此，**配享**名聲而又不曾獲得名聲的人，其實擁有了那重要得多的東西；他所缺乏的盡可以用他的實際擁有作爲安慰和彌補。我們羨慕一個偉人，並不是因爲這個人被那些缺乏判斷力，經常受到迷惑的大眾視爲偉人，而是因爲這個人確實就是一個偉人。他的最大幸福並不在於後世的人會知道他，而在於在他那裡我們看到了那些令人琢磨，值得人們永久保存的思想。此外，他的幸福是不會被奪走的，那在「我們的掌握之中」；但名聲卻不在「我們的掌握之中」。在另一方面，假如他人的讚嘆才是最重要的，那麼，引起讚嘆的東西的重要性就配不上讚嘆本身了。虛假的、名不副實的名聲就的確屬於這種情形。獲得這種虛假名聲的人享受名聲帶來的好處，但卻並不眞正具備名聲所代表的東西。但有時候，甚至這虛假的名聲本身也會敗壞人們的興致，因爲儘管出自戀而百般欺騙自己，但處於自己並不適應的高度，他們會感到陣陣的暈眩，或者他們會覺得自己不過就是一個贗品而已。他們害怕最終被人剝掉面具和遭受罪有應得的羞辱，尤其在有識之士的額頭，他們就已經

讀到了將來後世的判決。這些人就好比偽造遺囑騙取了財產的人。最真實的名聲，亦即流傳身後的名聲，並不為這名聲的主人知曉，但人們仍然會認為他是一個幸運的人。他的幸運就在於他具有藉以獲得名聲的偉大素質，同時，也在於他能有機會發展和發揮了這些素質；因此能以適合自己的方式行事，或者從事他滿懷喜悅和愛意投身其中的事情，因為只有這樣產生出來的作品才能獲得後世的名聲。因此，他的幸運就在於他具有偉大的心或者具有豐富的精神世界，這些在他的作品中留下了印記，並獲得了後世人們的讚嘆。還有他的思想本身。思考、琢磨他的那些思想，將是在以後無盡的將來，那些具有高貴思想的人們所樂於從事 [470] 的工作。流芳後世的名聲的價值就在於這一名聲是實至名歸的，而獲得名聲的那些優異素質，其報酬就是這些優異素質本身。至於獲得身後名聲的作品是否同時也能在同時代人中得到名譽則視其情勢、運氣，但這一點意義並不大。既然人們一般都缺乏獨立判斷，尤其缺乏欣賞高級別和高難度成就的能力，所以，人們就總是聽從他人的權威。高級別的名聲純粹是建立在稱讚者的誠信之上，百分之99都是這樣的情形。因此，對於那些深思的人來說，同時代的人聲混雜的讚美聲價值很低，因為他們聽到的始終不過就是為數不多的幾個聲音在引起迴響罷了。而這為數不多的幾個聲音也不過是一時的產物。假如一個演奏名家知道，他的聽眾除了一、兩個以外，都是由聾子組成，這些聾子為了互相掩藏自己的缺陷，每當看到那一、兩個人的雙手有所動作就跟著熱烈地鼓掌回應，那麼，這個演奏名家還會為他的聽眾所給予的滿堂掌聲而高興嗎？甚至他還知道，那帶頭鼓掌的人經常被人行賄收買，為最差勁的小提琴手造出最響亮的喝采聲！由此可解釋為何一個時代的名聲極少轉化為身後的名聲。這就是為什麼達蘭貝爾在對文學殿堂的優美描寫中指出：「文學殿堂裡住滿了死去的人，他們在生前並不曾住在裡面；這殿堂裡面也有為數不多的幾位生存者，但一旦他們死去，他們就幾乎全部被拋出殿堂。」在這裡順便說一句，在一個人的生前就為他豎立紀念碑，那

就等於做出聲明：後世如何評價此人是我們不放心的。但如果一個人真能在生前就享受到將要綿延後世的名聲，那這種事情絕少發生在他達到高齡之前。或許藝術家和文學家會遇到這一規律的例外情形，但這卻甚少發生在哲學家身上。那些透過著作成名的人的肖像就為我的這一說[471]法提供了例證，因為那些肖像大多是成名以後才準備的：這些肖像一般都是年老、頭髮花白的模樣，尤其是哲學家。但從幸福論的角度看，這又是絕對理所當然的事情。對我們凡夫俗子來說，名聲和青春加在一起簡直太奢侈了。我們的生活這樣地貧乏，我們應該珍惜生活的賜予，把它們分開享用。在青春期，我們已經擁有足夠的財富，並能以此得到快樂。但到了老年，當所有的快樂和歡娛猶如冬天的樹木一樣凋謝以後，名聲之樹就猶如冬青一般適時地抽芽長葉了。我們也可以把名聲比作冬梨——它們在夏天生長，但在冬天供人享用。到了老年，我們沒有比這更加美好的安慰了：我們把全部的青春力量都傾注到著作裡面，這些著作是不會隨著我們一起老去的。

現在，讓我們更仔細地考察一下在一些與我們密切相關的學科獲得名聲的途徑，我們也就可以得出下面的規律。要在這些學科表現出聰明才智——這方面的名聲是其標識——就必須對這些學科的某些資料進行新的組合。這些資料的性質各自差異很大，但這些資料越廣為人知，人們越能接觸這些資料，那透過整理和組合這些資料而獲得的名聲也就越大和越廣，例如：如果這些資料涉及的是一些數字或者曲線，或者是某些專門的物理學、動物學、植物學，或者解剖學方面的事實；又或者是古代作家的斷簡殘篇，或者是些缺字、模糊的碑文、銘刻；又或者是歷史中某一個模糊不清的時期——那麼，對這些資料素材進行一番正確無誤的整理和組合以後贏得的名聲，則只流行於對這些資料有所認識的人群，而不會超出這個範圍。因此，這類名聲只在少數的，通常是深居簡出的人之間傳播。這些人對別人享有他們這一專業行當的名聲都心存[472]嫉妒。但如果所研究的資料素材眾人皆知，例如：涉及人的理解力、人

的感情或者自然力的基本和普遍特性,其整個作用方式是人們舉目可見的;或者那資料素材就是人們耳熟能詳的總體的大自然的進程——那麼,對這些資料素材進行新的、重要的和讓人一目了然的組合,並以此增進人們對這些事情的了解,以此方式所得來的名聲就會隨著時間傳遍整個文明世界。這是因為每個人都接觸得到這些資料素材,所以,在大多數情況下,每個人也都可以對它們進行組合。儘管如此,名聲的大小總是與我們所要克服的困難的大小互相吻合。這是因為研究的資料越是廣為人知,那採用新穎但卻又是正確的方式對其組合就越是困難,因為太多的人已經在這一方面傷過腦筋,各種新組合的可能也已窮盡。與此相比,那些大眾接觸不到的,只能透過艱辛、困難的方式才能掌握的資料素材,就總可以讓人做出新的組合。這樣,只要是有清晰的理解力和健康的判斷力,亦即有一定的智力優勢,從事上述這一類資料的研究就很有可能終於有幸找到這些資料新的和正確的組合。不過,以這種方式獲得的名聲,其流傳的侷限範圍或多或少是與這些資料知識的侷限範圍一致的。這是因為雖然解決這一類學科的難題,要求人們進行大量的研究工作——僅僅了解和掌握這些資料就必須這樣做了,但假如我們探究的是一類能夠帶給我們最顯赫和最深遠名聲的難題,那麼,這類資料素材的獲得簡直就是應有盡有,得來全不費功夫。不過,解答這類難題所需要的努力越少,它對研究者的才能的要求就越高,甚至只有天才才足以勝任這一類工作。在創造的價值和受到人們的尊敬方面而言,努力根本不能與思想的天才相提並論。

　　由此可知,那些感覺自己有良好的理解力和正確的判斷力,但又不相信自己真的具備至高的思想稟賦的人,不應該懼怕從事繁瑣的研究和累人的工作,因為唯有透過這些勞動,他們才能從眾多接觸到這些資料素材的人當中脫穎而出,才能深入到只有勤勉的博學者才會涉足的偏僻領域。這是因為在這裡,同行競爭者的數目大為減少,頭腦稍為突出的人都會很快找到機會對資料素材進行一番新的和正確的組合。這種人的

[473]

發現功勞，甚至就建立在他克服了困難而獲得了這些資料上面。但是，大眾只是遠遠地聽聞他由此獲得的喝采聲，因為這些喝采聲來自他的學問同行，也只有這些人才懂得這一門專業。如果沿著我這裡所說的路一直走到底，最終就會由於獲得了那些資料本身已經極其困難，不需再對其組合一番就足以建立名聲。這猶如探險家抵達了一處異常偏僻、不見人煙的地方，他的所見而不是他的所想就會使他成名。這條成名途徑還有這一巨大的優勢：傳達自己的所見比傳達自己的所想容易得多，而理解他人的所見也比理解他人的所想更加地容易。所以，講述見聞的作品比傳達思想的著作能夠找到更多的讀者，因為正如阿斯姆斯所說的：

一個人去旅行，
就能講故事。

——《烏利安斯的環遊世界》

不過，與所有這些相吻合的卻是私下認識和了解這一類著名人物以後，我們常會想起賀拉斯說過的話：

到海外旅行的人只是變換了氣候而已，他們並不曾改變感覺和想法。

——《書信集》，1，11，第 27 首

[474] 至於那些頭腦天賦極強的人，因為他們應該去解答重大的、涉及這個世界普遍和總體方面的，並因此是最困難的難題，所以，雖然他們應該盡可能地擴展視野，但也要始終關注各個方面，以免朝著一個方向走得太遠而迷失在某一專門的、少為人知的領域裡。也就是說，不要太過鑽進某一學科之中的某一專門領域，更不用說去鑽那些瑣碎的牛角尖了。他們不需要為了拋開那為數眾多的競爭者而投身於難以接觸的偏僻

學科。每個人都能看得見的事物其實都可以成為他們研究的素材。他們可以對這些素材進行全新的、正確的和真實的組合。這樣,他們做出的貢獻就能為所有熟悉那些資料素材的人欣賞,也就是說,獲得人類的大多數的欣賞。文學家和哲學家獲得的名聲與物理學家、化學家、解剖學家、礦物學家、動物學家、語言學家、歷史學家所得到的名聲之間存在巨大的差別,道理全在這裡。

第5章　建議和格言

在這裡我無意對如何達到人生的幸福進行完整的表述,因為如果這樣做的話,我就必須重複各個時代的思想家——從泰奧尼斯、所羅門王一直到拉羅什福科所說過的人生格言,這些格言裡面當然有些是相當不錯的金石良言。但如此一來,我就無法避免那許多已成老生常談的東西。但缺少了面面俱到的完整,那也就大致上沒有了對這些思想的系統性的安排。不過,雖然缺少了完整性和系統性,但聊以自慰的是,如果具備這兩者,我們的討論就會無可避免地變得冗長、繁複。我只寫下我所想到的,似乎值得傳達給讀者的東西;還有那些在我的記憶所及還不曾被別人說過的起碼不完全是這樣說過的思想。所以,我現在只是在這一望無際,人們也已有所建樹的領域裡,作一個補充而已。

屬於這一話題的觀點和建議卻是五花八門。為使它們有一定的順序,我把它們分為4部分,第1部分是泛論;第2部分涉及我們對自己的態度;第3部分則是我們對他人應採取的態度;最後一部分討論我們應如何看待命運和世事的發展。 [475]

A. 泛論

1

亞里斯多德在《尼各馬可倫理學》(7,12)裡不經意地說過一

句話，我視這句話為人生智慧的首要律條，這句話的拉丁譯文平淡無力，譯成德語就好一些了：「理性的人尋求的不是快樂，而只是沒有痛苦。」這一句話所包含的真理在於：所有的快樂，其本質都是否定的，而痛苦的本質卻是肯定的。對這句話的詳細解釋和論證，人們可閱讀我的《作為意志和表象的世界》第 1 卷第 58 節。在這裡我用一個日常司空見慣的事實，對此真理加以解釋。假如我們整個身體健康無恙，但只有一小處地方受傷或者作痛，那我們身體的整體健康並不會進入我們的意識，我們的注意力始終只集中在那疼痛的傷處，那總體舒適的感覺就會因這一小處傷痛而煙消雲散。同樣，儘管各樣事情都按照我們的想法進行，但只要一件事情有違我們的意願，哪怕這只是一件微不足道的事情，這一並不如意的事情就會進入我們的頭腦；我們就會總是想著這一件事情，而不會想到其他更重要的、已經如我們所願發生了的事情。在這兩個例子裡面，我們的意志都受到了傷害。在第 1 個例子中，意志客體化在人的有機體裡；在第 2 個例子中，意志則客體化為人的渴求、願望。在上述兩種情況下，我們都可看到意志的滿足總是某種否定的作用，因此是不會直接被我們感覺到的，頂多只以反省、回顧的方式進入我們的意識。但是，意志受到的抑制卻是肯定的，因此，這種狀況會明確表示出來。每一快感的產生其實就是意志所受到的抑制得到了消除，意志獲得了解放。所以，每一種快感都持續相當短暫的時間。

[476]　　上文引述的亞里斯多德的絕妙規則正是基於這個道理。這條規則教導我們不要把目光盯在追求生活的快感和樂趣上面，而是盡可能地注意躲避生活中數不勝數的禍害。假如這條路並不正確，那麼，伏爾泰這句話也不是正確的了：「快樂只不過是一場幻夢，但痛苦卻是真正實在的。」（1774 年 3 月 16 日，致弗洛安侯爵的信）但事實上伏爾泰說的話卻是千真萬確的。因此，誰要從幸福論的角度衡量自己一生是否過得幸福，他需要一一列出自己得以躲避了的禍害，而不是曾經享受過的歡娛、快感。的確，幸福論從一開始就告誡我們：「幸福論」這一名稱只

是委婉的名稱而已;所謂「幸福的生活」實應被理解為「比較少不幸的生活」,亦即還能勉強忍受的生活。確實,生活並不是讓我們去享受的,而是讓我們去忍受和克服的。這一點可以從各種語言的表達語裡看得出來,例如:拉丁語的「degere vitam」、「vita defungi」(得過且過地生活、克服生活);義大利語的「si scampa cosi」(如果能熬過這些日子);德語的「Man muss suchen durchzukommen.」(我們得盡力順利地過生活)和「Er wird schon durch die welt kommen.」(熬過來,度過難關)等。人到了老年,終於把生活的重擔拋在了身後,這確實是一個安慰。因此,一個人所能得到的最好運數就是生活了一輩子,但又沒有承受過什麼巨大的精神上或者肉體上的痛苦,而不是曾經享受過強烈無比的歡娛。誰要是根據後者來衡量一個人一生中的幸福,那就是採用了一個錯誤的標準。這是因為快感是並且永遠是否定性質的,快感使人幸福是嫉妒的人所抱有的錯誤想法。那是對他們的嫉妒的懲罰。相較之下,痛苦卻是我們肯定地感受到的。所以,缺少痛苦的程度是衡量一個人生活幸福的標準。如果達到一種既沒有痛苦也沒有無聊的狀態,那就確實得到了塵世間的幸福,因為其他一切都是虛幻不實的。由此可以推論:我們永遠不要以痛苦為代價去購買快樂,甚至只是冒著遭受痛苦的風險這樣做也不行,否則,我們就會為了那些否定、虛幻的東西付出了肯定和實在的東西。但如果我們犧牲歡娛以避免痛苦,那我們肯定獲得收益。在這兩種情況下,究竟痛苦是在快樂過後才來,抑或是先快樂而至,其實並不重要。如果人們試圖要把人生這一痛苦的舞臺變成作樂場所,目標定在尋歡作樂而不是盡可能地沒有痛苦,就像許許多多人正在做的那樣,那的確就是一件本末倒置、至為荒謬的事情。誰要是帶著一副陰沉的眼光,把這個世界視為某種意義上的地獄,並為此處心積慮在這一世界建造一間隔絕烈火的房間——那這個人的錯誤還不至於那麼荒唐、離譜。愚人在生活中追逐快感,到頭來卻發現自己受騙了;而智者則千方百計地躲避禍害。如果智者無法達到目的,那只是運氣使然,而

[477]

不是愚蠢所致。但只要得償所願，他就肯定不會有上當、受騙的感覺，因為他所躲過的禍害是至為真實的。就算一個智者為了躲避禍害而做得過了頭，不必要地犧牲了生活中的快感愉悅，他也沒有真的有所損失，因為所有的快感愉悅都是虛幻的。因為錯過了機會享受一番而感到痛惜則是狹隘的，甚至是可笑的。

　　對這一真理缺乏認識是我們遭受眾多不幸的原因，而樂觀主義在這方面起了推波助瀾的作用。我們在沒有痛苦的時候，蠢蠢欲動的願望就向我們映照出種種並不存在的快樂、享受的幻象；這些鏡中花、水中月誘惑我們對其亦步亦趨。這樣，我們就招來了毋庸置疑、真實不虛的痛苦。到了那個時候，我們就會痛惜業已失去了的無痛苦狀態——那猶如我們輕率地失去了的天堂，我們只能無可奈何地希望一切都不曾發生，寧願一切都可以從頭再來。我們好像總是受到一個邪惡魔鬼的誘惑，利用欲望的幻象引誘我們捨棄那沒有痛苦的狀態，而那沒有痛苦的狀態其實是真正的、最大的幸福。不作深思的年輕人以為這個世界就是特別為人們尋歡作樂而設的，這個世界就是某種實在幸福的家園；那些無法得到幸福的人只是在獲得幸福方面不夠聰明、靈活而已。小說、詩歌以及世人時時處處為著外在面子的緣故所做出的虛假行為，都加強了這種觀點。關於這一點，我很快就會回頭再討論。形成這一觀點以後，人的一生從此就是一場對肯定的幸福的刻意狩獵，而這種幸福也就是由肯定性質的快感、歡娛所構成。在這場追逐中，人們必須冒許多風險。一般來說，這場對實屬子虛烏有的獵物的追逐都會帶來非常實在的、肯定性質的不幸。這些不幸就體現為苦痛、疾病、煩惱、憂心、損失、貧困、恥辱等等，等等。幻滅和真相總是來得太遲。但如果人們遵循我這裡所討論的規則，把生活的計畫瞄準在避免痛苦，亦即遠離匱乏、疾病和各種苦難這一目標，那麼，這一個目標就是真實的，因為我們就能多少有所收益；並且我們的生活計畫越少受到因追逐所謂肯定性質的幸福的幻象所帶來的打擾，我們的獲益就越多。歌德在《親和力》（第 1 部，2）

[478]

中由米特勒說出的話,也與我這裡的說法不謀而合。米特勒總是為他人的幸福做事,他說:「如果一個人試圖擺脫某種禍害,那他總是清楚地知道自己想要的是什麼;但如果一個人總想著得到比自己已經擁有的更好的東西,那他就是相當盲目的。」這讓人想起一句美妙的法國諺語:更好是好的敵人。的確,甚至犬儒學派的基本思想也源自這一道理。這點我在《作為意志和表象的世界》第2卷第16章已經分析過了。犬儒學派摒棄所有的快感樂趣,難道不就是因為他們考慮到與這些快感樂趣多多少少地糾纏在一起的痛苦嗎?對於犬儒哲學家來說,避免痛苦比得到那些快樂更加重要。他們深諳快意享受的否定性質和痛苦的肯定屬性。因此,他們始終不渝地做足一切功夫以避免災禍。為了達到目的,他們認為有必要有目的和完全地摒棄所有的快感樂趣,因為他們知道逸樂隱藏著殺人的陷阱,它帶給人們的是痛苦。

當然,像席勒所說的,我們都誕生在阿卡迪亞高原;也就是說,我們來到這一世上是滿懷期望要得到快感和幸福,並且緊抱著愚蠢的希望要把所有的期望一一化為現實。不過,一般來說,命運很快就降臨了,[479]它粗暴地抓住我們,教訓我們說:沒有任何一樣東西是屬於我們的,一切都歸命運所有,因為命運不但對我們的財產物品、老婆孩子擁有無可爭辯的權利;甚至我們的手腳、耳目、臉部中央的鼻子也是屬於它的。無論如何,用不了多長時間,我們就會體驗到和明白幸福和快樂只不過是海市蜃樓:只能從遠處看得見,一旦走近就消失無蹤了;而痛苦和磨難則既具體又真實,直接就可感受到,用不著幻象和期待。如果得到的這些經驗教訓能夠結出果實,那我們就會停止追逐幸福和享樂,就會更多地關注如何盡可能地堵住痛苦、磨難的來路。然後,我們就會認識到這個世界能夠給予的最好東西,就是某種沒有苦痛的、寧靜的和可以讓我們勉強忍受下去的生存;我們就會節制對這個世界的期望和要求,這樣,我們才能更有把握實現它們。這是因為要避免很不幸福的最保險的辦法,就是不要要求很幸福。歌德青年時期的朋友梅克也認識到這一

點，因爲他寫道：「我們因令人反感地過分期待得到幸福而毀壞了這世上的一切，確切地說，其毀壞的程度與我們做夢的程度是一致的。誰要是擺脫了這種過分期待，除了自己已經擁有的以外，不再奢望更多，那麼，他就能夠排除困難生活下去。」（《梅克通信錄》，第100頁）因此，我們應該把對快樂、財產、地位、榮譽等的期望降低至某一相當節制的程度，因爲正是奮力爭取幸福快樂、榮耀排場而帶來了巨大的不幸。所以，降低我們的期望是明智和合理的，因爲相當不幸的生活是輕而易舉的，而相當幸福的生活不僅很困難，甚至完全不可能。宣講生活智慧的詩人絕對有理由如此歌唱：

    挑選了黃金般中庸的人當然遠離了寒酸的破窟，

    也遠離了眾人羨慕的王公宮殿。

[480]   遭遇風暴時，巨松樹頂就在風中搖擺，

    高聳的石塔會沉重地倒塌，

    高山之巔會被雷霆擊中。

    誰要是完整地接受了我的哲學的教誨，並因此知道我們的整個存在其實就是有不如無的東西，而人的最高智慧就是否定和抗拒這一存在，那麼，他就不會對任何事情、任何處境抱有巨大的期待；不會狂熱地追求這塵世的一切，也不會強烈地抱怨我們的某一計畫或事業的失敗。相反，他會牢記柏拉圖的教導：「沒有什麼人、事值得我們過分的操心。」（《理想國》，第10部分，第604頁）還是讀一讀安瓦里爲《玫瑰園》寫的格言吧：

    如果你失去一個世界，

    不要爲此悲傷，這是微不足道的；

    如果你得到一個世界，

不要為此高興,這是微不足道的;
苦樂得失都會過去
都會離開這個世界,這都是微不足道的。

——安瓦里,《蘇哈里》

　　人們尤其難以接受這種有益的見解,原因在於我在前文提到過的世人的虛假。所以,我們從早年起就應該揭露這種虛假作偽。絕大多數的豪華和輝煌不過是門面而已,那猶如歌劇院的裝飾,但關鍵的核心卻是缺乏的,例如:那些掛起三角旗和飾以花冠的船隻、張燈結綵、歡呼吶喊、號角禮炮齊鳴——所有這些不過就是歡樂的幌子和門面,是歡樂的象形文字。但通常偏偏在這樣的熱鬧場景難以找到歡樂,唯獨歡樂謝絕在喜慶的場合露面。歡樂真要出現的話,那一般都是不請自來,不作張揚,並的確是悄然而至,其所到之處常常都是最平凡無奇日常普通的環境、場合,反正它就是不到那些顯赫輝煌的場合露面。歡樂就像澳大利亞的金砂:它們分散各處,沒有任何的規則和定律,找到它們純粹是偶然的機會,並且每次也只能找到一小撮,因為它們甚少大量聚集在一起。上文提到的所有熱鬧、渲染的幌子,目的就是在人們的頭腦製造歡樂的假象,促使人們相信這裡有歡樂的存在。歡樂是這樣,悲傷又何嘗不是如此。那長長的、緩慢行進的殯葬隊伍顯得多麼悲傷、淒切!排列的馬車沒有盡頭。但看看裡頭吧:裡面都是空的。死者其實是讓全城的馬車夫送至墓地的。這幅畫面可以告訴我們,什麼是人世間的友誼和尊敬!這些也就是人事的虛假、偽善和空虛。另一個例子就是被邀請的客人穿戴正規和喜慶,歡迎儀式相當地隆重。表面上看,人們興高采烈,是高貴的聚會,但到場的一般來說只是拘束、尷尬和無聊,因為眾人聚集的地方,也就是無賴集會之處,儘管人們的胸前都掛滿了勳章。也就是說,真正優秀的聚會無論在哪裡都必然是相當小型的。輝煌、熱鬧的喜慶場面,其核心始終是空洞的,甚至會有某種不和諧音,因為這種喜

[481]

慶與我們那貧乏和苦難的生活實在格格不入，而那種反差更清楚地道出了事情的真相。如果從表面上看，這些熱鬧的聚會會造成一定的效果，而這就是這些聚會的目的。所以，尚福爾相當美妙地說道：「我們所說的社交、聚會、沙龍是悲慘的一齣戲，一齣糟糕的話劇，乏味、無趣，依靠機械、服飾和包裝暫時地維持。」（《格言和隨想》，第3章）同樣，學院和哲學教席不過就是外在的門面，它們似乎是真理的化身；但真理也大都拒絕在這些地方出現而另投別處。教堂的鐘聲、神父的服飾、虔誠的表情、滑稽的舉動，這些都是門面功夫，都是虔誠的假面。

[482] 這樣，我們盡可以把世上的幾乎一切視爲空心的堅果，果仁本身是很稀有的，果仁藏在殼裡則更是少有的事。只能在另外的地方找到它，並且通常要碰運氣才行。

2

衡量一個人是否過得幸福，我們不應該向他詢問那些令他高興的賞心樂事，而應該了解那些讓他煩惱操心的事情；因為煩擾他的事情越少越微不足道，那麼，他也就生活得越幸福，因為如果微不足道的煩惱都讓我們感受得到，那就意味著我們正處於安逸、舒適的狀態了——在不幸的時候，我們是不會感覺到這些小事情的。

3

我們要提醒自己不要向生活提出太多的要求，因為如果這樣做，我們的幸福所依靠的**基礎**就變得太**廣大**了。依靠如此廣大的基礎才可以建立起來的幸福是很容易倒塌的，因爲遭遇意外和事故的機會增多了，而意外和事故是無法避免的。在基礎方面，我們的幸福的建築物與樓房建築物正好相反，後者因其廣大的基礎而變得牢固。因此，避免重大禍害的最保險途徑就是考慮到我們的能力、條件，盡可能地減少我們對生活的要求。

一般來說，人們最常做的一件大蠢事就是**過分**地爲生活**未雨綢**

繆，無論這種綢繆是以何樣的方式進行。也就是說，為將來做詳盡的計畫首先必須以得享天年作保證，但只有為數不多的人才可以活至高齡。然後，就算一個人能夠享有較長的壽命，但相比定下的計畫而言，時間還是太過短暫了，因為實施這些計畫總要花費比預計更多的時間。再者，這些計畫一如所有人事，都有太多機會遭遇阻滯和失敗，甚少真能成功。最後，就算我們所有的目標都一一實現，我們卻忽略考慮了時間**在我們身上**所帶來的變化，亦即並不曾想過我們不可能在一生中始終保持創造的能力和享受的能力。因此，我們經常埋頭做事，到了目標實現的時候，已經不再適合我們的需要了；或者我們經年累月為某一作品做準備，但這些準備功夫不為人知地消耗了我們的精力，到頭來，我們再也無法完成計畫中的作品了。所以，經歷長年的拚搏，歷盡諸多風險，我們終於獲得了財富，但到了這個時候，我們已不再有能力享受這些財富了。我們其實就是為了別人苦幹了一場。或者經過積年的艱苦努力，終於如願爬上了某一職位，但我們卻已經無力勝任這一職位的工作了。諸如此類的事情屢見不鮮，這是因為我們所追求的結果來得太晚了。或者與此相反，我們太遲著手做事情了，也就是說，就我們做出的成就或者貢獻而言，時代的趣味已經改變了。新一代的人成長起來了，他們對我們成就的事情不感興趣；其他人走了捷徑，趕在了我們前面，種種情形不一而足。賀拉斯的這些話就包含了這方面的意思：

[483]

為何耗損你的靈魂！
它遠遠應付不了你定下的永恆的計畫。

誘使我們犯下這一經常性錯誤的原因是我們的思想之眼產生了不可避免的錯覺。由於這一錯覺，從人生的開始放眼前看，生活顯得一望無際，但是，當人們走到了人生旅程的終點回眸審視一生時，卻又顯得相當的短暫。當然，這種錯覺也有它的好處：因為假如沒有這種錯覺，那

偉大的事情就很難產生。

在生活裡，我們所遭遇的情形類似於這樣的例子：當旅行者邁步走近看到景物時，景物的形狀與他從遠處看見的並不一樣；這些景物就好像隨著旅行者的靠近而變換了形狀。我們的願望尤其是這樣的情形。我們經常找到了與我們當初所追求的不一樣，甚至更好的東西。我們也經常在剛開始的時候選取了某一條途徑追求某一樣東西，但卻一無所獲，但在另外一條途徑反而找到了它。尤其是這樣的事情經常發生：我們追求快感、好運和歡樂，最終卻獲得了教訓、思想和認識——這些真實、持久的好處取代了原先那些匆匆的、表面的好處。這一思想貫穿歌德的小說《威廉‧邁斯特》，它是這部著作的基調。因此，這本小說是一部思想性的作品；也正因此，這部小說的級別遠遠高於所有其他小說，甚[484]至高於華特‧史考特的作品，後者只是倫理性的作品，亦即只是從意志的角度理解和解釋人性。這同樣是《魔笛》這一怪異，但卻意味深長、象形文字般的作品所蘊含的中心思想。這一中心思想透過粗重的音樂線條和舞臺裝飾象徵性地表達了出來。如果在這歌劇的結尾處，泰咪諾要占有泰咪娜的願望消退了，取而代之的只是要求領受，也最終領受了高級的智慧，那麼，這一中心思想就會表達得完美無瑕了。相較之下，帕帕堅諾——這是泰咪諾的必要的襯托人物——得到了他的帕帕堅娜卻是理當如此。高貴和卓越的人很快就領會了命運的教誨，能夠順應命運並且心存感激。他們會明白在這世界上能夠得到的或許只是教誨，而不是幸福。因此，他們習慣和滿足於以希望換取思想和認識。最後他們與詩人佩脫拉克一起說出這樣的話：

除了學習，我感覺不到任何別的快樂。

甚至當他們在某種程度上追隨著欲望和渴求，聽任它們擺布的時候，那也只是一種表面功夫和戲謔玩笑。其實，他們內心深處卻只是期待著獲

得思想教誨。這使他們有著某種沉思的、天才的和高貴的氣質。在這種意義上，我們也可以說，這與那些煉金術士所遭遇的情形一樣：他們只是在尋找金子的過程中發現了火藥、瓷器、醫藥，甚至大自然的規律。

B. 我們對待自己的態度

4

正如參與修建一座建築物的工人，並不會知道或者也不會在心裡時刻記住這座建築物的總體規劃，同樣，一個人在度過生命中每一小時、每一天的時候，對自己的總體生命進程及其特徵也不甚了解。一個人的一生越有價值越有意義和計畫，越具有獨特的個性，那他就越有必要不時地認清自己生命總體發展的大致脈絡和自己的計畫，這對他大有好處。為此目的，他當然要踏上「認識你自己」[11] 的第一步，亦即了解清楚自己首要和真正的意願，知道哪些東西對他的幸福是至為重要的；然後，對於何者排在第二和第三位置必須心中有數。同時，他也應該大致上明白自己應該從事何種職業、需要扮演何種角色以及自己與這一世界的關係。如果一個人具備非凡的個性，那麼，對自己的生命計畫有一個大概的了解，能夠比任何一切都更有效地增強自己的勇氣，振作、鼓足信心，激勵自己行動起來，避免走彎路。

正如一個旅行者只有在抵達了一處高地以後，才能夠回頭整體、連貫地看到自己所走過的迂迴曲折的道路，同樣，只有當我們度過了生命中的一段時間，或者在我們的整體生命終結的時候，我們才能把我們的做事、成就和作品真正連繫起來，包括其中確切的因果關聯，甚至才能了解到它們的價值。這是因為只要我們仍然置身其中，那我們的行事就只能總是遵循我們那固定不變的性格構成，受著動機的左右和我們能力的制約；也就是說，我們的行事自始至終都有其必然性，我們在每一刻

[485]

---

[11] 刻在德爾斐的阿波羅神殿的格言。

都做著我們在那一刻認爲合理和適當的事情。只有事後的結果才讓我們看清那過程中到底發生了什麼事情，對事情整體的回顧才使我們明白事情如何和爲什麼。因此，當我們忙於從事偉大的事業或者創作不朽的著作時，自己並不會清楚地意識到這一點，而只是覺得完成這些工作合乎自己當時的目標和打算，也就是當時合理、該做的事情。只有把生活總體連貫起來以後，我們的性格和能力才會顯現其本色。我們可以看到，在碰到具體某一事情的時候，我們憑藉自己的守護神的指引，在雜亂紛紜的歧路當中，偏偏挑選了那唯一正確的路徑，猶如靈感在那一刻閃現。無論在理論上還是在實際生活當中，都是這樣的情形。反過來，對於我們所從事的無價值的和失敗了的事情，也是同樣的原理。現時此刻的重要性甚少馬上就被我們認識清楚，而只能是在過了很長的一段時間以後。

[486]

5

　　人生智慧的重要一點就是在關注現在和計畫將來兩者之間達到恰到好處的平衡，這樣，現在與將來才不至於互相干擾。許多人太過活在當下，這些是無憂無慮、漫不經心的人；也有的人則過度活在未來，他們則是焦慮和容易擔心的人。人們很少能夠在處理現在和將來兩者當中把握恰到好處的尺度。那些以希望和努力只生活在未來的人，眼睛永遠向前看，對將要發生的事情迫不及待，彷彿將來的事情才會爲他們帶來眞正的幸福。在這期間，他們卻對現在不予理會，不加咀嚼，聽任現時匆匆逝去。這些人儘管貌似精明，但卻跟義大利的一種驢子一樣：在驢子的頭上，人們插上一根繫著一束乾草的棍子，這就加快了驢子的步伐，因爲驢子看到乾草近在眼前，總希望趨前得到這束乾草。上述那些人終其一生都在欺騙自己，因爲直到他們死去爲止，他們都只是暫時地活著。我們不應該只是計畫和考慮將來，或者一味眷戀往昔。永遠不要忘記：現在才是唯一眞實和確切的，而將來的發展幾乎總是與我們的設想

有所不同，甚至過去也與我們所回想的有所不同。總而言之，不管將來還是過去，對我們來說都不是表面看起來的那麼重要。這是因為距離相隔遠了，物體在人的視覺裡就縮小了，但卻在思想裡放大了。只有現時才是真正的和現實的。現時包含了現實的內容，我們的存在唯獨就在這一時間。因此，我們應該愉快地迎接此時此刻，從而有意識地享受每一可忍受的、沒有直接煩惱和痛苦的短暫時光，也就是說，不要由於在過去我們的希望落空，現在就變得鬱鬱寡歡，或者為了將來操心傷神以致敗壞現時。由於懊惱過去和操勞將來，我們趕走了美好的現在時光或者任意地糟蹋它，這可是徹頭徹尾的愚蠢做法。某一特定的時間可作操心甚至後悔之用，但在這一特定時間過去以後，我們對已經發生了的事情就應作如是觀：

> 無論事情多麼悲痛，我們必須讓過去的事情成為過去，
> 或許我們難以做到這一點，但我們
> 必須抑制我們內心的不滿。

而將來的事情則

> 還在神靈的腹中。

而對此時此刻，則應該「把每一天都視為各自分開的一段生命」（塞內卡語），使這唯一真實的時間盡量地讓人愉快。

我們只能為那些肯定會發生的災禍憂心：這些災禍發生的時間甚至也是確定的了。但是，屬於這一類的災禍少之又少，因為將來的災禍要麼只是可能的，充其量是很有可能發生，要麼就是雖然肯定會發生，但是，災禍到來的時間卻是全然不確定的。如果我們聽任自己受制於這兩種災禍，那就永無片刻安寧了。為保證我們生活的安寧免遭並不肯定發

生，或者並不肯定在某一時間發生的災禍的剝奪，我們必須養成習慣，把並不肯定發生的災禍視為永遠不會發生，而並不肯定在某一時間發生的災禍則肯定不會在很短時間內發生。

不過，我們的安寧越少受到害怕的打擾，就越會被我們的願望、欲念和期待所擾亂。歌德的美妙詩句「我從不寄託希望在任何事情上」，其實就是說只有當人掙脫了所有各種可能的期望和要求，返回赤裸和冰冷的存在本身，人才能領會到精神上的安寧，而精神的安寧卻是幸福的構成基礎，因為要讓現時乃至整個一生還可享受的話，精神的安寧是必不可少的。為此目的，我們應該永遠記住：今天只有一次，永遠不會再來。但我們誤以為今天又將在明天重現。其實，明天已是另外一天，它也只來一次。我們忘記了每一天都是生命中不可缺少的，因此也是無可替代的一個組成部分；我們只是把每一天視為在生命的名目下所包括的東西，正如在一個集合概念下所包含的各個單一事物。在我們生病、困頓的時候，每當念及在這之前沒有疾病和痛苦的時光，就陡然讓人心生無盡的羨慕——那些美好的日子就猶如不曾得到我們珍惜的朋友，它們簡直就是失去了的天堂。在健康、美好的日子裡，這種情形應被我們時刻牢記在心，這樣，我們就會備加珍惜和享受此刻的好時光。但我們卻不加留意地度過我們美好的日子，只有到了糟糕的日子真正來臨的時候，我們才會想念和渴望曾經有過的美好日子。我們面帶愁容，許多歡樂愉快的時光未加品嘗和咀嚼就過去了，直到以後日子變得艱難和令人沮喪的時候，我們才徒勞地為逝去了的好日子而嘆息。我們不能這樣做。我們應該珍惜每一刻可以忍受的現在，包括最平凡無奇的、我們無動於衷地聽任其逝去，甚至迫不及待地要打發掉的日子。我們應該時刻記住：此刻時光匆匆消逝化作神奇的往昔，從此以後，它就存留在我們的記憶裡，照射出不朽之光芒。在將來，尤其到了糟糕惡劣的日子，我們的記憶就會拉起帷幕：此刻時光已經變成了我們內心眷戀和思念的對象。

6

所有侷限和節制都增進我們的幸福。我們的視線、活動和接觸的範圍圈子越狹窄,我們就越幸福;範圍圈子越大,我們感受的煩擾、折磨或者憂心就越多。這是因爲隨著這一範圍圈子的擴大,我們的願望、操勞、恐懼也就相應增加。所以,甚至盲人也不是像我們先驗以爲的那樣不幸,這一點可以透過他們那種柔和的幾乎是愉快的寧靜表情得到證明。同時,部分地由於這一規律,我們後半生比起前半生更加淒涼痛苦。這是因爲在我們的一生中,我們的目標和關係的視野總是不斷地擴展。在兒童期,這視野只侷限於周圍的環境和狹隘的關係。到了青年期,這範圍明顯擴大了;進入成人期以後,我們的整個生命軌跡,甚至在很多時候那些最遙遠的連繫、別的國家和民族都被納入我們的視線之內;在老年期,那視野範圍包括了後一輩。而侷限制約——甚至精神方面的——都有助於增進我們的幸福。這是因爲意志越少激動,我們的痛苦也就越少。我們知道,痛苦是肯定性質的,而幸福則純粹是否定性質的。限制我們的活動範圍就消除了刺激起我們意志的外在動因,精神上的制約則消除了內在動因。不過,精神上的制約卻存在這一不足之處:它爲無聊敞開了門戶,而無聊卻是人們無數痛苦的間接根源,因爲人們爲了驅趕無聊,會不擇手段地尋求消遣、社交、奢華、賭博、酗酒等等,這些帶給人們的只是各式各樣的損失、破產、不幸。「人們無事可做的時候難以保持平靜。」相較之下,盡可能地**外在**限制更能增進人們的幸福,這些限制甚至是幸福所必不可少的。關於這一點可以從這一個例子看得出來,田園詩歌,這些唯一注重描繪人的幸福的詩歌,始終是和本質上是表現那些在狹窄環境生活的人們。我們在觀看那些所謂的風俗畫時會感到某種愉悅之情,其原因也在於此。因此,我們生活的關係應該盡可能地**簡單**,甚至**單調**的生活方式,只要這不至於產生無聊,都會增進我們的幸福,因爲這樣我們就更少地感覺到生活本身,並因此更少地感覺到生活的重負,而重負本來就是生活的本質。這樣,生活的流

[489]

淌就像一條波瀾不驚、漩渦不起的小溪。

7

在我們的苦、樂方面，歸根結柢取決於我們意識裡面的、所關注的是什麼。大致而言，純粹的思想智力活動與實際生活相比較，能給具備這方面思想能力的人帶來更多的歡樂；實際生活中的成功與失敗總是變幻不定，伴隨著的就是人的情緒動盪和勞累折磨。當然，從事純粹的精神活動需要具備優異突出的精神能力。不過，值得注意的是，正如忙於外在的生活會打擾我們從事的研究，奪走精神生活所需要的寧靜和專注，同樣，持續從事精神活動會或多或少地削弱我們應付嘈雜、繁忙的現實生活的能力。因此，每過一段時間，當情勢需要我們著力操持某些[490]實際事情的時候，暫時完全中斷精神活動會有好處。

8

要過一種**深思熟慮**的生活，並且能從生活經驗中汲取一切有益的教訓，我們就必須勤於反省，經常回顧和整理做過的事情與曾經有過的感覺和體驗；此外，還要把我們以前對事情的判斷和現在的看法，以前定下的計畫及追求和最終得到的結果及滿足互相比較。這是人生經驗提供的單獨的反覆溫習。一個人的生活經歷可被視為一本書的正文，而對生活經歷的咀嚼和認識則是對這正文做出的評論和解釋。如果一個人有太多的反省和認識，但生活經歷卻又很少，那就好比只有兩行正文，但注解卻有40行之多。如果一個人閱歷很廣，但卻對此甚少反省，認識也不多，那就好比一種比邦迪那版叢書——裡面沒有注解，正文的許多意思都不甚了了。

畢達哥拉斯總結出來的規律與我在這裡向諸位提出的建議不謀而合：一個人在晚上睡覺前，應該詳細地逐一檢查自己在白天的所作所為。如果一個人耽於世俗事務或者縱情於感官享受，對過去了的事情不加回想，而只是隨波逐流地生活，那麼，他對生活就欠缺清晰、周密的

思考，情感就會雜亂無章，思想也夾雜著某種程度的混亂不清。這些就從這個人說出的短小、破碎、突兀的詞句表現出來。外在的騷動越厲害，外在給予的印象越多，人的精神內在活動越小，那出現的這種情形就尤其明顯。

在此值得一提的是，經過較長一段時間，或者當事過境遷以後，雖然這些事境當時影響過我們，但我們再也無法喚起和重溫當時被這些事境所激發的情緒和感覺；但卻可以回想起當時由這些事境所引發的**意見**和**看法**。當時的那些看法是當時的事境的結果和表述，是測量那些事、境的尺度。因此，對那些值得回味時刻的記憶和紀錄，應該小心保存下來。在這一方面我們的日記會很有幫助。

[491]

9

能夠自得其樂，感覺到萬物皆備於我，並可以說出這樣的話：我的擁有就在我自身——這是有助於我們幸福的最有用的素質。因此，亞里斯多德說過的一句話值得反覆回味：「幸福屬於那些容易感到滿足的人。」（《優臺謨倫理學》，7，2。這也是尚福爾的妙語所表達的同樣思想，我把這句妙語作為警句放在這篇的開頭）其中一個原因是人除了依靠自身以外，無法有確切把握地依靠別人；另一個原因則是社會帶給人的困難和不便、煩惱和危險難以勝數，無法避免。

獲得幸福的錯誤方法莫過於追求花天酒地的生活，因為我們企圖把悲慘的人生變成接連不斷的快感、歡樂和享受。這樣，幻滅就是不可避免的了；與這種生活必然伴隨而至的還有人與人的相互撒謊和哄騙。[12]

首先，生活在社會人群當中必然要求人們相互遷就和忍讓；因此，人們聚會的場面越大就越容易變得枯燥乏味。只有當一個人獨處的時

---

[12] 正如衣服遮蔽著我們的身體一樣，謊言也遮蔽著我們的頭腦。我們的言語、行為和我們的整個本性都是虛假和帶欺騙性的，我們只能透過這層外紗勉強猜度我們的真實情感，正如只能透過衣服預估一個人的身材一樣。

候，他才可以**完全成為自己**。誰要是不熱愛獨處，那他也就是不熱愛自由，因為只有當一個人獨處的時候，他才是自由的。拘謹、掣肘不可避免地伴隨著社交聚會。社交聚會要求人們做出犧牲，而一個人越具備獨特的個性，那他就越難做出這樣的犧牲。因此，一個人逃避、忍受抑或喜愛獨處是和這個人自身具備的價值恰成比例。因為在獨處的時候，一個可憐蟲就會感受到自己的全部可憐之處，而一個具有偉大思想的人只會感覺到自己偉大的思想。一言以蔽之，一個人只會感覺到自己的自身。進一步而言，一個人在大自然的級別中所處的位置越高就越孤獨，更確切地說，這是根本上如此，也是不可避免地如此。如果一個人身體的孤獨和精神的孤獨互相對應，那反倒對他大有好處。否則，跟和自己不同的人進行頻繁的交往會擾亂心神，並被奪走自我，而對此損失他並不會得到任何補償。大自然在人與人之間的道德和智力方面定下了巨大差別，但社會對這些差別是視而不見的，對每個人都一視同仁。更有甚者，社會以地位和階層等人為的差別和級別取代了大自然定下的差別，而這兩類差別卻通常互相背道而馳。受到大自然薄待的人受益於社會生活的這種安排而獲得了不錯的位置，而為數很少的得到了大自然青睞的人的位置卻被貶低了。因此，後一種人總是逃避社交聚會。而每個社交聚會一旦變得人多勢眾，平庸就會占了上風。社交聚會之所以會對才智卓越之士造成傷害，就是因為每個人都獲得了同等的權利，這樣人們對任何事情都提出了同等的權利和要求（儘管他們的才具參差不一），就是對社會做出了同等的成績和貢獻。所謂的上流社會承認一個人在其他方面的優勢，卻唯獨不肯承認一個人在精神思想方面的優勢，他們甚至抵制這方面的優勢。社會約束我們對愚蠢、呆笨和反常表現出沒完沒了的耐性，但具有優越個性的人卻必須請求別人對自己的原諒，或者必須把自己的優越之處掩藏起來，因為優越突出的精神思想，其存在本身就構成了對他人的損害，儘管它完全無意要這樣做。因此，所謂「上流」的社交聚會，其壞處不僅只是把那些我們不可能稱道和喜愛的人提供給

我們，同時，還不允許我們以符合自己天性的方式成為自己；相反，它強迫我們為了迎合別人而扭曲、萎縮自己。有深度的交談和充滿思想的想法，只能屬於由思想豐富的人所組成的聚會。在泛泛的社交聚會中，[493] 人們對充滿思想見識的談話絕對深惡痛絕。所以，在這種社交場合要取悅他人，就絕對有必要把自己變得平庸和狹隘。因此，我們為達到與他人相像、投契的目的，就只能自我否定、犧牲大部分的自我。當然，為此代價我們獲得了他人的好感。但一個人越有價值就越會發現自己這樣做實在是得不償失，這根本就是一樁賠本的買賣。人們通常都是無力還債的，他們把無聊、煩惱、不快和否定自我強加給我們，但對此卻無法做出補償。絕大部分的社交聚會都是這樣的性質。放棄這種社交聚會以換回獨處，那我們就是做成了一樁精明的生意。另外，由於真正的，亦即精神思想上的優勢不會見容於社交聚會，並且也著實難得一見，為了代替它，人們就採用了一種虛假的、世俗常規的，建立在相當隨意的原則之上的東西，作為某種優越的表現——它在高級的社交圈裡傳統般地傳遞著，就像暗號一樣可以隨時更改。這也就是人們名之為時尚或時髦的東西。但是，當這種優勢一旦和人的真正優勢互相碰撞，它就馬上顯示其弱點。此外，「當時髦進入時，常識也就引退了」。

大致說來，一個人只能與自己達成**最完美的和諧**，而不是與朋友或者配偶，因為人與人之間在個性和脾氣方面的差異肯定會帶來某些不相協調，哪怕這些不協調只是相當輕微的。因此，真正的內心喜悅和完美的心平氣和，這在這塵世間僅次於健康的至高無上的恩物，也只有在一個人孤身獨處的時候才可覓到；而要長期保持這一心境，則只有深居簡出才行。這樣，如果一個人的自身既偉大又豐富，那麼，這個人就能享受到在這一貧乏的世上所能尋覓到的最幸福的狀態。確實，我們可以這樣說：就算友誼、愛情和榮譽緊緊地把人們連結在一起，但歸根結柢 [494] 人只會真心對待自己，頂多也真心對待自己的孩子。由於客觀或者主觀的條件，一個人越不需要跟人們打交道，那麼，他的處境也就越好。孤

獨的壞處就算不是一下子就被我們感覺到，也可以讓人一目了然；相較之下，社交生活的壞處卻是隱蔽的：在消遣、閒聊和其他與人交往的樂趣的表面下，掩藏著巨大的通常是難以彌補的禍害。青年人首先上的一課，就是要學**會承受孤獨**，因為孤獨是幸福、安樂的源泉。由此可知，只有那些依靠自己，能夠總而言之成為自己的人才是處境最妙的人。所以，西塞羅說過：「一個完全依靠自己，一切稱得上屬於他的東西都存在於他的自身的人是不可能不幸福的。」（《書信集》，2，17）此外，一個人的自身擁有越多，那麼，別人能夠給予他的也就越少。正是某種自身充足的感覺，使具有內在豐富價值的人不願為了與他人的交往而做出所需的、顯而易見的犧牲，也更加不會主動尋求這些交往而否定自我。平庸的人卻恰恰相反，他們喜好與人交往，喜歡遷就別人，也就是說，他們忍受別人要比忍受他們自己更加容易。此外，在這世上，真有價值的東西並不會受到人們的注意，受人注意的東西卻往往缺乏價值。每一個有價值的、出類拔萃的人都寧願離群索居——這就是上述事實的證明和結果。據此，對一個具備自身價值的人來說，如果他在需要的時候盡量減少自己的要求，以保有或者擴大自己的自由，並因此盡量少敷衍他的同類——因為在這世上人是無法避免與其同類打交道的——那這個人也就具備了真正的人生智慧。

[495] 促使人們熱衷與人交往的原因，就是人們無法忍受孤獨和無法在孤獨中忍受自己。他們內心的厭煩和空虛也驅使他們到外地旅行、觀光。他們的精神思想欠缺某種彈性，無法提供自身的活動；因此，他們就試圖透過喝酒以增強這活動，不少人就是由此途徑變成了酒鬼。也正因此，這些人需要得到來自外在的持續不斷的刺激，而且是最強烈的刺激，亦即從其同一類本質的人得到最強烈的刺激。缺少了這些刺激，他們的精神就在其重負之下沉淪，並最終陷進某種令人窒息的渾噩

之中。[13] 我們也可以說，這類人都只各自擁有人性理念中的一小部分內容，因此，他們需要透過他人而獲得許多補充。只有這樣，他們才能在某種程度上獲得人的完整意識。相較之下，一個完整的人，人之中的佼佼者，就是一個統一體，而不是人的統一體中的一小部分。因此，這個人的自身也就是充足完備的。在這種意義上，我們可以把平庸之輩比之於那些俄羅斯獸角樂器。每支獸角只能發出一個單音，把所需的獸角恰當地湊在一起才能演奏音樂。絕大多數人的精神和氣質單調、乏味，恰似那些只能發出單音的獸角樂器。確實，不少人似乎畢生只有某種一成不變的見解，除此之外，就再也沒有能力產生其他的念頭和思想了。由此不但解釋清楚為什麼這些人是那樣的無聊，同時也說明了他們何以如此熱衷與人交往，尤其喜歡成群結隊地活動，即「人類的群居特性」。人們單調的個性使他們無法忍受自己，「愚蠢的人飽受其愚蠢所帶來的疲累之苦」。人們只有在湊到一塊聯合起來的時候，才能有某些作為。這種情形與把俄羅斯獸角樂器集合起來才能演奏出音樂是一樣的道理。但是，一個有豐富思想頭腦的人，卻可以跟一個能單獨演奏音樂的高手相比；或者我們可以把他比喻為一架鋼琴。也就是說，正如鋼琴本身就

[496]

---

[13] 眾所週知，不幸和災禍如果由眾人共同承受，就會減輕許多。人們好像把無聊也看作是某種不幸和災禍了，所以，他們聚在一起，目的就是患難與共，一齊無聊。正如人們對生命的愛其實只是對死亡的恐懼一樣，人們**對社會交往的渴望**歸根結柢也不是一種直接的渴望。它並不是基於對社會人群的喜愛，而是出自對孤獨的恐懼。因為與其說人們主動尋求他人的愉快陪伴，*毋寧說他們在躲避孤獨帶來的淒涼和壓抑，躲避自己單調乏味的思想意識*。為此原因，我們不得不接納糟糕的人群，容忍與他們打交道所必然帶來的壓抑、窘迫。但如果對於這些不便之處的厭惡占了上風，並由此形成了獨處的習慣，磨練了自己承受孤獨時的感覺和印象的能力，那麼，孤獨就再也無法產生上述效果。到了這個時候，我們就可以從獨處生活中得到樂趣，而不會渴求人群的陪伴；因為對人群的需要畢竟不是一種直接的需要，更何況我們現在也習慣了獨處的種種令人愉快的好處呢。

是一個小型樂隊，同樣，這樣一個人就是一個微型世界。其他人需要得到相互補充所達到的，這種人單個的、一體的頭腦意識就達到了。就像鋼琴一樣，他並不是一個交響樂中的一分子，他更適合獨自一人演奏。如果他真的需要跟別人合作演奏，那他就只能作為主音，得到的是別的樂器的伴奏，就像樂隊中的鋼琴一樣。或者他就像鋼琴那樣定下聲樂的調子。那些喜愛社會交往的人盡可以從我的這一比喻裡面得出一條規律：交往人群所欠缺的品格只能在某種程度上透過人群的數量以作彌補。有思想頭腦的同伴，有一個就足夠了。但如果除了平庸之輩就再難尋覓他人，那麼，把這些人湊足一定的數量倒不失為一個好的辦法，因為透過這些人的各自差異和相互補充——沿用獸角樂器的比喻——我們還是會有所收穫的。但願上天賜予我們耐心吧！

同樣，由於人們內心的貧乏和空虛，當那些更加優秀的人們為了某些高貴的理想目標而組成一個團體時，最後幾乎無一例外都是這樣的結果：在那龐大的人群當中，總有那麼一些人混進或者強行闖進這一團體，這些人就像覆蓋一切、無孔不入的害蟲，隨時準備著抓住任何能夠[497] 驅趕無聊或者彌補不足的機會。這樣，用不了多長時間，這個團體就要麼遭到了破壞，要麼被篡改了本來面目，與組成這一團體的初衷背道而馳。

除此之外，人的群居生活可被視為人與人相互之間的精神取暖，這類似於人們在寒冷的天氣擁擠在一起，以身體取暖。不過，自身具有非凡的思想熱力的人是不需要與別人互相合作的。在《附錄和補遺》第2卷最後一章裡，讀者會讀到我寫的一則表達這層意思的寓言。一個人對社會交往的熱衷程度大致上與他的精神思想的價值成反比。這一句話「他不喜好與人交往」，就幾乎等於說「他是一個具有偉大素質的人」了。

孤獨為智力優異的人帶來了雙重的好處：第一，他可以成為自己；第二，他用不著和別人在一起。第二點彌足珍貴，尤其我們還記得社會

交往所意味的束縛、煩擾，甚至危險。拉布呂耶爾說過：「我們所有的不幸都是因無法獨處而起。」（《品格論》，第259頁）熱衷與人交往其實是一種相當危險的、有害的傾向，因為我們與之打交道的大部分人道德卑劣、智力呆滯或者反常。不喜交際其實就是不需要這些人。一個人如果自身具備足夠的內涵，以至於根本沒有與別人交往的需要，那確實是一大幸事，因為幾乎所有的痛苦都來自與人交往，我們平靜的心境會隨時因為與人交往而受到破壞，而平靜的心境對於我們的幸福極其重要，僅次於健康。所以，沒有足夠的獨處生活，平靜的心境是不可以維持的。為了享受心境平和所帶來的幸福，犬儒學派哲學家放棄了擁有財產。誰要是為了這同樣的目的而放棄與人交往，那他也就做出了最明智的選擇。柏那登‧德‧聖皮埃爾的話一語中的，並且說得很美妙：「節制食物會讓我們身體健康，節制與人交往會讓我們心靈平靜。」因此，誰要是在早年就喜歡上了獨處，那他就不啻獲得了一個金礦。當然，不是每個人都能夠這樣做。這是因為正如人們當初是受到匱乏的驅趕而聚集在一起，一旦解決了匱乏，無聊同樣會把人們驅趕到一塊。沒有了匱乏和無聊，人們或許就會孤身獨處，雖然這只是因為每個人都自認為很重要，甚至認為自己是獨一無二的，而在獨處時，周圍的環境恰好適合如此的評價，因為生活在擁擠、繁雜的世人當中，就會變得舉步維艱，痛苦掣肘不斷，自己心目中的重要性就會消失殆盡。在這種意義上說，獨處甚至是每個人自然的、合適的生活狀態：它使每個人都像亞當那樣重新享受原初的、與自己本性相符的幸福快樂。

　　但當然，亞當並沒有父親和母親！所以，從另一種意義上說，獨處對於人又是不自然的，起碼當人來到這一世界時，他並不是孤獨的，而是周圍有父母、兄弟、姊妹，亦即發現自己是群體中的一員。據此，對獨處的熱愛並不是某種原初的傾向，而是經驗和思考之後的結果，並且是隨著自身的思想能力的發展和與此同時歲數的增加而形成。據此，總體而言，一個人對社會交往的渴望程度與他的年齡大小成反比。幼兒獨

[498]

自待上一會兒時間就會驚恐和痛苦地哭喊,要一個少年單獨一人則是對他的嚴厲懲罰,青年人則很容易就會湊在一塊,只有那些氣質高貴的青年人才會有時候試圖孤獨一人,但如果單獨待上一天的時間,那仍然是困難的。但成年人卻可以輕而易舉做到這一點,他們已經可以獨處比較長的時間了;並且年紀越大就越能夠獨處。最後,到達古稀之年,在已逝去的一代人中碩果僅存的老者,對生活中的快感娛樂要麼不再需要,

[499] 要麼已經完全淡漠。對這種老者來說,獨處與他們是真正契合的。但就個人而言,孤獨、離群的傾向強弱總是與一個人的智力價值直接相關。這是因為正如我已經說過的,這種傾向並不純粹自然和直接地發自我們的需要,而只是我們的生活經驗和對此經驗進行思考以後的結果,尤其是認清了絕大多數人那可憐的道德和智力本質以後的結果。這方面最糟糕的情形莫過於在個體的身上,道德上的缺陷和智力上的不足共同聯手作祟,那樣的話,就會出現各種令人極度不快的情形。我們與大部分人進行交往時都感到不愉快,甚至無法容忍,原因就在這裡。因此,雖然在這世界上不乏許許多多糟糕的東西,但最糟糕的莫過於聚會人群。甚至那個交際廣泛的法國人伏爾泰也不得不說:「這世上滿是不值得我們與之交談的人。」(1762 年 6 月 21 日,致德·貝爾尼紅衣主教先生的信)個性溫和的佩脫拉克對孤獨有著強烈的、永恆不變的愛。他也為自己的這種偏好說出了同樣的理由:

　　我一直在尋求孤獨的生活
　　河流、田野和森林可以告訴你們,
　　我在逃避那些渺小、渾噩的靈魂
　　我不可以透過他們找到那條光明之路。

佩脫拉克在優美的《論孤獨的生活》裡詳細論述了獨處的問題。他的書似乎就是辛瑪曼的那本著名的《論孤獨》的摹本。尚福爾以一貫

嘲諷的口吻談論了導致不喜與人交往的這一間接和次要的原因：「有時候，人們在談論一個獨處的人時，會說這個人不喜歡與人交往，這樣的說法就猶如當一個人不願意深夜在邦地森林行走，我們就說這個人不喜歡散步一樣。」[14] 甚至溫柔的基督教徒安吉奴斯也以他獨特、神祕的語言表達了一模一樣的意思：

希律王是敵人，上帝在約瑟夫的睡夢中
讓他知曉危險的存在。
伯利恆是俗界，埃及則是孤獨之處。
我的靈魂逃離吧！否則痛苦和死亡就等待著你。

同樣，布魯諾也表示了這一意見：「在這世上，那些想過神聖生活的人都異口同聲地說過：噢，那我就要到遠方去，在孤獨中居住。」波斯詩人薩迪在《薔薇園》中這樣說自己：「我厭惡我的那些大馬士革的朋友，我在耶路撒冷附近的沙漠隱居，尋求與動物爲伴。」所有那些普羅米修斯用更好的泥土塑造出來的人，都表達了相同的見解。這類優異、突出的人與其他人之間的共通之處，只是在人性中最醜陋、最低級，亦即最庸俗、最渺小的成分；這後一類人組成了群體，他們由於自己沒有能力登攀到前者的高度，所以也就別無選擇，只能把優秀的人們拉到自己的水準。這是他們的追求。試問，與這些人的交往又能得到什麽喜悅和樂趣呢？因此，尊貴的氣質情感才能孕育出對孤獨的偏愛。無賴都是喜歡交際的，他們的確可憐。相較之下，一個人的高貴本性首先反映在這個人無法從與他人的交往中得到樂趣，他越來越寧願孤獨一人，而不是與他人爲伴。然後，隨著歲月的增加，他會逐漸得出這樣的

---

[14] 薩迪在這同一意義上，在《薔薇園》（參見格拉夫譯，第65頁）中說：「自從這一段時間，我們告別了社會，打算孤單地生活，因爲孤獨是安全的。」

見解：在這世上，除了極稀少的例外，我們其實只有兩種選擇：要麼是孤獨，要麼就是庸俗。這話聽起來雖然讓人不舒服，儘管安吉奴斯也有著基督徒的愛意和溫柔，但他還是不得不這樣說：

孤獨是困苦的；但可不要變得庸俗；
因為你會發現到處都是一片沙漠。

[501]　　至於具有偉大心靈的人，這些人類的真正導師不喜歡與他人頻繁交往是很自然的事情，這和校長、教育家不會願意與吵鬧、喊叫的孩子們一齊遊戲、玩耍是同樣道理。這是因為這些人來到這個世上的任務，就是引導人類跨越謬誤的海洋抵達真理。他們把人類從粗野和庸俗的黑暗深淵中拉上來，把他們提升至文明和教化的光明之中。他們雖然必須生活在世俗男女當中，但卻並不真正屬於這些俗人。因此，從早年起他們就已經感覺到自己明顯與他人有別，但只是隨著時間的流逝才逐漸清晰地認識到這情況。他們與大眾本來就有精神上的分離，現在他們刻意再輔之以身體上的分離；任何人都不可以靠近他們，除非這些人並不屬於泛泛之輩。

　　由此可知，對孤獨的喜愛並不是直接的、原初的欲望，而是主要在具有高貴精神思想的人們那裡間接地逐漸形成。在這個過程中，我們免不了要降服那天然的希望與人發生接觸的欲望，還要不時地抗拒魔鬼梅菲斯特的悄聲建議：

停止撫慰你那苦痛吧，
它像隻惡鷹吞噬著活生生的你！
最糟糕的人群都會讓你感覺到
你只是人類中的一員而已。

孤獨是所有精神卓越之士的命運:對此他們有時會唏噓不已,但孤獨始終是他們兩害相權取其輕的選擇。隨著年歲的增長,在這方面做到「讓自己遵循理性」變得越來越容易和自然。當一個人到了60歲,他對孤獨的渴望就已經真正地合乎自然,甚至成為某種本能了。這是因為到了這個年紀,一切因素都結合在一起,幫助形成了對孤獨的渴望。對社交的強烈喜好,亦即對女人的喜愛和性慾已經冷淡下來了。事實上,老年期無性慾的狀態為一個人達到某種自足無求打下了基礎;而自足無求會逐漸吸掉人對社會交往的渴望。我們從花樣繁多的幻象和愚蠢行為中醒悟了過來,活躍、忙碌的生活到了此時也大都結束了,再也沒有什麼可期待的了,也不再有什麼計畫和打算。我們所隸屬的一代人也不再活著了。周圍是新的、陌生的一代,我們成了一種客觀的、真正孤零零的存在。與此同時,時間的流逝越來越迅速,我們更願意把時間投注在精神思想方面。因為只要頭腦仍然保持精力,那所累積的豐富知識和經驗逐步琢磨完善了所有的思想見解,以及所掌握的運用各種能力的高超技巧,都使我們研究事物比起以往更加地容易和有趣。無數以前還是雲山霧罩的東西,現在都被看得清晰明白;事情有了水落石出的結果,我們感覺擁有了某種完全的優勢。豐富的閱歷使我們不再對他人抱有太高的期待,因為總體而言,他人並不都是些經我們加深了解以後就會取得我們的好感和讚許的人。相反,我們知道,除了一些很稀有和幸運的例子以外,我們碰到的除了是人性缺陷的標本以外,不會是別的東西。對於這些人,我們最好敬而遠之。因此,我們不再受到生活中慣常幻象的迷惑。我們很快就可看出一個人,我們不會渴望跟這種人做更深入的接觸。最後,與人分離、與自己為伴的習慣成為了我們的第二天性,尤其當孤獨從青年時代起就已經是我們的朋友了。因此,對獨處的熱愛變成了最簡單和自然不過的事情。但在此之前,它卻必須先和社交的衝動作一番角力。在孤獨的生活中,我們如魚得水。所以,任何出色的個人,因此也就是與眾不同的的人,鶴立雞群、形單影隻的人,在年輕時都受

[502]

到這必然的孤獨所帶來的壓抑，但到了老年，他可以放鬆地長舒一口氣了。

[503] 當然，每一個人享受老年這些真正好處的程度，是由這個人的智力程度所決定的。因此，雖然每個人都在某種程度上享受到老年期的好處，但只有精神卓越的人才最大程度地享受老年的時光。只有那些智力低劣和素質太過平庸的人，才會到了老年仍然像在青年期那樣對世俗人群樂此不疲。對那個不再適合他們的群體來說，他們既是麻煩又是負擔；他們頂多只能做到使別人容忍他們。但這以前，他們可是受到人們歡迎的人。

上述我們的歲數與我們對社交的熱衷程度成反比，也還有哲學上目的論的解釋。一個人越年輕就越需要在各個方面學習，這樣，大自然就讓年輕人展開互相學習的課程。人們在與自己相仿的人交往時，也就是互相學習了。在這方面，人類社會可被稱為一個龐大的貝爾·蘭卡斯特模式的教育機構。一般的學校和書本教育是人為的機構，因為這些東西遠離大自然的計畫。所以，一個人越年輕就越感興趣進入大自然的學校——這合乎大自然的目的。

正如賀拉斯所說的：「在這世上沒有什麼是完美無瑕的。」印度的一句諺語：「沒有不帶莖柄的蓮花。」所以，獨處雖然有諸多好處，但也有小小的不便和麻煩。不過，這些不便和麻煩與跟眾人在一起時的壞處相比，卻是微不足道的。因此，誰要是自身還有某些價值，就會永遠發現用不著與他人相處要比與他人相處輕鬆容易。但是，在孤獨生活的諸多不便當中，一個不好之處卻並不容易引起我們的注意：正如持續待在室內會使我們的身體對外界的影響變得相當敏感，一陣小冷風就會導致身體生病，同樣，長期離群索居的生活會使我們的情緒變得異常敏感，一些不值一提的小事、話語，甚至別人的表情、眼神都會使我們內心不安、受傷和痛苦。相較之下，一個在熙攘、繁忙當中生活的人卻完全不會注意到這些雞毛蒜皮的事情。

如果一個人出於對別人有理由的厭惡，迫於畏懼而選擇了獨處，那麼，對獨處生活的孤寂他是無法長時間忍受的，尤其這人正當年輕的時候。我建議這種人要習慣於把部分的孤獨帶進社會人群中去，亦即要學會在人群中保持一定程度上的孤獨。這樣，他就要學會不把自己隨時隨地的想法馬上告訴別人；同時，對別人所說的話不要太過認真。他不能對別人有太多的期待，無論在道德上抑或在智力上。因此，對別人的看法，他應鍛鍊出一副淡漠、無動於衷的態度，因為這是培養值得稱道的、寬容的、最切實可行的手段。雖然生活在眾人之中，但他不可以完全成為眾人的一分子，而是要與眾人更多地保持某種純粹客觀的連繫。這樣會使他避免與社會人群有太過緊密的連繫，也以此保護自己免遭別人的詆毀或者傷害。關於節制或說躲避與人交往，我們在莫拉丹所寫的喜劇《咖啡廳，或新喜劇》中找到那值得一讀的戲劇描寫，尤其在劇中第 1 幕第 2 景中對 D. 佩德羅的性格的描繪。在這一意義上而言，我們可以把社會人群比喻為一堆火，聰明人在取暖的時候會與火保持一段距離，而不會像傻瓜那樣太過靠近火堆；後者在灼傷自己以後，就一頭投進寒冷的孤獨之中，抱怨說火苗是灼人的。

10

對人來說**嫉妒**是自然的，但嫉妒既是一種罪惡，又是一樁不幸。[15] 因此，我們應視它為我們幸福的敵人，要像對付惡魔一樣地消滅它。塞內卡以美妙的言辭給了我們指示：「不跟別人比較的話，我們會為我們所得到的感到快樂；如果由於別人比我們更加幸運而內心不安，那我們將永遠不會快樂。」（《論憤怒》，3，30）還有：「如果你看到很多生活得比你好的人，那你就想想有多少處境比你糟糕的人吧。」

---

[15] 人們感受到嫉妒表明他們感到多麼的不幸福，他們時刻**關注**別人的事情，表明他們是多麼的無聊。

[505]（《書信集》，15）所以，我們應該多想一想那些處境比我們更為惡劣的人，因為那些生活得比我們好的人只是看起來比我們更好而已。甚至在實際災禍降臨在我們頭上的時候，最有效的安慰——雖然這和嫉妒出自同一源頭——就是想到那些遭受了更加巨大痛苦的人，其次就是多跟那些與我們是同一處境，亦即同病相憐的人交往、接觸。

關於嫉妒的主動一面，就談論這些。至於嫉妒的被動一面，我們應該牢記：沒有哪一種恨意能像嫉妒那樣難以消除。因此緣故，我們千萬不要無休止和不遺餘力地刺激它；我們更應該放棄享受嫉妒以及許多其他的樂趣，以免遭受它帶來的後果。在這世上有 **3 類貴族**：第一，基於出身和地位的貴族；第二，基於金錢財富的貴族；第三，精神思想方面的貴族。最後一類是真正至為尊貴的，只要給予他們時間，他們的尊貴就會得到人們的認可。腓特烈大帝就曾經這樣說過：「具有優越靈魂的人占據和帝王同等的地位。」他對內廷總監也說過這一番話，因為內廷總監很反感部長大臣和元帥們與內廷總監坐在同一張桌子吃飯，而伏爾泰卻被安排坐在只留給國王和王子的桌子。這每一類貴族的周圍聚集著一大群心懷嫉妒的人，這些人私底下都因為人家擁有尊貴而感到內心痛苦。當他們再沒有必要畏懼這些尊貴者時，他們就會煞費苦心地變換各種不同的方式，讓尊貴者知道：「你並不比我們強得了多少！」不過，他們做出這些努力恰恰暴露了他們對與此相反的看法，其實是深信不疑的。容易引起別人嫉妒的人理應採用的辦法就是與嫉妒者保持相當的距離，盡量避免與他們接觸，以便雙方之間始終保留一道巨大的鴻溝。如果不可能做到這一點，那麼，最好的辦法就是在受到嫉妒者的攻擊時，能夠保持最大限度的從容鎮定，因為導致嫉妒者發起攻擊的原因足以抵消他們的攻擊，這也是我們所看到的普遍的對付辦法。與此同時，這 3 類貴族相互間卻通常相安無事，並沒有嫉妒的產生，這是因為他們各有自己的優勢，以抗衡別人的優勢。

11

我們在實施某一計畫時，應該先把這一計畫深思熟慮一番；儘管每一個細節都已詳細考慮完畢，我們仍然需要為人類知識的有限和不足留下餘地。因為總有可能會出現一些我們不可能考慮到或者無法預知的情況：這些情況會打亂我們的全盤計畫。這種顧慮會在消極的一面影響我們，提醒我們在處理重大事情時，如果沒有必要不能輕舉妄動，「本來是不動的話，那就不要讓其運動起來」（薩魯斯特，《卡提里拿》，21，1）。但一旦我們做出了決定，並且已經著手工作，那現在就要讓一切按部就班地進行，只需等待結果而已。這時候，我們就不要老是緊張兮兮地不斷回頭，重新考慮已經付諸實行的事情和擔憂可能遭遇到的危險，而是應該把整件事情拋諸腦後，對其思考貼上封條；確信已經在當時深入、澈底地考慮了一切，並以此得到安慰。一句義大利諺語也給出這一建議——歌德把它譯為：「為馬備好了馬鞍，那就讓牠出發吧！」附帶說一句，歌德在「諺語」的條目下所收集的許多格言和警句都是來自義大利諺語。如果事情的結局是糟糕的，那是因為所有人為的事務都受制於偶然和錯誤。蘇格拉底，這個世界上最有智慧的人，只是為了正確處理好自己的個人私事，或者起碼避免出差錯，也需要得到某個守護神給予的警示。這證明了人的智力不足以保證事情的發展結果。因此，這據稱是最先出自某個教皇的說法，即對於我們所遭遇的每一樁不幸，我們自己都難辭其咎（至少在某種程度上是這樣），雖然不是在每種情況下都絕對真實，但在大多數情況下的確如此。似乎正因為人們對此真理有所感覺，所以，人們才盡可能地掩藏起自己所遭受的不幸，並竭力裝出一副滿足的樣子。他們擔心別人從他們的不幸遭遇推斷出他們的過錯。

12

在遭受已經發生、不可更改的不幸時，我們甚至不可以允許自己

認為事情本來可以有另外一個結局；更加不可以設想我們本來可以阻止這一不幸的發生。因為這種想法只能加劇痛苦至難以忍受的程度，我們因此也就是在折磨自己了。我們應該像大衛王那樣：他的兒子臥病在床時，他不停地向耶和華上帝乞憐、請求；但兒子死了以後，他就彈手指，想都不再想死了兒子這件事情。那些難以放鬆自己心情的人，可以以命運論的觀點安慰自己，因為命運論說明了這樣一個真理：所有發生的事情都是必然發生的，亦即不可避免的。

不過，這一條規則也有它的片面性。在遭遇不幸時，它雖然可以讓我們直接獲得放鬆和安慰，但如果我們的輕率、魯莽要為我們的不幸負上部分責任——通常都是這種情形——那麼，對當初如何才能防止這一不幸進行一番反覆的、令人痛苦的思考，則是我們應該執行的某種有益的體罰，以便經一事長一智。這對以後將來都大有益處。我們不應該在明顯犯下錯誤以後為自己開脫責任，淡化或者粉飾錯誤，就像我們經常做的那樣。我們應該坦白地承認錯誤，清楚地明白這些錯誤的嚴重性，這樣，我們才可以下定決心在以後避免重蹈覆轍。當然，這樣做我們免不了要進行一番痛苦自責，但是，「不接受懲罰教訓就不可能進步」。

13

對於一切涉及痛苦和快樂的事情，我們應該**掌控想像力的閘門**。首先，我們不要想入非非地建造空中樓閣，因為這些空中樓閣實在是太昂貴了，用不了多久，伴隨著一聲嘆息，它們就會被夷為平地。但是，我們更要小心，不要誇大那些只是有可能發生的不幸，以免受到無謂的驚怕。也就是說，如果這些不幸只是空穴來風，或者完全是極度誇大了，那麼，夢醒以後我們馬上就會知道這些不過就是幻象而已，我們會為更好的現實而感到高興，並且不管怎麼樣，我們還會對遙遠的，但畢竟有可能發生的不幸提高警覺呢。但是，我們的想像卻不會隨便玩弄這類沒有根據的東西，實在百無聊賴的時候，我們頂多只是想像出一些

令人舒心愉快的空中樓閣。我們那些陰暗夢幻的素材雖然是距離我們很遙遠的不幸事情，但那些不幸事情在某種程度上的確威脅著我們。我們的想像誇大了這類不幸及其發生的可能性，以駭人的色彩加以描繪和渲染。從這樣的噩夢中清醒過來以後，我們仍然無法馬上甩掉這些噩夢，但做過的美夢卻馬上就被我們忘掉了——因為這些美夢馬上就遭到了現實的駁斥和推翻；現實充其量只讓人們保留著實現希望的一絲可能。但一旦我們沉湎於陰暗的想像，那這想像就會帶來並不那麼容易就會消失的圖像，因為這些事情發生的可能性畢竟存在，我們也並不總是能夠評估其發生的可能性。只是有可能發生的事情很容易就會顯得很有可能發生了，我們也就向擔憂、害怕投降了，聽任其擺布了。因此，對任何關乎我們痛苦和快樂的事情都應該以理性和判斷力去觀察和考慮，那也就是對其冷靜、不摻雜個人情緒的思考，純粹只是運用概念和在抽象中操作。與此同時，不要讓想像力介入思考，因為想像力無法對事情做出判斷，而只會帶來清晰的圖像，毫無益處地擾亂我們的情緒，並經常是徒增痛苦。在夜間，我們尤其需要謹守這一條規則。這是因為正如黑暗會使我們膽怯，讓我們到處都看到令人害怕的形狀，同樣，暗晦模糊的想法也對我們發揮類似的影響，因為任何不確定都會產生不安全感。所以，在夜間，當我們鬆懈下來的時候，理解力和判斷力就蒙上了某種主觀的暗晦；智力變得疲倦和呆滯，已經無法深入事物的本質；此時，我們靜思默想的對象，如果是與我們個人的事務有關，就會很容易顯得危險可怕，成為駭人的圖像。夜晚當我們躺在床上時，這樣的情形尤為常見，因為在這時候，我們的精神完全鬆懈下來了，我們的判斷力因此無法應付所接受的任務，但想像力在此時卻仍然活躍非常。夜晚為所有的一切都蒙上一層黑色調。所以，在我們即將入睡，或者當我們一覺睡醒過來的時候，頭腦裡面通常都是一些顛三倒四的東西，就跟睡夢一般無異。如果那些是涉及我們的個人事情，一般都顯得晦暗甚至可怖。到了早上，所有這些可怕的影像就像夢一般地消失了。這就是這一句西班

牙諺語所說的意思：「日間是白色的，夜晚則是有色的。」在晚上，就算點燃著蠟燭，我們的理解力仍然會像我們的眼睛那樣，無法像白天那樣清楚地把握事物。因此，夜晚並不適宜思考嚴肅的、尤其是令人不悅的事情。早上則是思考這類事情的恰當時候。早上適合人們從事任何工作和創造，不管是精神上的還是體力上的。這是因為早晨是一天中的青年期：一切都是明亮、新鮮和輕鬆的。我們感覺充滿活力，能夠自如地發揮我們的所有能力。我們不要遲遲不起床而縮短了早晨的時光，也不要以沒有價值的工作或者閒聊浪費這段時間，而應珍視早晨為生命的精華，並在某種程度上是神聖的。相較之下，晚上則是一天中的老年期，到了這段時間，我們變得疲倦、饒舌和漫不經心。**每一天都是某一短暫的生命**：早上醒來就是誕生，晚上睡眠就是死亡和結束。因此，睡眠就是每天的死亡，而每次的醒來則是新的誕生。確實，要沿用這一比喻到底的話，那我們可以把起床時候的不適和困難視為生產時的陣痛。

但是，總而言之，我們的健康狀況、睡眠、營養、溫度、天氣、環境等其他很多外在因素會極大地影響我們的心情，而心情又會極大地影響到我們的思想。因此，正如我們對事情的看法受制於事情，同樣我們成就某樣事情的能力也是相當地受制於時間甚至地點。所以，

要留意那嚴肅的心情，
因為它甚少光臨。

—— 歌德

不僅只是客觀的思想和新穎的觀點需要我們靜候，這些思想和觀點是否光臨並且何時光臨，不僅只能聽任其興之所至，而且就算是要透澈思考我們個人的事情，也並不總是在預定的和我們已經為此做好準備的時間裡成功做到，而是也自有其選定的某一時間。時候一到，相關的思路就會不請自來，我們也就會完全投入其中。

我所建議的要控制住想像，還包括不要讓其把自己曾經遭受過的不公、侮辱、輕視、損失等重新弄出栩栩如生的圖像，因為這會重新刺激起我們已經沉睡了的憤怒、怨恨及其他憎惡情緒。這樣也就敗壞了我們的心情。根據新柏拉圖主義者普羅克洛斯的美妙比喻，正如在每個城市裡面都居住著高貴傑出的人物和卑鄙的烏合之眾，同樣，在每個人的身上，甚至在最高貴、最出眾的人物身上，也同樣根據其資質而存在於人性中，甚至動物性中那完全是低下和庸俗的成分。這些暴民千萬不能受到煽動而起來鬧事，也不能讓他們從視窗往外張望，因為他們會暴露出自己醜陋的模樣。而我剛才說過的那些想像之物，正是鼓動暴民造反鬧事的頭目。與此相關的還有，甚至微不足道的煩惱，不管這出自人或事，如果我們腦子裡老是想著它，以強烈的色彩誇大描繪這一煩惱，就會膨脹成為可怕的巨物，讓我們束手無策。對待任何不愉快的事情，我們更應抱持一種盡量平實、求是的態度，這樣，我們才能比較容易接受它們。

　　正如細小的物品放在眼前，就會縮窄了我們的視野，遮蔽了世界，同理，在我們最近的環境範圍內的人和事，儘管都是雞毛蒜皮般無關重要，但卻經常過分地吸引了我們的注意力和占據了我們的思想，甚至造成了我們的不快。這樣，我們就無暇顧及重要的思想和事情。我們要抑制這種傾向。

[511]

14

　　當我們看到某樣我們沒有的東西時，很輕易就會產生這一念頭：「呀，假如那是屬於我的就好了！」這讓我們感覺到了欠缺。其實，我們更應該經常這樣想：「呀，如果我的某樣東西不再是我的了，那會怎樣？」——我的意思是：有時候我們要努力想像一下在失去我們所擁有的某樣東西時，我們將會怎樣看待那失去之物。甚至對所有一切，不管那是什麼，都應作如是觀：財產、健康、朋友、所愛的人、妻子、孩

子、馬匹、犬隻等等。因為在大多數情況下，只有在失去了以後，我們才知道其價值。但如果讀者以我這推薦的方式看待事物，那麼，首先，我們就會馬上為我們的擁有感到直接的、比以往都更大的喜悅；其次，我們就會採用各種方式防範失去我們所擁有的。這樣，我們就不會拿我們的財產開玩笑，不會激怒我們的朋友，不會讓忠誠的妻子受到誘惑，不會疏於觀察孩子的健康等等。通常為了使現時灰暗的生活生色明快，我們盤算著將來種種美妙的可能，憑空想像出各種各樣誘人的希望，而所有這些都孕育著失望。一旦被殘酷的事實擊碎，失望肯定就會接踵而至。如果我們更加考慮可能出現的種種不利，那對我們更有好處。因為這樣做，一是促使我們會採取相應的防範措施，二是一旦意料之中不好的事情並沒有發生，就會給我們意外的驚喜。經過一番憂患以後，我們難道不總是更加明顯地心情舒暢嗎？事實上，不時想像一下有可能降臨

[512] 在我們身上的巨大不幸和災難，不失為一件好事情，也就是說，我們就可以更加容易承受那隨後實際發生的輕微得多的不幸，因為我們可以以這一點安慰自己：那些巨大的不幸畢竟沒有發生。但是，在考慮這條規則時，我們卻不要忽略了在這之前的規則。

15

因為涉及我們的種種事情完全是分開發生的，沒有順序，相互之間也沒有關聯，相互反差又極其分明，沒有絲毫共同之處，而唯一共同的地方只是這些事情與我們有關，所以，我們在思考和處理這些事情時，也必須同樣地分開，以便與之相應。因此，在我們處理某一事情時，其他別的一切事情則一概不予考慮，清空頭腦，在其恰當的時間裡只操心、享受、忍耐一樣事情，其他的則完全想都不想。打個比方說吧，我們必須擁有一個存放思想的抽屜櫃，在拉出一個抽屜時，其他的抽屜則保持原位。這樣，我們就不至於因為考慮某一沉重的問題而失去此時此刻的其他樂趣，被奪走了寧靜。我們就不會因為考慮某一件事情而忽

略了其他事情，不會因爲關注重大的問題而導致無暇他顧許多細小的問題等等。誰要是具有深遠和高貴的思想，就尤其不應該讓私人瑣事和低級煩惱完全占據自己的頭腦，以致無法進行高級、深遠的思考，因爲這樣做確實就是「爲了生活而毀壞了生活的目的」（尤維納利斯，《諷刺詩》，8，84）。當然，要自如地控制自己，一如要做好許多其他事情，自我約束是必不可少的——要做好任何事情莫不如此。爲達到這一目的，我們必須強化這一想法：每個人都必須承受來自外在的許多巨大制約，沒有這些制約的生活也就不是生活了；適時的小小的自我約束會在以後的日子裡避免許多外在的束縛，正如在一個圓圈裡，緊靠著圓心的小圓圈部分對應著經常是大百倍以上的大圓周圈。自我約束比起任何其他手段，都更有效地讓我們避免了外在束縛。正如塞內卡所說的：「如果你想把一切都納入你的控制，那麼，你就把自己納入理性的控制吧！」（《書信集》，37）並且自我約束始終是我們所能控制的，萬不得已的時候，或者這種約束已經觸及我們的最敏感之處，那我們還可以放棄。與此相比，來自外在的束縛卻是毫無顧忌的，沒有絲毫的憐憫之情。因此，率先自我約束以避免以後的外在束縛是相當明智的。

[513]

16

爲我們的願望設定界線，克制我們的欲望，壓住我們的憤怒，永遠牢記：許許多多值得羨慕、值得追求的東西當中，我們能夠得到的只是其中微乎其微的一小部分，相較之下，許多禍患必然降臨在我們的頭上。亦即「放棄和忍受」就是我們的準則。如果不謹守這一準則，那就算我們擁有財富和權力，也不可避免地感受到貧乏和可憐。賀拉斯的詩句說的就是這個意思：

詳察你的所作所爲，
向智者請教如何才能安心、輕鬆地度過一生，

不要欲望和希冀無用之物
免受這些所帶來的煎熬和折磨。

17

「生命在於運動」，亞里斯多德說。很明顯，他的話是對的。正如我們的生理生命在於不停地運動，同樣，我們內在的精神生活也永遠需要從事活動，或透過思想，或透過做事。這方面的證明就是：當沒有思想的人無事可做的時候，就會馬上敲擊手指，或者敲打隨便一件能夠得著的物品。也就是說，我們的生存從本質上就是不停歇、不安的，因此，完全的靜止不動很快就會變得難以忍受，因為它帶來可怕的無聊。這種要動起來的衝動應該得到調節，從而獲得合理的，因而是更好的滿足。因此，從事某種活動，如果可能的話，製作某樣東西，或者至少學習某樣東西，對於我們的幸福是必不可少的。一個人的能力需要發揮，並且渴望看到發揮能力以後的結果。在這一方面，製作或者完成某樣東西，不管那是一個籃子抑或一本書，都會帶給我們極大的滿足。但看著我們手頭上的工作不斷有所進展，並最終得以完成，我們直接得到了快樂。創作一件藝術作品，撰寫一篇文章，甚至只是某種手工製作，都會帶給我們愉快。當然，我們的作品越高貴，我們感受的喜悅就越大。那些稟賦優異，同時也意識到自己有能力創作意蘊豐富的、偉大和整體連貫的巨著的人，在這一方面真可稱得上是最幸福的人。這是因為以此方式讓這種人的整個一生都有了某種很高層次的興趣，並使他們的生活平添了一種常人的生活所缺乏的風味。所以，與此相比，常人的生活都是膚淺寡味的。對上述稟賦優異的人來說，人生、世事連帶其所有普遍的物質東西，都另有某種更高一級的、形式方面的趣味，因為所有這些都蘊藏著他們作品的素材。只要個人生活的困境稍稍讓他們得以喘息，他們就會終其一生孜孜不倦地收集其作品的素材。這些人的智力在某種

程度上是雙重的：一重用於應付日常的關係（意志的事情），一如其他常人；另一重則是為了要客觀把握事物。所以，他們過著雙重的生活，既是觀眾又是演員。而一般的大眾則只是演員而已。但不管怎麼樣，每一個人都會根據自身的才能努力做出一點事情。無所事事給我們造成的不良後果可以從我們的長途遊玩旅行看得出來，因為在這期間，我們有時會感到很不快樂，因為百無聊賴，沒有真正從事一樣事情的話，人就好比是脫離了自己的自然環境。去操勞，去克服困難和阻礙是人的一種需要，正如鑽洞之於土撥鼠同樣是一種需要。持久的享受和完全的滿足所帶來的停滯和靜態，會讓人無法忍受。排除障礙和困難可以讓人充分享受到人的存在的樂趣。這些障礙和困難可以是物質方面的，例如：在日常生活中，在生意場上所碰到的；也可以是精神方面的，例如：在學問和研究中所遇見的。與這些困難、障礙展開較量並戰勝它們，會使人們得到快樂。沒有機會這樣做的話，人們就會根據自己的個性盡量製造 [515]
出這樣做的機會，人們就會去狩獵、玩球，又或者受著本性無意識的驅使去尋釁吵架、玩弄陰謀詭計、造假騙人及做出其他種種卑劣行徑。人們之所以這樣做，不過就是要結束那令人無法忍受的百無聊賴的狀態。「無事可做的時候，難以保持平靜。」

18

我們行動和努力的指南不可以是**想像中的圖像**，而應該是考慮清楚的**概念**。但通常發生的卻是相反的情形。也就是說，我們只需仔細檢查一番就可以發現：最終為我們的選擇一錘定音的往往不是概念和判斷，而是某一在我們頭腦中出現的想像畫面，這畫面代表了某一個選擇。在伏爾泰或者狄德羅寫的不知哪本小說裡，男主角是一個青年和大力士海克力斯般的人物，正站在十字路口；美德則總是化身為皇子老師式的人物：左手拿著鼻煙壺，右手捏著一撮鼻煙，向男主角進行道德說教；罪惡則表現為男主角母親的貼身女僕。尤其是在青年期，我們幸福的目標

就固定為某些圖像。這些圖像不斷在我們的眼前晃動,這種情況經常持續我們的半生,甚至整個一生。這些圖像是誘惑人的幽靈,因為這些在已是觸手可及的時候卻變得什麼都不是了。我們由此獲得了經驗:這些圖像並不會真的兌現其承諾。我們想像中的家庭生活、社交聚會、鄉村生活,甚至那有關居所、環境以及他人表示敬意等圖像都屬於這一類性質。「每個傻子都戴著一頂傻子帽。」就算我們的情人的圖像也通常如此。出現這種情形是很自然的,因為直觀圖像是直接的,所以,比概念、抽象的思想更加直接地作用於我們的意志。概念和抽象的思想只告訴我們事物的普遍情形,但卻不曾提供單個、具體的事物,但正是單個、具體的事物包含著現實。因此,概念和抽象只能間接作用於我們的意志。但唯有概念恪守諾言。所以,教育和學識只信賴概念。當然,教育也不時需要一些圖像以作解釋、闡述的功夫,但那只是輔助性的。

[516]

19

上述規則可以列在這一條更普遍的規則之下,即我們應該時刻駕馭眼前現實的印象和直觀所見。與我們的思想和認識相比,這些東西能夠產生強烈得多的效果,原因不在於直觀印象和圖像的內容和素材,因為這些通常都相當有限,而在於這些圖像的形式、可直觀性和直接性。直觀印象和圖像強有力地侵入我們的情緒,擾亂其平和或者動搖其決心。這是因為眼前存在的,可以直接觀照的事物總是以其全力突然產生效果,輕易就讓我們對其一目了然。相較之下,思想和理由卻需要時間和寧靜,以便分開一件一件地詳細思考事情。因此,我們無法隨時把思想和理由呈現在眼前。正因為這樣,儘管經過反覆思考我們已經放棄了某一令人垂涎之物,但一看見這可欲之物,就受其吸引。同樣,別人的某一個判斷會讓我們很受傷,雖然我們知道其根本站不住腳;別人的某一侮辱會使我們憤怒,雖然我們清楚明白別人的這一侮辱相當地可鄙。同樣,危險不存在的 10 個理由都敵不過一個看起來危險的確存在的表

面假象。所有這些例子都可以讓我們認識到那深藏於我們本性之中的原初的非理性。女人經常屈從於類似的印象，而具備超常的理性以至於不受印象影響的男人為數很小。如果我們無法透過只是思想消除某一印象影響的話，那最好的辦法就是運用相反的印象中和它的作用。例如：受到別人的侮辱時，我們就要去想想那些敬重我們的人；對付印象中的某一威脅性危險，腦子就凝神審視危險被消解的圖像。在萊布尼茲的《新論文》（第1部，第2章，第11節）中談到了一個義大利人如何承受住了別人對他的嚴刑逼供：這個義大利人下定決心片刻不停地在頭腦中想像著絞刑架的畫面，因為如果他招供的話，等待他的命運就是絞刑架了。所以，他不時地大聲喊道：「我看到你了！」這句話的含義是他後來才解釋的。正是由於這裡所說的理由，當我們周圍所有人持有與我們不一樣的看法，並因此做出相應的行為時，儘管我們深信周圍的人是錯的，但始終不為所動卻是一件困難的事情。對於一個化裝潛逃的國王來說，他那忠實的侍從在四目注視之下表現卑下態度和禮節，肯定就是近乎不可缺少的信心鼓勵了，否則到了最後，這個國王對自己的身分也會產生懷疑。

[517]

20

我在第2章裡強調了**健康**價值無比，因為身體健康對我們的幸福而言是最首要和最關鍵的要素。在這裡，我談一談增進和保持身體健康的一些大體上的做法和原則。

在我們身體健康的時候，我們可以讓身體的整體或部分承受負擔和壓力，讓身體習慣抵禦各種各樣的惡劣影響，藉此鍛鍊強壯自己。但一旦我們身體的局部或整體出現了不健康的狀況，那我們就要反過來，以各種可能的方式讓生病的整體或部位得到休養生息；因為生病或者虛弱的身體經受不起任何鍛鍊。

肌肉可以透過加強運用而得到加強，但神經操勞厲害卻會變衰

弱。因此，我們可以從事適宜的勞動以鍛鍊肌肉，但卻應該保護神經不受操勞。同樣，我們要避免眼睛受到太過明亮的，尤其是反射光線的照射；不要在黑暗中消耗眼力，也不要持續看視細小的物品。同樣，不要讓耳朵聽到太強烈的噪音。不過，最重要的是我們不應強制性地、持續不停頓地和在不合適的時間裡用腦！因此，我們在消化食物時應該讓大腦休息，因為在大腦醞釀思想的生命力此刻正在胃部和大腸緊張工作，準備食糜和乳糜。同樣，在劇烈的肌肉運動之時或之後，都應該讓大腦得到休息。這是因為運動神經和感覺神經是大同小異的，正如我們受傷的四肢所感受到的疼痛，其痛感其實發自大腦，同樣，真正說來並不是腿腳和手臂在走路和工作，而是大腦在這樣做。也就是說，主管走路和工作的部分大腦透過延長神經和脊髓，刺激四肢的神經並以此使四肢運動起來。因此，我們的四肢所感受的疲倦，其真正源頭是在大腦。正因為這樣，只有隨意（亦即指令由大腦發出的）運動的肌肉才會感到疲勞，而並非隨我們的意而工作的肌肉，例如：心臟就不會感到疲勞。所以說，如果我們強迫大腦同時進行劇烈的體力活動和緊張的精神活動，或者在這兩種活動之間間隔很短的時間，那麼，很明顯大腦就會受到損害。這一點與以下事實並沒有出入和矛盾：在開始散步時，或者經過短暫的漫步以後，我們經常會感到精神活力得到了提升，這是因為大腦掌管肢體活動的部位還沒有感受到疲勞，而在另一方面，輕微的肌肉活動和由此引起的呼吸增加卻加大了大腦動脈帶氧氣的血液流量。我們一定要給予大腦必需的、足夠分量的睡眠，藉此休養、恢復。人需要睡眠就等於鐘錶需要上發條（參見《作為意志和表象的世界》，第 2 卷，第 217 章）。一個人的大腦越進化，大腦活動越大，那他所需要的睡眠分量就越多。但超出了所需的分量則只是浪費光陰而已，因為在睡眠的時間長度上所得到的卻在品質深度上失去了（參見《作為意志和表象的

[518]

世界》，第2卷，第247頁）。[16] 我們應該知道，大致而言，我們的思維活動不過就是大腦的一種有機體作用，因此，在消耗和休息方面，就與任何其他的有機體活動類似。正如過度使用眼睛會損害眼睛，大腦也同樣如此。這一說法是正確的：胃部的作用就是消化，大腦的作用就是思考。但認為一個非物質和簡單的靈魂寄居在人的大腦，不斷在思考，因而永遠不知疲倦，對這個世界也一無所需──這一看法則是錯誤的。這一謬誤確實誤導不少人做出了荒唐的事情和導致思維愚鈍，例如：弗里德里希大帝曾經嘗試完全戒除睡眠。那些哲學教授可千萬不要再用他們那為迎合需要而編制的問答指南式的婆媽哲學，為類似上述謬誤推波助瀾。這樣一種錯誤觀點，甚至以實際的眼光也可看出是有害的。我們應該習慣於把我們的思維能力完全視為一種生理功能，並因此避免使我們的思維過分操勞，同時還記住：我們所有身體的痛苦、疾病和紊亂，無論發生在身體的哪一個部位，都會影響大腦精神。閱讀加班尼斯的著作《人的生理與精神之間的關係》，對理解我上述所說的話會有最好的幫助。

忽略了我在這給出的建議，是很多偉大的思想家和偉大學者到了晚年就智力衰退，變得孩子氣，甚至出現精神錯亂的原因，例如：這個世紀的著名英國文學家華特‧史考特爵士、華茲華斯、修特等等，到了晚年，甚至在步入60歲以後精神思想就變得衰弱、呆滯，甚至淪為痴呆。對此的解釋無疑就是他們都受到了高額稿酬的誘惑，把寫作當成了生計，亦即為錢而拚命寫作。這使他們違反自然地耗盡腦力。誰要是把佩加索斯套上馬軛，用鞭子抽打繆斯女神，那麼，一如那些強迫愛神維

---

[16] 睡眠是我們提前借取的一小段**死亡**，以此獲得和更新被一個白天所耗盡了的生命。「睡眠是向死亡的借貸。」睡眠向死亡借取以維持生命，或者說睡眠是付給死亡的**暫時借貸利息**，而死亡本身就是付清全部（本金）債務。償還的利息越多，償還得越頻繁，那所要求付全部（本金）債務的日期就越遲。

納斯服務的人，同樣會遭受懲罰。我懷疑甚至康德在最終成名以後，在其生命的最後歲月裡也是工作過頭了。這樣，他生命中的最後 4 年就成為了他的第 2 個童年期。相較之下，威瑪宮廷的先生們，包括歌德、魏蘭、涅布林等，直至高齡都能保有完好的思想能力和精神活動，因為他們並不是為金錢而寫作的人，就跟伏爾泰一樣。

一年中的每一個月分對我們的健康、身體狀態，甚至我們的思想都有著某種直接的、獨立於天氣之外的影響。

C. 我們對他人應採取的態度

21

要在這世界上生活順當，那具備相當的**預見能力**和**寬恕能力**是適宜的：預見能力保護我們免受傷害和損失，寬恕則免除了吵鬧和爭鬥。

誰要是生活在人群中，就不應該絕對地拒絕和摒棄任何一個人——只要這個人是大自然定下和給出的作品，哪怕這是個最卑劣、最可鄙、最可笑的人。我們更應該視這樣一個人為不可改變的：這個人遵循一條永恆的、形上的原則，只能表現出他的這個樣子。如果碰到一些糟糕透頂的人，那就要這樣想：「林子裡總少不了一些怪鳥。」（歌德，《浮士德》，第 1 部，第 3483 行）如果我們是另外的想法，那我們就是不公正的，也就等於向這個人發出了生死決鬥的挑戰。這是因為一個人無法改變自己的真實個性，亦即無法改變自己的道德性格、認識能力、長相脾性等等。如果我們完全澈底地譴責一個人的本性，那這個人除了視我們為他的死敵以外，別無其他選擇，因為我們只在這個人必須脫胎換骨，成為一個與那永遠不可改變的、截然不同的人的前提下，才肯承認這個人的生存權利。所以，為能在人群中生存，我們就必須容許和承認別人以既定的個性存在，不管這種個性到底是什麼。我們關心的只是如何以一個人的本性和特質所允許的方式利用這個人，但既不應該希望改

變也不可以乾脆譴責這個人的本性。[17] 這就是「生活，也讓別人生活」這句格言的含義。這種做法雖然合乎理性，但具體實施卻並不容易。誰要是能夠永遠地躲開那許許多多的人，誰就是幸福的。要學會容忍別人，我們不妨先利用死物鍛鍊我們的耐性：那些死物由於機械的或者物理的必然性頑固地妨礙著我們的行動。每天都有這樣練習的機會。在這之後，我們就可以把從這種練習中獲得的耐性應用在人的身上了。我們應讓自己習慣於這樣想：每當別人妨礙到我們，他們這樣做肯定是出於某種發自他們本性的必然性，與讓死物作用起來的必然性同樣的嚴格。所以，針對別人的行為動怒就跟向一塊滾到我們前進路上的石頭大發脾氣一樣地愚蠢。

22

令人驚訝的是，人與人之間在精神、氣質方面同聲相應抑或大相逕庭，會輕易和很快在人們的談話中顯示出來，在每一個微小之處都讓人感覺得到。就算兩個人所談論的都是一些陌生的和無關痛癢的事情，但如果兩人根本就不是同一類人，那其中一人所說的幾乎每一句話，都會或多或少令對方不悅，某些話甚至使他動氣。但是，同類的兩個人馬上就所談論的一切達到某種程度的和諧一致，如果兩人個性酷似，那很快就會融會而成某種完美的和諧，甚至某種合唱或合奏。由此首先解釋了為何平庸之輩是那樣廣得人緣，總是不費吹灰之力就可以找到的確要好的社交夥伴。這些誠實、可愛和正直的人啊！但非同凡響的人遭遇的卻是恰恰相反的情形，這類人越是出眾，那這種情形就越是明顯。所以，處於分離和孤獨之中的他們，如果有時候在別人身上發現了與他們相似的某一毫髮之處，他們都會非常地高興雀躍，哪怕這毫髮是那樣的

---

[17] 對於許多人，我們最聰明的想法就是：「我不準備改變他們，我要利用他們。」

[522] 細微！這是因為一個人之於他人，與他人之於這個人是相等的。真正偉大的思想者就像雄鷹一樣，把自己的巢穴建築在孤獨的高處。其次，我們由此也就明白了為何同聲同氣的人這樣快就能走在一起，兩個人就猶如被磁鐵吸到一塊似的。這是因為相同的靈魂遙相呼應。當然，在那些稟性惡劣、資質低下的人們中，我們最常有機會看到這種情形，但那只是因為這些人大量存在，而本性優秀和突出的人本來就是稀有的，「稀有」就是他們的名字。因此，例如：在打算要做出某一實事的某一組織當中，兩個徹頭徹尾的無賴很快就會彼此認出，就像他們胸前別著標誌似的，並且馬上聚在一起，商量如何不守規矩和背叛組織。同樣，雖然這是不可能的了，但我們也不妨想像一下有那麼一大群明智、富有思想的人聚在一起，然後兩個蠢人也混雜其中。那麼，這兩個人會由於臭味相投而相互受到對方的吸引。很快，他們就會很高興終於找到了起碼一個懂理、明智的人。的確耐人尋味的是，兩個這樣的人，尤其是兩個道德氣質和思想智力都相當低劣的人，能夠一眼就認出對方，他們是多麼熱切地想接近對方！他們熱情洋溢、高興萬分地快步迎向對方，猶如一對相識多年的老朋友。這種奇怪的事情甚至使我們相信：這兩個人——依據佛教投胎輪迴理論——前世就是朋友了。

　　不過，即使人們相互之間保持眾多的和諧一致，但造成人們之間暫時性不和諧的，是人們當時不一樣的心緒。每一個人的心緒幾乎都是不一樣的，是由當時的處境、所從事的事情、周圍的環境、身體狀況、匆匆而過的思緒等所決定的。甚至在最和諧的人們之間也會產生不協調之處，原因就在這裡。做出所需的調節以消除這一阻礙，並且引入某種共[523] 同一致的溫度，是最高度的文明教化的成就。眾人保持同一情緒，對一個社會群體所產生的巨大作用可以由此看得出來：只要某一客體事物，這可以是某種危險、某種希望，或者某條消息；要不就是難得一見的景觀、某齣話劇，或者音樂等，在同一時間以同一方式影響著人數眾多的群體，他們就會在受到刺激而熱烈地交流和真心地參與，沉浸在普遍的

愉快氣氛之中，因爲類似的客體事物壓倒了個人的利益和興趣，營造出了一致的心情。缺乏這種客體影響的話，一般來說，就只能利用主體影響了。所以，喝酒就是慣常的手段，用以爲一個聚會團體帶來普遍一致的心緒。甚至喝茶和咖啡都能達到這一相同目的。

各人瞬息間各自不同的心緒很容易爲一個群體帶來某種不和諧。但正是這種不和諧部分地解釋了爲何我們的記憶在擺脫了這些類似的干擾性影響（雖然這些影響匆匆即逝）以後，記憶中的人就被理念化了，有時候甚至幾乎是被美化了。記憶所產生的效果猶如暗箱裡面的聚光鏡：把景物收進去，然後製造出一張比原物漂亮得多的圖片。要想得到這種好處，讓別人在記憶中美化自己，方式之一就是盡量不要與人見面，因爲雖然記憶需要很長時間才能完成其美化功夫，但這美化卻馬上就可以開始。據此，聰明的做法就是在間隔相當一段時間以後，才重新和我們的相熟和好朋友見面，因爲在重新見到他們的時候，我們就可以注意到人們的記憶已經開始工作了。

23

我們無法看到**超出我們自身**的東西。我的意思是：每一個人在其他人的身上只能看到與這個人的自身同樣多的東西，因爲每個人只能根據自己的智力去明白和理解其他人。如果這個人的智力素質屬於最低級的一類，那麼，所有的思想才能，甚至最偉大的智力天賦都無法對他發揮作用，他在擁有這些思想才能的人那裡無法看出任何東西，除了看到他自己個性裡面的最低級之處，亦即他看到的只是自己的總體弱點以及性格、氣質上的缺陷。所以，他人之於他只是一個部件可以拆卸的組合體。高級的精神能力對他而言就猶如色、影對於一個瞎子，都是不存在的。這是因爲沒有思想的人是無法看見別人有思想的。對事物所做出的價值評估，其實就是這一事物自身具備的價值，再加上評估者的知識共同作用的結果。由此可以推斷：我們在跟別人說話時，也就把自己降到

[524]

了別人的水準，因為我們相對擁有的所有優勢都消失了，甚至自己為此需要做出的屈就也完全不為人知。考慮到大多數人都是那樣的情操低下、天賦拙劣，因而是那樣徹頭徹尾的**庸俗**，那我們就可以知道：我們跟他們談話時，自己不也同時變得庸俗簡直就是不可能的事情（這裡可以用電傳導的規律作比喻）。這時，我們就能完全明白「屈尊下交」這個詞的真正含義。其實，我們也巴不得避開所有這些人，因為我們與這些人唯一能夠溝通的，只是我們本性中的那些令人羞恥的成分。我們也會明白：面對那些傻瓜、蠢蛋，我們只有**一種**方式讓他們明白我們的頭腦智力，那就是不要與這種人談話。當然，在社交場合，不少人有時候就感覺像一個高超的舞者到達了一個舞場，但舉目所見盡是跛足瘸腿的人——他又能與誰共舞呢？

24

一個人在等待某個人或者等待做某件事的時候，亦即在他坐著無事可做的時候，如果不是馬上拿起手頭上隨便任何一樣物品——手杖、小刀、餐叉之類——有節奏地敲擊起來，那麼，這個人就能獲得我的尊敬。這個人多半是在思考事情，但類似這種人可謂百中無一。對許多人來說，觀看完全代替了思考。他們試圖製造噪音來感覺自己的存在，也就是說，當他身邊沒有雪茄可以服務於這同一目的的時候。基於同樣的理由，這些人無時無刻不睜大眼睛、豎起耳朵，注意著周圍發生的一舉一動。

[525]

25

拉羅什富科非常中肯地說過：很難在高度尊敬一個人的同時又非常喜愛他。所以，我們只能選擇要麼獲得別人的尊敬，要麼得到他們的喜愛。別人對我們的喜愛總是出於私心，雖然個中原因因人而異。此外，我們獲得別人喜愛的原因並不總是值得我們自豪的。總而言之，我們受別人喜歡的程度是與我們降低對別人的腦和心的要求一致的，並且我

們降低對別人的要求必須是出自眞心,而不是虛情假意,也不是出於對他人的寬容,因爲寬容根植於鄙視。想想愛爾維修說過的相當眞實的話語吧,「取悅我們所必需的思想深度剛好就是我們自己的思想深度」,由此前提我們就可以得出結論了。至於別人對我們的尊敬,情況可就恰恰相反。別人對我們的尊敬是我們強行從別人那裡違背他們的意願獲得的,也正因爲這樣,別人通常都把這尊敬掩藏起來。別人的尊敬能夠給予我們內心更大的滿足,因爲它與我們的價值緊密相關;但別人對我們的喜愛並不直接與我們的價值連在一起,因爲喜愛是主觀的,而尊敬卻是客觀的。當然,別人的喜愛對我們更有用處。

26

　　大部分人都是那樣的主觀(主體),根本上他們除了對他們自己以外,不會對別的事情感興趣。由此產生的結果就是,別人所說的話馬上就讓他們聯想到自己,別人無意中說的一句話,只要稍微涉及他們個人,就能吸引他們的全部注意和占據他們的全副精神;他們也就再沒有剩餘精力去理解談話的客體內容。同樣,推理、辯論一旦與他們的利益和虛榮心相牴觸,那就再不會產生任何效果。因此,這些人的注意力是那樣容易分散,那樣容易受傷和受侮辱,與這些人客觀地討論不管什麼事情,我們都必須盡可能地小心謹愼,千萬要避免在談話裡面牽涉任何可能與我們面前那位尊貴和敏感的人有關的,或許是不利的內容,因爲他們唯一把這些話放在心裡。雖然他們對別人談話中的眞知灼見、妙語警句和優美細膩之處一無所覺和一無所知,但對一切會傷及他們脆弱的虛榮心的話語,或者對一切反映出他們所珍視的自我的不良一面的談論,哪怕只是相當間接地,甚至兩者幾乎沒有關聯,他們都極度敏感。他們那容易受傷的樣子,活生生就像一不小心被踩到腳的小狗;這樣,我們也就不得不聽其吠叫一番了。又或者他們好比全身滿是傷口和腫塊的病人,我們只能小心翼翼盡可能不要觸碰到他們。某些人甚至可以到

了這樣的地步：如果有人在談話中表現出了理解力和思想，或者沒有完全藏起這些東西，那他們就會覺得受到了侮辱。不過，他們會暫時掩藏起這些。事後，那缺少生活經驗的人就只能徒勞無功地苦思冥想自己到底在哪裡得罪了這些人。不過，由於這同樣的主體性，要奉承和贏得這些人的歡心也是一件很容易的事情。因此，在大多數情況下，這些人的判斷都是被收買了的，那不過是偏袒他們的政黨或者階層的某種言論、表白而已，並不是客觀和公正的。這是因爲在這些人的身上，意志遠遠地壓倒了認識力，他們那微弱的智力完全服務於意志，甚至片刻也擺脫不了意志的控制。

占星術提供了一個極好的證明：由於人的這種可鄙的主體性，所以就把一切都與自己搭上關聯，從每種思想見解都可馬上直接追溯到自己。占星術也就是把天體的運行與寒酸的自我拉上關係，也把天空中星體與塵世間的俗事、醜行連繫在一起。這種情況其實古而有之（例如：參見斯托拜阿斯的著作，第1集，第22章，第9部分，第478頁）。

[527]

27

如果有一些荒謬、顛倒的見解出現在公眾的面前或者寫進了文字作品，並且受到大眾的歡迎，至少沒有遭到任何詰難、駁斥，那我們不應該就此感到絕望，認爲事情就是這樣的了。我們要知道，並且要以此安慰自己：在將來，人們會逐漸重新細想、闡述、審視、考慮、討論這些觀點或作品。在大多數情況下，人們最終會做出正確的判斷。所以，經過一段時間以後，而這段時間的長短則與這具體事情的難度相吻合，幾乎每一個人都終於明白了頭腦清晰的人一眼就能看得出來的東西。當然，在此期間，我們必須耐心一點。一個有眞知灼見的人和那些受迷惑的大眾在一起就類似於這個人的懷錶指示了正確的時間，但全城鐘塔的指示都是錯的。只有他自己才唯一知道正確的時間，但這又有什麼用呢？所有人都遵守鐘塔錯誤的指示，甚至包括那些知道只有這個人的懷

錶才指示了正確時間的人。

28

　　常人在這一方面與小孩相似：如果我們嬌慣他們，他們就會變得淘氣和頑皮。所以，對任何人我們都不可以太過遷就和熱情。一般來說，我們不會因爲拒絕借錢給一個朋友而失去這個朋友；但如果借錢給他，那我們反倒很容易失去了他。同樣，如果我們對朋友保持一定的傲氣和疏忽，那我們不會輕易失去他們；但如果我們太過友好、禮貌和殷勤，我們反而有可能失去這些朋友，因爲這會讓朋友變得傲慢、令人難以容忍。朋友之間的裂縫也就由此產生了。一想到別人需要他們，人們就尤其不能忍受，其必然的結果就是人們變得傲慢和無禮。對一些人來說，只要我們與他們交往，經常或者以信任的方式跟他們說話，他們就會變得粗魯無禮；很快，他們就會認爲我們應該容忍和接受他們的某些行爲，就會試圖越過禮貌的界線。因此，適合我們與之深交的人非常稀有，我們應該尤其小心注意不要與低級、下流之輩太過親近。假設一個人認爲我需要他更甚於他需要我，那麼，他就會馬上覺得我好像從他那裡偷走了某樣東西，他就會想獲得補償，把失去的東西拿回來。與人交往時的**優勢**全在於在任何方面都不需要對方，並且讓他們看到這一點。因此理由，我們應該不時地讓每一個人感覺到我們是可以沒有他們的，不管他們是男還是女。這樣做會增進友誼。的確，在與大部分人交往時，如果我們不時地順便摻進一點點的蔑視，並不會產生什麼害處；別人反倒會更加珍惜與我們的友誼。「不尊崇別人的人會受到別人的尊崇」——這是一句絕妙的義大利諺語。但是，如果某一個人確實對我們很有價值，那麼，我們就應該把這點掩藏起來，猶如掩藏一起罪行。這個道理雖然不會讓人感到舒服，但卻是千眞萬確的。想想看，甚至一條狗也受不了別人待牠太好，何況人呢？

[528]

29

具有更高貴本質和更高思想稟賦的人，尤其是在他們年輕的時候，經常會暴露出異常缺乏人情世故的知識和處理世事的精明技巧，因此輕易受人欺騙，或者被他人引入歧途。但本性庸俗低下的人卻懂得如何很快就在這世上混得如魚得水。其中的道理就在於當我們缺少經驗時，我們就只能對事情先驗做出判斷。總而言之，實際經驗無法與先驗知識相提並論。對平常庸俗的人來說，他們先驗的知識所提供的就是他們的自我；但對於高貴、傑出的人情況可不是這樣，因為他們正是作為高貴者和傑出者而與常人明顯不同。因此，在他們根據自己的思想和做法評估他人時，他們的評估就不是準確的。

[529] 不過，就算這樣一個高貴的人後驗地，亦即總結別人的教導和結合自己的經驗，終於懂得了對人大致上所應抱有的期待，也就是說，明白了占人類總數 5/6 的人，其道德或者智力方面是那樣的性質、特性，如果不是為情勢所迫，那麼最好就是對這些人敬而遠之，盡量避免與他們接觸——就算是這樣，這個高貴的人對常人的渺小、可鄙的本性仍然不會得到足夠的認識。在往後的生活裡，他仍會不斷擴大和豐富這方面的認識，但在此期間，他還會經常失算，使自己受累。儘管他的確用心記住了獲得的教訓，但在跟他不認識的人在一起聚會、談話的時候，他仍然會很驚奇地發現這些人在談吐、舉止方面，看起來卻完全是理性、誠實、真誠、可敬和規規矩矩，同時又聰穎、風趣、俏皮。他不應對此現象感到困惑，因為道理很簡單：大自然在創造人的時候並不像拙劣的文學家。後者在表現無賴或者愚人的時候，手法相當笨拙和生硬，作者的主觀意圖又是那樣明顯，我們彷彿看見在這些人物的後面就站著作者本人，拒不承認這些人物特有的思想和話語，並且用警告的口吻在大聲提醒我們：「注意了！這是個騙子，那是個傻瓜。你們可千萬不要理會他所說的話！」相較之下，大自然跟莎士比亞和歌德是一樣的。在莎翁和歌德的作品裡面，每一個人物，哪怕是個魔鬼，一旦站在那裡說話，

那說出的話都是恰如其分，因為這些人物得到了作者客觀的理解，這些人物的喜怒哀樂吸引了我們，我們也身不由己地去關注和同情他們。這樣的人物跟大自然的作品一樣，都是發自某一內在的原則；正因此，他們的說話、行事是出於自然的，也因此是出於必然的。所以，誰要是以為在這世上魔鬼就是頭上長角或者傻瓜就是身掛鈴鐺，那他就會永遠成為他們的獵物和玩物。此外，在與他人的交往中，人們就像月亮和駝背人：總只是露出其中的一面。確實，每個人天生就有一副本領擠弄自己的五官，裝出一副他要表現出的樣子。並且一個人的面具純粹是根據自己的個性而量身製作，所以，這副面具跟他本人配合得天衣無縫，其效果極具欺騙性。一旦需要取悅他人，他就戴上這副面具。他人的面具，其價值與一層油布差不了多少。我們要牢牢記住這一絕妙的義大利諺語：「沒有哪條狗是壞到不會搖尾巴的。」

　　無論如何，對一個我們剛剛認識不久的人，都應注意不要評估太高。否則，十之八九我們都會失望、羞愧，甚至蒙受損失。在這裡，值得提及塞內卡說過的話：「從小事就可以看出一個人的性格本性。」（《通信集》，52）一個人會在細節小事上疏於防備，從而表露出自己的性格。經常從一個人對細微事情的處理方式，或者從純粹的舉止態度我們就可以輕易看出這個人絲毫不顧及他人的無限自我。這一無限的自我在大事上也不會委屈自己，雖然它偽裝起來。我們可不要錯過這些觀察人的機會。在處理雞毛蒜皮的日常生活小事當中，亦即處理屬於「法律不理會的小事情」，如果一個人的心從不考慮他人，一味只顧尋求自己的方便和好處，不惜妨礙和損害別人的利益，把本屬於眾人的據為己有，那麼，我們就可以肯定：在這個人的心中並沒有公正可言。如果沒有法律和司法機構的約束，他甚至會成為一個惡棍。對這個人，我們幾乎是一刻都無法放心。確實，無所顧忌地破壞自己私人圈子裡的規矩的

人，同樣會在他認為沒有危險的時候破壞國家的法令。[18]

[531] 　　原諒和忘記就意味著扔掉我們花費不菲才得到的經驗。如果某一個與我們有交往和關聯的人暴露出某種令人不快或者令人惱火的行為，那我們就只需問一問自己：這個人眞的這樣有價値，以致我們願意忍受他的行為嗎？因為這同樣的行為必將變本加厲地頻繁發生。如果答案是肯定的，那麼，我們就不用對此行為多說什麼，因為說話是沒有什麼用處的。這樣，我們就對他稍加勸告，或者乾脆不加勸告，讓事情過去就算了。但是，我們必須意識到，這樣一來我們隨時有可能再次遭受他給予的同樣麻煩。但如果問題的答案是否定的，那麼，我們就只能馬上並且永遠地和這位寶貝朋友斷絕交往；如果這個人是我們的傭人，那我們就必須馬上對其解聘。這是因為如果情形再度出現的話，他仍然會無法避免地做出同樣的或者類似的事情——儘管現在他眞心實意地做出保證不會這樣做。一個人可以忘記所有的一切，但卻不會忘記他的自我，他的本性。這是因為性格是絕對無法改變的，因為人的所有行事都出自一條內在的原則；由於此原則，一個人在同樣的處境之下就永遠做出同樣的事情，而不可能是別的。讀者諸君可以閱讀我那篇討論所謂意志的自由的獲獎論文，從而擺脫錯誤的觀點。因此，跟我們已經絕交的朋友重歸於好是一種軟弱的行為，我們終將為此付出代價，因為一有機會，這個朋友又會做出那原先導致了朋友反目的事情。不過這一回，他做事情會做得更加大膽放肆，因為他私下意識到他是我們不可缺少的朋友。這道理同樣適用於那些已遭我們解僱，但又重新被我們僱用的傭人。基於同

[532] 樣的理由，我們不可以期待一個人在形勢**改變**了以後，會像以往那樣做出同樣的事情。人們的觀點想法和行為態度會隨著自己的利益而迅速地

---

[18] 如果在人們身上，好的地方勝於壞的地方——情形大多數是這樣——那麼，我們寧願相信人們的正義、公平、忠誠、感恩、愛心和同情，而不用依賴人們的恐懼。但如果情形與此相反，那就適宜採用相反的方法了。

改變。的確，人們行事的目的用不了多久就像期票那樣兌現，如果我們不想讓其抗議的話，那我們就要變得更加短視才行。

因此，假設我們想了解一個人在我們設想中的處境會如何作爲，我們可千萬不要以這個人做出的承諾和保證爲憑據。這是因爲就算假設這個人是出自眞心許下諾言和做出保證，但他現在談論的事情卻是他並不了解的。所以，我們只能考慮這個人將要面對的處境，以及這一處境與他的性格互相衝突之處，以評估他的行事。

要根本、清晰和必要地認識人那眞實和異常可憐的總體本質（絕大多數人都是這樣）的話，那把書本文學上對人的行事描述作爲對現實生活中人的行事的說明，也反過來以後者說明前者，都是很有教益的做法。這大大有助於我們避免錯誤認識自己和錯誤認識他人。不過，對在現實生活中或者在書本文學中碰到的人的卑鄙或者愚蠢，我們可不要生氣、動怒。我們應該把人的這些特性純粹作爲我們認識的素材，視其爲人性的新標本，並且謹記下來。我們就好像是礦物學家偶然發現了某種礦物的典型標本，當然是有例外的，甚至是異常大的例外，而人與人之間的差別是非常巨大的。但是總而言之，就像我很早就說過的，這個世界沉浸在邪惡之中：野蠻人互相吞食對方，文明人則互相欺騙對方，這就是所謂的世道方式。國家極其巧妙設置的，目標既瞄準著國外也瞄準著國內的武力工具和機器，如果不是爲了防備、制約人的無度的不義行爲，那又是爲了什麼？我們難道沒有在整部歷史中看到：每一位國王一 [533] 旦牢牢掌握了他的國家，並剛剛開始享受到國家的點滴富裕，就會利用這些資本率領軍隊，像一群強盜一樣地襲擊他的鄰近國家嗎？幾乎所有的戰爭歸根結柢難道不都是燒殺搶掠的強盜行徑嗎？在古代和部分中世紀，被征服者淪爲征服者的奴隸，也就是說，他們要爲征服者服務。但那些支付戰爭費用的人其實也在同樣爲征服者效勞，因爲他們奉獻了以前的工作收入。伏爾泰說過：「所有的戰爭，不過就是搶掠而已。」德國人應該記住這一點。

30

我們不能讓一個人完全放任自由地自我發展。每一個人都需要藉助概念和格言以獲得指引。不過，如果我們在這一方面走得太遠，也就是說，如果要具備某種並不發自我們與生俱來的本性，而只是出於理性的思考，完全是從外在獲得的和人爲的性格，那很快人們就會發現這一句話是眞的：

天性被乾草叉趕跑，但它還是要回來。

也就是說，對於在待人處事中應該遵守的某些規律，我們很容易理解，甚至能夠發現這些規律並且很好地表達出來，但在實際生活當中我們很快就會違犯這些規律。但是，不管怎麼樣，我們不應爲此感到氣餒，不要以爲抽象的準則和格言無法指引我們在平常生活中的行爲，因此最好就是放任自己。其實，這與一切指導實際的理論性規則和指令都是一樣的情況：明白規律是第一步，具體學會應用這規律是第二步。前者我們運用理性一下子就能做好；後者則需要我們進行循序漸進的練習。雖然已給初學者示範了演奏樂器的指法動作，或者擊劍中的招架和進攻招式，但是，他仍然會在實際操作中馬上出現差錯，儘管他一心一意想把動作做好。這時候他就會認爲在快速讀譜的同時，或者在擊劍正酣的時候，運用演奏或者擊劍的技巧幾無可能。但是，透過練習，經過腳步蹣跚、倒下、站起的磨練，他逐漸學會了個中巧妙。要掌握好拉丁文說、寫的語法規則，也要經過同樣的過程。所以，要笨蛋成爲朝臣，要意氣用事者成爲圓滑的老於世故者，要喜歡說話者管好自己的嘴巴，要出身貴族者變得憤世嫉俗、冷嘲熱諷，也不會兩樣。但是，藉助持之以恆的習慣所進行的自我訓練，總是某種來自外在的約束，人的天性從來沒有完全停止過對此的抗爭。有時候，人的天性會出人意料地突破這種束縛。這是因爲依據抽象的格言而做出的行爲與那些出自自然天性的行

為，兩者的比較就猶如一件人工製品，例如：手錶——我們把本不屬於這一物質的形狀和運動加之於它——與那些有生命的有機體相比。在有生命的有機體那裡，形式和物質合二爲一體。這種從外在獲得的性格與天然生成的性格之間的關係，證實了拿破崙皇帝說過的一句話：「一切非天然的東西都是不完美的。」一般而言，這一規則適用於物理方面的或者道德上的一切。我能想出的唯一例外就是礦物學家都熟知的天然砂金石。它無法與人造的砂金石相比美。

爲此，我也想在這裡警告一切**造作的行為**。造作總會引起別人的鄙視。首先因爲那是欺騙，而欺騙就是膽怯，因爲欺騙源自恐懼；其次，造作是我們對自己的某種自我譴責和貶低，因爲我們試圖顯示出一副我們並不是，但認爲比眞實的自己更好的樣子。精心打扮，假裝和自誇具有某種素質，其實就是承認自己並不具備這樣的素質。不管一個人是冒充擁有勇氣、學問抑或思想，還是吹牛情場得意、有錢、有地位等等，我們都可由此得出結論：這個人正是在這一方面有所欠缺，因爲如果我們眞的擁有這方面的素質和長處，那是不會想到要去炫耀和裝模作樣，而是對我們的這一份擁有心滿意足。這也是那句西班牙諺語的含義：「馬蹄鐵叮噹作響是因爲缺少了一個釘子。」當然，正如我從一開始就已經說了的，我們不能無條件地放任，完全表現自己的樣子，因爲我們本質中的許多惡劣和野獸的成分是需要掩藏起來的。但這只是說做出否定屬性的隱瞞是合理的，並沒有表明做出肯定性質的冒充擁有就是對的。我們也應該知道，甚至在人們還沒弄清楚造作的人想要僞裝成爲什麼樣子之前，人們就知道他在造作了。最後，僞裝不會維持多長時間，終有一天面具會掉下來的，「沒有人可以長時間戴著面具，人很快就會恢復天性」（塞內卡，《書信集》，第1部分，第1章）。

31

正如一個人背負著自己的身體重負而對此一無所覺，而在移動他人

的身體時，他卻感覺到了重量，同理，他不會注意到自己身上的缺點和惡習，而只會留意他人的這些東西。因此，每個人都應該以他人為鏡，從這面鏡子可以清楚地看到自己的缺點、惡習及其他讓人厭惡之處。不過，在大多數情況下，人們卻像一條對著鏡子咆哮的狗，因為牠不知道牠在鏡子中看著自己，而以為那是另外一條狗。挑剔別人缺點差錯的人也是在改進著自己。所以，傾向和習慣於在私下默默**留意**別人的外在行為，**刻薄挑剔**別人不論做過的抑或不曾做過的事情的人，也因此在改進和完善著自己，因為這種人起碼有足夠的公正，或者足夠的驕傲和虛榮心去避免做出他們經常如此嚴厲、苛刻批評的事情。對那些容忍別人的人來說，則是相反，即「我們給予自己各種自由，也同樣讓別人有各種自由」（賀拉斯，第 2 部分）。《聖經》福音書關於「只見別人眼中刺，不見自己眼中梁」說了一段美妙的道德教誨，但是，眼睛的本質就是往外看的，它並不是要看到眼睛自身，所以，注意和批評別人的缺點是使我們意識到自己不足的一個相當合適的方法。我們需要一面鏡子去改善自己。

這一條規則同樣適用寫作文體和風格：誰要是讚賞某種新的拙劣文體，就會仿而效之，而不是提出批評。因此，每一拙劣、瘋狂的文體都能迅速在德國大行其道。德國人是很能容忍的，每個人都可注意到這一點。「我們給予自己各種自由，也同樣讓別人有各種自由」，就成了德國人的格言。

32

一個本質高貴的人在年輕的時候，以為人與人之間重要的和主要的關係，以及由此產生的連繫是觀念性的，亦即基於人們相同的氣質、情操、趣味、思維方式、思想能力等等。及至年長以後，他才意識到這些連繫和交往是**現實性**的，亦即以某種物質利益為基礎。這幾乎是所有的連繫和關係的基礎。大多數人甚至根本不曉得除此之外還會存在別的關

係。因此，人們都從一個人所擁有的職位、從事的生意、隸屬的民族和家庭去考慮一個人，亦即總體上從世俗常規所給予這個人的角色和位置考慮一個人。所以，一個人就像商品一樣地被貼上標籤並受到商品式的對待。至於這個人的自身是什麼，根據其個人素質他是個什麼樣的人，人們只是隨意地因此只是例外地提及，並且悉隨人們的需要，亦即在大多數時候被擱置一邊，或者視而不見。一個人自身擁有越多，對世俗常規的安排就越感到不滿，他也就越希望退出世俗人群的圈子。世俗如此安排是因為在這個貧窮和匱乏的世界，應付匱乏和需求的手段無論在何處都是最重要的，因此，也是壓倒一切的。

33

正如流通的是紙鈔而不是真金白銀，同樣，在這個世界上流行的不是真正的尊重和真正的友誼，而只是做得盡量逼真和自然地顯示尊重和友誼的表面功夫。不過，我們也不妨自問：又有哪些人值得我們對其使用真金白銀呢？不管怎麼樣，我認為一條誠實的狗搖尾示好，比人們的那些表面功夫有百倍之多的價值。

真實不虛的友誼有這樣一個前提：對朋友的痛苦、不幸抱有一種強烈的、純客觀的和完全不帶利害關係的感同身受。這也就意味著我們真正與我們的朋友是合為一體的。但人的自我本性卻與這種做法格格不入，所以，真正的友誼就屬於類似巨大的海蛇：我們不知道那只是一種傳說，抑或真的在某些地方存在。人與人之間的許多連繫當然主要是建築在各式各樣隱藏的自私動機之上，但某些這樣的連繫也摻進了點滴的真正友誼的成分。這樣，它們就得到了人們的美化和推崇。在這樣一個充滿缺陷的世界裡，把這些連繫冠以友誼之名也就有幾分理由。它們遠勝那些泛泛之交。後者是些什麼樣的貨色呢？如果我們聽到我們的大部分好朋友在我們背後所說的話，我們就不會再想跟他們說話了。

[537]

檢驗一個人是不是我們的真正朋友，除了需要得到朋友的確切幫助

和做出一定犧牲的情形以外，最好的時機就是我們告訴他恰逢某種不幸的時候：他的臉上要麼顯示出真心的、不含雜質的悲哀，要麼就是一副鎮定自若的樣子，或者會有另一絲別的表情瞬間掠過，後兩者都證實了拉羅什福科的那句名言——「從我們最好的朋友所遭遇的不幸，我們總能找到某樣並不會使我們不悅的東西。」在類似這種時候，一般我們稱之為朋友的人甚至掩飾不住臉上一絲滿意的笑容。沒有什麼比告訴別人我們恰逢某一巨大不幸，或者向別人毫無保留地透露出自己的某些個人弱點，更能確切地使別人得到好心情了。多麼典型的例子！

朋友間分隔太遠和長時間互不見面會有損友情，儘管我們並不那麼樂意承認這一點。如果久不相見，甚至我們最親愛的朋友也會隨著歲月的流逝逐漸變成了抽象的概念，我們對他們的關切也越來越變得純粹只[538]是理性上的，甚至成了某種慣性而已。但對那些我們朝夕相見的人，哪怕只是我們寵愛的動物，我們都能夠保持強烈和深切的興趣。人的本性就是如此感官和感性。所以，歌德的話在這裡是適用的：

此時此刻是一個威力無比的女神。

——《塔索》，第4幕，第4場

房子的朋友（Hausfreunde）一詞表達得相當準確，因為這種朋友是房子的朋友而不是主人的朋友，因此，他們更像是貓，而不是犬的一類。

朋友都說自己是真誠的，其實，敵人才是真誠的。所以，我們應該把敵人的抨擊、指責作為苦口良藥，以此更了解自己。

患難之交真的那麼稀有嗎？恰恰相反，我們一旦和某人交朋友，他就開始患難了，就向我們借錢了。

34

　　如果一個人以為顯示自己的聰明和思想就能博得社交人群的歡迎，那麼他就的確是個不諳世故的毛頭小子！事實卻恰恰相反：對絕大多數人來說，一個人表現出聰明和思想只能激起人們對他的憎恨和反感；並且這種憎恨和反感還因為那些憎恨者和反感者沒有正當的理由說出引起這些情緒的原因而變得更加強烈，他們甚至必須把這些原因掩藏起來，不讓自己知道。個中情形是這樣的：如果一個人在談話的對方身上注意到和感覺到了某種智力上的優勢，那麼，這個人就會在私下，在沒有對此清楚地有所意識之下得出這樣的結論：對方肯定也在同等程度上注意到和感覺到自己在智力上的劣勢。這種省略的三段論刺激起他無比的憤慨和怨恨（參見《作為意志和表象的世界》，第 2 卷，第 256 頁——在那裡我引用了詹森博士以及歌德青年時代的朋友梅克說過的話），所以，格拉西安說得相當正確：「要取悅別人的話，唯一的方式就是把自己裹以最傻呆的動物的外皮。」（參見《世俗生活的智慧》，240，奧巴拉斯，安特衛普，1702，第 2 部分，第 287 頁。）顯示自己的聰明智慧其實就是間接地指責別人愚蠢和無能。並且一個本性庸俗的人，在面對自己的對立面時，內心會產生牴觸情緒，而祕密煽起這股情緒的就是他的嫉妒。這是因為虛榮心的滿足帶給人的快感更甚於其他快樂，正如我們每天都可看到的。但獲得這種快感的途徑只能是把自己與別人作一番比較。對人來說，最值得我們引以為傲的莫過於精神思想素質，因為人正是基於這方面的優勢才優於動物。[19]因此，假如把自己這一方面確鑿無疑的優勢顯示出來，尤其是在其他人面前這樣做，那就是一種極端魯莽、冒失的行為。這樣，人們就會受到刺激去尋求報

---

[19] 可以說，意志是人自身賦予的，因為人就是意志本身；但智力卻是人得之於上天的稟賦，換句話說，人從永恆和神祕的命運及其必然性中獲得他的智力，他的母親只是他獲得智力的工具而已。

复，就会伺机以侮辱去报复这个冒犯者。因为侮辱人就可以离开思想智力的领域而进入意志的地盘，而在意志这方面人们都是相同的。所以，在社会上，地位和财富可以期望获得人们的尊崇和爱戴，但精神的优势却永远休想得到这种待遇。有幸碰到的最好情形无非就是精神思想的优势遭到别人的漠视；假如情况不是这样，那么，优越的精神思想就会被视为一种无礼和冒犯，或者人们就会认为这种优越精神的拥有者是透过不合法的手段取得他们拥有的天赋，现在他们竟敢以此炫耀了！为此原因，众人私下里都存心以某样方式羞辱这种人一番，只是静待合适的下手时机而已。就算用谦卑的举止行为，也难以成功使众人原谅自己在思想智力上的优势。萨迪在《玫瑰园》（格拉夫译，第 146 页）里说过：「我们知道，愚人对智者的反感百倍于智者对愚人的反感。」而表现出**低下**的头脑思想却是真正值得推荐的行为。这是因为犹如温暖之于我们的身体，感觉到自己的优势之于我们的精神是一样惬意和舒服的。每个

[540] 人都会本能地靠近给他带来这种优越感的物体，犹如他本能地走向阳光或靠近火炉一样。那么，这样的物体就是明显不如我们的人：对男人而言，在精神思想素质方面；对女人而言，则在美貌方面。对我们所见的许多人明白显示我们的不足之处，当然是不容易的。相较之下，我们可以看到，一个相貌还过得去的女孩是多么友好热情地欢迎一个相貌丑陋难看的女孩啊！对男人来说，身体的优势并不是至关重要的问题，虽然跟比自己矮小的人站在一起会跟比我们高大的人在一块更加让人舒服。因此，在男人当中，愚蠢和无知的人会普遍受到欢迎；而在女人当中，相貌丑陋的女人受人喜爱。这些人很容易就会获得心地特好的美名，因为每个人都需要为自己的偏好找一个藉口。正因此，拥有任何某种思想智力的优势，都会使自己孤立起来。人们憎恨他人这方面的优势，避之唯恐不及。为了说出这样做的藉口，人们就把种种缺点、恶行加之于那

擁有思想智力優勢的人的身上。[20] 在女人當中，美貌也發揮著同樣的作用。長相很美的女子永遠找不到同性的朋友，甚至連女伴都找不到。她們最好不要去申請那些陪同聊天消遣的職位，因為她們甫一露面，她們希望中的新女主人的臉色就馬上陰沉下來，因為不管是她們自己還是她們的女兒，可一點都不需要這樣的襯托！相較之下，擁有優越的地位則是相反的情形，因為優越的地位並不像優越的個人素質那樣，透過互相的對比和顯示出的差異而發揮作用，而是像周圍環境的色彩反射在我們的臉上一樣，透過反射而作用。

[541]

35

我們信任別人，很多時候主要是因為我們的懶惰、自私和虛榮，懶惰是由於自己不去考察、發現和保持警覺，而寧願信任別人；自私是因為談論自己的需要，引誘我們把一些事情吐露給別人；虛榮是因為談論的事情是我們引以為傲的。雖然如此，我們卻仍然要求別人尊重我們給予他們的信任。

而對於別人的不信任，我們不應感到憤怒，因為這種不信任包含了對正直的敬意，也就是包含了這一真心的看法：正直是十分稀有的，正因為這樣，我們懷疑它是否真的存在。

---

[20] **在這個世界上要能夠吃得開**，朋友是至為關鍵的。但擁有**出眾的才能**總是使人**自傲**，並因此使我們不適應去奉承、巴結才具平平的人。其實，我們應該掩藏和否認自己的才能。但意識到自己的平庸才具卻會產生恰恰相反的效果。與這種平庸才能互相配合的是這種人的謙卑和友好，他們有善意的脾性，對於惡劣、糟糕的人事仍然表現出畢恭畢敬的態度。所以，這類人能夠擁有朋友和支持者。我這裡所說的情況不僅適用國家公務員，同時也適用在學術界占據榮譽職位和地位、享有名聲的人。所以，在學院裡面，平庸之輩總是占據高位，而真正有水準的人卻很遲才進入學院，甚至永遠進不去。這類情形比比皆是。

36

中國人把禮貌奉爲首要的優良品德，而保持禮貌的一個原因，我已經在我寫的《倫理學的兩個基本問題》（第20頁；第2版，第198頁）中討論過了；另一個原因如下。保持禮貌就是大家心照不宣地定下這樣一條協議：我們都將互相忽略和避免責備對方在道德上和智力上的可憐本質。這樣，我們這方面的可憐本質就不會輕易暴露出來，這對大家彼此都有好處。

保持禮貌是精明的做法，所以，不禮貌的言行就是愚蠢的。隨意地和不必要地以不禮貌的方式對待別人而與人結仇，就猶如放火燒掉自己的房子一般瘋狂。這是因爲禮貌的言行就像僞幣，在使用僞幣時也吝嗇、小氣就是不智的表現，而慷慨施予則是聰明的做法。各民族的人在信函的末尾處都寫上一句「您卑下的僕人」。只有德國人不肯使用「僕人」一詞——因爲這並不是事實！不過，爲了禮貌的緣故而不惜犧牲自己眞正的利益，這就猶如支付金塊而不是僞幣了。這跟蠟是一樣的：蠟[542] 在本質上是堅硬和易脆的，但稍加溫暖就會變得柔軟，人們就可以把它捏成隨意喜歡的形狀，同樣，運用禮貌和友好，甚至使一個執拗和敵視他人的人也變得順從和與人方便。所以，禮貌之於人就猶如溫暖之於蠟。

當然，一旦禮貌要求我們必須向所有人顯示最大的尊重，而絕大多數人卻又不配受此尊重，那保持禮貌就成了一項困難的任務。這樣，我們就得裝出一副很關心他人的樣子，而事實上，如果用不著與他們打交道，我們的心情就會愉快得多。如何把禮貌和自傲結合起來，是一件極其講究技巧的事情。

如果我們不曾誇張地看待自己的價值與尊嚴，並因此懷有某種不相稱的自大和高傲，與此同時，又清楚地知道每一個人內心對他人的慣常想法和批評，那我們就不會對他人的侮辱那麼地手足無措，因爲侮辱無非就是別人表現出輕視或蔑視。大多數人對只有些微責備意味的話語都

非常敏感，但如果他們偷聽到他們很熟的朋友在背後對他們的議論，那簡直是小巫見大巫！我們應該時刻記住一般常規的禮貌只是一副張開了笑臉的面具。所以當別人偶爾挪動或者片刻收起他們的面具時，我們可不要大驚小怪。如果一個人表現得相當粗野無禮，那麼，他就等於脫光了身上的衣服，赤裸著身子站在人們面前。當然，在這種情形下，一如大多數人一樣，他將是一副難看的樣子。

37

到底應該做些什麼和不該做些什麼，我們都不應以別人為榜樣，因為個人所處的位置、境況、關係都不相同，也因為個人性格的差異會使行事沾上某些不同的色彩。因此，「兩個人做同樣的事情，那已經不是同樣的事情了」。經過一番深思熟慮以後，我們必須以符合自己性格的方式行事。所以，就算是處理**實際**事務時，自己的**獨到**見解是必不可少的，否則，我們所做的就與我們的自身不相吻合。

[543]

38

我們不應該駁斥別人的看法，而應該記住，如果試圖用說話使一個人放棄他所相信的種種謬誤，那我們就算有瑪土撒拉的壽命，也不會完成任務。

另外，在與別人談話時，我們不要試圖糾正別人，儘管我們所說的話出於善意；因為冒犯和得罪別人是很容易的，但要對此做出彌補，就算並非不可能，也是相當困難的。

如果我們碰巧聽到別人說出的荒謬言論開始讓我們生氣，我們就要想像這只是一齣喜劇中兩個愚人之間的對話。這一事實久經證明：誰來到這個世上，一本正經地在最重要的問題上教育人們，那麼，如果他能全身而退就已經是萬幸的了。

39

誰要想讓別人相信他的看法，那就要冷靜、不帶激情地把這看法表

達出來。這是因為所有激烈的情緒都來自意志。所以，如果一個人激烈地把自己的看法說出來，那人們就會把他的看法視為他的意志的產物，而不是認識力的結果，因為認識力在本質上是冷靜的。也就是說，因為意志在人的身上是根本的，而認識力只是次級的和添加的，所以，人們更相信我們的看法是發自激動起來的意志，而不會相信意志激動起來是我們的判斷所致。

40

就算我們有最好的理由讚揚自己，我們也不能受到誘惑真的這樣做。這是因為虛榮心是那樣的尋常，而人的貢獻和業績卻又是那樣的不尋常，所以，一旦我們好像是在讚揚自己——哪怕我們只是間接這樣做——人們就會一百對一地打賭：我們說的是虛榮話而已，我們缺乏足夠的常識認清這其實多麼的可笑。不過，不管怎麼樣，培根的話 *** 也不是全錯的。他說的「總會達到一定效果」的話不僅適用造謠誣衊，同時也適用自我讚揚。因此，他建議我們不妨酌情地誇讚自己一番。

[544]

41

如果我們懷疑一個人在說謊，那我們就應該假裝相信他所說的話，因為這樣他就會變得放肆大膽，就會更加有恃無恐地說出謊言而最後拆穿自己。但如果我們發現他的話部分地洩露了他其實想掩藏起來的真相，那我們就應裝出一副不相信的樣子。由於受到這樣的抵抗刺激，他就會調動其餘的真相以應戰了。

*** 在後來的版本中增加了注釋。內容是：正如人們通常所說，人們大膽說出誣衊之詞總會達到一點點的目的；同樣，我們也可以說，如果我們大膽無畏地為自己唱讚歌（如果這種讚歌並不是完全令人羞愧和荒謬可笑的話），那這種自我讚頌總會達到一定的效果。——譯者注

42

我們必須把自己的個人私事視為祕密。凡是我們相識的朋友無法親眼看到的事情，我們都不要讓他們知道。這是因為隨著時間和形勢的變化，他們對我們那些最清白無害的事情的了解都會帶給我們不利。大致說來，我們更應該透過沉默，而不是靠說話來顯示我們的明白。選擇沉默是精明所致，而採用說話則是虛榮心使然。我們經常都有做出這兩者的機會，但我們通常為求得到瞬間的快意而選擇說話，不惜捨棄沉默所帶給我們的長久好處。甚至熱烈、活潑的人那種大聲跟自己說話以放鬆心情的做法，也應該予以杜絕，以免讓這種行為變成了一種習慣。因為這種習慣一旦形成，思想與說話就會親密無間，甚至與別人的交談也會逐漸演變成為說出聲音的思維。而如果我們精明的話，就會在思想和說話之間保留相當的距離。

有時候，我們誤以為別人根本就不會相信與我們有關的某些事情，但其實，別人還不曾想到過要懷疑這些事情。但如果我們讓別人對這些事情起了疑心的話，那他們就肯定不會相信了。我們經常暴露了自己，只是因為在我們的想像中，別人不可能不發現和注意到某些東西。這情形就猶如站在高處，因為頭暈目眩，亦即因為我們認定不可能站穩，所以就從高處栽了下來。站在高處的揪心感覺是那樣的難受，及早了斷會令人更好受一些。這種錯覺就叫作頭腦暈眩。

在另一方面，我們卻應該知道某些並不曾顯示出絲毫洞察力的人，卻可以是研究別人私事的專家。只要掌握了少數的情況，他們就能解決至為複雜的難題，例如：如果我們告訴這些人某件往事，也不曾提到任何人的名字和其他描述，那我們就必須小心不要說出任何肯定的和具體的情況，例如：時間、地點、其他相關人等的名字，或者與這些間接相關的事情，哪怕這些沒有多大的意義。因為有了這些肯定的資料以後，那些專家們就能發揮他們刁鑽的洞察力，把其他情況都一一發掘出來。也就是說，這些人在這一方面的好奇和熱情卻是如此之大，憑藉這

[545]

些，意志激發起他們的智力，直至獲得最孤僻、最不起眼的事實結果為止。這是因為儘管這些人對**普遍**的真理無法感知和無動於衷，但對單獨的真相卻是相當沉迷的。

有鑑於此，所有教導處世藝術的大師們都熱切和以多方的論辯告誡人們要沉默寡言。所以，這話題我說到這裡也就可以打住了。不過，我還想告訴大家幾條見解深刻卻又鮮為人知的阿拉伯諺語：「你的敵人不可以知道的東西，都不能告訴你的朋友。」「如果保持沉默，那我的祕密就是我的囚徒；如果失口說出了這個祕密，那我就變成了這祕密的囚徒。」「沉默之樹結出安寧之果。」

43

我們讓自己被別人騙去的金錢花費得至為有益，任何其他金錢消費都無法與之相比，因為用這筆錢，我們直接買回了聰明。

44

我們要盡可能地避免對他人懷有敵意，但我們卻必須注意每一個人的行為表現，並且牢記在記憶裡，目的就是據此確定這個人的價值（起碼是他對於我的價值），並相應制定出對這個人所應採取的態度和行為。永遠要深信這一點：人的性格是不會改變的，一旦忘掉了一個人的某一劣性，那就跟扔掉了我們辛苦賺得的金錢一樣。這樣，我們才不會與人過分親密和與人結下愚蠢的友誼。

「不愛也不恨」包含了全部世俗智慧的一半，「不說也不信」則包含了另一半。不過，當然了，對於一個需要謹守這些以及下面的規律的世界，我們避之唯恐不及呢。

45

在言詞或者表情流露出憤怒或憎恨是徒勞無益的，既不智和危險，又可笑和流於俗套。所以，除了透過行動，我們永遠不要以任何其他方式表現憎恨或者憤怒。我們越能避免在話語和表情上表示憤怒，就

越能以行動表現出來。冷血的動物才是唯一有毒的動物。

46

說話不要加重語氣。這一條世故的古老遺訓旨在讓別人發揮理解力去明白我們所說的話,因為常人的理解力是遲緩的,在他們明白我們說的話之前,話已經說完了。但如果說話時加重語氣,那就是在訴諸別人的感情了,這樣,一切就都會得出相反的結果。對不少人我們可以態度禮貌、聲調友好地說出真正無禮的話語,而又避免直接的危險。

D. 我們對於命運和世事的發展所應抱持的態度

47

人生無論以何面目出現,構成人生的仍然是同樣的要素。所以,無論這一人生是在茅棚、在王宮,抑或在軍營、修道院裡度過,人生歸根結柢還是同樣的人生。人生的際遇、歷險,獲得的幸福或者遭受的不幸儘管千差萬別,生活仍然就像糖果一樣:儘管糖果的形狀千奇百怪、顏色多種多樣,但都是由同樣的糖果漿做成。一個人的遭遇和另一個人的經歷,彼此的相似程度遠甚於我們根據他人的描述所認為的那樣。我們生活中的事件就猶如萬花筒裡的畫面,每次轉動萬花筒都讓我們看到不同的畫面,但其實我們的眼前就只是那同一個萬花筒而已。

[547]

48

一個古老作家相當確切、中肯地說過:在這世上存在 3 種力:明智、力量和運氣。我相信運氣至為重要。我們的一生可比喻為一艘船的航程。運氣——順運或者逆運——扮演著風的角色,它可以迅速推進我們的航程,也可以把我們推回老遠的距離;對此,我們的努力和奮鬥都是徒勞無功的。我們的努力和掙扎只是發揮著槳的作用。我們竭盡全力揮舞槳數小時,終於向前走了一程,這時突如其來的一陣強風,一下子就能使我們倒退到同樣的距離。一句西班牙諺語就很美妙地表達了命運

的強大力量:「祝你兒子好運,然後把他拋進大海吧!」

但是,運氣卻是一股邪惡、危險的力量,我們應盡可能少地聽任其擺布。在所有的賜予者當中,又有哪一位賜予者是這個樣子:在賜予我們的同時,卻又清楚無誤地向我們表明:我們對於他所賜予的禮物並沒有非得到不可的絲毫資格和權利,我們得到這些饋贈需要感謝賜予者的仁慈和恩惠,而不是把這些饋贈歸之於自己的作爲;我們也就只能以無比的謙卑,懷著喜悅的希望去接受更多不配獲得的禮物?這一位賜予者就是運氣。它懂得運用一種君王的氣派和藝術讓我們清楚明白:在它的仁慈、恩惠面前,我們的一切功勞、業績都是無足輕重、無能爲力的。

[548] 當我們回顧走過的人生之路,從整體上審視「迷宮一般的犯錯歷程」和諸多錯過的幸福、招致的不幸——在這時候,我們會輕易地過分責備自己。其實,我們走過這樣的人生路程並不完全是我們的所爲。這是兩種因素——一連串的外在事件和我們不斷做出的決定——共同發揮作用的結果。這兩種因素糾纏在一起,並相互影響。另外,我們在上述兩個方面的視野都是相當狹隘侷促的。我們無法預知將要做出什麼決定,更加不可能預見將要發生的外在事件。我們只了解此時此刻發生的事情和我們的打算。所以,當我們的目標還很遙遠時,我們甚至不可以徑直向著這一目標前進,而只能依靠猜測,大致上向著這個目標的方向前行。所以,我們經常得小心調節和變換行進的方向。我們能做的事情也就是根據此時此刻的情況做出決定,希望這樣做能讓我們更加接近我們的目標。通常,外在的事件和我們的基本目的猶如兩股向著不同方向牽引的力,這兩股力形成的對角線也就成爲了我們生活的軌跡。泰倫斯說過:人生就像一個擲骰子遊戲,擲出的骰子如果不合你的意願,那你就只能憑藉技巧,去改進命運所分配的骰子。這裡,泰倫斯指的應該是類似15子擲骰子遊戲。我們可以說得簡約一點:命運洗牌,我們玩牌,而我們則負責出牌。下面的比喻最貼切不過地表達我這裡說的意思:人生就像一盤棋局,我們計畫好了一套走法,但實施這一套計畫的條件卻

是由棋局中的對弈者——亦即生活中的運氣——的意願所決定。通常，我們對自己的計畫要做出大幅度的調整修正，這樣，在計畫實施的時候，原來的計畫已經變得面目全非了。

另外，在我們的人生進程中，有某些東西是超乎所有這一切的。我這裡說的就是這麼一個簡單的但卻久經證明了的眞理：很多時候，我們比自己所相信的更加愚蠢，但在另一方面，則比自己認爲的要聰明。事過境遷以後，我們才會有這個發現，並且那也是在經過比較長的一段時間以後。我們的自身具有某些比我們的頭腦還要聰明的東西。我們在人生歷程中所做出的重大舉措和邁出的主要步伐，與其說是遵循我們對何爲對錯的清楚認識，不如說是遵循某種內在的衝動——我們可以把它稱爲本能，它源自我們本質的最深處。在事情發生以後，我們對自己的行事挑剔、批評，但此時，我們根據的只是那頭頭是道，但其實並不充分的、牽強的，甚至是假借的概念，並且我們把我們的事情與那些籠統的規律和他人的例子作比較。我們並不曾認真考慮到這條格言：「一條規律不可能放之四海而皆準。」我們很容易就會不公正地對待自己。但事情總會有個水落石出。也只有幸運地活至老年的人，才具備能力對自己一生中的對錯，從主觀上和客觀上做出判斷。

[549]

或許人的內在衝動不知不覺地受到了我們睡夢的指引，這些夢帶著預示的內容，在我們醒來的時候就被我們遺忘了，但正是我們的睡夢給予了我們的生命某種勻稱的調子和某種戲劇性的統一——而這些卻是我們那猶豫不決、搖擺不定、屢屢犯錯的大腦意識所無法給予我們的。由於睡夢的作用，打個比方說，生來就註定要成就一番偉大事業的人，從青年時代起就在內心祕密地感受到了這一事實。他就會像建築蜂巢的工蜂那樣去努力完成自己的使命。對每個人來說，它就是格拉西安稱爲「la gran sindéresis」，亦即本能對自我的巨大保護。一旦失去了它，這個人就會走向毀滅。根據**抽象原則**行事是困難的，這要經過許多練習以後才能做到，並且也不是每次都能成功。抽象原則常常是不足夠的。相

較之下，每個人都有某些**與生俱來的根本原則**，這些原則深藏於每個人的血液和骨髓之中，因爲這些原則是人們全部的思想、感情和意願的結果。人們並不是在抽象思想中認識到自己的這些原則的。只是當我們回顧自己一生的時候，才會注意到我們其實無時無刻不在遵循著自己的原則行事，這些原則猶如一條看不見的繩線操縱著我們。這些原則因人而異。人們各自隨著這些原則的引領走向幸福或者不幸。

49

[550]　我們應該牢牢記住時間的作用，以及事物曇花一現的本質。所以，對於任何正在發生的事情，我們都要馬上清晰地想像到其相反的一面。因此，在富裕之時看到落魄、不幸，從友誼想到反目成仇，在風和日麗時想到電閃雷鳴，從愛看到恨，從信任和坦白看到背叛和悔疚等等，反之亦然。這樣做會使人們永久地增進那真正人世間的智慧，因爲我們會變得凡事深思熟慮，不會輕易地受騙上當。在很多情況下，我們可以由此預計到時間所發揮的作用。不過，與掌握其他知識相比，要正確認識事物反覆無常的本質，經驗或許更加必不可少，正因爲某種狀態或者條件在其持續的時間內必然地、絕對合理地存在，所以，每一年、每一月、每一日，看起來都有理由和權利永恆不變地存在。但是任何事物都無法保留這種權利，只有轉換變化才是永恆的。一個明智的人其實就是一個不會被事物恆久不變的表面所欺騙的人，他甚至預見到了事情即將往哪一個方向變化。[21] 但是在一般情況下，常人卻把目前的事物狀態或者它們發展的方向視爲恆久不變。這是因爲一般人只看到效果，但

---

[21]　偶然在人類事務中具有很大的活動空間，當我們試圖透過做出犧牲來預防某一遙遠的威脅性危險時，這一危險卻經常由於事情意想不到的變化而消失。這樣一來，不但我們所做出的犧牲付諸東流，甚至這些犧牲所帶來的變化——在已經轉變了的情形之下——開始對我們構成不利。因此，我們在採取防範未來的措施時，千萬不要走得太遠，而應該把運氣考慮在內，勇敢地面對危險，希望它們會像烏雲一樣地過去。

又不明白產生這些效果的原因,而正是原因包含著將來變化的種子。但常人唯一看到的效果並不具備這些種子。人們固守著目前的效果,以為他們所看不到的造成了目前效果的原因仍然能夠維持現狀。不過,一般常人具有一個優勢,那就是如果他們犯錯的話,那他們是行動一致地犯錯的。因此,在他們犯錯而遭遇災難的時候,那災難普遍地涉及眾人。但當一個思想家犯錯的時候,他是孤立無援的。在此,我們附帶看到了我的這條原則得到了證實,那就是謬誤總是產生在從事物的結果推究其原因的過程(參見《作為意志和表象的世界》,第1卷,第90頁)。

不過,我們應該只是從理論上透過預料事物的結果**預期**時間的事情,而不是在實際生活中提前向時間要求得到只有時間才會帶來的東西。誰要真的這樣去做,那他就會發現再沒有比時間更加苛刻、刻薄的高利貸者了。如果我們強迫時間做出預支,那時間索取的利息比任何一個猶太高利貸者還要厲害。例如:採用生石灰和溫度,我們可以加速一棵樹的生長,可以讓它幾天之內長葉、開花和結果;但這棵樹很快就會凋謝、枯萎。如果一個年輕人想完成一個成熟男人才能做的生育工作——甚至只是為時數個星期——在他年僅十幾歲時做他在30歲可以輕易完成的工作,那麼時間還是會對他做出預支的,但是,這個人以後生命的一大部分精力——事實上,他的相當一部分生命——就是他將要支付的利息。我們能夠從許多疾病中完全恢復過來,就是因為我們讓這些疾病自然發展,在完成這一過程以後,它們就自動消失,不留下一點痕跡。但如果我們要求馬上就健康無恙,那時間也只能做出預支:疾病治好了,但利息將會是虛弱的身體和在以後的生命中疾病的反覆發作。在戰爭中或者在國內形勢動亂的時候,我們馬上需要金錢。我們迫不得已以正常價格的1/3甚至更少賣掉我們的地產或者政府公債。其實,如果我們願意等待時間的發展,那我們就會收到我們財產的全價。但我們卻強迫時間做出預支。又或者我們需要得到一筆錢去作一次長途旅行。在1、2年間我們就可以從我們的收入中湊到這筆費用,但是我們卻不

願意等待，因而向他人借錢或者從自己的本金中提取這一筆錢，也就是說，時間向我們做出預支了。那麼，支付利息就會把我們的帳目弄得一團糟，我們永遠都難以擺脫赤字的糾纏，這就是時間放出的高利貸。所有那些急不可待的人都是它的受害者。試圖強迫正常、適中的時間加快步伐，是要付出至為昂貴代價的行為。所以，我們應該小心不要向時間欠下高息債務。

50

平庸者和明智者之間的典型差別，反映在日常生活中就是在評估和考慮是否存在可能的危險時，前者只是提出並且考慮這一問題，類似的危險是否曾經**發生**；後者卻思考什麼是有可能發生的，並且牢記這一句西班牙諺語：「在一年都不曾發生的事情有可能在幾分鐘之內發生。」當然，這兩種人的提問有所不同是正常的，因為考慮將要發生什麼需要洞察力，而看到已經發生了的事情則只需感官而已。

但是，我們的格言應該是：必須為邪惡之神做出犧牲。換句話說，我們要不惜花費時間、人力、金錢和忍受煩瑣、不便以及減少自己的需求，目的就是為了杜絕發生不幸的可能性。我們做出的犧牲越大，那發生不幸的可能就越小越遙遠。這一方面至為清楚的例子就是繳納保險金。這是眾人奉獻給邪惡之神的祭品。

51

我們不應為某件事情過分高興或者過分悲傷，原因之一就是一切事物都在改變，另一個原因是我們對何為有利、何為不利的判斷是虛幻的。所以，幾乎每個人都曾經一度為某件事情悲傷不已，但最後卻證明是一件天大的好事。又或者我們曾經為之興高采烈的事情，後來卻變成了我們極度痛苦的根源。我在這裡向大家推薦的心態被莎士比亞優美地表達出來：

我已經嘗慣人世的悲歡苦樂，
因此，無論何種突如其來的變故，
也不會使我像女人一樣軟下心來，
流淚哭泣。

——《終成眷屬》，第 3 幕，第 2 場

一般來說，一個人在遭遇各種不幸的橫禍時，如果能夠保持鎮定自若，那就顯示出他清楚地知道人生可能遭遇的苦難是巨大的和不可勝數的；為此原因，他把自己所遭遇的不幸僅僅視為那些發生的眾多苦難中的滄海一粟而已。這也就是斯多噶派哲學所提倡的心態：我們永遠不應「忘記人類的自身條件」，而要時刻記住人的生存大致說來是一種悲慘、可憐的宿命，它遭受難以勝數的災禍和不幸的襲擊。我們只需環顧四周就可以重溫這種認識：無論我們身處何方，都可看見人們為了這一悲慘、貧瘠和徒勞的生存而拚力掙扎和搏鬥，飽受折磨。為此原因，我們應該減少、節制我們的期望和要求，學會接受和適應不如意的事情和處境，時刻留意防止或者承受不幸的災禍。這是因為大大小小的不幸事件是我們生活的組成部分，我們應該把這一點時刻牢記在心。因此我們不應像一個永難滿意的人那樣拉長著臉，和巴里斯福德一起，為人生中無時不在發生的苦難唉聲嘆氣；更不應該「為每一個蝨子的叮咬而呼喚神靈」。相反，我們應該謹慎、細心地預見和避開可能的不幸，不管這些不幸來自人或事。在這方面我們應做到不遺餘力、精益求精，就像一隻聰明的狐狸，靈巧地躲開大大小小的災害（很多情況下，所謂的小災害只是經過化裝的小小不便而已）。 [554]

如果我們從一開始就認定災禍隨時有可能發生，並且正如人們所說的，對此有所準備，那麼，忍受災禍的困難就會有所減輕。這主要是因為在災禍還未到來之前，如果我們鎮靜地把它視為有可能發生的事情，那我們就可以預先從多方面清晰地考慮災禍的程度、範圍，這樣它就起

碼是有限的和一目了然的。當災禍眞的發生時，它就不至於過分地影響我們。但如果我們不曾做到這一點，而是在毫無準備的情況下遭不幸的打擊，那我們受到驚嚇的頭腦在第一時間並不會準確地測量飛來橫禍的程度和範圍，這樣，由於心中沒數，這一災禍就會顯得無法捉摸，起碼很容易顯得比實際的更嚴重。模糊不清和無法確定會以相同的方式使每一危險顯得比它的實際樣子更加厲害。當然，在我們把不幸視爲有可能發生的同時，我們也考慮到了我們會得到的幫助和做出的補救措施；或者至少在頭腦中習慣了災禍這一表象。

幫助我們以鎮定自若的態度接受發生在我們身上的不幸和災禍的最佳方法，莫過於確信這一眞理：「發生的所有大大小小的事情，都是必然地發生。」在那篇獲獎論文《論意志的自由》（第 62 頁）中，我從最基本的根據推斷並確定了這一眞理。對於不可避免地必然發生的事情，人們很快就會接受。認識這一眞理就能幫助人們把發生的所有一切，甚至包括那些由於最離奇古怪的偶然變故而導致發生的事情，都同樣視爲**必然**地發生；它們跟那些遵循最廣爲人知的規律，並且完全是在人們的意料之中發生的事情一般無異。我建議讀者參見我的《作爲意志和表象的世界》第 1 卷第 345-346 頁，在那裡，我已經討論過認識到事情是不可避免和必然地發生這一眞理以後，心靈會感受到撫慰和安靜。

[555] 誰要是深切、完全地明白這一眞理，就會首先做出自己分內的努力；而對自己必須忍受的痛苦也會甘願承受。

我們可以把那些瑣碎的、時時刻刻煩擾我們的小小不幸視爲存心給我們做練習和鍛鍊之用，這樣，我們就不至於在安逸中失去了忍受巨大不幸的能力。我們在每天交往中碰到的瑣細煩擾，他人趾高氣揚的態度和不當舉止，別人的不足掛齒的冒犯——對於這些，我們應像帶角的西格弗里德[22]那樣，亦即我們應該不爲所動，更加不可以把這些東西放在

---

22 席勒〈戰役〉一詩的首句。

心上。我們應視這些東西為前進路上的小石子,做到麻木不仁,把它們一腳踢開。我們確實不能認真回想和琢磨這些雞毛蒜皮的事情。

52

但人們泛稱為命運的事情卻通常都是自己做出的蠢事。因此,我們不妨熟記荷馬(《伊里亞德》,第23節,第313頁及以下)的一段美妙的話。荷馬向我們推薦了一種聰明的反省方法。這是因為如果人們的邪惡行徑將在下一世遭到報應,那麼,人們愚蠢的行為就是現世報應的,儘管有時候我們會得到某些赦免。

最危險和可怕的是人的狡猾,而不是人的暴怒。確實,人的頭腦是比獅子的利爪還要厲害的武器。

真正老於世故的人,做事從來不會猶豫不決、舉棋不定,這樣的人也不會匆忙急躁地行動。

53

對於我們的幸福,勇氣是一種非常關鍵的,僅次於聰明睿智的素質。當然,我們無法給予自己這兩種素質——前者我們得之於父親,而後者遺傳自母親——但是,不管我們具備這兩種素質的程度為何,透過決心和練習都可以增進它們。在這個「鐵造的骰子決定一切」的世界,我們需要鐵一般剛強的感覺意識,作為承受命運、防範他人的盔甲武器。這是因為人的一生就是一場戰鬥。我們所走的每一步都引起爭鬥。伏爾泰說得很對:「在這世上,我們只有拔出劍前行才能取得成功;我們死去的時候,手上仍然緊握著武器。」因此,一個人如果看見天空——或者只是在地平線上——出現了烏雲,就沮喪氣餒、怨天尤人,那這個人就是膽怯、懦弱之輩。我們的格言應該是這樣的: [556]

在邪惡面前不要讓步,應該勇敢無畏地面對它。

就算是一件有危險的事情，只要它的結局仍然懸而未決，只要還存在得到一個更好結局的可能，那我們就不要膽怯、猶豫，而應該努力抗爭，正如我們只要還看到一小片藍色的天空，我們就不應對天氣感到絕望一樣。的確，我們應該這樣說：

就算世界倒塌了下來，
一片廢墟也不會改變他的臉色。

別說生命中得到的各樣好處，就算是整個生命，也不值得我們為它如此心驚膽戰：

所以，他勇敢地生活，
英勇地面對命運的打擊。

但是，這有可能變得過猶不及，因為勇氣會釀成冒失放肆。一定程度的覷覥畏懼對我們在這一世界的生存是必需的，懦弱只是畏懼超出了限度而已。培根對畏懼所做出的語源學上的解釋比保存下來的普盧塔克（《伊西斯和奧西里斯》，第 14 章）的論述更進一步，他的表達令人讚嘆。他從潘——這擬人化的大自然中——引出這一點。他說：「事物的本性使所有的生物都具備了畏懼，這使他們得以躲避災禍，保存生命。但是，這一本性卻不懂得節制有度，它總是把無用空洞的害怕和那些有益的害怕混合在一起，所有生物（如果我們能夠窺見其內心），尤其是人類內心因此都充滿了這種大自然所共有的畏懼。」（《古人的智慧》，6）另外，這種大自然所共有的畏懼的典型特徵就是它並不清晰地意識到生發這種畏懼的根據，它對這些根據是假設甚於認識。的確，萬不得已的時候，畏懼本身就成為畏懼的理由了。

第 6 章　人生的各個階段

伏爾泰曾經相當美妙地說過：

一個人如果沒有他那種年齡的神韻，
那他也就會有他那種年齡特定的種種不幸。

因此，在我們探討幸福的結尾之處，對人生的不同階段所帶給我們的變化作一個粗略的考察，是恰當適宜的。

我們終其一生都只是生活在**當下**。不同時期的當下相互之間的差別在於：在生命開始的時候，我們前面是長遠的未來；但在生命臨近結束時，我們卻看到了我們身後走過的漫長的過去。雖然我們的性格保持不變，但我們的心境卻經歷了某些顯著的變化。不同時期的「當下」由此染上了某種不一樣的色彩。

在《作爲意志和表象的世界》（第 2 卷，第 31 章，第 394 頁注釋），我已經闡明並解釋了這一事實：在**童年期**，我們更多的是處於認知而不是**意志**的狀態。正是基於這一事實，在生命這最初 1/4 時間裡，我們能夠享有喜悅之情。童年期過去以後，我們留在身後的是一段天堂般美好的時光。在童年期，我們關係不廣，需求也不多，也就是說，我們並沒有怎麼受到意志的刺激，我們大部分的生命都投入到**認知**活動中。我們的大腦在 7 歲的時候已經長至最大的體積，同樣，我們的智力很早就發育成長，雖然此時還沒達到成熟。但在童年的嶄新世界裡，它卻一刻不停地汲取營養。在童年的世界，一切事物都帶有一種新奇的魅力。據此，我們的童年時光就是一首持續不斷的詩篇，因爲一如其他所有藝術，詩的本質就在於從每一單個事物把握這一事物的柏拉圖式的理型，也就是說，把握這單一事物的最本質，因而也是這類事物所共有的

[558] **整個特徵**；每一單一事物都以這樣的方式代表了它這一類的事物，——以一類千。儘管現在看起來，我們在童年期似乎始終只是關注著當時個別的事物或者發生的個別事件，甚至只是在某一事物或某一事件刺激我們當時瞬間的意志的時候，我們才關注它們。但是，歸根結柢，情況並不是這樣。這是因為在童年期，生活——就這個詞的全部、完整的含義而言——是那樣新奇、鮮活地呈現在我們眼前，生活所給予我們的印象並沒有因為多次的重複而變得模糊不清；而在我們的童年活動中，我們在並不清楚自己的目的的情況下，總是默默地忙於從我們所見的單個場景和單一事件中，了解生活自身的本質，把握生活形態的基本典型。我們就像斯賓諾莎所說的，「從永恆的一面看視人和事」。我們越年輕，每一單一事物就越代表了這一類事物的總體。但這種情況逐年減弱。正因為這樣，事物在年輕時候所留下的印象與在年老時我們所感受的印象有著巨大的差別。因此，我們在童年期和青年早期對事物的接觸和經驗，構成了以後所有認識和經驗的固定典型與類別。以後的人生認識和經驗都會被納入既定的類型，雖然我們並不總是清楚地意識到我們這樣做。因此，在童年期我們就已經打下深刻的或者膚淺的世界觀的堅實基礎。我們的世界觀在以後的時間裡會得到拓展和完善，但在本質上卻是不會改變了。由於這樣一種純粹客觀的，因此也是詩意的視角觀點——這是童年時代的特徵，它得益於當時的意志還遠遠沒有全力發揮作用——所以，在還是孩子的時候，我們的認知活動遠勝於意志活動。因此，許多兒童的眼神是直觀和認真的。拉斐爾在描繪他的天使的時候——尤其在《西斯汀聖母》裡的天使——就很巧妙地運用了這種眼神。這就是為什麼童年的時光是那樣的愉悅，我們對童年的回憶總免不了伴隨著眷戀之情。當我們如此認真地投入初次直觀認識事物的時候，教育也在忙於向

[559] 我們灌輸種種的**概念**知識。不過，概念知識並不會給我們帶來對事物真正本質性的認識；更準確地說，對事物本質的認識，亦即我們知識的真正內容——在於我們對這個世界所作的**直觀**把握。但是獲得這樣一種直

觀認識只能經由我們的自身，任何方式的灌輸都是無能為力的。因此，我們的智力，一如我們的道德並不來自外在，它源自我們自身的本質深處。沒有哪一位教育家可以把一個天生的蠢人培養成一個有頭腦的人，永遠不！他出生的時候是一個傻瓜，那直到他死的時候還仍然是一個傻瓜。一個人對外在世界的初次直觀把握是很深刻的，這也就解釋了為什麼我們的童年環境和經驗在我們的記憶裡會留下如此深刻的印記。我們全神貫注於我們周圍的環境，任何事情也分散不了我們對這環境的注意力；我們彷彿把眼前的事物視為這一類事物的僅有者，似乎在這世上就只有它們的存在。在以後的日子裡，我們才知道在這個世界上還另有為數眾多的事物，我們由此失去了勇氣和耐心。我在《作為意志和表象的世界》第 372 頁注釋已經闡明：所有的事物作為**客體**，亦即純粹作為**表象**而存在時，毫無例外都是令人愉快的；但當這些事物作為**主體**存在，亦即存在於**意志**之中時，卻都沉浸在痛苦和悲哀之中。在這裡，如果讀者回想一下我的這一闡述，那麼，他們就會接受這一句話作為對我的闡述的簡單概括：一切事物在被**觀照**時都是愉悅的，但在具體存在時卻是可怕的。根據以上所述，在童年期，我們更多的是從**觀照**的一面，而不是從**存在**的一面認識事物，也就是說，事物是作為表象，作為客體，而不是作為意志被我們所了解。因為前者是事物令人愉快的一面，而主體可怕的另一面卻又不為我們所知，所以，我們年輕的頭腦就把現實、藝術所呈現的各種形體視為各式各樣的愉悅之物。我們會以為這些事物看起來是那樣的美好，那麼，具體的**存在**就會更加美好了。因此，我們眼前的世界宛如伊甸樂園；我們誕生的地方就是阿卡迪亞高原。這樣，在稍後的日子，我們就有了對現實生活的渴望，我們急切期盼著做事和受苦，這就把我們拉進了喧囂、騷動的人生。生活在這紛擾的世界裡，我們才學會了解到事物的另一面，事物的存在，亦即意志的一面；我們行進的每一個步伐都受到了意志的羈絆。然後，一股巨大的幻滅感慢慢降臨了。在這之後，我們也就可以說幻想的時代一去

[560]

不復返了。不過,這股幻滅感繼續不斷地增強、加深和變得完全澈底。據此,我們可以這樣說,在童年期,生活呈現的樣子就像是從遠處看到的舞臺布景;而到了老年期,我們則走到了最近的距離看同樣的布景裝飾。

最後,我們在童年期感到幸福還因為這一事實:正如在初春,樹葉都帶著同樣的顏色,具有幾乎一模一樣的形狀,同樣,我們在幼年時也是彼此相似並因此和諧一致。但隨著青春期的到來,人與人之間的差異分歧也就出現了,這和圓規的半徑越大畫出的圓圈也就越大是同樣的道理。

我們前半生的最後部分,亦即我們的青年時代比起我們的後半生有很多優勢,但是,在青年期困擾我們、造成我們不幸福的是我們對幸福的追求。我們堅持認為,我們可以在生活中尋覓到幸福。我們的希望由此持續不斷地落空,而我們的不滿情緒也就由此產生。我們夢想得到的模糊不清的幸福,在我們面前隨心所欲地變換著種種魔幻般的圖像,而我們則徒勞無功地追逐這些圖像的原型。因此,在青春歲月,無論我們身處何種環境、狀況,我們都會對其感到不滿,那是因為我們剛剛才開始認識到人生的空虛與可憐——在此之前,我們所期盼的生活可是完全另外一副樣子——但我們卻把無處不在的人生的空虛與可憐歸咎於我們的環境、狀況。在青年期,如果人們能夠及時得到教誨,從而根除這一個錯誤見解,即認為我們可以在這世界盡情收穫,那麼,人們就能獲益良多。但是,現實發生的情形卻與此恰恰相反。我們在早年主要是透過詩歌、小說,而不是透過現實來認識生活。我們處於旭日初升的青春年華,詩歌、小說所描繪的場景在我們眼前閃爍;我們備受渴望的折磨,

[561] 巴不得到那些景象成為現實,迫不及待地要去抓住彩虹。年輕人期望他們的一生能像一部趣味盎然的小說。他們的失望也就由此而來。關於這點,我在《作為意志和表象的世界》第 2 卷第 374 頁已經作了闡述。那些畫像之所以具有如此的魅力,正是因為這些純粹只是畫像而已,它

們並不是真實的。因此,我們在觀照它們的時候,我們處於純粹認知的寧靜和自足狀態之中。要把這些畫像一一實現,就意味著必須浸淫在意志裡面,而意志的活動不可避免地帶來痛苦。關於這一問題,有興趣的讀者可參見我的上述著作第 427 頁。

因此,如果人的前半生的特徵是對幸福苦苦追求而又無法滿足,那麼,人的後半生的特徵則變成了對遭遇不幸的害怕和憂慮。因為到了人生的後半部分,我們多多少少都清楚地了解到所有的幸福都是虛幻的,而苦難才是真實的。因此,現在我們努力爭取的只是一種無痛苦和不受煩擾的狀態,而不是快感逸樂,這至少對具有理性的人來說是這樣。[23]在我年輕的時候,當房門響起敲門聲時,我會很高興,因為我想「幸福就要來了」。但在往後的歲月,在相同的情形下,我的反應卻變成了類似於害怕:「不幸終於到了。」芸芸眾生之中有一些出類拔萃、得天獨厚的人物,他們既然是這一類人物,那就並不真正地屬於芸芸眾生,而是孤獨地存在。因此,根據他們自身的優勢程度,他們對生活或多或少地只感受到這兩種截然相反的感覺:在青年期,他們感覺被眾人拋棄;及至年長以後,卻感覺自己逃離了眾人。前者並不讓人舒服,這是對人生不了解所致;後者卻令人愉快,這得之於對人生有了認識。這樣的結果就是人生的後半部分,猶如一個樂段的後半部分,比起前半部分減少了奮鬥和追求,但卻包含了更多的安寧和平和。這主要是因為人們在青春年少時認為,這個世界充滿著唾手可得的幸福和快樂,人們只是苦於找不到門路獲得這些幸福、快樂而已;但到了老年,人們就會知道,在這個世界本就沒有什麼幸福、快樂可言,他們因而心安理得地咀嚼、品嘗著那得過且過的現狀,甚至從平淡無奇中找到樂趣。

一個成熟的人從自己的生活經驗中所能獲得的首先就是**擺脫偏見**,這樣,他發現世界與他兒時和青年期所看到的迥然有別。他開始以

---

[23] 年老以後,人們更懂得去避免不幸,而在年輕時,人們只是忍受不幸。

樸素的眼光看視事物，客觀地對待它們。但對少年和青年人來說，他們頭腦中奇特的想像、古怪的念頭和流傳的先入爲主的觀點，共同拼湊成一幅歪曲和僞裝了眞實世界的幻象。這樣，人生經驗的首要任務就是擺脫那些在我們青春期扎根頭腦的幻想和虛假概念；但要防止人們在青年時代沾染這些東西卻是一件相當困難的事情。能達到這一目標的教育將是最理想的教育，雖然這種教育只能是否定的。要達到這一目標，我們必須從一開始就把童年期孩子的目光和視野控制在盡可能狹窄的範圍。在這一範圍之內，我們提供給孩子清晰、正確的觀念；只有在他們正確認識了在這一視野範圍之內的事物以後，才可以逐漸地拓寬視野。與此同時，還要時刻留意不要讓任何模糊不清、一知半解或者偏差走樣的認識留存在他們的頭腦裡。這樣做的結果就是人們對事物和人際關係的觀念始終是狹隘的，但卻非常樸素。也正因如此，他們的觀念將是清晰的和正確的。這些觀念只需要逐漸拓寬，而不需要修正和勘誤。這種教育需要一直維持至青年時代。這種教育方式尤其要求人們不要閱讀小說，取而代之的是合適的人物傳記類讀物，諸如富蘭克林的傳記、莫利茨寫的《安東·賴斯》等。

[563] 　　在年輕的時候，我們誤以爲我們生活中的重要人物和有影響的事件會大張旗鼓地露面和發生。到了老年以後，對生活所做的回顧和考察卻告訴我們，這些人物和事件都是悄無聲息、不經意地從後門進入我們的生活。

　　根據我們到此爲止所作的考察，我們還可以把生活比喻爲一幅刺繡品：處於人生前半段的人看到的是刺繡品的正面，而到了人生後半段的人卻看到了刺繡品的背面。刺繡品的背面並不那麼美麗，但卻給人啓發性，因爲它使人明白地看到刺繡品的總體針線。

　　一個人高人一等的智力，甚至最偉大的精神智力，也只有到了40歲以後，才會在言談之中顯示其明顯優勢，成熟的年齡和豐富的閱歷在許多方面無法跟高出一等的精神智力相匹敵，但是，前者卻始終不能被

後者所取代。年齡和閱歷能使資質平平的大眾在面對具有卓越精神智力的人時，獲得某種平衡彌補——前提是後者還處於年輕的時候。我這裡所說的是僅就個人情況而言，並不包括他們所創作的作品。

每一個出色的人，只要他並不屬於那占人類 5/6，只得到了大自然可憐兮兮的賜予的人群，那麼，過了 40 歲以後，他就很難擺脫掉對人的某種程度的憎惡。因為很自然地，他透過自己推斷別人，而逐漸對人感到失望。他看到人們無論思想（腦）還是感情（心），甚至在很多情況下這兩者兼而有之，都不是與他同處一個水準上，而是遠遠遜色於他。因而他希望避免與這些人來往，因為一般來說，每個人對獨處，即與己為伴的喜愛抑或憎惡，由他自身的內在價值所決定。康德在《判斷力批判》第 1 部分第 29 章的概言中，也討論了這種對人的憎厭之情。

如果一個**年輕人**很早就洞察人事，擅長與人應對、打交道；因此，在進入社會的人際關係時能夠駕輕就熟，那麼，從智力和道德的角度考慮，這可是一個糟糕的跡象，它預示這個人屬於平庸之輩。但如果在類似的人際關係中，一個年輕人表現出詫異、驚疑、笨拙、顛倒的舉止和行為，那反而預示著他具備更高貴的素質。

我們在青年時代感受到喜悅之情和擁有生活的勇氣，部分原因是我們正在走著上坡的路，因而並沒有看見死亡——因為死亡處在山的另一邊山腳下。當走過了山頂，我們才跟死亡真正地打了照面。而在此之前，我們只是從他人的口中了解到死亡這一回事。到了這個時候，我們的生命活力已經開始衰退，這樣，我們的生活勇氣也就一併減弱了。這時候，抑鬱、嚴肅的表情擠走了青春年少時目空一切的神態，並烙在了我們的臉上。只要我們還年輕，那麼，不管人們對我們說些什麼，我們還是把生活視為長無盡頭而因此揮霍時間。我們年紀越大就越懂得珍惜我們的時間。到了晚年，每度過一天，我們的感覺就類似於一個向絞刑架又前進了一步的死囚。

從年輕的角度來看，人生就是漫長無盡的未來；但從老年的角度

觀察，人生則是一段極其短暫的過去。在人生的開端，生活所呈現的樣子類似於我們把觀看歌劇的望遠鏡倒轉過來張望；在人生的末尾，我們則以慣常的方式用這望遠鏡視物。只有當一個人老了，亦即在他生活了足夠長的時間以後，他才會認識到生活是多麼的短暫。在我們的青年時代，時間的節奏慢得多，因此，在我們生命中這最初的 1/4 時間裡，我們不僅感到極其快樂，而且這段時間也還是最長的。所以，這段時間留給我們最多的記憶；一旦需要，一個人講起在這段時間的事情遠甚於在這之後的中年期和老年期。就像在一年中的春天，日子是令人難受的冗長；在生命的春天，日子同樣煩悶漫長。但在這兩者中的秋天，日子卻是短暫的，不過更加明朗，更加缺少變化。

[565]　　當生活臨近結束的時候，我們並不知道生活跑哪兒去了。為什麼到了老年，在回顧一生的時候，我們會覺得生活如此短暫呢？因為我們對這生活的回憶不多，所以我們就覺得這段生活短暫了。所有無關重要的和不愉快的事情都從我們的記憶中篩漏掉了，因此，遺留在我們記憶中的事情所剩無幾。我們的智力本來就有欠完美，我們的記憶也何嘗不同樣如此。我們學到的東西需要溫習，過去了的事情需要回想，只有這樣，這兩者才不至於慢慢沉沒於遺忘的深谷。但是，我們不會刻意追思不重要的事情，通常更加不會回想不愉快的事情。但如果我們要把這些事情保存在記憶之中，追思和回想的做法卻是必須的。首先，不重要的事情永遠不斷地增加，這是因為很多在開始時顯得有意義的事情，經過多次永遠不斷地重複，就逐漸變得沒有意義了。因此，我們更能回憶起我們的早年，而不是在這以後的時光。我們生活的時間越長，那值得我們以後回想的有意義和重要的事情就越少。但這些事情能夠得以保存在我們的記憶中，全賴回想這唯一的方式。所以，事情一旦過去，我們也就把它們忘記了。時間就這樣不留痕跡地飛逝而去。其次，我們不會喜歡回味令人不快的事情，尤其那些傷害了我們的虛榮心的事情。而令人不快的事情往往都跟我們的虛榮心受損有關，因為對遭遇不愉快的麻煩

事，我們大都難辭其咎。許多令人不快的事情也就因此被我們忘掉了。正是生活中微不足道的事情和令人不快的事情縮短了我們的回憶。回憶的素材越多，那回憶就相對越少。猶如人們坐船離開海岸越遠，岸上的物品就變得越少和越難以辨認，我們以往的歲月，經歷過的事情也遭遇同樣的情形。有時候，我們的回憶和想像把塵封已久的一幕往事栩栩如生地重現在我們的眼前，事情彷彿就發生在昨天，它跟我們是那樣的貼近。其中的原因就是我們無法同樣生動地回想起過去發生這一幕往事距今爲止的這段時間。這段時間無法像一幅圖畫那樣讓我們一目了然，並且在這段時間裡所發生的大部分事件也已經被我們忘記得差不多了。我們對這些事情只還保留著在抽象中的大概認識，那只是一個純粹的概念而已，而不是直觀認識。因此緣故，那過去很久了的一件往事顯得那樣貼近，宛如就發生在昨天，而其餘的時間已經消失無蹤了。整個一生顯得如此短暫，令人無法想像。當一個人老了以後，那走過的漫長歲月，還有自己的風燭殘年，有時候在某一瞬間，竟然會變得近乎疑幻不真了。這主要是因爲我們首先看到的是擺在眼前的此時此刻。諸如此類的內在心理活動，歸根結柢是由這一事實所決定的：不是我們存在本身而是我們存在的現象依存於時間；此時此刻就是主體和客體的連接處。爲什麼在青年時代，我們在展望生活的時候，發現生活是那樣的漫無涯際？那是因爲青年人需要地方去放置他們的無邊的期望，而要一一實現這些期望，一個人能活上瑪土撒拉的歲數尙且不夠。另外，青年人根據自己度過的爲數不多的年歲來算量將來；這些過去了的日子總是充滿回憶，並因此顯得漫長。在這段過往歲月中，事物的新奇使一切事情都顯得充滿意義。這樣，在以後的時間裡，它們在人們的記憶中被反覆回味、咀嚼。年輕的時光就以這種方式深印在我們的記憶之中。

有時候，我們相信自己在懷念著某一處遙遠的**地方**，但其實我們只是懷念著我們在年輕、活潑的時候，在那地方所度過的**時間**。時間戴上空間的面具欺騙了我們，我們只要到那地方一遊，就會清楚我們受

[566]

騙了。

要活至高壽，不可或缺的條件是具備一副無懈可擊的體魄。除此之外，我們有兩種方法，這可以用兩盞油燈不同的燃燒方式作一解釋：一盞油燈雖然燈油不多，但它的燈芯很細，它能夠點燃較長時間；另一盞油燈雖然燈芯粗大，但它的燈油很足，它同樣能點燃很長時間。在這[567]裡，燈油就好比一個人的生命力，燈芯則是對身體活力的任何形式的消耗和揮霍。

至於生命力方面，我們在36歲以前，就好比靠利息過活的人：今天花去的金錢，明天又能賺回來。但是，過了36歲以後，我們就更像是已經開始動用自己賴以生活的本金了。剛開始出現這種情況時，跡象並不明顯；所消費的金錢大部分又會自動回來，微小的財政赤字並不會引起注意。但赤字在逐漸增長和變得明顯，其增長演變越烈，情況一天不如一天，並且沒有任何能夠遏止這種趨勢的希望。本金的耗失不斷加快，就像落下的物體。到最後，錢財終於消失殆盡。如果這裡作比較的兩者──生命和錢財──真的處於日漸消耗的狀態，那情形確實是相當淒涼悲苦的。因此，隨著老之將至，對錢財的執著和占有欲就越發有增無減。相較之下，從人生開始到成年，甚至直至成年後的某段時間，就人的生命力而言，我們就像把利息收入存進本金，花費的利息不但自動賺回，本金也在不斷地增加。如果我們能有一個足智多謀的顧問細心理財，那我們的金錢有時候也會有這樣的結果。青年時代多麼幸福！老年時期又多麼悲慘！儘管如此，青年人應該愛惜自己的青春活力。亞里斯多德發現，能在青年期和成年期都在奧林匹克比賽中獲勝的人寥寥無幾。因為他們早年的艱苦訓練、準備消耗了他們的生命力，到了成人階段以後他們的力量就難以為繼了。肌肉力量是這樣，神經活力也是如此，而神經活力的外在表現就是所有智力方面的成就。因此，早熟的神童就是溫室教育結出的果子，他們在童年時引起人們的詫異，但之後就[568]淪為思想相當平庸的人。甚至那許多的博學者，在早年為學習古老語言

而強迫性地耗用了腦力，為此之過，在以後的日子，他們變得思想僵硬、麻木，失去了判斷力。

　　我已經指出過，一個人的性格看起來會跟他的某一個人生的階段特別和諧一致。這樣，到了那一特定的人生階段，這個人就顯示出他最好的面貌。某些人在少年時代招人喜愛，但這種情況隨著時間消逝而去；一些人在中年階段特別活躍、能幹，但到了老年以後，卻變得一無是處；也有不少人到了老年才表現出自己最好的一面，他們既溫和又寬容，因為到了此時，他們更富於人生經驗，為人處事更加泰然自若。這種情況多見於法國人。這一切肯定是因為人的性格本身具有某些青年、中年或者老年所特有的氣質特點，這一氣質特點與人生的某一階段相當吻合，或者它對某一人生階段發揮著修正、調整的作用。

　　猶如一個置身於一艘船上的人只能根據身後河岸景物的後退和縮小來發現船隻的前行，同樣，如果歲數比我們大的人在我們看來還顯得年輕，那麼我們就可以據此知道我們變老了。

　　在上文我們已經討論過，一個人活得越老，他生活中的見聞經歷在他的頭腦中留下的印象就越少。在這種意義上可以這樣說：人只是在年輕時期才充滿意識地生活；到了老年，人只帶著一半的意識繼續活著。歲數越大，生活的意識就越發減弱；事情過去以後並不會留下什麼印象，這就好比我們把一件藝術品看上千遍以後，它就再不會給人造成印象了。人們做他們不得不做的事情，但事成以後卻不知道自己做了些什麼。既然現在他們對生活逐漸失去意識，那麼他們向著完全失去意識的方向每邁進一步，時間的運轉就變得越加迅速。在童年的時候，新奇感把一切事物都納入我們的意識。因此，每一天都是冗長的。我們在外出旅行的時候，也遭遇相同的情況：在旅行中度過的 1 個月似乎比在家的 4 個月還要長。但事物的新奇感卻無法避免童年時代和外出旅行時那顯得較長的時間，在這兩種情形下經常是的確冗長——這是較之老年時期和在家而言的。但是，長時間習慣於同樣的感覺印象，會使我們

[569]

的智力疲勞和遲鈍。這樣，一切都不留痕跡地發生和過去了。日子由此變得越來越缺乏意義，並由此變得越來越短。兒少時度過的一個小時也比老人度過的一天要長。因此，我們生活的時間就像往下滾動的球體不斷加速運動。另一個例子就是在一個轉動的圓盤上面，距離圓心越遠的點轉動越快。同樣，隨著每個人距離生命開始的時間越遠，時間也就消逝得越快。由此我們可以這樣認為，在直接評估我們對歲月流逝的心理感覺時，一年的感覺長短與這一年除以我們年齡所得的商數大小成反比。例如：如果一年構成了我們歲數的 1/5，那麼，與一年只是我們歲數的 1/50 的時候相比，這一年就好像漫長了 10 倍。時間流逝的不同速度對處於不同人生階段的我們的整個生命存在帶來了決定性的影響。首先，這種情況使人生的童年階段——那不過就是區區 15 年時光——似乎變成了我們生命中最漫長的時期，也因此是最充滿回憶的時期；它使我們對無聊的感受程度與我們的年齡成反比。小孩時時刻刻都需要消遣以打發時光，不管那是遊戲抑或工作。一旦缺少了消遣，令人害怕的無聊就會抓住他們。甚至青年人也仍然無法擺脫無聊的困擾，數小時無事可做就會使他們感到恐慌。到了成年階段，無聊不斷減少。而到了老年，時間總是太過短暫，日子飛逝如箭。不言自明，我在這裡談論的是人，而不是老了的牲畜。在我們的後半輩子，時間加速流逝，無聊也就大都隨之消失。同時，我們的情慾以及伴隨這些情慾的痛苦也沉寂了。所以，只要我們能夠保持身體健康，那麼，總而言之，到了後半輩子，

[570] 生活的重負的確比在青年時期有所減輕。因此，人們把這一段日子——即在出現高齡衰弱和多病之前的一段時間——名為「最好的時光」。從生活舒服、愉快的角度考慮，這段日子確實是最美好的。相較之下，青年時期——在這段時間，一切事物都留下印象，每樣事物都生氣勃勃地進入我們的意識——也有它的這一優勢：這段時間是人們精神思想的孕育期，是精神開始萌芽的春季。在此時期，人們只能對深刻的真實有所直觀，但卻無法對其做出解釋。也就是說，青年人得到的最初認識是一

種直接的認識，它透過瞬間的印象而獲得。這瞬間的印象必須強烈、鮮活、深刻，才能帶來直觀認識。所以在獲得直觀知識方面，一切都取決於我們如何利用我們的青春歲月。在往後的日子裡，我們能夠對他人，甚至對這世界發揮影響，因為我們自身變得完備和美滿了，不再受到印象的左右；但是，這個世界對我們的影響也相對減少了。因此，這一段日子是我們做出實事和有所成就的時間，但青年期卻是人們對事物進行原始把握和認識的時候。

在青年期，我們的直觀占據上風，但在老年期，思想卻占據了統治的地位。因此，前者是創作詩歌的時期，而後者卻是進行哲學思考的時期。在實際事務中，青年期的人聽命於他們直觀所見之物及其產生的印象；但在老年期，人們只由他們的思想決定他們的行為。其中的原因就是只有到了老年，當對事物的直觀印象積聚了足夠的數量，對事物的直觀印象被歸納成為概念以後，人們才會賦予這些概念更加豐富的內容、含義和價值。與此同時，直觀印象由於習慣的作用而變得不那麼強烈了。相較之下，在青年期，直觀印象，亦即對事物外在一面的印象在頭腦中占據著優勢，尤其對於那些活潑、想像力豐富的頭腦。這種人把這世界視為一幅圖畫，因此，他們關心的事情就是在這世上應該扮演何種角色，如何顯示和突出自己，而他們對這世界的內在感覺則是次要的事情。這一點已經在年輕人的個人虛榮心和追求華麗衣飾上反映出來。

我們精神力最強旺、最集中的時期，毫無疑問是在青年期。這個時期最遲能夠延至一個人的35歲。從這個年紀開始，精神力就開始衰弱，雖然這個衰弱過程相當緩慢。不過，在這之後的歲月，甚至到了老年，人們並不是沒有獲得某種精神上的補償。到了這個時候，一個人的經驗和學識才算真正豐富起來。人們終於有時間和機會從各個方面去觀察思考事物，把事物相互比較，並發現它們彼此之間的共同點和連接點。這樣，到現在我們才得以明白事情的整體脈絡，一切也都清楚了。對於我們在青年時期就已經知道的事情，我們現在有了更加根本的認

[571]

識，因爲對於每一個概念我們都有了許多實例證明。在青年期自以爲了解的事情，到了老年才眞正爲我們所認識。最重要的是，我們在老年的確知道了更多的事情，此時的知識經過反覆多方面的思考變得眞正連貫和統一起來。但在青年時代，我們的認識總是支離破碎、殘缺不全的。**一個人只有活到了老年**，才能對生活獲得一個完整、連貫的表象認識，因爲到了老年以後，他才看到了生活的整體和生活的自然進程。他尤其不會像其他人那樣，以剛剛入世的眼光看視生活，他的審視角度是出世的。這樣，他就尤其能夠全面認清生活的虛無本質。而其他人卻總是執迷不悟，錯誤地認爲事情遲早總會變得完美。較之於老年階段，人們在青年時代有更多的設想，因此人們知道得不多，但卻能夠把有限的所知放大；但在老年階段，人們具備更多的洞察力、判斷力和對事物根本性的認識。在青年時代，一個精神素質出眾的人就已經著手爲他那獨特、原初的觀點和認識累積素材，也就是說，他爲自己註定要給予這個世界的奉獻做搜集功夫。但必須假以時日，他才可以成爲能夠處理這些素材的主人。因此，我們發現一個偉大的小說作家，通常要到 50 歲才能創做出他的鴻篇巨制。儘管如此，青年時代是人們的認識之樹扎下根基的時候，雖然最終結出果子的是樹的葉頂。正如每個時代，甚至最貧瘠不堪的時代，都自以爲比在它之前的那個時代文明得多——在這之前更早的時代就更不屑一提了——同樣，處於各個人生階段的我們也持有同樣的觀點。但是這些看法通常都是錯誤的。在身體發育成長的年月，人們身體的力量和知識日漸增加。他們也就習慣於看重今天，而輕視昨天。這種習慣看法在我們頭腦裡生根，然後，在我們精神力開始衰弱，在今天要反過來帶著尊崇看視昨天的時候，我們還保留著原來的習慣。因此，我們經常不僅低估我們早年時做出的成績，同時也輕視那個時候的判斷力。

在這裡需要指出，儘管一個人的智力素質一如他的性格和感情，就其本質而言是與生俱來的，但是，人的智力素質卻不像人的性格那樣保

持一成不變。它其實受制於變化著的情形,而這些變化著的情形總而言之是按規律出現的。其中一個原因是人的智力立足於這一物理世界,另一原因就是智力需要得到經驗的素材。因此,人的精神智力經過持續的發展才達到頂峰,在這之後就逐漸衰退,直至最後的痴呆狀態。吸引和活躍我們智力的素材,亦即我們思想和知識的內容,我們實踐、練習、經驗和了解的對象——我們透過這些而獲致世界觀的完善——直至我們的精神力開始出現明顯的衰弱之前,都是一個持續不停地增加的總量。精神力的衰弱出現以後,一切都開始衰減了。人就是由一種絕對無法改變的成分,加上另一種向著兩個相反方向定期發生變化的成分所構成。這解釋了何以在不同的人生階段,一個人會有不同的表現和價值。

人們還可以在更廣泛的意義上說,人生前40年提供了正文,而隨後30年則提供了對這正文的註釋。後者幫助我們正確理解正文的真正含義及個中相互的關聯,並揭示出它包含的道德教訓和其他多種微妙之處。

生命臨近結束的時候,就猶如一場化裝舞會結束了,我們都摘下了面具。到了這個時候,我們才看清楚我們在一生中所接觸過的、與之發生關聯的都是些什麼人。到了這時候,我們的性格暴露無遺,我們從事的事業也結出了果實。我們的成就獲得了應有的評價,所有幻象也都蕩然無存了。但要走到這一步,時間是必不可少的。最奇怪的事情就是只有當生命臨近完結之時,我們才真正認清和明白了我們自己、我們真正的目標和方向,尤其是我們與這個世界和他人的關係。我們接受了我們的位置——那通常,但並不總是比我們原先設想應占的位置要低。但有時候,我們卻必須給自己一個更高的位置,這是因為原先我們對卑劣、庸俗的世界缺乏足夠的認識,並因此把自己的目標定得——對於這一世界來說——太高了。順便說一下,此時人們體會到了自身內在。

我們習慣於把青年期稱為生命中的幸福期,而老年期則被視為悲慘的。如果情慾真的能夠使人幸福,那麼這一說法就會是真實的。在青

年期，人們受到情慾的百般煎熬，感受的快樂很少，痛苦卻很多；到了冷卻下來的老年期，情慾放過了人們，他們也就馬上得到了安寧；人們隨即有了一種靜思默想的氣質。因爲到了這個時候，人的認識力擺脫了束縛，占據了主導地位。認知本身是沒有痛苦的，所以，認知在我們的意識裡越占據主導地位，我們就越感覺到幸福，我們只要想到這一事實：所有快感樂趣都帶有否定的性質，而痛苦卻具有肯定的特性，那麼，我們就可以認清情慾並不能夠帶給我們幸福。到了老年，我們不能因爲缺少了許多快感樂趣而感到有所抱怨。因爲每種快感的產生都只是一種需求的緩解。因爲需求的消失而導致快感的消失是絲毫不值得抱怨的，這就猶如一個人吃過飯以後不能再多吃，或者睡過一覺以後，我們已經清醒了一樣。柏拉圖在《理想國》的序言裡正確無誤地認爲耄耋之年是最幸福的，前提是人們終於擺脫了那不停地煩擾人的性慾。我們甚至可以這樣說，只要人們仍然受到性慾的影響，或者受到這一魔鬼的擺布操縱，那麼，性慾所造成的沒完沒了、花樣繁多的憂鬱及產生的情緒衝動，就會使人總是處於一種輕微的精神錯亂之中。所以只有在性慾消失的時候，人才會變得理智。確實，除了個別情形以外，大體而言，年輕人都具有某些憂鬱、淒婉的特徵，而老年人卻帶著某種喜悅——其中根本的原因不是別的，正是青年人受著性慾這一魔鬼的控制——不，應該是奴役才對。這個魔鬼吝惜著不肯輕易放鬆他們哪怕是一個小時的自由。幾乎所有降臨在人們頭上的，或者威脅著人們的不幸和災禍，都是由這一魔鬼直接或者間接帶來的。但享有喜悅之情的老年人恰似一個甩開了長期鎖在身上的鐐銬，現在終於得以自由活動的人。但在另一方面，我們也可以這樣說：人的性慾衰退以後，生命的真正核心也就消耗得差不多了，剩下的只是一副生命的軀殼。的確，這就像一齣喜劇，戲的開場由活人扮演，之後則由穿著這些人的服裝的機械人把這喜劇演完。

無論如何，青年期是躁動不安的時期，而老年期則是安寧的時

期。由此就可以推斷處於這兩個時期的人的幸福。小孩貪婪地向四周伸出了他的雙手：他要得到他眼前所見的五光十色、形狀各異的一切。他受著眼前的一切誘惑，因為此時他的感覺意識是那樣年輕和新鮮。同樣的事情以更大能量發生在人的青春期。青年人同樣受到這世界的繽紛色彩及其豐富形狀的誘惑，他的想像力誇大了這一世界所能給予他的東西。因此，年輕人對那未知和不確定的一切充滿了渴望和嚮往。渴望和嚮往奪走了他的安寧，而缺少了安寧幸福卻無從談起。相較之下，在老年期，一切都已經平息下來了，其中一個原因是老年人的血液冷卻了許多，他們的感覺不再那麼容易被刺激起來；另一個原因就是人生經驗使他們認清了事物的價值和一切歡娛的內涵。這樣，他們逐漸擺脫掉幻想、假象和偏見，而這些在老年期到來之前，遮蔽和歪曲了他們對事物 [575] 自由和純淨的認識。現在，人們得以更正確、更清晰地認清了事物的客觀面目；他們或多或少地看到了所有塵世間事物的渺小和虛無。正是這一點使幾乎所有的老者，甚至那些才具相當平庸的老人都帶有某種程度的智慧氣質。這使他們和青年人有所區別。這些帶來的首要結果就是精神的安寧──這是構成幸福的一個重要的組成部分，並且它確實就是幸福的前提條件和本質。因此，正當青年人想當然地認為世界上到處都有奇妙美好的事物──只要他能夠摸準了門路、方向──的時候，老年人卻堅信傳道書所說的一切都是虛幻的這句話。他們深諳這一道理：一切堅果裡面其實都是空的，不管它們如何被鍍上了一層金衣。

　　只有到了老年期的後期，人們才真正達到了賀拉斯所說的境界：「在欲望和恐懼面前，不要讓自己失去了平靜、沉著。」也就是說，人們到了此時才對一切事物的虛無，對這世上的繁榮，喜氣後面的空洞、乏味有了直接、真正和堅定的確信，虛幻的畫像消除了。他們不再錯誤地認為，在這世上除了免受身體和精神之苦以後所享受到的那種幸福以外，在某一王宮或者茅棚還棲身著另一種更特別的幸福。根據世人的價值標準而定的那些偉大或者渺小，尊貴或者卑微，對這些老者而言，它

們之間其實再也沒有多大的區別。這使老年人獲得了一種特別的平靜心境。懷著這種心境，他們面帶微笑地從高處俯瞰這一虛幻的世界。他們不抱任何希望，他們知道儘管人們不遺餘力地裝飾、美化生活，但透過那些廉價、耀眼的燈飾，人生仍舊呈現了它那貧瘠不堪的面目；無論人們如何為生活著色、打扮，人生從本質上而言，不過就是這樣一種存在：衡量它的真正價值的方法只能是視其缺少痛苦的程度，而不是它是否欠缺歡娛，更不是透過生活中的奢華場面（賀拉斯，《書信集》，1，12，第1-4首）。耄耋之年的根本特徵就是希望破滅，幻象消失了——而在這之前幻象賦予生活一種魅力，激勵我們展開活動、追求。此時人們認清了這世間的富麗、堂皇，尤其是表面耀眼和尊榮後面的空虛和無意義。人們體會到在眾人渴望、期盼的事物和苦苦追逐的享受的後面，其實大都隱藏著微小不堪的內容。對於這個生存的貧瘠、空虛的本質，人們逐漸達成了一致的認識。一個人只有活到70歲以後，才會明白《傳道書》中第一首詩的含義。正是這一點，使老年人有了某種鬱鬱寡歡的樣子。

[576]

人們更以為老年人遭受的命運就是疾病和無聊。疾病並不必然伴隨著老年人，尤其對活至高壽者來說，因為「隨著年歲的增加，健康或者疾病也在增加」；至於無聊，我在上文已經表明，為何老年人比起青年人來更少遭受無聊的侵襲。老年期確實把我們帶進孤獨，原因顯而易見。但無聊並不必然地伴隨著這種孤獨，無聊只是必然地伴隨著那些除了感官享受和社交樂趣以外，別無其他樂趣的人。這些人並不曾開發和豐富自己的精神潛力。確實，人活到了高齡，精神力就開始衰弱，但如果一個人原先擁有豐富的精神世界，那麼，他總會有綽綽有餘的精神力以抵禦無聊。正如上面所說的，透過經驗、認識、實踐和反思，人們對事物有了更加精確的見解。他們的判斷力更加敏銳，事物相互間的連接變得更加清晰；對事情人們有了越發全面的總體概覽。我們不斷地重新組合我們累積了的知識，不失時機地豐富自己的知識——這種在各個方

面進行的內在的自我修養和陶冶持續不斷，占據了我們的精神，給予了我們滿足和獎賞。由於這些活動，上文談論的老人的精神力衰退在一定程度上獲得了補償。另外，像我所說的，在老年期時間過得更加迅速， [577] 這也就消滅了無聊。老人身體力量的衰退並不是一件特別令人感到遺憾的事情，如果老人並不需要運用身體力量去賺錢生活的話。貧窮之於老年卻是一大不幸。假如能夠驅除這種不幸，而我們又能夠保持身體健康，那我們的老年期就算得上是一段相當不錯、很可忍受和將就的生活了。生活的舒適和安定是人們的首要需求，因此，老人們比起年輕的時候更加喜愛金錢，因為金錢是失去了的體力的代替品。被維納斯愛神捨棄以後，人們就會轉而從酒神巴吉斯那裡尋求愉快。觀看、旅遊、學習的需求沒有了，取而代之的需要是發表意見和教誨別人。如果老人保持著探索、研究的樂趣，或者熱衷於音樂、戲劇，尤其是對外在事物保留一定的敏感和接受——不少老人直到晚年對上述事物仍然樂此不疲——這不啻是一種幸運。一個人的「自身擁有」在老年期給人所帶來的好處，是任何時期都無法相比的。當然，大多數人本來就是呆笨的，到了高齡以後，他們就越發變得像機器人了。他們的所想、所說和所做永遠都是同一件事情，外在事物的印象無法引起他們絲毫的改變，或者在他們身上引發出某些新的東西。跟這種老者談話，就像在沙地上寫字，給他們留下的印象幾乎馬上就消失無遺。當然，這種老年人就是生活中的「餘燼」。在一些絕無僅有的情況下，老人第 3 次長出了牙齒，大自然似乎想透過這第 3 副牙齒象徵這些老人開始的第二度童年。

隨著歲數的增加，我們所有的活力都在消失，這情形確實夠悲慘的；但這又是勢所必然，甚至是有好處的，因為如果不是這樣，老年人就會很難作好準備迎接死亡。因此，如果一個人活至高齡，最終能夠無疾而終，那他就是一個極大的受惠者。得盡天年的死亡沒有伴隨著病痛、抽搐，甚至不被感覺到。讀者可在我的《作為意志和表象的世界》第 2 卷第 41 章第 470 頁，找到我對這種情形的描述。

[578]　　印度《吠陀經》中的《奧義書》（第 2 卷，第 53 頁）認爲，人的**自然壽命**是 100 年。我相信這是對的，因爲我發現只有活過了 90 高齡的人才可安詳地死亡，亦即沒有患病、中風、抽搐，甚至有時候臉色都不曾轉白；他們通常都坐著，在用餐以後。他們不是死去的，而只是停止活著。在這歲數之前，人們只是死於疾病，因此這是過早的死亡。[24]

　　眞正說來，人的一生既說不上漫長，也難稱得上短暫，畢竟人的生命從根本上而言，只是我們衡量其他時間長度的標準。[25]

　　青年期和老年期的根本區別永遠在於前者以生活爲前景，而後者的前景卻是死亡；另外，青年期擁有短暫的過去和長遠的將來，但老年期卻剛好與此相反，老年期就類似於一部悲劇的第 5 幕：人們知道結局已經臨近，但卻不清楚這結局會是什麼。不管怎麼樣，人老了以後，面對的只是死亡，但在年輕的時候，前面卻是生活。儘管如此，我們不妨問一問自己，這兩者之中，何者令人憂心？從總體看來，何爲更好，生命

[579]　在前，抑或生命在後？《傳道書》（7：2）已經說過：「死亡之日比誕生之日爲好」，因爲追求太長的壽命，無論如何都是冒失的，因爲一句西班牙諺語就說過：「活得越長，受害越多。」

---

[24] 《舊約》（《詩篇》，90：10）把人的壽命定爲 70 歲，或者可高達 80 歲。另外，希羅多德（《歷史》，第 1 部分，第 32—33 章，第 22 頁）也持同樣的看法，但這都是錯的，這只不過是對日常生活經驗所作的粗糙、表面的理解的結果。因爲如果人的壽命是 70-80 歲的話，那麼，人們就在 70-80 歲之間壽終而亡，但實際發生的情形卻不是這樣。達到這些歲數的老人和早夭的年輕人一樣，是死於各種疾病。因病而導致死亡本就是不正常的事情，所以，這種死亡並不是生命自然的終結。按照一般的規律，人只有卒於 90-100 歲之間，才是死於壽命已盡。他們沒有疾病，沒有與死亡作一番掙扎搏鬥，也沒有呼吸所發出的呼嚕聲或者抽搐。有時候他們的臉色也不曾轉白。這種死亡可稱爲壽終正寢。因此，印度的《吠陀經》把人的壽命定爲 100 歲。

[25] 不管我們能夠生活多長時間，我們都只享有那不可分的此時此刻，除此之外，別無其他。每天我們記憶的內容由於忘記而有所損失，這超過了由於人們歲數的增加而獲得的新的記憶內容。

雖然具體的個人的一生並不如占星術所說的那樣，已經預示在行星上面，但如果把人生中的各個時期與相應的一系列行星連繫起來，那人的一生也就大概顯示在行星上面了。人的一生也就因此依次受著那些行星的控制。在 10 歲時，人由水星掌管著。像這個星球那樣，人們在狹窄的圈子裡輕鬆、快速地轉動，被微不足道的小枝節所左右，但在機智、伶俐的信使神的指揮下，輕而易舉地學習了許多東西。到了 20 歲，金星掌管了人生：愛情和女人完全地控制著一個人。到了 30 歲，火星取得了統治地位，這時人們變得強壯、大膽、好鬥暴怒和倔強。到了 40 歲，4 小行星接過了指揮棒，人由此變得更加寬廣。他變得節儉了，也就是說，為了實用目的而生活——這是穀神星發揮作用的原因；他有了他的安樂窩——這得之於灶神星；由於智神星的作用，他知道了他需要知道的東西，而他家中的女主人——妻子——則作為朱諾[26]主宰著家裡。到了 50 歲，木星登上了王位，50 歲的人已經比大多數的人多活了些時候，他覺得比他同時代的人擁有更多的優勢。他充分享受著自己的力量，富於閱歷和知識，他（這視他的個性和情形而定）對自己周圍的人們擁有權威，因此，他不再接受他人的命令。相反，現在是由他發號施令了。現在，他成為自己周圍的指導者和統治者是最合適不過的事情。到了 50 歲的人就像朱比特天神達到了他的光輝頂點。但隨後在人生的 60 歲，土星來到了，伴隨而至的還有鉛一樣的笨重、遲緩和堅韌。

老人們啊，他們很多人就像已經死亡　　　　　　　　　　[580]
僵直、緩慢、沉重和灰白，就像鉛一樣。
　　　　　　　　——《羅密歐與茱麗葉》，第 4 幕，第 5 景

---

[26] 後來發現的 60 多個小行星是我沒有興趣知道的新創造。因此，我對待它們的態度就像哲學教授看待我的態度，我忽視它們，因為它們不適合我的目的。

最後是天王星。這時候就像人們所說的，人們往天上去了。我在這裡不考慮海王星（人們由於粗心大意而不幸把它錯誤命名），因為我無法稱呼它的眞正名字「厄洛斯」。否則，我就會指出生命的終結和開始是以何種方式連接在一起的，也就是說，厄洛斯如何以一種祕密的方式和死亡連接起來——正是由於這一結合的關係，埃及人所說的奧克斯或者阿門特斯（根據普盧塔克所言，第 29 章）也就不僅僅是接受者，而且還是給予者；死亡就是生命的巨大源泉。因此一切源自奧克斯，具有生命的一切東西都經過奧克斯這一階段。如果我們眞的可以明瞭生命所賴以發生的神奇奧妙，那麼，一切事情也就會眞相大白了。

經典名著文庫 214

叔本華《附錄和補遺》第一卷
Parerga und Paralipomena I

文庫策劃 —— 楊榮川
作　　者 —— [德] 亞瑟・叔本華（Arthur Schopenhauer）
譯　　者 —— 韋啓昌
編輯主編 —— 蘇美嬌
封面設計 —— 姚孝慈
著者繪像 —— 莊河源
出　版　者 —— 五南圖書出版股份有限公司
發　行　人 —— 楊榮川
總　經　理 —— 楊士清
總　編　輯 —— 楊秀麗
　　　　　地　　址：106 臺北市大安區和平東路二段 339 號 4 樓
　　　　　電　　話：02-27055066（代表號）
　　　　　傳　　真：02-27066100
　　　　　劃撥帳號：01068953
　　　　　戶　　名：五南圖書出版股份有限公司
　　　　　網　　址：https://www.wunan.com.tw
　　　　　電子郵件：wunan@wunan.com.tw
法律顧問 —— 林勝安律師
出版日期 —— 2025 年 5 月初版一刷
定　　價 —— 620 元

本書經上海人民出版社有限責任公司授權出版，只限在港澳臺地區發行、銷售。
© 上海人民出版社有限責任公司 2019。

本書保留所有權利，欲利用本書全部或部分內容者，須徵求著作財產權人同意或書面授權。

國家圖書館出版品預行編目資料

叔本華《附錄和補遺》／亞瑟・叔本華(Arthur Schopenhauer)
著；韋啓昌譯．— 初版．— 臺北市：五南圖書出版股
份有限公司，2025.05
　　冊；　公分
　　譯自：Parerga und Paralipomena
　　ISBN 978-626-423-224-1（第 1 卷：平裝）
　　ISBN 978-626-423-225-8（第 2 卷：平裝）

1.CST: 叔本華(Schopenhauer, Arthur, 1788-1860)
2.CST: 學術思想　3.CST: 哲學

147.53　　　　　　　　　　　　　　　　114001955